国家社科基金项目（川陕革命老区小农户转型成长与农业现代化有机衔接研究，项目编号：18BJL033）研究成果

川陕革命老区小农户转型成长与农业现代化有机衔接研究

汤鹏主　陈洪燕　著

中国农业出版社

北　京

　　小农户是农村经济的主体力量，小农经济是国民经济的重要组成部分，为我国社会经济发展做出了巨大贡献，然而在小农户成长过程及小农经济的多年发展历程中，小农户遇到了转型成长困惑，面临着难以有机衔接农业现代化的困境，而要厘清小农户与农业现代化有机衔接的逻辑，破解其衔接困境，找到其衔接对策正是本书的研究重点，因为实现小农户转型成长与农业现代化有机衔接不仅直接关系到小农户未来的命运，更影响到新时代我国宏伟战略目标的顺利实现，以及解决"三农"问题的将来策略。

　　尽管目前关于小农户及农业现代化的研究体系较为完善，视界较为开阔，但已有的研究仍存有一些欠缺：一是从理论上对小农户及小农户经济存在的必然性和合理性分析还需要加强；二是以往的研究更多地从制度经济学、经济史学等学科知识出发，将小农户的问题归于制度、体制等方面的原因，却对小农户在农业现代化进程中的贡献及与农业现代化之间的相互作用重视不够；三是尽管也有些学者以某些区域为样板，进行案例分析或是调查研究，但是这些研究要么多是以北方平原地区或是东部沿海地区或是中部丘陵地区为样板，缺乏对革命老区小农户与农业现代化关系的全面透视，就川陕革命老区小农户与农业现代化衔接的研究则更为少见。为此，基于上述问题，本书的研究就十分必要。

　　本书的主要研究内容如下：

　　（1）界定核心概念及阐述相关理论。科学界定农户及小农户、小农经济、现代农业、农业现代化、小农户与农业现代化有机衔接的概念及内涵，本书认为小农户与农业现代化有机衔接的内涵就是让小农户融入农业现代化发展轨道，这既契合了新时期发展理念，也是建设中国特色农业现代化的必然选择。本书还重点梳理了西方农户行为理论、中国农户行为理论、现代农业发展理论、农业现代化理论，并从小农户与农业治理现代化衔接等 10 个方面对小农户与农业现代化有机衔接开展文献综述。

　　（2）介绍川陕革命老区概况及小农户和农业现代化的调查现状。从基本情况、农户情况、农业现代化情况、政策支持以及发展规划5个方面分别对四川省川陕革命老区、陕西省川陕革命老区以及重庆市川陕革命老区（城口县）作区域发展介绍。利用问卷调查数据，就37个所在调研区域的村庄环境、农户情况、农业现代化以及典型区域（四川绵阳、四川南充和陕西汉中）的调研现状进行数据统计和分析。

（3）剖析川陕革命老区小农户转型成长问题。一是提出对小农户转型成长要有科学认识与判断的观点，并认为要明确小农户转型成长背景、意义及困境。二是既以川陕革命老区所有被调查小农户作为研究对象，分析全区域小农户转型成长影响因素；同时也以典型区域的被调查小农户作为研究对象，分析典型区域小农户转型成长影响因素。三是重点论证金融要素和科技要素对川陕革命老区小农户转型成长的影响，认为小农户的金融素养与金融行为均对小农户的家庭总收支有不同程度的影响；而小农户的农业科技文化素养、农业生产科技含量、农业科技服务供给、农业科技服务需求等因素也对农业效益会产生影响。

（4）分析川陕革命老区农业现代化影响因素。以小农户农业收入衡量川陕革命老区农业现代化水平，通过对川陕革命老区展开全区域实证分析，研究人力资本、土地资本、农业机械、农业信息等因素是如何影响小农户收入的、如何影响农业现代化的。同时，使用调查数据，运用多元线性回归模型对典型区域小农户不同类型收入及农业现代化进行实证分析。

（5）解析小农户存在逻辑及其与农业现代化有机衔接的机理与动力。从小农户生产、经营、资金融通及科学技术4个层面阐述小农户的存在形式，从马克思农业资本论思想、小农户的重要意义等角度论证中国小农户存在的必然性，从土地承包制度、小农经济顽强生命力等角度论证中国小农户存在的合理性，从小农经济的长期性、小农户天然优势等角度论证中国小农户存在的长期性。从小农户与农业现代化有机衔接背景出发，基于小农户与农业现代化的矛盾性、小农户与农业现代化衔接的对立性及统一性分析小农户与农业现代化有机衔接机理，并构建解析小农户与农业现代化有机衔接的动力模型，推导小农户与农业现代化有机衔接的动力演化系统。

（6）研究川陕革命老区小农户与农业现代化的有机衔接。一是在阐述小农户与农业现代化衔接逻辑依据、衔接机理、衔接动力的基础上，对川陕革命老区小农户与农业现代化有机衔接的感性认识及衔接意愿开展实证分析。二是梳理了小农户与农业现代化有机衔接面临的9大困境,分析面临衔接困境的主要原因,论述克服其衔接困境的重要意义,并运用调查数据,借鉴 Logistic 模型开展有机衔接困境的实证研究。三是提炼总结川陕革命老区小农户与农业现代化有机衔接实践经验。四是提出促进川陕革命老区小农户与农业现代化有机衔接的治理性衔接对策、生产性衔接对策、管理性衔接对策和服务性衔接对策。

通过研究川陕革命老区小农户转型成长与农业现代化有机衔接问题,本书得出如下主要观点:

(1) 川陕革命老区农业现代化水平总体不高。尽管川陕革命老区的农业现代化治理基本上到位,但农业科技化水平不高,对农业信息化的利用水平偏低,农业基础设施相对落后,农业社会化服务工作还需要进一步深入开展,农业市场化水平还亟待提高,通过新型农业经营主体带动小农户发展还有很大提升空间。

(2) 小农户迫切需要实现转型成长。小农户将会长期存在,其价值具有多样性,在未来的发展中,要充分发挥小农户的多元化价值,最大程度地利用其身边资源,促进其转型成长。在川陕革命老区,影响小农户转型成长的重要因素主要有自然环境、劳动力、土地与基础设施、能人与技术、人力资本、人际交往等。

(3) 小农户与农业现代化谁也离不开谁。农业现代化要带上小农户,小农户是实现农业现代化的重要力量,须从立足区域民族文化特点、尊重小农户主体地位、提升自我发展能力等方面入手,形成大小融合、强弱互动的共同发展态势。在川陕革命老区,人力资本、土地资本、农业机械、基础设施、农业信息、农业科技等是农业现代化的重要影响因素。

(4) 科学辨识小农户与农业现代化衔接过程中的对抗性。农业现代化是在不断克服小农生产缺陷的过程中实现的,是伴随着农业生产力不断发展而来的,并非从来就有,因此小农户与农业现代化之间存在着一定程度的矛盾,甚至在某个发展阶段出现激烈对抗,也并不奇怪。

(5) 正确认识小农户与农业现代化衔接过程中的统一性。不管是传统农业生产,还是农业现代化生产都离不开劳动者、生产工具和劳动对象这三要素。因此,无论是扩大农业土地规模还是使用现代农业生产工具,都必须不背离农户的意愿，只有获得农户的支持，得到农户的拥护，农业现代化才有源源不断的源泉和动力。

（6）充分认识小农户与农业现代化有机衔接的动力与阻力。解决农业现代化的内部矛盾、破除小农户与农业现代化之间的障碍、破解农村上层建筑与经济基础的矛盾，以及利益驱动、政府推动、制度动力是小农户与农业现代化有机衔接的主要动力，而不可抗力、资金缺乏、农业科技落后是小农户与农业现代化有机衔接的主要阻力。

（7）构建小农户与农业现代化有机衔接的对策体系。要从明确农村农业发展规划、着力夯实农业现代化发展环境、不断加大政策宣传力度、积极发挥政府领头带领作用、大力发展农村职业教育、加大财政支农金融惠农政策支持等方面建立起基于农业治理的治理性衔接对策；从持续优化小农户农业生产方式、积极利用耕地资源、完善农业生产基础设施、提高农业科技应用水平、及时加大农机化推广力度、加快发展设施农业等方面建立起基于农业生产的生产性衔接对策；从更新农业管理理念、加强农业生产管理、加强农产品质量管理、加强耕地建设管理、加强小农户风险管理等方面建立起基于农业现代化管理的管理性衔接对策；从积极提高农业社会化服务水平、积极创新农业社会化服务模式、积极优化农机农业生产服务机制、积极扩宽小农户农业信息获取渠道、积极发展农村专业合作社、积极成立专门的技术知识帮扶组织机构等方面建立起基于农业社会化服务的服务性衔接对策。

汤鹏主

2024 年 5 月

目录

前言

第一章

概念、理论及综述

第一节　概念内涵

一、农户及小农户

（一）农户的界定

"农户"并非农村居民个体，而是以户为单位的农户家庭。对于农户家庭的概念，首先要明确"户"和"家庭"的内涵。在《辞海》中，"户"指的是在同一住所内共同生活的成员；"家庭"是指具有婚姻关系、血缘关系或收养关系且共同生活在一起的组织。显然，户与家庭的区别在于，家庭成员要受到血缘关系、婚姻关系或收养关系的限制，但是不受成员居住地的限制；而户的成员则不受血缘关系、婚姻关系或收养关系的限制，却受到成员居住地的限制。按照《中华人民共和国户口登记条例》第五条规定："户口登记以户为单位，同主管人共同居住一处的立为一户，以主管人为户主。"

对"农户"这一概念进行更加确切的界定和解析，是本研究的基础和前提。在农民经济学中，农户是主要依靠家庭劳动从事农业生产，并获取生活资料的农户家庭。农户这一主体的特殊性，在于它不仅是一个生活单位，还是一个基本的农业生产组织形式，也是一个对外独立经营的经济主体，尽管他们在经济行为决策中有巨大的灵活性，但却又是一个不完全经济理性的决策主体；同时在中国，农户也是农村中的一个社会主体，是一种身份地位的象征，代表了一个家庭的出身，兼具职业身份属性和居民身份属性。此外，随着产业化和专业化趋于加快，家庭成员内部分工也不断细化，农户家庭也开始出现纯农户、兼业农户和非农户的分化情况。可见，"农户"这一概念具有多维特征。

在中国，"农户"并非一个自获性的身份，而是被国家正式制度（即家庭联产承包责任制）所塑造并维持的，具有自行安排农地生产和经营的特点。本书将所研究的"农户"定义为在农村集体经济组织分配的耕地上进行家庭承包经营的农户，也即是拥有农村土地承包经营权，且直接从事农业生产或间接参与农业生产经营活动的农户家庭，不包括已经完全脱离农业生产的但拥有农村户籍的农户，也不包括那些非本集体经济组织成员而主要依靠租地经营的农业经营主体。也就是说，本书的研究对象是家庭中至少一个成员户籍保留在农村，且具有农村土地承包经营权并从事农业生产的农户家庭。因此，并不是所有的农村家庭都可以称之为农户，这是因为一个不再进行农业生产的农户家庭，自然就不再具有农户的基本特征，也就不能被称为农户了。当然，也并不是要求农户家庭的所有成员都从事农业生产，只要家庭中有成员从事农业生产，并且其家庭收入的重要组成部分是来自农业经营收入，那么这样的家庭就仍然是农户家庭。

（二）小农户的界定

中国是一个农业大国，也是一个小农大国。那么何为"小农户"？在现代汉语词典中，小农户指个体农民，以一家一户为生产单位，生产工具较为传统，生产资料不甚丰富，在一般情况下主要从事相对简单的再生产。《中国大百科全书》定义的小农户为以生产资料私有制为基础进行的小规模农业生产活动的个体农户。《财经大辞典》中给出的小农户的概念为以家庭为单位、生产资料个体所有制为基础，完全或主要依靠自己劳动，满足自身消费的小规模农业经济。

目前，受土地禀赋、经济发展、人口规模、人文传统等因素差异影响，各国对小农户的判定标准也不尽相同。考虑到许多发展中国家正处在由传统农业生产方式向农业现代化转型过程中，所面临着的微观环境和宏观环境都在变化，客观上又增加了小农户标准判定的难度。当然，一般是以土地作为最常用的判定标准，有些国家在土地标准基础上，还会考虑到农户收入、农业总产值、其他生产性资产（如家畜、生产工具、固定资产等），以及这些标准的组合。就土地这个最简单的判定标准而言，由于各国自然条件和资源禀赋存在较大差异，致使在全球范围内各国农民所拥有的土地规模悬殊，难以设定一个具体且适用于各国的土地面积指标来对小农户进行划分，如在巴西小农场规模就高达 50 公顷，但在中国和印度，多数小农土地规模却不足 2 公顷。同时，土地标准也难以反映出土地质量、家庭投资等，这些因素对小农户的发展前景同样重要。Joachim von Braun（2016）就认为由于缺乏可比性，在全球范围内用一个统一的数据标准来界定和定义小农户的概念还不具备条件，因此他提出不同国家应该基于本国的基本国情和农情，采用不同标准定义小农户。例如，在美国，小农户指由经营者及与经营者有婚姻关系或血缘关系的个人拥有大部分业务，且销售额低于 25 万美元/年的农场。在阿根廷，小农户指未登记为股份公司或其他类型商业公司，且是以经营者和临时雇工劳力为劳动力，资本水平和规模符合要求的农场（耕地面积介于 25～500 公顷）。就目前而言，采用较多的定义来自世界银行（2001），即经营耕地面积不超过 2 公顷的农户。

本研究中的小农户是以家庭作为生产和消费单位，经营耕地面积不超过 2 公顷，且主要依靠家庭劳动力进行再生产，并且对家庭剩余拥有控制权的农户或农场。根据这一定义，中国农村有近 2 亿小农户，且超过 95％的农户是小农户，占世界的 38.6％。

（三）小农户的特征

我国传统小农户直接依赖农业产出维持生存需要，主要特征有：第一，小农户的主要生产要素来自不需要从市场上购买的土地和家庭劳动力；第二，中国的农户经营规模很小，且家底薄弱，役畜和农具是其重要的生产资料，而能够拥有机械化农业生产资料的农户并不多；第三，自身文化水平低下，大多凭经验种植，缺乏吸纳新技术、新成果的热情和动力；第四，小农生产的部分产品不进入市场销售，而用于自家消费；第五，由于通信条件以及交通条件限制，小农户的市场化参与程度普遍较低；第六，市场信息传导不完善不及时，导致农产品在不同空间、不同时间存在价格差异；第七，以简单再生产为主，由于土地的规模有限，绝大部分生产所得是用于满足自家需求，能够用于出售获利的只有少量剩余农产品，收入也主要是用于简单再生产，而难以用于进行扩大再生产；第八，不同于"家庭农场"，即不存在雇佣劳动力。

随着现代农业的发展，现阶段我国小农户已经脱离了传统小农的一些特征，具有了现代特点：第一，专业化、商品化程度提高。现阶段小农户生产的目的发生改变，除了自给自足外，还为了获取农业生产收入，这使得其有动力提高农业生产的专业化、商品化程度。例如在农业生产过程中，小农户需要的化肥、种子、生产工具等大部分生产物资就是从外部购入，农产品也在市场上流通。第二，生产状态更加开放。现阶段，小农户的社会交往方式发生巨大改变，打破了传统封闭的家庭生产经营方式，主要表现是小农户与外部经营组织的联系日益频繁，特别是与各类专业合作社、农业技术协会、农业企业的合作增加，通过这些外部经营组织进行农产品的加工和销售，农业生产的链条得以延伸，并且通过订单、入股等方式，使得小农户与合作社、农业企业的利益联结更加紧密。第三，生产方式现代化。现阶段小农户的经营活动与现代科学技术结合得非常紧密，不再是简单地使用畜力农具的传统小农户，也不再是单纯依靠世代经营去进行农业生产，而是更加注重生产的科学性、效率性，并且随着现代科学技术的提升，小农户能够使用更多先进的农业机械设备，土地生产力和劳动生产率都得到极大提高。

（四）小农户的类型

根据研究目的的不同，不同学者对中国小农户类型有过不同的划分标准。如孔祥智（2006）按照地区社会经济发展差异，把小农户分为三种不同类型：第一类小农户是以自然经济或小商品经济为主要特征的西部地区贫困地区小农户；第二类小农户是行为特征接近发达市场经济的东部经济发达地区小农户；第三类小农户是从自然经济或小商品经济条件向完全的市场经济过渡过程中的中部地区小农户。"农村社区转型与发展干预研究"课题组（2004）的研究则按照种植规模不同，把小农户划分为贫困农户、少地无地农户、普通种粮农户、规模较大的种粮农户。钱贵霞、李宁辉、李岳云等（2005）基于规模差异把小农户区分成小规模、中规模和大规模农户。诚然，上述学者关于小农户类型的划分，都是从各自的研究目的出发的，但时至今日，中国的社会经济发展已经发生了很大变化，往日的"小农"今天许多已不再是种田的农民了，因此上述学者关于小农户类型的研究存在一些缺陷。首先以地区差异为主要标志来划分的小农户类型难以准确描述小农户特征，即使是同一地区，小农群体也正在发生分化，有的依旧是种地的纯农户，有的则已经成为兼业农户，甚至是完全在非农领域就业的农户；其次按照规模划分小农户类型尽管具有统计意义，但政策分析的意义却不甚明显，因为小农户的经营规模往往与特定地区的资源禀赋和诸多政策的、历史的原因密切相关，同样的经济政策作用于同样规模但不同地区的小农户，可能产生的作用会有很大不同。另外，简单地划分兼业农户和纯农户也很难厘清农户就业的本质，简单看，对于两个小农户，如果其中一个小农户的农业时间和兼业时间没有冲突就形式看是兼业户；而另外一个小农户则可能存在部分农业时间和兼业时间发生冲突，然而仅就形式看也可以认为是兼业户，但从劳动力有效利用角度看，这则是两类完全不同的农业兼业户，前者的兼业更多的是以农户农业外的"副业"存在，而后者则是非农就业替代了农业就业。

二、小农经济

（一）小农经济定义

小农经济是一种经济形态。马克思最早提出小农经济的概念，认为"小农经济就是生产者对劳动条件的所有权或占有权和以此相适应的个体小生产"，是以生产者小私有制为基础，以个体家庭为单位进行孤立分散消费和生产，并具有自给自足性质的经济；恩格斯指出"小农经济主要体现在自耕农和佃农对土地的耕种"。吴申元（2013）在《中国近代经济史》中把小农经济定义为："农民，作为个体劳动的农业生产的主体，因对小块土地的占有权和使用权，以及对生产工具的所有权，而有了自己相对独立的生产和经营，并有了以父权为核心的家庭，形成了以家庭为单位的生产方式和生活方式，这样的生产和生活方式，就是小农经济。"在许涤新（1980）主编的《政治经济学》辞典中对小农经济也给予了定义，认为"通常所说的小农经济，主要是从经营规模和个体劳动而言的，不限于生产资料的个体所有制，……在这个意义上，在实行土地村社所有制的地方，或实行土地国有制的地方，那些分种小块耕地的农民，也都是小农经济"。从许涤新对小农经济的定义中可以看出，小农经济既不应受商品交换和雇佣劳动的限制，也不应受所有制的限制。然而根据中国的现实情况，小农经济的经济活动范围需要作出界定，也就是说，小农经济是小农户经济活动还是小农业经济活动。如果认为小农经济是小农户的经济活动，那么农户的专业活动就要包括农业活动和非农业活动。如果是小农业经济活动，那么农户的专业活动就应该局限于农业范围之内。本研究则认为小农经济是以农户家庭经营为基本组织形式，以一定的农业活动为基础的小农户经济，且具有土地和（或）资本经营规模小的特征。

（二）小农经济的内涵

基于不同角度和立场，中外许多学者对"小农经济"进行了比较系统的研究和论述，并就其内涵提出诸多理论观点。马克思、恩格斯认为，小农经济"既排斥生产资料的积累，也排斥协作，排斥同一生产过程内部的分工，排斥社会对自然的统治和支配，排斥社会生产力的自由发展"。列宁依据俄国实际情况，认为当时的俄国是一个小农国家，"在现代资本主义国家的环境中，小农的自然经济只能苟延残喘并慢慢地在痛楚中死去，绝对不会有什么繁荣。"舒尔茨（1964）则认为小农经济是贫穷而且有效率的。伊莎贝尔·撒考克和王康（2010）指出，在大部分发展中国家，小农经济的低回报性是普遍存在的。Eswaran & Kotwal（1986）和 Binswanger 等（1993）的研究则表明家庭小农场拥有低劳动成本优势和较低的监督成本。

中国不少学者也从不同视角出发对小农经济展开研究，他们认为就实质来讲，小农经济只能是属于生产方式范畴，并不是一种独立的社会经济，如江国华（2003）指出小农经济是自然经济的一种特殊存在方式。袁赛男（2013）认为小农经济这种"自给自足""小而全"生产经营方式的重要弊端就是使得生产要素趋于固化，使得小农户缺乏持续扩大生产经营规模的能力和动力，也使得小农户需要付出比新型经营主体更多的时间、人力和资金成本用于销售农产品及采购生产资料等方面。宋亚平（2012）指出小农经济的最终表现形式为产品商品率、劳动生产率、农业有机构成、农业经营效益、农业专业化及社会化程度都比较低，但是同时他也认为现阶段要有效地解决农业劳动力就业问题还需要依靠小农经济。贺雪峰（2014）认为小农经济在未来很长一段时间将继续肩负我国粮食安全的重任，现阶段只能继续发展小农经济，并且所制定的农业政策要尽可能避免农业企业等新形态农业经营主体挤占小农户利益，要有助于保护小农户的种粮积极性，不断提高小农户收益。

（三）中国小农经济的主要特点

中国的小农经济存在已有几千年，主要特点如下：第一，生产方式个体性。小农经济是一种一家一户为经济单位的生产经营方式，农民都是将资金、土地等各种自有财产投入到农业生产活动中，同样农民也自己支配其所获得的农业收入，这种生产方式个体性在小农经济发展过程是长期存在的。第二，生产力的落后性。中国小农经济根植于中国千百年的经济形式，不但生产方式落后，也由此引申出非常保守的小农思想意识，导致他们思维受限，满足于封闭安逸的小农生活，这种经济形态对农业发展造成了严重阻碍，难以满足人民日益增长的优质农产品需求，而且随着商品经济和工业的加快发展，绝大多数小农经济成为价值规律下的牺牲品，并逐步被市场所淘汰。第三，生产规模较小。主要表现在生产工具及土地、资金等生产资料较分散。具体而言就是生产工具主要以小农具为主，生产资金的积累微乎其微，人均耕地面积较少，每户可耕种的面积小且分散成若干块，即使购置了土地，劳动力也不能满足需求，这种生产规模小的特点，使得小农经济难以实现新式农具和机械化全面推广，同时也不适应经济发展需要。

（四）中国小农经济的发展阶段

中国在两千多年的历史进程中，小农经济一直都是主要的经济形式。认识小农经济是认识中国传统农业社会乃至当前中国社会的一把钥匙。黄宗智就认为，近五百年来的商品化并未导致中国近代早期出现资本主义萌芽，而是使家庭生产和小农经济更趋完善。中国小农经济的演进可分为战国至东汉时期的古典小农阶段、东汉到明清时期的宗法小农阶段、明清以后的商品小农阶段和现代小农阶段。其中商品小农阶段又细分为商品经济和资本主义萌芽时期、近代商品小农形成并与自给半自给小农并存时期、传统小农改造为集体小农时期、集体小农向家庭经营小农和商品小农乃至现代小农转变时期。从中国小农经济的演进规律可以看到：一是中国小农经济曾经是封建政权的经济基础，对封建政权的巩固发展起了莫大的作用，但是同时作为上层建筑的封建政权也会反作用于小农经济；二是家庭经营是一种既跨越了时空且又相对稳定的经营方式，小农经济是能够随着生产力发展而逐渐由封闭走向开放的，形成一个农民利益集团对小农经济至关重要，且家庭经营与合作经济并不矛盾；三是小农经济曾经在历史上创造出较大经济价值，这一点不容置疑。1978年我国开始分田到户改革，以家庭为单位的小农经济又重新成为中国农业生产的主要经营模式，并呈现出新的阶段性特征。

（五）中国小农经济的集体化改造

新中国成立后的小农经济主要还是采用原始生产工具和耕作方式，但又发生了重大变化，即农民分到土地，不再受制于地主阶级，可以自主安排经营活动，生产剩余能够自由支配。但是由于农户的小农意识太深，使得获得土地后的农民两极分化趋势明显，不稳定性特点较为突出，农民时刻存在着资本主义倾向。"现在农村中存在的是富农的资本主义所有制和像汪洋大海一样的个体农民的所有制。大家已经看见，在最近几年中间，农村中的资本主义自发势力一天一天地在发展，新富农已经到处出现，许多富裕中农力求把自己变为富农。许多贫农，则因为生产资料不足，仍然处于贫困地位，有些人欠了债，有些人出卖土地，或者出租土地。这种情况如果让它发展下去，农村中向两极分化的现象必然一天一天严重起来。""靠人工灌溉而不是机器灌溉，用旧式步犁而不是用新式机器，靠人工肥料而不是化学肥料，是小生产小私有者的生产关系，即所谓小农经济，而不是集体经济。"这是对小农经济很直观的认识和理解，既在生产关系上给予定性，又体现在生产力方面。由于当时小农经济存在一些自身难以克服的缺陷，于是在新中国成立初，对小农经济的改造成为中央的关注重点，也即是农业生产资料私有制向集体所有制转变是当时农村工作的着力点。社会主义改造完成后，中国农村经济全面向集体化推进。

（六）关于小农经济的论争

针对主流学者提出的农业生产规模化路径，小农经济坚定派就对此予以强烈反对。他们认为，首先，城市化和工业化能否为数以亿计的农业转移人口提供充分就业本身就是一个问题，如果不能，就会危及社会安全稳定。其次，实现农业生产规模化就一定能够确保中国粮食安全吗？对这个问题如不能给予肯定回答，就不能轻易否定小农经济，贺雪峰（2014）就认为反倒是精耕细作的中国式小农生产能够获得高于世界平均水平的粮食产出，确保粮食安全。至于

"谁来种地"的问题，小农经济坚定派认为那些进城失败的农民工以及年老的农民工将自然而然回归土地。除此之外，小农经济坚定派也更是明确地认为当前中国经济社会发展离不开小农经济，因为只有小农经济及与此相关的基本制度安排能够为中国现代化提供稳定器和蓄水池，是中国经济能够快速发展的重要基础。尽管两派学者看似观点相对，但其共同点也是非常明显的：即双方都不否定中国目前依然是一个小农国家，这是中国农业的"现实"。不同的只是小农经济坚定派高度赞扬小农经济自身的高效率和生命力，及其给中国社会稳定和经济发展带来的好处，而主流经济学者则更多的是批评小农经济的小规模、分散性及无效率。

三、现代农业

（一）现代农业内涵

世界农业都经历了由原始农业向传统农业转变，再由传统农业向现代农业转变。现代农业是相对于传统农业而言的，它萌发于资本主义工业化时期，是在现代科学技术和现代工业基础上发展起来的农业，是一个动态的概念，其本质是建立在植物学、动物学、物理学、化学等科学高度发展的基础上，由凭借传统经验变为依靠科学，由顺应自然变为自觉地利用自然和改造自然，成为科学化的农业；也是依靠工业部门生产物质和能量开展农业生产，成为工业化的农业；同时还是区域化、专业化的农业生产，由自然生产变为高度发达的商品生产，成为社会化、商品化的农业。现代农业有着丰富的内涵，从制度角度看，现代农业具备高度发达的农业市场经济制度，有效的政府干预，以及优良的农业社会服务体系；从经济角度看，现代农业的劳动者掌握一定科学知识，拥有较高的土地产出效率和劳动生产效率，整个农业生产活动分工明确；从技术角度看，现代农业离不开现代生产技术和现代科学技术的广泛运用；从生态环境角度看，现代农业有助于生态维护和环境保护。尽管在不同时期不同国家，对于现代农业有着不同的判断标准，但是目前一个基本统一的判断标准是农产品的商品率在95%以上，农业科技进步贡献率在80%以上，农业劳动力占全国总劳动力的20%以下，农业投入占当年农业总产值40%以上。

（二）现代农业特征

概括而言，现代农业包括如下特征：一是经济效益高，包括较高的劳动生产率和土地产出率。二是科技含量高，在农业生产的各环节均运用到先进技术，现代农业就是要通过高科技替换以往劳动密集型生产模式，并以科技促生产，提高产品质量。三是可持续发展，农业发展本身是可持续的，现代农业更是强调通过综合运用绿色、生态和有机农业的生产模式来提高土地、淡水等农业资源的可持续发展能力。四是产业化程度高，现代农业产业链向纵深延伸，注重完整的产业链条，主导环节后移，主要集中在产后环节，产业组织结构呈现出"哑铃型"特征。五是市场化程度高，现代农业通过市场机制来配置资源，是以市场为导向的农业，具有很高的商品率，而离开了发达的市场就不可能有真正的现代农业。六是劳动力素质要求高，建设现代农业的前提条件是要具有较高素质的农业劳动力，这是因为现代农业科技含量高、组织化程度高、专业化强，强调精密分工和紧密合作，因此对劳动力的要求较高。

（三）现代农业功能

现代农业的功能主要体现在六大方面：一是振兴乡村。依托现代农业园区建设，将"工业化"管理理念引入农业生产，为农民提供更多的就业机会，进一步提高农民收入水平，拉动地区经济，助力乡村振兴。二是生态文明。现代农业倡导以合理利用资源、维护生态平衡为出发点发展农业，是以可持续发展为导向，以人民利益为重的农业生产形态。也只有现代农业才能有效解决资源短缺和环境污染问题，从而昭示着建设生态文明成为可能。三是服务城市。城市的主体产业就是工业和第三产业。农业作为第一产业，应该与城市工业发展相适应，同时带动城市第三产业的发展，从而助推城市发展。四是示范带动。高素质农民作为现代农业的应用者和传播者，可以通过践行农业科技，发挥示范作用，带动和辐射周边地区的群众提高自身科技素质，维护社会和谐稳定。五是科技创新。现代农业是高科技农业，生产过程要用到新种子、新工艺、新材料、新工具、新技术等，也需要通过不断开发新产品，持续提升产品质量来改良农产品品质，为此进行农业科技创新是现代农业的应有之义。六是传承农耕文化。现代农业不光只注重生产，还可以与文化产业结合，从产品的生产到加工再到销售环节，都将文化创意融入其中，从而起到传承文化的作用。

（四）现代农业分类

现代农业的主要类型如下：一是绿色农业。即充分借助生态系统的物质循环功能，运用生物学技术、农药安全管理技术、营养物综合管理技术以及轮耕技术等开展农业生产的农业形态。二是精准农业。又称精细农业、精确农业、精准农作，是一种将地理信息系统（GIS）、全球定位系统（GPS）、遥感技术（RS）以及农作物栽培模拟系统等应用电子技术运用到农业生产中，以达到定点定量种植、施药、灌溉和施肥等目的，从而最大限度地提高农业生产力，是实现低耗环保、高产优质的可持续发展农业的有效路径。三是设施农业。运用现代材料建成适宜农作物生长的空间，通过对光线、湿度、温度的调节控制农作物生产。其主要形式有拱棚、大棚、温室和地膜几种，最为人们熟知的应用主要是温室。四是工厂化农业。即是一种自动化技术高度密集且全面机械化，并能够在人工创造的生产环境中实现连续作业的农业生产模式，从而使得农民农业生产活动能够摆脱自然界的制约。五是特色农业。就是将区域内独特的气候、地理、自然环境等农业资源开发成特有的名优产品，转化为特色商品的现代农业，其产品能够得到消费者的青睐，在市场上具有难以替代的地位。六是订单农业。又称合同农业、契约农业，是农户根据其本身或其所在的乡村组织同农产品购买者之间所签订的订单，组织安排农产品生产的一种农业产销模式，能够避免盲目生产。七是休闲农业。利用农业自然环境、农业人文资源、农村空间与设备、农业生产场地等，经过规划设计，将农村文化和生产生活方式等与休闲娱乐、观光旅游相结合，以发挥农业与农村休闲旅游功能，并提高农民收入水平，丰富城乡人民生活，促进农村发展的一种新型农业。

（五）现代农业发展模式

1. 美国模式

地多人少是美国的基本农情，美国主要是通过机械化生产，提高农业生产效率，并在此基础上逐渐走上以科技农业、农场农业、订单农业为主导的农业发展道路。主要特点有以下三点：一是农民职业化程度很高，20％农民都是大学学历；二是得益于其科技、资本和资源的优势；三是以规模化发展现代农业。

2. 日本模式

日本地处东太平洋，四面环海，耕地比较分散。面对资源短缺人多地少的基本农情，日本农业发展主要依靠大量投入人力、财力、物力，并通过不断发展科学技术，提高耕地利用效率，特别是借助小型农业机械发展现代农业。日本农户的特点是通过专业化分工和工厂式生产实现"大而专"。

3. 西欧模式

英国、德国、法国、荷兰等一些西欧国家农业资源有限，在发展现代农业过程中就特别注重运用现代生物技术，开发现代生产工具，以推进农业发展。近年来，面对土壤污染严重、化学投入过多等环境问题，西欧国家提出了"综合农业生产系统"的发展模式，旨在维持产量与农民收入的同时，改善环境质量。

（六）现代农业发展理念

1. 创新发展

创新居于新发展理念之首，是经济社会发展的第一动力。当前农业生产科技支撑和技术服务水平仍不足，现代信息技术尚未充分运用到农业经营方式中，因此发展现代农业需紧跟新形势，坚持创新发展理念，加大农业的科技投入力度，建立完善农业科技创新体系，逐步提高农业企业的科技创新水平，积极推广应用大数据平台、农业云等现代信息技术，通过信息化、网络化促进农业经营方式、销售方式质的转变，推动农业全面改革创新。

2. 协调发展

协调是持续健康发展的内在要求，注重解决发展不平衡问题，避免"木桶效应"的产生，因此发展现代农业要在保证粮食稳定供给前提下，进一步优化农业内部各产业之间结构，加快农产品的转型升级，以现代特色农业示范区建设为载体，充分挖掘农业休闲、养生等多种功能，因地制宜地加快发展特色农业、生态循环农业，延长农产品的产业链和价值链，加快一、二、三产业的融合发展，促进农业现代化与新型工业化、信息化、城镇化同步发展。

3. 绿色发展

绿色发展是人民对美好生活追求的重要体现和永续发展的必要条件，重点解决人与自然和谐共处的问题，具体到农业中是人对清新空气、干净饮水、安全农产品、优美环境等的强烈要求，让农业农村绿起来，是农业可持续发展的根本保障，是摆在我们面前的重要而紧迫的任务。因此发展现代农业就要坚持"绿色决定生死"的理念，加强农业污染源防控，走绿色发展、可持续发展的农业之路。

4. 开放发展

开放是国家繁荣发展的必由之路，注重解决发展内外联动问题，是新形势下的必然要求。因此发展现代农业要在开放的广度和深度上做文章，坚持"引进来"和"走出去"有机结合，不断提高农业对外开放的水平。在"引进来"方面，加大农业招商合作创新的力度，加快引进国内外社会资本、高层人才、关键技术、优质服务等；在"走出去"方面，着力发展壮大农产品加工出口企业，不断开拓国（区）内外农产品市场，积极举办农交会，进一步加大农产品的宣传推销力度，积极打造一些区域性的农产品知名品牌。

5. 共享发展

习近平总书记多次指出"小康不小康，关键看老乡"。因此要以增加农民福祉为发展现代农业的落脚点，通过提高农民的素质，转变小农经济意识，大力发展农民专业合作组织，大力探索和培育多种形式的农业经营合作新方式，构建社会化、科学化、组织化、专业化、集约化的新型农业经营体系，积极拓展巩固脱贫攻坚成果，让农民共享现代农业发展的硕果。

四、农业现代化

（一）农业现代化的概念

农业现代化是用现代科学知识提升农民素质的过程；是农民运用现代经营方式经营农业的过程；是借助科学技术、生产条件、生产方式创新，使传统农业向现代农业转化的过程；是用现代工业装备农业、用现代科技改造农业的过程；是通过建立以现代农民为基础的优质、高产、高效农业生产体系，并达成生态效益和社会效益可持续发展目标的过程；也是农民收入不断提高，农产品供给有效增加，农业综合生产能力大大提高的过程。总之农业现代化离不开农业生产技术的现代化，也离不开农业生产条件的现代化，还是农业生产组织管理的现代化，同时也是与之相适应的制度安排，特别是资源配置方式的现代化。

（二）农业现代化的特征

概括地说，农业现代化包括以下几个特点：一是农业机械化是农业现代化的基础。所谓农业机械化，是指在农业生产的产前、产中、产后各环节运用机械设备代替人力的手工劳动，从而降低劳动强度，提高劳动效率。二是科学生产技术是农业现代化的动力源泉。通过将先进科学技术广泛应用于农业，科技对农业增产和农民增收的贡献率就会不断提高。三是农业产业化是农业现代化的重要组成部分。农业产业化是指农业生产区域或生产单位，围绕经济效益，以农户为基础，以市场为导向，根据其所拥有的资源禀赋，依托合作经济组织或龙头企业，借助农业生产服务体系，将农业生产的产前、产中、产后诸环节链接为一个产业系统，实现农工商、产供销、种养加一条龙综合经营的过程。四是农业信息化是农业现代化的重要技术支撑。所谓农业信息化就是以信息技术改造传统农业，从而提高农业综合生产力和经营管理效率，以确保农业持续、稳定、高效发展。五是提高劳动者素质是实现农业现代化的决定因素。农业现代化要靠科学的管理方法、先进的科学技术和现代化的工业装备应用于农业，而这些必须由农业生产的主体农民来实现，从这个意义上说，农业现代化离不开农民自身素质的现代化。六是农业可持续发展是农业现代化的必由之路。从可持续发展的角度看，农业现代化不仅反映了人与自然和谐发展的程度，而且反映了人类征服和改造自然的能力。因此，农业发展必须建立在合理利用和保护自然环境，不滥用自然资源的基础上，从而做到既实现当前利益又兼顾长远利益。

（三）我国农业现代化的极端重要性

实现农业现代化对我国非常重要。一是实现农业现代化是我国四个现代化的首要目标，这直接关系到我国的总体发展战略。二是农业现代化是衡量一个国家综合国力的重要尺度，没有农业现代化就谈不上国家的现代化。三是当前形势下，我国面临的挑战与发展机遇并存，加快实现农业现代化势在必行。四是随着我国城市化和工业化进程加快，不利于农业生产的因素也在不断增加。

与此同时，国际农业生产竞争日趋激烈。特别是，我国的农业生产与发达国家还有很大差距，更是增加了我国农业现代化的紧迫性。五是随着我国经济发展，工业已有能力支持农业发展，这为实现中国农业现代化提供了良好的基础，我们必须要尽快推进以工促农，加快实现农业现代化。六是从维护国家安全角度看，农产品是战略性产品，农业生产安全关系到国家安全，只有提高我国农产品自给率，才能从根本上确保国家安全。

（四）我国农业现代化的现实艰巨性

在"差序格局"社会里，我国传统农业具有低收入、多风险、高劳动强度的特征，加上突出的"人地矛盾"，注定只能是以统分结合双层经营体制下的小农户为生产主体。然而中国农业这种本质性弱点很难适应市场经济发展需要，从而制约了传统农业向现代农业转变的进程。经过几十年的改革和发展，从全国整体范围来看，中国农业已经不完全是传统意义上的农业，但也不完全是现代意义上的农业，而是向现代化迈进中的过渡性农业，处于传统农业的大力改造阶段。就中国传统农业而言，农业地域差距明显、农业人口和农村劳动力过剩、传统生产方法与现代生产技术并存并用、土地规模狭小、农民自给性生产比例大，农业商品率低、农民劳动生产率不高的格局并未改变。从这方面可以看到，目前中国农业仍然带有浓厚的传统部门色彩，基础脆弱、效益不高、后劲不足、缺乏竞争力依然是它的最大弱点。因此，面对不断变化的社会需求和不断发展的市场经济，带有传统色彩的中国农业生产显得极不适应，中国实现农业现代化之路任重而道远。

（五）我国农业现代化的发展历程

对于农业现代化国人并不陌生，1952年毛泽东主席就首先提出建设现代化的农业，1964年周恩来总理首次提出国家四个现代化，农业现代化为四个现代化其中之一。然而农业现代化之路却是异常艰难，以改革开放为线的话，大体上可以分为两个重要时期，即改革开放前与改革开放后。在改革开放前，我们认为农业现代化就是克服小农生产弊端，改造小农生产，并据当时农业生产状况提出了"农业的根本出路在于机械化"的论断，为此，当时的农业现代化之路就是走农业合作化和机械化之路。改革开放后，国家推行农业现代化的方式开始转变，确立了家庭联产承包责任制，这种体制实际上充分尊重了农民的生产劳动，农民从此获得了自主权，也正是这样，农民的生产积极性得到了很大的提高，并且成为我国农业机械化的主体力量，农业生产从过去的长期停滞不前到了今天的大规模提升，农业现代化取得长足进步。

五、小农户与农业现代化有机衔接

（一）小农户与农业现代化有机衔接的内涵

我国农业长期以"大国小农"的形式存续并发展，即使历经数千年的历史变迁，小农户仍然在中国普遍存在。小农户占据农业经营的主体地位且长盛不衰是中华民族长期历史进程中优胜劣汰的结果。进入新时代，落实创新、协调、绿色、开放、共享的新发展理念"就是要大力推进农业现代化，加快转变农业发展方式，走产出高效、产品安全、资源节约、环境友好的农业现代化道路"。小农户与农业现代化有机衔接的内涵就是让小农户融入农业现代化发展轨道，这既契合了新时期发展理念，也是建设中国特色农业现代化的必然选择。这就要求我们在当前和今后很长一个时期，要进一步激发小农户生产经营的主动性、积极性和创造性，促进传统小农户向现代小农户转型成长，使小农户成为农业现代化的有效参与者与积极力量，让小农户共享农业现代化发展成果。

（二）小农户与农业现代化有机衔接符合系统理论

小农户与农业现代化有机衔接本身就是一个系统机制，它既是农业基础设施、农业资源、农业科技、农业政策等各种生产要素相互作用而形成的一个整体，同时也是小农户、农业大户、涉农企业、农业合作社、各级政府等相关经济主体相互结合和相互作用而形成的一个整体。这样一个整体是多经济主体的复杂经济活动，能够合理配置各种生产要素，有利于发挥资源整合功能，形成小农户转型成长，农业现代化不断推进的新局面。

（三）小农户与农业现代化有机衔接具有操作性

小农户与农业现代化之间是一种什么样的关系呢？他们是我国农业改革与

发展中，"你中有我，我中有你"的关系。小农户转型成长离不开农业现代化，离开了农业现代化，小农户转型就容易迷失方向，就难以做到有的放矢；农业现代化则需要建立在小农户转型成长的基础上，而不能以牺牲小农户发展为代价。总之，在我国实现小农户转型成长就要提高农业现代化水平，与此同时要提高农业现代化水平，就需要实现小农户转型成长，而要做到这些就需要通过做到小农户与农业现代化有机衔接才能实现（图1-1）。

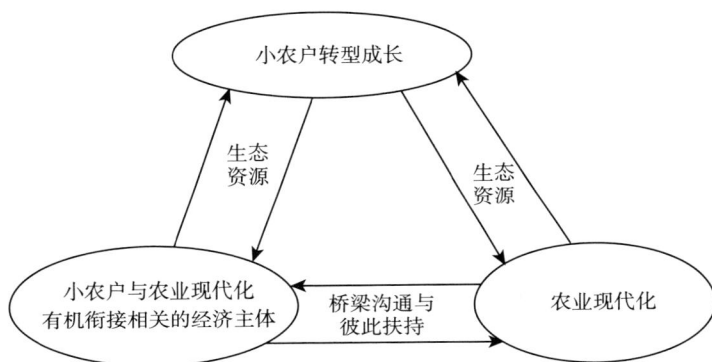

图1-1 小农户与农业现代化的互动关系

（四）小农户与农业现代化有机衔接的影响因素

小农户与农业现代化有机衔接是以实现农业基础设施、农业资源、农业科技、农业政策等各种生产要素共享，和提升小农户、农业大户、涉农企业、农业合作社、各级政府等各种经济主体的整体效益为目标，并通过生产要素与经济主体的相互融合，来发挥各种经济资源的作用。要实现小农户与农业现代化有机衔接，既需要考虑到一些宏观、中观和微观因素本身对两者衔接的影响，同时也要考虑到这些因素之间的相互作用对小农户与农业现代化有机衔接的影响。这些宏观因素有国家生态保护和巩固脱贫攻坚成果政策、科学文化水平、经济发展水平、社会服务水平；中观因素则分别是制度建设、资源配置、市场竞争、衔接意识。与此同时要实现小农户与农业现代化有机衔接，还有赖于其协同发展的衔接对策能够充分发挥作用，这些对策主要有基于农业治理的治理性衔接对策、基于农业生产的生产性衔接对策、基于农业现代化管理的管理性衔接对策、基于农业社会化服务的服务性衔接对策（图1-2）。

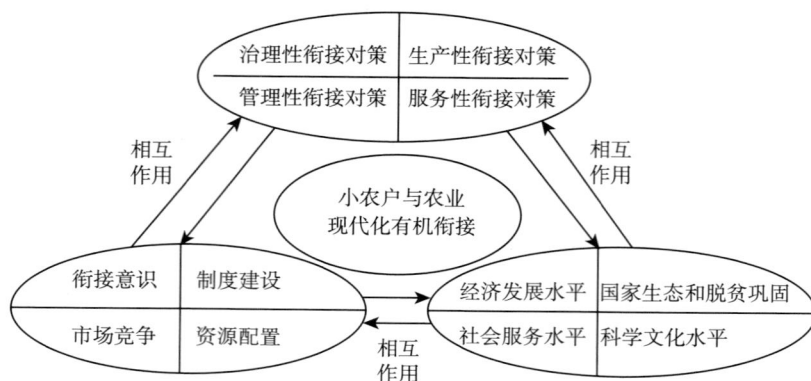

图 1-2 小农户与农业现代化有机衔接的影响因素

第二节 理论基础

一、西方农户行为理论

（一）组织生产学派

该学派的代表人物是恰亚诺夫、伯恩斯坦、弗里德曼、K. 波兰尼、詹姆斯·C. 斯科特，其理论基础是边际主义劳动—消费均衡理论和具有"生物学规律"的家庭生产周期理论。基本观点主要如下：一是农户决策目标不同于企业家行为目标，即农户农业生产的目的不是追求利润最大化，而是满足家庭生存与生活需求；二是农户的经济生产不像资本主义企业那样靠雇佣劳动力，而是以自身劳动力为主；三是由于农民的劳动投入没有体现在工资形式上，而使得其难以准确计算劳动成本，但由于投入与产出是一体的，所以农民在生产中的最佳选择是努力程度与自身之间的平衡，以满足消费需求，而不是成本和利润的比较；四是建立以家庭小农场为基本单位的农业合作社是保障小农增收和可持续发展的有效途径，在合作社的帮助下，分散的小农力量可以整合在一起，既可以充分发挥小规模家庭经营的优势，又可以有效避免单一家庭力量薄弱的弊端；五是小农的经济行为植根于特定的社会关系，并受到文化习俗和道德规范的约束；六是家庭周期性的劳动者与消费者比例的变化是农户分化的原因，并不是商品经济导致的农民分化。

（二）理性小农学派

该学派代表作有西奥多·舒尔茨的《改造传统农业》（1964），波普金的《理性的小农》（1979），施坚雅的《中国农村的市场和社会结构》（1998）。基本观点主要如下：一是在传统农业时期，小农利用各种生产要素进行生产时，投资回报率并没有明显的不平衡，这说明小农的生产行为是完全理性的；二是小农与所有资本家一样，都是"理性的经济人"，即在市场竞争环境下，小农的决策行为与资本家的决策行为一样，追求利润最大化都是其生产和经济活动的最终目标，它们也表现出进取精神，很少在生产分配方面表现出明显的低效；三是在完善的市场机制条件下，小农会根据市场价格的变化做出相应的反应，对自身资源进行有效配置和合理利用，从而实现帕累托优化；四是农民的经济行为并不植根于社会关系，而是在一定程度上依赖或植根于市场体系；五是传统农业经济增长的停滞不是因为农民缺乏努力和进取精神，也不是因为缺乏自由竞争，而是因为传统边际投入的收益递减导致农业经济增长停滞；六是改造传统农业的方式不是削弱自由市场体系和农民生产组织的功能，而是确保以合理的成本在现有市场和组织中提供现代生产要素。

（三）历史学派

该学派的代表人物是黄宗智，其代表作是黄宗智的《华北的小农经济与社会变迁》（1985）和《长江三角洲小农家庭与乡村发展》（2000）。基本观点主要如下：一是农户在商品化过程中遵循"效用最大化"原则，追求利润最大化和效用最大化都是农民经济行为的特征；二是研究小农动机和行为要运用消费者行为理论和企业行为理论进行分析，农户行为会受到农户劳动力结构以及市场经济的制约，其行为也不仅受经济利益的影响，还会受到农户自身需求的影响，因此需要从生存者的角度和农民的消费行为角度来展开分析；三是"内卷化"是中国小农的本质特征，"内卷化"又称"过密化"，即总产出以劳动力边际收益递减为代价，又由于耕地不足带来生存压力，让农民在边际收益极低的情况下继续投入劳动力，直至在逻辑上边际产品接近于零；四是由于"内卷化"，中国的小农经济无法让家庭释放更多劳动力，形成"无产—雇佣"阶层，富余劳动力需要依附于小农经济，难以成为真正意义上的工资劳动者，形成"半无产阶级"现象；五是小农家庭收入是由非农业工资收入和农业收入的总和构成，非农业工资收入通常被视为小农家庭的补充即"拐杖"，而农业收入则相当于农户的双腿，当农户家庭出现财政赤字，农业收入无法满足生存需要时，首先就要利用农户的"拐杖"即非农工资收入（非农就业），其次要寻求政府救助信贷，最后是非正规金融，如民间高利贷、乡邻的免息贷款等。

（四）马克思主义学派

马克思主义学派的小农行为理论是经典的小农理论之一。马克思时代的小农处于封建压迫之下，他们的行为动机是追求剥削最小化。马克思认为，小农是封建专制的基础，是"父权制"的小规模生产，是支付地租和赋税的耕作者，是被剥削阶级，他们的生产剩余被用来维持统治阶级的治理成本。作为马克思思想追随者，列宁认为革命前俄国的经济社会发展完全符合马克思理论：资本主义和商品经济带来的两极分化将共同发展。对俄国来说，小农生产代表了落后的前商品经济，而商品化和工业化只能带来资本主义的发展，进而导致小农生产的衰败。斯大林基于马克思、列宁的观点认为，只有"社会主义"集体化，才能把低效的小农生产转化为高效的大规模生产，实现小农的现代化，同时也避免了资本主义带来的分化等弊端。毛泽东认为，"社会主义"集体化是市场导向的资本主义发展之外的唯一途径。

二、国内农户行为理论

（一）"社会化小农"学派

该学派的代表人物有徐勇、邓大才、王银梅、刘金海等，其理论是来源于对组织生产学派、理性小农学派、历史学派、马克思学派等理论总结和借鉴基础上，对当代中国小农的判断。基本观点主要如下：一是当前中国小农夹在"商品小农"与"理性小农"之间，还具有"生存小农"的个别特征；二是认为"社会化小农"以货币收入最大化为行为逻辑，要受到"货币支出压力"等经济压力约束，是要被卷入到"社会化"大分工网络中的小农；三是在行为选择表现方面，既更倾向于满足农户当期货币需求，即更加注重短期低收入而不是长期高收入，也倾向于收入稳定、低风险和低回报的经济行为偏好，同时还倾向于兼业化，但并非只唯工资收入而放弃务农收入；四是认为"社会化小农"可以分为四种形态，即基于亲属关系的社会化小农、基于非亲属关系的社会化小农、基于商品交易的社会化小农和基于制度的社会化小农；五是存在劳动力社会化趋势，这是劳动分工和农村商品经济发展的结果，对于农户家庭劳动力的有效配置，可以通过专业化在农业产业和非农产业之间实现，而要提高农业劳动力社会化水平则既可以通过促进农业劳动力流出实现，也可以通过包括耕种、施肥、收割等生产过程的外包服务而所产生的劳动力流入来实现。

（二）"去自给化小农"学派

该学派的代表人物是李继刚。基本观点主要如下：一是小农"去自给化"就是积极参与市场交易活动，主动融入社会分工体系，从而逐步摆脱自给自足局面的过程；二是"去自给化小农"就是小农在生活领域越来越依赖社会服务体系，社会交往领域越来越社会化，从而从生产领域逐步实现社会分工；三是"去自给化小农"中的"去自给化"与"小"之间有着密切联系，一方面"去自给化"是小农通过与市场合作、交换、竞争方式等达到增强自身能力，而不断突破自身条件限制的过程，另一方面"去自给化"也是小农在突破自身局限的同时又加快自身毁灭的过程；四是"去自给化小农"的理性是层次化的，即小农在去自给化过程中逐渐从封闭的社区理性转变为开放的市场理性；五是"去自给化小农"是以经济独立和"自由"为发展目标的小农，随着社会生产力发展和人类文明不断进步，小农能够逐渐实现经济独立和政治平等，从而摆脱个人依赖；六是"去自给化小农"是一个历史性概念，将"去自给化"与"小农"紧密联系，既包含了小农的一般特征，也反映了小农社会随着历史的发展而进步的特征，这是因为小农去自给化的过程及其水平是由不同的制度和技术水平决定的，因此在生产力发展的不同阶段，小农的去自给化程度是有所不同的。

三、现代农业发展理论

（一）农业区位论

德国农业经济学家杜能于 1826 年在其著作《孤立国同农业和国民经济的

关系》中首次提出农业区位理论，详细论述了以单位土地利润最大化为目标的最优农业布局问题。主要结论如下：一是作为消费中心的城市是影响周边农地的主导因素。距城市中心的距离和农产品运输成本是衡量地租水平和土地利用集约化程度的重要指标，可以借助这两个指标对各种农产品的生产进行规划和定位。二是根据土地区位（离市场远近）和地租确定合理的土地利用强度，即越靠近城市中心市场，地租越高，土地利用集约化程度也越高。三是对于必须适应特定产区且远离中心消费市场的农产品，以及受气候、土壤等自然条件限制的农产品，应进行加工改造，以便于远距离销售。四是为了节省运费及土地或加快销售，对于那些单位产品体积大而价值低和单位产品重量大而价值低的农产品，以及易腐烂难保鲜的农产品，其生产地应靠近消费中心。该理论还提出农业分布圈层理论，即把以城市为中心向外扩张的农业区划分为六个具有层次性的农业圈层，其规律是农业集约化水平由内向外下降，单位土地面积产出和收入由中心向外围逐渐下降。农业区位理论认为随着城市化水平的不断提高和城市规模的不断扩大，城市边缘地带的城市用地与现代农业用地之间存在着激烈的纠纷，这是由于城市土地通常比现代农业土地更有利可图，城市边缘地区的农民也有意愿出售土地。农业区位理论对现代农业发展具有重要指导意义，特别是在其研究农业生产布局的地带性和层次性方面取得的成果非常值得借鉴。总之，运用农业区位理论，将农业按照功能和区位划分，就可以使得不同地区根据自身的区位特点，重点发展不同形式的农业，从而实现现代农业资源的高效利用。

（二）农业结构优化理论

农业结构优化理论的核心观点是通过调整农业内部（畜牧业、种植业等）结构来推动农业结构向合理化、科学化、多元化、精细化、高级化发展，实现资源优化配置与再配置，最终实现农业可持续快速发展。农业结构优化是一个动态的概念，其具体内容在一个国家经济发展的不同阶段是不同的。在经济发展的不同阶段和时间点，需要根据要素禀赋和消费需求，理顺结构，合理配置农业资源，促进农业均衡发展；同时随着农业科技进步，资源利用效率会不断提高，代表现代农业技术水平的高效农业部门比重会逐步扩大，农业创新能力会持续增强，从而农业结构也会逐步向先进水平演进。

（三）比较优势理论

目前动态比较优势理论被广泛接受，该理论认为政府可以通过产业政策来培育一个国家基于未来发展战略的动态比较优势，或者政府的产业政策可以加速帮助一个国家获得动态比较优势。一个国家的比较优势也会随着要素积累、技术进步等因素的变化而变化，或者随着世界经济形势的变化而变化，总之国家的比较优势不是固定不变的。运用这一理论来分析我国现代农业的发展可以发现：第一，与传统农业相比，现代农业在土地资源上处于劣势，但是具有劳动力资源和资本优势。因此，在发展现代农业时，应积极发展体验农业、休闲农业、观光农业、旅游农业等劳动密集型农业，以及精密农业、设施农业、高新技术农业等资本密集型农业，而要避免发展大宗作物等土地密集型产品。第二，通过对比不同地区的各种农产品生产优势，有利于形成现代农业产业的布局。

（四）产业转型理论

美国著名经济学家库兹涅茨（1971）认为，随着经济发展，工业和服务业的总产值占国内生产总值的比重呈上升趋势，服务业劳动力占全部劳动力的比重则显著上升；而农业总产值占国内生产总值的比重呈现下降趋势，同时农业部门劳动力占全部劳动力的比重也呈现下降趋势。根据产业转型理论，现代农业发展应实现农业产业转型：一是实现农业生产过程的工业化。发展现代农业要以农业资本盈利最大化和投资"规模报酬递增"为目标，通过建立起区域农业产业一体化生产经营模式，大力发展设施农业、工业化农业和高新技术农业，实现农业产业转型。二是延伸产业链。发展现代农业要在产业垂直层面，打造一条集种植、深加工、销售、农业研究、农业旅游等为一体的经营链，进而提高产品附加值，实现农业产业转型。三是大力发展农业相关服务业。发展现代农业要充分拓展农业的多功能性，深度挖掘农业外延经济潜力，为此可以通过大力发展体验农业、休闲观光农业、科普教育农业、旅游度假农业等新型农业，实现农业产业转型。

（五）投入产出理论

投入产出理论认为，生产必须有一定比例的物质投入，才能产出一定数量的产品，这种为得到一定数量产品的物质投入比例即为技术系数。生产力就是由这一技术系数决定和反映的投入产出能力。该理论不仅可以定量分析与农业有关的各项社会、经济、生态功能的投入产出指标，还可以清晰地反映农业增长、经济发展与生态环境之间的关系，并将统筹发展作为处理农业经济发展与生态环境关系的最佳选择，从而为现代农业的发展指明前进方向。

（六）可持续发展理论

农业的可持续发展最早是在 1985 年美国加利福尼亚议会审议并通过的《可持续农业研究教育法》中提出的。该法案强调，通过保护自然资源，并辅以先进技术，最终使农产品可以持续满足后代的需要。随后农业可持续发展理念逐渐被越来越多国家的组织和机构所重视。实施农业可持续发展战略是农业现代化的客观要求。主要表现为：第一，可持续性是一种理念，其理念的根源在于资源的有限性。可持续发展体现在农业资源的可持续利用上，不是掠夺性发展，而是发展与保护相结合。第二，农业可持续发展的内涵是在农业上形成资源合理利用、环境和谐友好、产业集约高效、农民增产增收的农业发展新格局，其宗旨是既要达到当代发展农业的最终目的（即能满足当代人的农产品需要），又要保护好自然资源和环境（其要义是不危及子孙后代满足其自身能力发展的需要）。第三，农业可持续发展是一种集质量、产量、效益和环境为一体的农业生产模式。它运用社会学、经济学、生态学等学科来评价农业系统是否持续与和谐发展。

四、农业现代化理论

（一）古典经济学改进理论

小农经济效率的提高是经济发展的重要内容，引起了古典经济学家的关注。总体而言，他们主要关注以下几个问题：一是耕地制度对小农经济效率的影响。亚当·斯密（1776）认为奴隶制和租佃制度不利于土地改良，约翰·穆勒（1848）认为在土地不过度分散的情况下，个体经营的农民是适合小农经济生产方式的。二是贸易和劳动分工对小农经济效率的影响。亚当·斯密认为，基于绝对比较优势的劳动分工和贸易是提高包括农业在内的劳动生产率的重要源泉，能够增加社会总财富。大卫·李嘉图（1817）在亚当·斯密绝对比较优势理论的基础上提出了相对比较优势，进一步说明即使一个人或一个国家在任何方面都处于相对劣势，只要它具有比较优势，分工和贸易也有利于劳动生产率的提高，包括农业。三是城市发展对小农经济效率的影响。亚当·斯密认为，"在欧洲大部分地区，城市工商业是农村改良和发展的原因，而不是结果"。城市工商业的发展可以从三个方面促进小农经济效率的提高：即拓展农产品市场，形成良好的社会经济秩序，培育资本主义精神。四是资本和技术进步对小农经济效率的影响。亚当·斯密发现资本对于提高小农劳动生产率具有重要作用，甚至认为"在各种资本使用方式中，农业投资是对社会最有益的"。约翰·穆勒认为，不能增产却能减少劳动消耗的农业技术，甚至只要是可以增加绝对产量而不增加劳动的农业技术，都是抵消土地收益递减规律的重要因素。五是农业区位对小农经济效率的影响。在《孤立国同农业和国民经济的关系》的著作中，杜能（1826）指出从城市中心向外扩展，农业生产布局应按照生鲜蔬菜、林业、粮食和畜牧业的顺序安排，以便尽可能地节省社会劳动力，且达到减少社会消费和生产尽可能多的产品的目的。虽然小农经济效率提升一直是古典经济学家关注的焦点，也不乏见地，但其研究实证性不强，且较为分散，另外受历史条件限制，对小农经济效率提升的探讨，更多的是在传统农业范围内展开的。

（二）生产要素组合创新论

熊彼特在1912年出版的《经济发展理论》中首先假设存在一个由私有财产、劳动分工和自由竞争主导的国家。在这个国家，农民处于这样一种状态，即经济活动的运行"就像血液在生物体内循环一样"，"就整个交换经济而言，在相同的假设下，具有相同的连续性和不变性"。熊彼特认为，如果经济想要发展，就必须打破这种简单的循环往复的再生产过程（经济静态均衡状态）。然而，如何打破这种平衡呢？那就必须依靠各种"新组合"的产生来实现，如新开发出来的创新性产品、新研制出来的科学生产方法、新开拓的产品市场、新成立的高级产业组织等。这种"新组合"是建立新的生产函数的创新过程，是对经济体系中现有的生产手段或生产要素的高效利用和重组。因此，熊彼特认为经济发展实际上是生产要素组合创新的过程。虽然熊彼特的生产要素组合创新理论研究的是更广泛的经济发展，但其观点也适用于促进农业现代化，因为他在描述如何打破经济静态均衡状态时，首先列举的正是农民的经济行为。

（三）生产要素现代改进论

在《改造传统农业》一书中，舒尔茨指出农民是理性的，能够实现其有限资源的配置效率。然而在资源有效配置下，农民由于对财富的偏好和农业技术的约束使其仍处于贫困状态。"贫而高效"是传统农业经济的基本特征。他发现，因为农业经济长期以来一直处于均衡状态，因此仅仅通过农业经济内部现有生产要素的重新组合来提高农业经济效率是难以成功的。他说："增加一些用于灌溉的水井和沟渠，增加一些牲畜和农业工具，或者增加农民使用了几代的其他形式的物质资本，对提高农业产量没有什么帮助。"也就是说，传统农业生产要素的投资收益潜力已经枯竭。因此，他认为提高农业经济效率需要对传统生产要素进行改造，这就需要从农业外部引进现代生产要素，如机械、化肥、农药等。此外，舒尔茨深受熊彼特的企业家创新思想和阿伦·杨的收益递增思想的影响，也十分重视人力资本在促进农业现代化中的作用。而在人力资本方面，舒尔茨更加关注企业家的创新能力以及农业科学家、农业技术人员、种植能手等专业人力资本的作用，认为专业人力资本是农业收益增长的重要来源。

（四）二元经济发展论

二元经济发展理论最早由英国经济学家阿瑟·刘易斯于 1954 年提出，他在《劳动无限供给条件下的经济发展》一文中提出三个基本假设：一是劳动无限供给，即使当工资降至仅能维持生活水平时，劳动力的供给仍然超过需求，以至于使得劳动的边际生产率等于零或为负数。二是二元经济结构，即国民经济中既存在一个资本主义现代工业部门，同时也存在一个传统农业部门，而这实际上是两个性质不同的部门。三是工资水平保持不变，即传统农业部门的工资水平决定了现代工业部门的工资水平。基于以上三个假设，阿瑟·刘易斯认为传统农业部门存在大量的剩余劳动力，从而使得农业劳动力的边际产值几乎为零，因此农业产出并不会受到劳动力从农业部门向城市现代部门转移的影响，相反，农业劳动力的不断转移和现代部门的不断发展是实现整个经济现代化的重要助推力量。总之，二元经济发展理论本质上是一种旨在通过转移农业剩余劳动力，进而提高农业劳动生产率，促进农业现代化的思想，但是对农业本身发展的忽视是其难以回避的理论缺陷。

（五）制度改进论

冈纳·缪尔达尔是制度改进论的代表人物，在对南亚长达 10 年调查研究的基础上，他于 1968 年出版了《亚洲的戏剧：对一些国家贫困问题的研究》一书。他说："南亚的佃农制度造成了复杂的限制和障碍，有效地阻止了任何改善技术、提高劳动效率和产量的尝试：这样的制度构成了几乎不可能克服农村群众积极参与发展的障碍，而不仅仅是对社会正义的侮辱。"缪尔达尔还认为，"虽然战后模式的趋势是将资本和技术视为劳动生产率的基本决定因素，但我们必须得出结论，资本和技术绝不是限制农业进步的唯一因素。"因此，他主张改革南亚国家的土地租佃制度和土地所有权制度，以提高农民的生产积极性。在更广的范围内，他还主张包括推进政治体制改革、教育制度改革在内的以社会经济平等为目标的社会改革。在缪尔达尔之后，一群新制度经济学家和新经济历史学家也强调了制度对经济发展的重要性。道格拉斯·C. 诺斯（1973，1981）是这方面的代表人物，他通过历史考察发现，"政治和经济组织结构决定了一个经济体的实际绩效和知识技术存量的增长速度。"因此，他认为高效的经济组织是经济增长的关键，是传统农业社会向现代社会成功过渡的原因。

（六）技术与制度诱导发展论

速水佑次郎和弗农·拉坦（1980）在《农业发展：国际前景》一书中合作，共同提出了一种促进技术和制度进行诱导变革的发展模式。他们不满于一些学者忽视了农业本身对国民经济的贡献，提出将各国农业生产和资源利用规律作为重要的研究课题，充分肯定技术和人力资本投资对农业发展的作用。农业发展的技术途径多种多样，应根据各国的自然条件和社会经济条件选择适宜的技术。"选择适宜技术"是指技术的开发和应用应反映要素的相对价格，以便于节约昂贵的生产要素和使用廉价的生产要素。也就是说，投入要素相对价格的差异会导致不同国家选择不同的技术开发和应用路径。此外，他们还认为，建立一个有利于"适宜技术"开发和应用的体系非常重要，特别是公共农业科技研究、推广体系，以及有效的市场体系建设都是非常重要的制度设计。综上所述，诱导变革发展模式的核心思想是认为反映与经济发展历史过程相关的资源积累、初始资源条件、产品需求等都是诱导技术和制度变化的各种经济力量。

第三节　文献综述

一、小农户与农业治理现代化衔接研究

陈航英（2019）认为要实现小农户与现代农业有机衔接，一方面在于构建新的农村集体组织、发展集体经济，另一方面在于吸收借鉴其他国家农业发展优势之处，走一条立足于中国农村社会实际，放眼中国国情的现代农业发展道路。苏会、赵敏（2019）通过对三个典型案例的研究发现：小农户要实现与农业现代化有效衔接，一是需充分发挥农村基层组织的作用；二是要通过完善利益分配机制，实现利润和风险共担。

陈靖、冯小（2019）发现良好的农村社会治理机制，能够使得社区生产的基础配套设施、公共品供给在短时期内完成，避免小农户经营统筹机制中的诸多弊端，是新时期市场经济下连接小农户与现代农业的一条重要纽带。刘同山、孔祥智（2019）将深化农村集体产权制度改革以优化农村土地资源配置，并实施新的体制促使资金回流农业农村，作为提高小农户收入，实现农业现代化的重要举措。阮文彪（2019）从国外经验和实证依据得出小农户和现代化农业之间具有有机衔接的可行性，二者并不是不相容的关系，其关键是要进行制度改革，促使产权制度、交易制度、生产耕作制度等实现制度更新。

韩庆龄（2020）通过实地调研发现，村社统筹是小农户衔接农业现代化过程中的有效组织载体，在保障小农户经营自主权和农业利益完整性的基础上，既提升了小农户发展能力又激活了农村基本经营制度的内在活力，他还指出小农户家庭对接现代农业生产中存在土地要素细碎化问题，而通过以"产业兴旺"和"治理有效"为政治基础的村社组织内外统筹是实现小农户与现代农业

匹配的关键。

二、小农户与农业机械化衔接研究

小农户与农业机械化衔接的关键问题在于农业机械化设备的有效投资与合理使用，机械化设备的投入使用会进一步影响农户种植规模与其经营模式。在国外，Paman（2014）发现印度尼西亚的廖内省缺乏农业机械的投入，农业经营主要以人力为主，才使得生产效率低下。Kansanga（2019）等人经过研究农业机械化与加纳北部小农户的种植模式和农场规模的分布之间的关系，再对小农户使用农业机械设备前后进行研究比较分析，发现使用农业机械设备后小农户的农业规模会扩大，且种植模式也会更加趋于市场化。Gagandeep Kaur（2020）等人的研究结果表示小农户采取机械化规模种植能够有效提高农业收入并且改变农户支出模式。

我国对农业机械化问题的研究可以追溯到 1937 年，毛泽东主席指出"社会主义社会中工人阶级和农民阶级的矛盾是通过农业集体化和农业机械化来解决的"。仇童伟与罗必良（2018）的研究表示农业机械化对现代农业种植结构有着直接性的影响。李宁和汪险生等学者（2019）研究发现小农户对农业机械化的选择会进一步影响到小农户与现代农业有效对接。彭继权与张利国（2020）等探究了农业机械化对农户主粮种植面积的影响，得出研究结论表明中国农业生产机械化对农户主粮种植面积存在一个显著的正向影响，但对不同类型主粮的影响存在差异。

三、小农户与农业科技化衔接研究

科技是第一生产力，农业科技是农业现代化发展的重要推动力量。而小农户是农业科技的最终执行者，也是吸收与接纳农业先进科技知识的主体。

在国外，传统农业逐渐与现代化农业相融合，《资本论》中就阐述了科技在物质生产过程中的重大作用。E. Schuhz 在《人力资本的投资》（1960）中认为农业科技作用的发挥在于被农户使用，其前提是需要农户有足够的农业技术水平。S. Thangamayan 和 Sugumar（2019）以印度农业为例，指出传统技术慢慢让位于现代技术，包括推荐剂量肥料的使用，以及推广使用杀虫剂以保护作物免受昆虫的破坏，这些技术变革给当地农业生产带来了惊人的变化。Adriana Camacho 等（2019）通过对哥伦比亚农村地区 500 名小规模农民进行的随机对照试验，发现农民对于 SMS 技术有助于种植和销售决策的认同度很高，不过调查结果也进一步表明虽然农民能够学习和使用新技术，但这些技术的引进难以在短期得到效果。Barry K. Goodwin（2020）在大量实证研究中发现生物技术的应用，例如种子基因的改造一定程度上降低了农产品的收益风险。

在我国，罗小峰（2010）基于 9 个省 1 311 户小农户的实地调查发现，农户对于农业科技的作用认知不清晰，农户对科技认知的影响因素主要是农户的文化素养、专业技能、家庭耕种面积以及是否接受相关培训等。学者赵霞与何晨曦（2015）经研究发现农户家庭是否接受过培训、农村是否有科技宣传、家中是否有电脑等因素与农业科技化评价呈正相关。王蒙蒙（2018）研究得出在互联网＋合作社模式下，小农户对农业科技需求越来越多。马亚飞、吕剑平（2019）通过研究我国西部地区的小农户，从小农户的含义、目前状况和发展情况分析出实现小农户与现代农业发展有机衔接存在农业科技推广阻力，政府应增加在农业科研方面的经费投入，积极推行农业科研制度的改革，积极推进农业科技成果推广与转化。王子青（2019）认为小农户与农业现代化有机衔接离不开小农户的农业科技培训，并总结出提高农户科技水平的方法。

樊从丛与孙瑜（2020）在研究中发现，青岛市大多数小农户家庭机械化水平较高，但是由于农户科技水平落后，最终导致农业生产效率低下，农产品出现负增长。姜岩、窦艳芬、裴育希（2020）分析了科技对小农户与农业现代化有机衔接的促进作用，以及衔接过程中科技帮扶面临的重重挑战，提出开展全覆盖的技术培训和示范，加强"互联网＋"小农户的科技帮扶。李明贤、刘美伶（2020）明确了小农户与现代农业衔接对现代农业技术的依赖，并且目前农村劳动力减少和老弱化现象严重，而现代农业技术的采纳能促进小农户实现更科学、高效的现代化生产。姜岩等（2020）也指出，虽然通过技术帮扶能够在一定程度上带动困难地区的小农户发展，培育起这些地区的特色农产品产业，但如果农户们自身的科技理念不尽快转变，从长远发展来看，还是很难走上农业现代化的道路。

四、小农户与农业信息化衔接研究

农业信息化与农业科技化密不可分，信息技术带来了新的革命，在一定程度上推动了全球各地的农业现代化进程。纵观世界各国的农业信息化发展，美国、日本等发达国家都根据本国的国情走出了一条适合自己的农业信息化道路。

国外对于农业信息化的研究重点在于"精确农业"的应用。Blake（1994）研究了精准农业技术即 3S，分别为地理信息系统（GIS）、遥感技术（RS）与全球定位系统（GPS），并且认为将信息技术应用于农作物的生产管理，能够大大提高农业技术。Neena Sinha、Pranay Verma（2020）研究发现：工作中的农民群体数量显著增加，性别、年龄和教育等社会经济因素对小农户信息化素养产生了必然影响。

冯献等人（2019）的研究得出小农户信息化水平直接影响到该农户农业增收的结论。李铜山、张迪（2019）认为发展现代农业动力不足，小农户无法实现与互联网的有效融合，而只有形成"互联网＋现代农业"发展模式才能快速融入当今的信息化时代，从而克服生产费用高、传统小农户信息不对称的弊病。侯文婷和郑洁（2020）经研究得出农业现代化离不开农业信息化的推进，农业信息化的有效推进能够提高农户农业收入，进而极大地促进农业现代化。邓雪霏（2020）在黑龙江省小农户与农业现代化衔接的障碍分析中提到"信息不灵"这一因素，信息获取不及时会使小农户农产品的销售渠道过窄，难以发展。

五、小农户与农业基础设施衔接研究

20 世纪 40 年代，"基础设施"这一概念被引入到经济学领域。重农学派的代表魁奈将基础设施作为直接生产成本投入农业。Wharton（1967）认为农业的发展不仅限于小农户本身，也取决于农业基础设施环境。Gizachew Woseneo 等（2018）通过对阿姆哈拉地区决定小农户胡椒市场供应的因素进行了研究，强调政府应该加强制度服务，落实基础设施建设政策，使得小农户对胡椒的生产能够达到市场所要求的水平。Sri Maryati（2020）研究表明小农户所在村的道路建设不仅节约时间，降低成本，还能提高经济效益。

农业基础设施的普及与应用对农业生产率有着重要影响，近年来中央不断加强农业基础设施建设与投资的力度。李宗璋（2013）基于农业基础设施投资对小农户家庭农业生产率的影响因素的分析证明了公路投资、电力投资与灌溉投资与农业生产率呈显著的正相关。朱晶等人（2016）经研究证明不同类型的基础设施对农业生产的影响不同，例如水利、田间道路等建设主要是节约物质资料的投入与劳动力的投入，而电力设备则是节约资本的投入，并认为应该继续加大设施建设的投资力度，且根据各区域的种植结构有针对性、有重点地实施。赵凌志（2019）认为农业基础设施的现代化能使小农户更加快速地理解市场信息，增强农户抵抗灾害的能力，降低农户参与市场的风险，有利于实现农户所在地经济发展现代化。金渝（2020）的实证研究表明基础设施建设的优化，能够有效地促进当地农业经济发展。

六、小农户与农业社会化服务衔接研究

在不完全竞争市场下，分散的小农户存在交易成本高、信息不对称、议价能力弱等问题，又由于小农户自身规模和能力的限制，使其面临着被边缘化的困境，而通过农业合作组织可以有效地解决这些问题（De Janvry 等，1991；N. Key 等，2000；T. Jayne 等，2006）。N. Key 等（2000）也认为在不完全竞争市场下，单家独户的小农户普遍议价能力不高，并且存在信息不对等和交易费用高等问题，很难自己挖掘出潜在的利润，而经过农业服务组织的帮助可以很好地处理这些问题，因此农业服务体系可以提高农业现代化水平，提升小农户抗风险能力。

陈小静（2010）、郭欣旺（2011）、赵晓飞（2012）都认为以农产品供应链为主要核心的农业社会化服务可以给小农户带来增加收入的机会。张悦（2015）指出农业社会化服务可以降低小农户的交易风险，提高收入水平。申坤、谭鑫（2018）以云南为例，主要研究小农户与农业现代化衔接过程中，存在的农业社会化服务组织服务意识薄弱、服务人才匮乏、服务措施不力的问题，并给出了相应的对策。

崔红志、刘亚辉（2018）对小农户衔接农业现代化过程中的一些政策、规章制度进行了分析，提到通过建立和完善面向小农户的农业社会化服务体系来解决服务体系建设滞后问题，并且认为应培育和发展多种类型的服务主体。何秋洁、万远英（2018）从小农户生存环境特点出发，认为健全社会化服务体系，解决小农户"种什么""怎么种""怎么卖"的问题可以为小农户搭建资源平台，加快衔接。苑鹏、丁忠兵（2018）认为针对兼业小农、专业小农和不在地小农的不同需求，可以对他们进行农业社会化服务费补贴，以此大力支持农机合作社、农民合作社，并以重庆梁平为例进行论证。孙祥智、穆娜娜（2018）同样指出，要发展现代农业，农业社会化服务体系是唯一的出路。

庄天慧、骆希（2019）通过收集四川省的数据，进行实证分析，判断出我国目前农业生产经营的基本主体依旧是小农户，但当前小农户存在着组织化程度不足，社会化服务体系建设不充分等多重风险，将小农生产引入现代农业发展轨道，需鼓励、引导和支持农民创办合作社，加快培育壮大适度规模的新型农业经营主体。熊磊、胡石其（2019）基于来自重庆市 4 个区县的调研结果，系统梳理出兴办合作社，发展家庭农场，培育农业产业化经营组织和农业社会化服务组织这几条路径。

杨进、张文文、邢博文（2020）认为当前中国农业现代化背景下，小农户在生产过程中面临诸多问题，应利用"纵向一体化"的方式进行生产，组建行业主导、市场主导、政府主导、合作主导的多元化社会服务体系，并且不改变小农户生产的基础，这样既可以克服小农户经营的困境，又可以促进小农户抓紧步入农业现代化轨道。汪涛、蒋雨东、廖小舒（2020）认为目前我国各类农业社会化服务还不能充分满足广大小农户以及各类经营主体的需求，所以要保障农业社会化信息服务供给与需求的一致性。方斌、胡菊芳（2020）以浙江省台州市为例，认为社会化服务体系对解决小农户与现代化农业有机衔接困境有很大效用，提出应加快推进全面、便捷、高效和覆盖全过程的社会化服务体系建设。吴小红（2020）提出要实现小规模农户与现代农业发展的有机联系，关键在于大力培养多元化、多层次、多样化社会服务组织。管珊（2020）发现通过重构社会化服务体系的供给端和需求端，可将小农户导向农业快速发展的新轨道。

七、小农户与市场衔接研究

Swinnen（2007）指出小农户退出市场的主要原因是缺乏准确有效的市场信息、融资难以及生产成本高。一些国外学者表示想要促进农业发展，就要从小农户入手，提升他们自身进入大市场的竞争能力。Kariuki 和 Place（2005）提出集体行为是解决"小农户"与"大市场"对接困难的有效机制，这是帮助小农户提升自身能力和市场竞争力以克服市场准入困难的有效途径。Barham 和 Chitemi（2009）也统一指出农民组织成员的集体行动的绩效与他们在市场中的地位、农民总体的受教育水平、接受培训次数呈正相关的关系。Christin（2010）指出，如果小农户成为现代农产品供应链的下游成员，通过链条增值，能使其生产的农产品价值提升。

Fischer 和 Matin（2012）发现，贫困阶层的小农户一般不愿意参加集体活动，而社会阶层较高的农户比较愿意参与集体行动，表明与市场衔接越少的农户越贫困，而越贫困的农户与市场衔接程度也就越小，这是一个恶性循环。如果想要帮助贫困阶层的小农户更好地克服市场准入障碍，那就一定要打破这种恶性循环。黄宗智（2012）也指出在市场化大趋势下，现代农业的特色就是小农户与大商业资本的不平等交易，越来越多的中国小农户关心在流通领域所发生的"流通关系"。Dires（2014）提出供应链管理的效率及其所打开的市场空间与利润空间有望成为小农户提高收入的新途径。Maertens（2015）指出小农户参与到垂直整合的农产品供应链中，有利于提高小农户的市场地位。

国内学者肖艳丽、李谷成（2012）认为要加强市场流通主体建设，培育农产品物流需求主体和供给主体，使小农户更好地参与市场，特别是要加快龙头企业、农产品批发市场和大型食品连锁超市、农产品运销协会、农产品运销与物流配送企业等主体建设。师冰洁（2013）总结认为资金及高效农业技术匮乏、市场经验缺乏、小农户自身素质低等都是影响小农户加入现代农产品大市场的障碍。张悦（2015）认为小农户由于缺乏准确有效的市场信息，导致其存在被"挤出"市场的风险。蒋永穆、刘虔（2018）指出小农户面临着市场弱势、生产弱势和资本弱势，直接影响了小农户与大市场的有效衔接。

八、小农户与农村金融现代化衔接研究

Joseph Masinde Wabwire（2019）指出为小农户提供资金是促进充分实现农业部门潜力的一项关键服务。余晓洋、郭庆海（2019）认为目前小农户发展水平与现代农业的标准还存在着一定差距，使得小农户的现代化过程面临诸多障碍：如经营规模小、农资价格高涨导致成本支出高、农户资金短缺、难以抵御市场和自然双重风险等，需要走扩大农村金融支持、降低农资价格、减少地租等路径。苏会、赵敏（2019）也指出通过资本进入乡村的方式，能够将农村劳动力、土地等生产要素进行有效整合，实现规模化经营，增加小农户的非农收入。连玥晗（2019）则根据借贷行为对小农户收入差距产生的影响进行了研究，指出政府应积极引导"金融示范户"向小农户传授正确且高效利用金融资源的成功经验，来鼓励小农户选定适合自身的投资项目；同时，金融机构自身应该加强对金融活动过程的监督，以保障金融资源的正确使用。

陆彩兰、张郁（2020）针对大国小农的现实国情中，小农户与农业现代化的发展脱节，特别是小农户参与的农业保险体系常年处于政策性失调的现实情况，探究普惠金融对小农户发展的影响，认为政府应完善对农村金融支持的大环境，充分发挥出宏观调控职能。许黎莉、朱雅雯、陈东平（2020）首次进行了实证分析，即社会资本能否且怎样通过影响获取资源的能力使得小农户衔接上现代农业，表明小农户可以通过改善生产环境，提高盈利，来实现与现代农业的衔接，这离不开一定社会资本的投资。

九、小农户与新型农业主体衔接研究

对于小农户与新型农业主体衔接的研究，不同学者提出了不同的观点。Markelova 等（2009）认为由于小农户天生的禀赋缺陷，缺少规模性，而现代农业普遍存在较高的生产交易费用，所以分散的小农户利润单薄，得有具有一定能力的新型农业主体带动小农户从事现代农业经营。

王心刚（2007）提出"龙头企业＋合作经济组织＋农户"的农业发展模式，鼓励龙头企业与小农户搞好关系，并与其建立合理的利益联结机制。郭庆

海（2018）研究表明我国想要克服小农户的局限性，最有效的方式是构造新型农业经营主体，其中包括新型市场服务主体、农民合作主体和农业产业化经营主体。郭斐然、孔凡丕（2018）从对河北金沙河面企业集团与农民专业合作社进行调查发现，龙头企业与合作社之间的合作能更好地发挥股份制与合作社的优势，以此实现小农户和农业现代化的有效衔接。

　　孔凡丕、陈学渊（2019）对安徽省农业适度规模经营的调研发现"龙头企业＋土地股份合作社"能够带动小农户发展现代农业，这有利于解决小农户土地"碎片化"问题，实现规模经营，较好地解决耕地荒废的问题，对我国实现农业现代化具有现实意义。向云（2019）通过对贵州农业发展困境的研究，提出"龙头企业＋合作社＋农户"的发展模式，目的在于提高小农户的组织化程度，促进农业生产组织现代化的实现。王文龙（2019）对中国稳健型、激进型、保守型这三种农业经营主体发展模式进行了探究，认为需要走稳健型这一新型农业经营主体道路来加快中国农业现代化转型。邓雪霏、卢博宇、徐子荞（2020）从黑龙江小农户发展的实践出发，认为应分别从提升新型经营主体带动小农户能力，提升小农户掌握现代要素能力，提升"联合合作"能力，增强"以小取胜"能力等方面给出相应转型路径。

十、小农户与农业现代化衔接困境研究

　　Kruijssen（2009）总结认为小农户组织化程度较低，经营规模小，市场地位弱，没有能力凭借自身的力量加入农产品供应链。Wiggins等（2010）认为小农户由于难以获取相关的信息和服务，致使其在农业现代化进程中处于不利地位。Poulton等（2010）指出小农户难以通过深加工来提高农产品的附加值，这是与农业现代化背道而驰的。Jan Falkowski（2012）研究发现，年龄、专用资产投资、种植养殖规模，以及是否有非农工作机会等因素成为小农户进入农业现代化的障碍。Maertens等（2015）认为由于存在政策、资金、管理、公共服务等问题，许多小农户不适应农业现代化的发展态势。

　　国内学者黄祖辉等（2005）发现我国农产品供应链尚未形成有效的价值增值和利益分配机制，而农产品供应链利益分配失衡是阻碍小农户与农业现代化有机衔接的一个重要原因。黄祖辉、梁巧（2007）则认为分散的小农户处于供

应链上游，面临着自然和市场的双重风险，往往容易处于现代化的边缘。王燕（2010）认为现阶段农产品产业链短、物流设备落后和信息化建设滞后是影响小农户参与农业现代化进程的主要原因。李铜山、周腾飞（2015）通过研究表明造成小农户"衔接困境"的成因既有农村经营制度没有得到优化，农产品市场化体系未健全；又有销售渠道匮乏以及市场信息不充分的制约。

孔祥智（2018）指出土地租赁这一土地流转方式也存在很多问题：一方面土地流转无法改变小农户生产经营的模式，另一方面小规模的租赁经营主体也面临着较大的运营风险。为此需要从优化社会服务体系等方面入手，推进农业现代化进程。崔红志、刘亚辉（2018）指出小农户在有机衔接农业现代化过程中存在一些困难，如经验不足、制度不完善、新型农业经营主体与小农户的联系不紧密、社会服务体系还需要优化、基础设施建设还有待提高，并提出完善好利益联结机制和农业社会化服务体系是最要紧的。

阮文彪（2019）对小农户参与农业现代化进程中所遭遇的困境进行研究，包括小农户生产经营分散化与农业生产规模化、标准化的客观要求之间的矛盾、小农户交易成本过高和农产品增长之间的矛盾等。并提出了遵循结构主义范式的制度路径去化解矛盾。余晓洋、郭庆海（2019）认为现阶段小农户与农业现代化衔接面临诸多现实困境：小农户经营规模偏小、细碎化问题严重、农资价格问题突出、地租水平高涨、借贷困难且家庭资金短缺、抵御风险能力较弱、农业社会化服务体系不完善。彭万勇、谷继建（2019）在论及小农户"衔接困境"的集中表现及基本特征时，认为衔接难主要表现在规模发展衔接难、接班人衔接难、参与市场竞争衔接难、三产融合发展衔接难、高效整合发展要素衔接难五个方面。

常明杰（2020）深入分析小农户转型及"衔接困境"时，认为小农户面临农民集体价值认同的思想困境、农村发展路径依赖制度困境、利益重置的资源整合困境、农民社会身份转换的转型困境以及小农户与大市场的耦合困境。邓雪霖、卢博宇、徐子荐（2020）基于黑龙江实地调查发现小农户"衔接困境"有以下几个方面现象，一是农业劳动力弱质化与土地经营细碎化同时并存；二是农村服务断层化和农业信息碎片化同时并存；三是农村产业薄弱化和农业政策偏离化同时并存；四是组织化不高与小农户规模经营意愿不足并存。

第四节 研究小结

何为"小农"？目前并没有一个统一的界定，本研究中的小农是以家庭作为生产和消费单位，并且拥有家庭剩余控制权的经济主体，如不加以特殊说明，小农、小农户、农户家庭均是这一范畴。小农经济则是农户主要依靠家庭承包土地和家庭成员劳动，以及主要通过非市场途径获得的其他生产要素进行生产，以满足家庭需要为目的的农业经营模式，具有顽强的生命力，能给中国经济发展和社会稳定带来极大好处。现代农业是农业的发展方向，其主要标准是科学化、产业化、商品化和集约化。发展现代农业，促进小农户增产增收，需要以农业现代化为依托，构建起小农户与农业现代化有机衔接的机制体制。

本章阐述了以组织生产学派、理性小农学派、历史学派、马克思主义学派为主要内容的西方农户行为理论，以"社会化小农"学派、"去自给化小农"学派为主要内容的中国农户行为理论，以农业区位论、农业结构优化理论、比较优势理论、产业转型理论、投入产出理论、可持续发展理论为主要内容的现代农业发展理论，以古典经济学改进理论、生产要素组合创新论、生产要素现代改进论、二元经济发展论、制度改进论、技术与制度诱导发展论为主要内容的农业现代化理论。上述理论阐述是本研究的理论基础。

不少专家学者对小农户、农业现代化展开了研究，本章重点从小农户与农业治理现代化衔接、小农户与农业机械化衔接、小农户与农业科技化衔接、小农户与农业信息化衔接、小农户与农业基础设施衔接、小农户与农业社会化服务衔接、小农户与市场衔接、小农户与农村金融现代化衔接、小农户与新型农业主体衔接、小农户与农业现代化衔接的困境 10 个方面开展文献综述。但已有的研究仍存有一些欠缺：一是从理论上对小农户及小农户经济存在的必然性和合理性分析还需要加强；二是以往的研究更多地从制度经济学、经济史学等学科知识出发，将小农户的问题归于制度、体制等方面的原因，却对小农户在农业现代化进程中的贡献及与农业现代化之间的相互作用重视不够；三是尽管也有些学者以某些区域为样板，进行案例分析或是调查研究，但是这些研究要么多是以北方平原地区或是东部沿海地区或是中部丘陵地区为样板，缺乏对革命老区小农户与农业现代化关系的全面透视，就川陕革命老区小农户与农业现代化衔接的研究则比较少见。

川陕革命老区的区域概况

  川陕革命老区包括四川省巴中市巴州区、恩阳区、平昌县、南江县、通江县，广元市朝天区、昭化区、利州区、苍溪县、旺苍县、剑阁县、青川县，达州市达川区、通川区、万源市、开江县、宣汉县、渠县、大竹县，南充市高坪区、嘉陵区、顺庆区、阆中市、南部县、营山县、蓬安县、仪陇县、西充县，绵阳市涪城区、游仙区、江油市、三台县、盐亭县、安州区、梓潼县、北川县、平武县；陕西省汉中市南郑区、汉台区、城固县、西乡县、洋县、勉县、宁强县、略阳县、镇巴县、佛坪县、留坝县，安康市汉滨区、汉阴县、石泉县、宁陕县、紫阳县、岚皋县、平利县、镇坪县、白河县、旬阳市，商洛市商州区、洛南县、丹凤县、商南县、山阳县、镇安县、柞水县，宝鸡市凤县、太白县；重庆市城口县，共 68 个县（市、区），总面积 15.7 万平方公里。川陕革命老区是全国经济发展相对比较落后的地区，2020 年底常住人口为 3 219.886 3 万人，比 2019 年下降了 9.3%；地区生产总值 12 898.35 亿元，大约只占全国国内生产总值的 1.3%，比 2019 年增长 2%；第一产业增加值 2 137.493 4 亿元，大约只占全国第一产业增加值的 2.7%；农村居民人均可支配收入约 13 863 元，比全国农村居民人均可支配收入低 3 268 元；农村居民人均消费支出约 11 210 元，比全国农村居民人均消费支出低 2 503 元。

第一节　四川省川陕革命老区的区域概况

一、基本情况

  四川省川陕革命老区地处川陕革命老区的西南方，下辖绵阳、达州、南充、广元和巴中五市，辖区面积约 7.79 平方千米，占川陕革命老区总面积的

49.7%；2020 年末常住人口 2 087.987 1 万人，人口总量比 2019 年下降 9.4%，占川陕革命老区年末常住人口的 64.8%，占比与 2019 年基本持平；2020 年创造地区生产总值 9 304.16 亿元，总量绝对值比 2019 年增长 4.4%，占川陕革命老区地区生产总值的 72.1%，占比相对 2019 年增长 2.9%。下辖 5 个地级市在 2020 年的具体情况如下。

（一）绵阳市

1. 地理位置

绵阳，别称"中国科技城"，位于四川盆地西北部，涪江中上游地带，下辖 3 个区、1 个县级市、5 个县。东与南充市的西充县、南部县和广元市的剑阁县、青川县接壤；西与德阳市的绵竹市、中江县、罗江区交界；南与遂宁市的射洪市相连；西北与甘肃省的文县和四川阿坝藏族羌族自治州毗邻，跨东经 103°45′至 105°43′、北纬 30°42′至 33°03′，呈西北—东南向狭长带状，南北最长约 256 千米，东西最宽约 187 千米，总面积 2.02 万平方千米，约占四川省辖区面积的 4.2%，占川陕革命老区总面积的 12.9%。

2. 地形地貌

绵阳市地势呈现南低北高态势，西南部地处四川盆地西北部，地势显著下降，西北部是青藏高原东部边缘山区，地势高而危险，山峰重叠；地貌类型空间分布差异很大，东南部主要是低山与深丘，西南部以平坝、丘陵为主，到西北部则以中山、低中山为主；山川的走向与岩层及褶皱的轴线断层走向一致；地貌形态既受到岩层岩性和产状控制，也受到构造线控制；涪江干流及其支流形成了一个由西北向东南延伸的密集水网，陆续汇入涪江，出于三台县。

3. 气候特征

绵阳市属北亚热带山地湿润季风气候区。平均气温为 14.7～17.3℃，最高年与最低年仅差 1.5℃左右。绵阳市年均降水量 825.8～1 417 毫米，比较充沛，但年际变化很大，降水分布特点是：西边多而东边少，中部多而南北少。该市以东北风到北风为盛行风，一般情况下风速较小，只有在冬、春两季北方遇到大规模冷空气入侵，或夏季出现雷雨天气时，才产生大风天气。

4. 自然资源

根据调查统计，绵阳市已知的低等植物有地衣植物和菌类植物，高等植物有蕨类植物、苔藓植物、裸子植物门和被子植物门。境内野生动物资源已知脊椎动物 791 种，无脊椎动物 1 257 种。目前已发现 56 个矿种，矿产地 400 多处，非金属矿产 200 多处。矿种主要有金矿、铅锌矿、铁矿、钨矿、硫矿、磷矿、白云石、石灰石等。

5. 经济总量

绵阳市 2020 年地区生产总值为 3 010.08 亿元，按可比价格计算，比 2019 年增长 4.4%，其中第一产业、第二产业、第三产业的增加值分别是 370.95 亿元、1 174.36 亿元、1 464.77 亿元；其增长速度分别是 5.4%、4.0%、4.5%；对国民经济的贡献率分别为 11.8%、44.8%、43.4%。三次产业结构为 12.3∶39.0∶48.7。民营经济实现增加值比 2019 年增长 3.1%，达到 1 822.17 亿元，占全市经济总量的比重为 60.5%。

（二）达州市

1. 地理位置

达州地处大巴山南麓，位于长江上游成渝经济带和川渝鄂陕四省份接合部，下辖 2 个区、4 个县、代管 1 个县级市，是四川对外开放的"东大门"和川东北城市群、成渝经济圈重要节点城市，也是正在建设的百万人口区域中心城市，跨东经 106°39′至 108°32′，北纬 30°19′至 32°20′，南北长 223.8 千米，东西宽 177.5 千米，总面积为 1.66 万平方千米，约占四川省辖区面积的 3.4%，占川陕革命老区总面积的 10.6%。

2. 地形地貌

达州市西南部为盆地丘陵区（地势低），东北部为大巴山区（地势高）。华蓥山、铜锣山、明月山由北而南，大巴山横直在万源和宣汉北部。最低处位于渠县望溪乡天关村，海拔 222 米；最高处位于宣汉县鸡唱乡大团堡，海拔 2 458.3 米。达州市地形主要是平坝、丘陵、山区，其中平坝面积占 1.20%，丘陵面积占 28.10%，山地面积占 70.70%。中南部较为平缓，形成平等谷地地貌单元；北部山势陡峭，山体切割剧烈，形成中、低山地貌单元。

3. 气候特征

达州属亚热带湿润季风气候类型，全年平均气温 14.7～17.6℃，年平均降水量在 1 076～1 270 毫米，无霜期 300 天左右，空气质量优良天数年均 300 天以上。由于地形复杂，导致区域性气候差异大。海拔 1 000 米以上的中山区，寒冷期较长，光热资源有所不足，秋霜和春寒十分突出；海拔 800 至 1 000 米的低、中山区夏日酷热，冬寒长，气候阴湿、温凉；海拔 800 米以下的低山、丘陵、河谷地区气候温和，四季分明，无霜期长。

4. 自然资源

达州市有鱼类、鸟类、兽类、爬行类、两栖类等脊椎动物 400 余种；有 5 000 余种野生植物，具有数量大、种类多、分布广、南北植物兼备等特点。境内已探明可开发利用矿产资源 28 种，其中主要分布在万源市城区、红旗、关坝、沙滩、长石、水田等地的铁矿保有储量为 3 743 万吨；天然气探明储量有 7 000 亿立方米，每年外输天然气达到 100 亿立方米以上，天然气净化附产硫黄接近 400 万吨，是亚洲最大的硫黄生产基地。

5. 经济总量

达州市 2020 年实现地区生产总值 2 117.8 亿元，按可比价格计算，比 2019 年增长 4.1%，其中第一产业、第二产业、第三产业分别实现增加值 393.57 亿元、720.30 亿元、1 003.93 亿元，其增长速度分别为 5.5%、4.8%、2.9%。全年全市民营经济增加值比 2019 年增长 3.5%，达到 1 270.46 亿元，对 GDP 增长的贡献率高达 57.08%，拉动 GDP 增长 2.3 个百分点。

（三）广元市

1. 地理位置

广元市下辖 3 区、4 县，处于四川北部边缘，山地向盆地过渡地带，东与巴中市的巴州区、南江县为邻；南与南充市的阆中市、南部县接壤；西与绵阳市的江油市、梓潼县、平武县交界；北与甘肃省武都区、文县以及陕西省南郑区、宁强县相连。地理坐标在东经 104°36′至 106°45′，北纬 31°31′至 32°56′，辖区面积 1.63 万平方千米，约占四川省辖区面积的 3.4%，占川陕革命老区总面积的 10.4%。

2. 地形地貌

广元市地势由北向东南倾斜，海拔从 1 200 余米下降到 600 余米，山脊相对高差达 3 200 余米。摩天岭东西向横亘市北为川甘界山，其山脊海拔由西端最高点 3 837 米向东下降至 2 784 米，向南则急剧下降到 800 米；米仓山东西向横亘市北，为川陕界山，其山脊海拔从北向南由 2 276 米下降到 1 368 米；市南由大栏山、剑门山等川北弧形山脉居元坝区、旺苍县城以南，以及剑阁、苍溪两县全境；龙门山则由北东至西南向斜插市西。

3. 气候特征

广元市位于南北气候过渡带，属于亚热带湿润季风气候，既有北方艳阳高照、天高云淡的特点，又有南方的湿润气候特征。北部中山区秋季降温迅速，冬寒夏凉；南部低山，冬冷夏热。年平均气温 16.1℃，元月气温 4.9℃，七月气温 26.1℃。无霜期 220～260 天，日照数 1 300～1 400 小时，年降水量为 800～1 000 毫米，四季分明，适宜生物繁衍生息。

4. 自然资源

广元市境内分布野生动物 400 种，野生植物 2 900 多种。全市有色金属矿产较少，非金属矿产居多，探明了资源储量的矿床 377 处，其中储量达到中型矿床标准的 39 个，大型矿床 6 个，主要为煤、玻璃石英砂、硅灰台、耐火黏土、熔剂灰岩、晶质石墨、页岩、砂金等。其中天然气储量达 3.73 亿立方米以上、黄金 44 800 千克，煤 17 172 万吨。在区域上主要集中分布在市中区、朝天、青川、元坝、旺苍五个县区。

5. 经济总量

广元市 2020 年地区生产总值 1 008.01 亿元，按可比价格计算，比 2019 年增长 4.2%，其中第一产业增加值增长 5.8%，占地区生产总值的比重提高 2.5 个百分点，为 186.79 亿元；第二产业增加值增长 4.2%，占地区生产总值的比重下降 1.6 个百分点，为 392.93 亿元；第三产业增加值增长 3.5%，占地区生产总值的比重下降 0.9 个百分点，为 428.29 亿元。三次产业结构由 2019 年的 16.0∶40.6∶43.4 调整为 18.5∶39.0∶42.5。一、二、三产业分别拉动经济增长 0.9、2.0、1.3 个百分点，对经济增长的贡献率分别是 20.6%、47.5%、31.9%。2020 年非公有制经济增加值比 2019 年增长 3.4%，占地区生产总值比重为 56.7%，达到 571.40 亿元。民营经济（个体私营经济）增加值比 2019 年增长 3.6%，占地区生产总值的比重为 55.0%，达到 554.14 亿元。

（四）南充市

1. 地理位置

南充市位于四川省东北部、嘉陵江中游，北与巴中市、广元市毗邻，南连广安市，东邻达州市，西与绵阳市、遂宁市接壤，管辖 3 个区、5 个县，1 个县级市，是"一带一路"倡议重要节点城市、成渝经济圈中心城市之一、川东北城市群重要节点城市。介于东经 105°27′至 106°58′、北纬 30°35′至 31°51′，南北跨度 165 千米，东西跨度 143 千米，辖区面积 1.25 万平方千米，约占四川省辖区面积的 2.6%，占川陕革命老区总面积的 8.0%。

2. 地形地貌

南充地势从北向南倾斜，海拔在 256～888.8 米。就地貌类型而言，全市分为北部低山区和南部丘陵区两大类。北部低山区大致分成东西两部分（以嘉陵江为界）：江东属大巴山余脉，江西为剑门山支脉，主要包括仪陇县的大部分、蓬安县北部、南部县西北部、营山县境内仪陇河以东地区、阆中市北部等。南部丘陵区处于北部低山区以南，主要包括西充县、嘉陵区、高坪区和顺庆区的全部，以及仪陇县西南角的一小部分和蓬安、营山、阆中的大部分。

3. 气候特征

南充主要被中亚热带湿润季风气候所控制，相比于川西平原，具有春雨比重大，气温相对较高的特点，与四川盆地南部的长江河谷地区相比，则具有雨季较长，暴雨较多，气温相对较低的特点。南充各月气温年平均变动范围在 4℃ 左右，历年平均气温在 17.1℃ 左右，境内空气湿度大，年均相对湿度是秋季最大，冬季次之，春、夏两季湿度比较接近。南充云量大，日照少，多年平均日照总时数为 1 369.1 小时，太阳总辐射量分布状况是秋冬较少，春夏较多，境内风向随季节而变化，风速小，一般以偏北风为主，为全国著名的小风气候区，年平均风速大都在 1.2～1.7 米/秒，全年中无风的时间 50% 以上。

4. 自然资源

南充市农作物以水稻、小麦、甘薯和玉米为重要的粮食作物，扁豆、绿豆、豌豆、大豆等种植较普遍，红麻、黄麻、棉花、花生、油菜是重要的经济作物，川芎、天麻、麦冬、半夏是主要野生药用植物。南充亚热带农田动物多，饲养动物以家畜、家禽、淡水鱼类和桑蚕为主。矿产资源主要有岩盐、石油和天然气、砂金、钛铁、铀、磷等矿产资源，其中地下盐矿资源十分丰富，已探明的控制储量为 1 700 亿吨，预测储量达 1.7 万亿吨，石油天然气资源也很富集，石油总储量约 8 000 万吨，天然气储量近万亿立方米。

5. 经济总量

南充市 2020 年地区生产总值 2 401.1 亿元，按可比价格计算，比 2019 年增长 3.8%，其中第一产业、第二产业、第三产业分别实现增加值 460.8 亿元、910.8 亿元、1 029.5 亿元，其增长速度分别为 2.0%、6.2%、4.6%。三次产业结构比为 19.2∶37.9∶42.9，对经济增长的贡献率分别是 31.9%、23.0% 和 45.1%。2020 年全市民营经济主体达到 31.7 万户，比上年增长 10.8%，占市场主体总量的 98.1%，其经济增加值比上年增长 2.8%，达到 1 417.8 亿元，占地区生产总值的比重为 59.1%，对地区生产总值增长的贡献率为 50.5%，其中民营经济第一产业、第二产业、第三产业分别实现增加值 238.4 亿元、576.4 亿元、603.0 亿元，其增长速度分别为 6.5%、1.0%、3.5%。民营经济三次产业结构比为 16.8∶40.7∶42.5。

（五）巴中市

1. 地理位置

巴中是全国第二大苏区，被称为"中国革命的露天博物馆"，位于四川盆地东北部，地处大巴山系米仓山南麓，中国秦岭—淮河南北分界线，下辖 2 区、3 县，东邻达州，西抵广元，南接南充，北接陕西汉中，介于东经 106°20′至 107°49′，北纬 31°15′至 32°45′，辖区面积 1.23 万平方千米，约占四川省辖区面积的 2.5%，占川陕革命老区总面积的 7.8%。

2. 地形地貌

巴中市属典型的盆周山区，地势北高南低。南部主要为丘陵，在台状山顶及沿河两岸有平坝；中部为浅切割低山，中切割低山；北部为中切割中山，深切割中山。平坝、丘陵面积大约是 1 243 平方千米，占巴中市辖区面积的 10% 左右；山地占 90% 左右。中北部山地，低、中山界线明显。境内有喀斯特地貌，还有重力残积、堆积地貌，也有流水沉积、侵蚀、扇形地貌。

3. 气候特征

巴中市主要被亚热带湿润季风气候控制，四季分明，光照适宜、雨量充沛，年总降水量正常，但降水分布不均，旱涝交替；日照正常略偏少，春旱、夏旱、伏旱相继出现，冰雹、大风、暴雨时有发生。全市年平均气温 17℃，年平均降水量 1 120 毫米，无霜期 260～280 天。

4. 自然资源

巴中市家养动物有火羊、黄牛、水牛、生猪、兔、马、驴、蜂、蚕等。野生动物主要分布在森林密布的北部。境域植物资源丰富，有草、藤本 421 种，乔、灌木 308 种。源于植物的中草药（含野生、家种）1 386 种。中药材资源最多的是通江、南江两县；牧草资源遍及境域。已发现矿种 50 余种，查明资源储量的矿种 25 种，主要优势能源矿产主要有页岩气、天然气资源，优势非金属矿产资源主要有钾长石、霞石铝矿等，金属矿产资源有磁铁矿。

5. 经济总量

巴中市 2020 年地区生产总值 766.99 亿元，按可比价格计算，比 2019 年增长 2.5%，其中第一产业、第二产业、第三产业分别实现增加值 161.81 亿元、214.94 亿元、390.24 亿元，其增长速度分别为 5.4%、0.9%、2.7%。三次产业结构由 2019 年的 16.8∶31.7∶51.5 调整为 21.1∶28.0∶50.9。三次产业对经济增长的贡献率分别是 31.4%、12.6% 和 56.0%，分别拉动经济增长 0.8、0.3 和 1.4 个百分点。全年民营经济增加值比 2019 年增长 1.7%，为 444.87 亿元，占地区生产总值的比重为 58.0%，拉动经济增长 1.0 个百分点，对经济增长的贡献率为 41.4%，其中民营经济第一产业、第二产业、第三产业分别实现增加值 46.03 亿元、168.14 亿元、230.7 亿元，其增长速度分别为 5.3%、0.2%、2.4%。民营经济三次产业结构是 10.3∶37.8∶51.9。

二、农户情况

四川省川陕革命老区 2020 年农村居民人均可支配收入约为 16 281 元，比整个川陕革命老区 2020 年的农村居民人均可支配收入高 2 418 元；农村居民人均生活消费支出约为 12 943 元，比整个川陕革命老区 2020 年的农村居民人均生活消费支出高 1 733 元。下辖 5 个地级市 2020 年的具体情况如下。

（一）绵阳市

绵阳市 2020 年农村居民人均可支配收入 19 303 元，相比上年增加 1 569 元，增长速度为 8.8%；农村居民人均生活消费支出 15 038 元，相比上年增加 1 047 元，增长速度为 7.5%。其中：食品烟酒支出 5 507 元。农村居民恩格尔系数为 36.6%。

（二）达州市

达州市 2020 年农村居民人均可支配收入比 2019 年增长 8.8%，达到 16 876 元，其中转移性收入 4 017 元，增长 15.3%；经营净收入 6 223 元，增长 8.6%；财产性收入 544 元，增长 1.8%；工资性收入 6 092 元，增长 5.8%。农村居民人均生活消费支出增长 8.3%，达到 12 496 元，其中生活用品及服务支出增长 13.5%，食品烟酒类支出增长 9.0%，教育文化娱乐类支出增长 8.6%，医疗保健类支出增长 7.2%，居住类支出增长 7.1%。农村居民恩格尔系数为 38.70%。

（三）广元市

广元市 2020 年农村居民人均可支配收入 14 367 元，比 2019 年增长 9.4%，其中财产净收入 225 元，增长 17.1%（图 2-1）；经营净收入 5 271 元，增长 11.7%；转移净收入 3 134 元，增长 10.1%；工资性收入 5 737 元，增长 6.8%。农村居民人均生活消费支出 12 083 元，增长速度为 9.6%。城乡居民人均收入比值由上年的 2.55 缩小为 2.49。

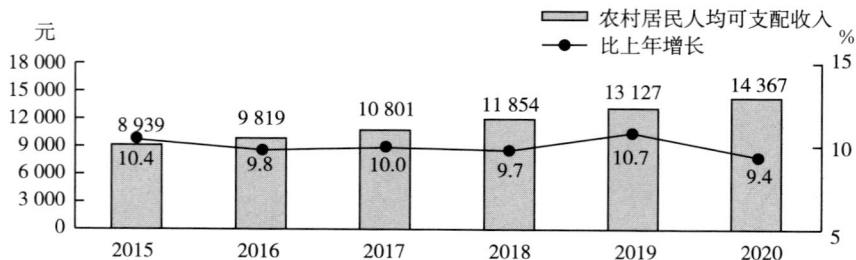

图 2-1　2015—2020 年广元市农村居民人均可支配收入及增长速度

数据来源：广元市 2020 年国民经济和社会发展统计公报。

（四）南充市

南充市 2020 年乡村人口 507.7 万人，农村居民人均可支配收入 16 431 元，比 2019 年增加 1 404 元，增长速度为 9.3％；农村居民人均生活消费支出 13 075 元，比 2019 年增加 1 052 元，增长速度为 8.7％。

（五）巴中市

巴中市 2020 年农村居民人均可支配收入比 2019 年增长 9.0％，达到 14 429 元（图 2-2）。农村居民人均消费支出增长 8.4％，为 12 023 元。农村居民恩格尔系数为 40.3％，比 2019 年下降 0.9 个百分点。

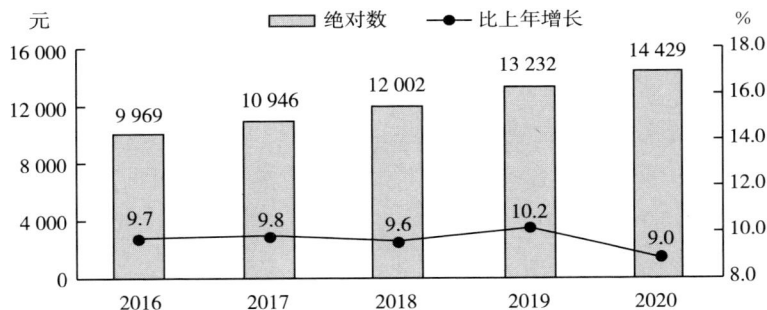

图 2-2　2016—2020 年巴中市农村居民人均可支配收入及增长速度

数据来源：巴中市 2020 年国民经济和社会发展统计公报。

三、农业现代化

四川省川陕革命老区 2020 年第一产业增加值为 2 137.493 4 亿元，占川陕革命老区第一产业增加值的 73.6％；粮食播种面积为 215.72 万公顷，占比为 76.2％，粮食产量为 1 214.29 万吨，占比为 82.9％；油料作物播种面积为 71.57 万公顷，占比为 8.3％，油料产量为 179.15 万吨，占比为 83.4％。下辖 5 个地级市 2020 年的具体情况如下。

（一）绵阳市

绵阳市 2020 年实现农林渔牧业总产值 631.15 亿元，比 2019 年增长

6.0%。其中：农业产值 279.24 亿元，同比增长 4.8%；林业产值 30.73 亿元，同比增长 7.2%；渔业产值 24.22 亿元，同比增长 5.0%；牧业产值 275.14 亿元，同比增长 7.9%；农林牧渔服务业产值 21.81 亿元，同比增长 5.7%。

2020 年农作物总播种面积 67.45 万公顷，比 2019 年增长 1.1%。其中：油料作物播种面积同比增长 2.6%（总计播种 17.44 万公顷）；粮食播种面积同比增长 0.4%（总计播种 40.15 万公顷）。粮食单产 5 757 千克/公顷，总产量为 231.14 万吨，比 2019 年增长 0.3%，基本保持稳定（图 2 - 3）。其中：小春粮食产量同比增长 0.6%（总计 45.46 万吨）；大春粮食产量同比增长 0.2%（总计 185.68 万吨）。小麦产量同比增长 0.4%（总计 36.90 万吨）；水稻产量同比增长 0.1%（总计 93.32 万吨）。另外蔬菜及食用菌产量同比增长 1.8%（总计 206.60 万吨）；油料作物产量同比增长 5.1%（总计 46.75 万吨）。

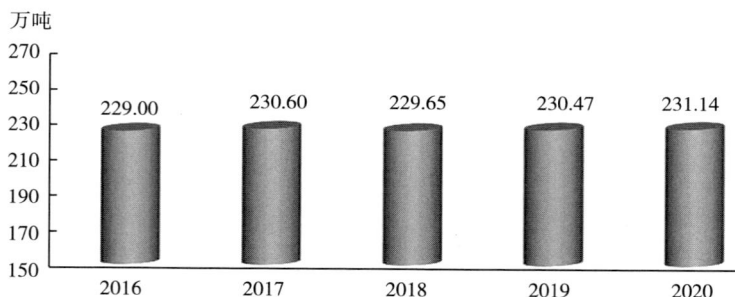

图 2 - 3　绵阳市 2016—2020 年粮食总产量

数据来源：绵阳市 2020 年国民经济和社会发展统计公报。

2020 年牛出栏 11.82 万头，同比增长 1.4%；生猪出栏 324.26 万头，同比增长 16.2%；家禽出栏 7 429.99 万只，同比下降 1.6%；羊出栏 95.5 万只，同比下降 3.2%。年末耕地有效灌溉面积 22.15 万公顷。年末全市森林面积 112.74 万公顷，全年完成造林面积达到 65 800 公顷，森林覆盖率为 55.7%，比上年提高 0.2 个百分点。年末有自然保护区 13 个，自然保护区面积达到 29.87 万公顷。年末实有水利工程 6.57 万处，水利工程蓄引能力达到 26.54 亿立方米，实际供水 18.62 亿立方米。

（二）达州市

达州市 2020 年农林牧渔业总产值 636.04 亿元，增长 5.7%，为 2006 年以来的最高水平。农林牧渔业增加值 404.62 亿元，增长 5.6%，拉动 GDP 增长 1.1 个百分点，对经济的贡献突出。

2020 年粮食播种面积 56.01 万公顷，比上年增长 0.6%。其中：稻谷播种面积同比下降 0.3%（总计播种 19.10 万公顷）；玉米同比下降 0.1%（总计播种 13.74 万公顷）；油料种植面积同比增长 8.9%（总计种植 14.74 万公顷）；蔬菜种植面积同比增长 4.2%（总计种植 9.12 万公顷）；薯类同比增长 0.8%（总计种植 16.33 万公顷）。

2020 年粮食产量 319.37 万吨，比 2019 年增加 1.57 万吨，居全省第一位，同比增长 0.5%，实现"十四连增"；油料产量 38.86 万吨，居全省第 3 位，同比增长 8.8%（表 2-1）。

表 2-1　2020 年达州市主要农产品产量

产品名称	计量单位	产量	比上年增长（%）
粮食	万吨	319.37	0.5
♯稻谷	万吨	139.42	0.1
玉米	万吨	94.59	0.2
薯类	万吨	68.92	1.4
油料	万吨	38.86	8.8
♯油菜籽	万吨	31.48	5.6
麻类	万吨	3.01	3.0
园林水果	万吨	38.03	6.1
蔬菜	万吨	302.26	2.7

数据来源：达州市 2020 年国民经济和社会发展统计公报。

生猪复产扩能成效显著，全市 2020 年生猪出栏 370.17 万头，同比增长 15%；生猪存栏 255.02 万头，同比增长 30.0%；能繁母猪存栏 24.56 万头，同比增长 34.3%。牛羊出栏保持稳定。2020 年猪肉产量同比下降 11.60%（总产量 25.98 万吨）；禽肉产量同比下降 7.5%（总产量 11.62 万吨）；牛肉产量同比增长 9.6%（总产量 4.16 万吨）；羊肉产量同比增长 1.1%（总产量

1.89 万吨）。全年水产品产量 10.47 万吨，与上年持平；牛奶产量同比增长 0.9%（总产量 1.80 万吨）。

特色农产品优势区加快建设，2020 年特色产业基地达到 280 万亩，成功创建省级特色农产品优势区 4 个、国家级 1 个。现代农业园区提速发展，其中有 11 个农业园区被成功认定为市级现代农业园区，另外积极创建省四星级现代农业园区 2 个。农业技术装备水平加快提升，主要农作物耕种收综合机械化作业水平达到 60.72%，农机总动力达 284 万千瓦。

（三）广元市

广元市 2020 年粮食播种面积 469.3 万亩，比 2019 年增长 0.1%。粮食总产量 159.4 万吨，同比增长 1.1%（图 2-4）。其中，秋粮产量 119.9 万吨，同比增长 1.2%；夏粮产量 39.5 万吨，同比增长 0.9%。油料产量 27.16 万吨，同比增长 4.5%。

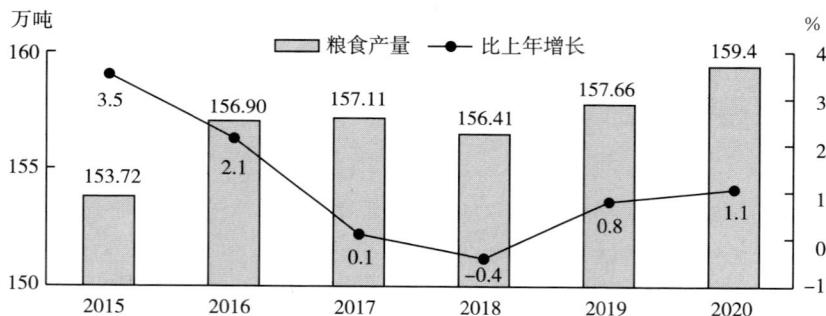

图 2-4　2015—2020 年广元市粮食产量及增长速度

数据来源：广元市 2020 年国民经济和社会发展统计公报。

2020 年生猪出栏 334.5 万头，比 2019 年增长 11.2%；羊出栏 63.4 万只，同比增长 8.9%；牛出栏 8.9 万头，同比增长 4.1%；家禽出栏 3 468.3 万只，同比增长 33.3%。

2020 年完成营造林面积 2.95 万公顷。年末森林覆盖率达 57.47%，比 2019 年提高 0.25 个百分点。全年综合治理水土流失面积达到 3.174 万公顷，发展节水灌溉面积 1 070 公顷，新增的农田有效灌溉面积为 600 公顷。年末农机总动力达到 295.28 万千瓦，比 2019 年增长 1.8%。化肥施用量（折纯）为

9.17 万吨，同比下降 5.7％。

（四）南充市

南充市 2020 年粮食作物播种面积 56.2 万公顷，比 2019 年增长 0.6％。蔬菜播种面积 16.0 万公顷，同比增长 3.6％。油料作物播种面积 17.0 万公顷，同比增长 11.9％。全年粮食总产量 311.6 万吨，比 2019 年增长 1.3％。其中：秋粮产量同比增长 1.3％（总产量 251.8 万吨）；夏粮产量同比增长 1.0％（总产量 59.8 万吨）。经济作物中，水果产量同比增长 4.7％（总产量 70.9 万吨）；蔬菜产量同比增长 5.3％（总产量 397.9 万吨）；油料产量同比增长 13.3％（总产量 46.4 万吨）。

2020 年羊出栏 201.4 万只，比上年增长 2.5％；牛出栏 12.9 万头，比上年增长 5.6％；生猪出栏 521.7 万头，比上年增长 25.5％。全年水产养殖面积 1.5 万公顷，比上年增长 0.2％。水产品产量 11.7 万吨，比上年增长 1.1％。其中，养殖水产品产量 11.6 万吨，比上年增长 4.1％；捕捞水产品产量 0.1 万吨，比上年下降 84.5％。

2020 年完成造林面积 0.6 万公顷，其中人工造林为 0.5 万公顷。林业重点工程完成造林面积达到 800 公顷，占全部造林面积的 13.2％。天保工程年末实有森林管护面积 18.7 万公顷。全市共有自然保护区 3 个。年末森林覆盖率 41.5％，比 2019 年提高 0.5 个百分点。

2020 年累计综合治理水土流失面积 6 219.1 平方千米，其中全年新增治理面积 228.9 平方千米。年末有效灌溉面积达到 23.5 万公顷，其中全年新增农田有效灌溉面积 0.3 万公顷。年末农业机械总动力达到 310.0 万千瓦（同比增长 2.2％），其中全年新增农业机械总动力为 6.6 万千瓦。

（五）巴中市

巴中市 2020 年粮食作物播种面积 33.89 万公顷，比 2019 年增长 0.1％。其中：大春粮食面积同比增长 0.6％（总面积 24.62 万公顷）；小春粮食面积同比下降 1.1％（总面积 9.27 万公顷）。全年油料作物播种面积同比增长 18.2％（总面积 9.63 万公顷）；蔬菜及食用菌播种面积同比增长 1.9％（总面积 6.74 万公顷）；中草药材播种面积同比增长 0.8％（总面积

2.11 万公顷）。

2020 年粮食总产量 192.78 万吨，比 2019 年增长 0.9％（图 2-5）。其中：大春粮食同比增长 0.9％（总产量 154.49 万吨）；小春粮食同比增长 1.1％（总产量 38.29 万吨）。经济作物中，油料产量同比增长 18.7％（总产量 19.98 万吨）；水果产量同比增长 9.6％（总产量 12.11 万吨）；蔬菜及食用菌产量同比增长 5.0％（总产量 167.66 万吨）；中草药材产量同比增长 2.8％（总产量 5.08 万吨）；茶叶产量同比增长 3.1％（总产量 1.15 万吨）。

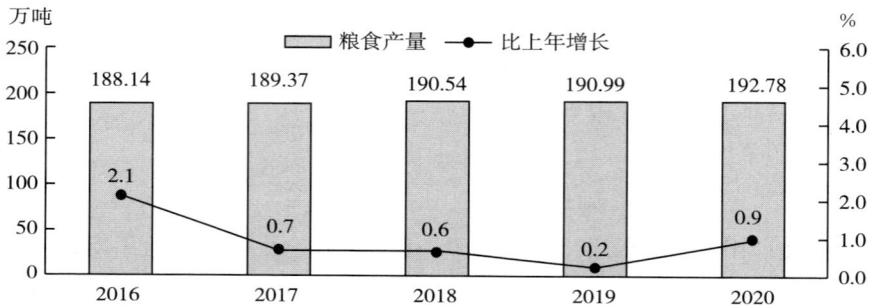

图 2-5 2016—2020 年巴中市粮食产量及增长速度

数据来源：巴中市 2020 年国民经济和社会发展统计公报。

2020 年禽蛋产量 6.98 万吨，比 2019 年增长 4.9％；生猪出栏 294.31 万头，同比增长 17.4％；羊出栏 77.05 万只，同比下降 21.8％；牛出栏 18.27 万头，同比下降 6.3％；家禽出栏 1 183.55 万只，同比下降 12.0％。全年肉类总产量 26.26 万吨，比 2019 年增长 7.7％。其中：猪肉产量同比增长 14.4％（总产量 20.74 万吨）；羊肉产量同比下降 0.2％（总产量 1.13 万吨）；牛肉产量同比下降 8.8％（总产量 2.13 万吨）；禽肉产量同比下降 11.7％（总产量 1.77 万吨）。全年水产养殖面积比 2019 年增长 0.1％（总面积 18.04 万亩）；水产品产量同比增长 1.3％（总产量 6.9 万吨）。

年末共有水利工程数量 13.23 万处，总蓄水能力达到 3.73 亿立方米。2020 年建成高标准农田 17.6 万亩。全年综合治理水土流失面积 36.78 万公顷。年末有效灌溉面积 9.6 万公顷。农村自来水普及率和通村率均达到 100％。年末农村饮水安全达标人口有 264.99 万人，比 2019 年增长 0.8％。年末共有农用拖拉机 4 575 辆，农业机械总动力比 2019 年增长 1.2％（共计

193.78 万千瓦）。年末共有无公害农产品品牌 179 个，其中有 91 个绿色有机食品标志使用权（农产品），比上年增加 17 个。

四、政策支持

四川省全面实施国务院《川陕革命老区振兴发展规划》，2017 年 6 月出台了《四川省川陕革命老区振兴发展规划实施方案》（以下简称《方案》），《方案》明确对于老区县乡村公益性债务需要妥善处理，要求省级和中央财政扶贫等专项资金分配要向贫困老区倾斜，并进一步加大对老区的一般性转移支付力度，逐步增加老区转移支付资金规模。《方案》要求进一步争取中央财政加大对公益性地质矿产调查、革命遗址保护修缮的支持力度；对老区集中连片特困地区积极申报耕地占补平衡全国统筹试点区域要给予重点支持，明确允许并支持符合条件的老区县（市、区）将通过与增减挂钩节余出来的建设用地指标在全省范围内流转使用，对不具备开展增减挂钩条件的县（市、区），则要明确优先安排搬迁安置所需新增建设用地年度计划。对安置住房纳入保障性住房计划、易地扶贫搬迁后进入城镇居住的，所需新增建设用地年度计划要实行专项安排、应保尽保。支持老区积极开展低丘缓坡荒滩等未利用地开发利用试点，开展工矿废弃地复垦利用试点，支持老区推进城镇低效用地再开发。

五、发展规划

四川省川陕革命老区规划目标是到 2020 年，老区综合经济实力显著增强，特色优势产业体系加快构建，基础设施瓶颈制约得到有效破解，贫困县全部摘帽，贫困人口全部脱贫，区域性整体贫困问题得到妥善解决，城乡居民收入水平明显提升，基本公共服务主要领域指标基本达到全国平均水平，有利于振兴发展的体制机制不断完善，全方位开放合作格局基本形成，城乡协调发展水平大幅提高，人居环境明显改善，努力建成经济发展、文化繁荣、社会和谐、人民幸福、山川秀美的全面小康社会，推动川陕革命老区振兴发展取得阶段性成效。

一、基本情况

陕西省川陕革命老区地处川陕革命老区的东北方，下辖汉中、安康、商洛三市及宝鸡市的太白县、凤县，辖区面积 7.59 平方千米，占川陕革命老区总面积的 48.3%；2020 年末常住人口 1 106.798 2 万人，人口总量比 2019 年下降 9.7%，占川陕革命老区年末常住人口的 34.4%，占比与 2019 年基本持平；2020 年创造地区生产总值 3 538.99 亿元，总量绝对值比 2019 年下降 3.8%，占川陕革命老区地区生产总值的 27.5%，占比相对 2019 年下降 5.5%。下辖3 个地级市 2 个县 2020 年的具体情况如下。

（一）汉中市

1. 地理位置

汉中市位于陕西省南部，东与陕西省安康市毗连，南界大巴山主脊，与四川省巴中市、广元市相接，西与甘肃省陇南市为邻，北界秦岭主脊，与陕西省西安市、宝鸡市接壤，中部为汉中平原，是陕南地区最大城市，为成渝经济区和关中—天水经济区的重要连接枢纽，辖 2 区 9 县。介于东经 105°30′ 至108°16′，北纬 32°08′ 至 33°53′，南北长 192.9 千米，东西绵延 258.6 千米，总面积 2.72 万平方千米，约占陕西省辖区面积的 13.2%，占川陕革命老区总面积的 17.3%。

2. 地形地貌

汉中市境南部米仓山（又称巴山）高峻雄峙，北部秦岭势如屏障，最低处位于西乡县茶镇南沟口，海拔为 371.2 米。汉中盆地南北宽约 5～30 千米，东西长 116 千米，海拔在 500 米上下，而秦巴山体高出汉中盆地 500～2 500 米。汉江横穿盆地中部形成冲积平原，汉江支流泾洋河与牧马河汇合形成西乡盆地（位于西乡县城东北方，是冲积性宽谷坝子形态），平坝占总面积的 10.2%，丘陵面积占 14.6%，山地面积占 75.2%（其中高中山占 57.0%，低山占 18.2%）。

3. 气候特征

汉中主要被北亚热带气候控制，北有秦岭屏障，寒潮难以侵入，南有大巴山脉阻挡，潮湿气流不易北上，气候干湿有度、温和湿润。多年平均降水量为 700～1 700 毫米，年均气温 14℃，西部略低于东部，南北山区低于平坝和丘陵，年平均相对湿度分布基本呈南大北小，区内年均平均风速介于 1～2.5 米/秒。

4. 自然资源

汉中市植物丰富，其中仅种子植物就有 2 564 种，森林覆盖率达 51.2%，植被覆盖率 56%，林地面积居陕西省第一。境内动物种群组成丰富，野生脊椎动物计有：鸟类 335 种，哺乳动物 137 种，两栖类动物 24 种，爬行类 37 种，鱼类 109 种。目前已发现矿产资源 92 种，探明资源储量的矿产为 62 种，列入中国前十位的矿产高达 9 种，其中居第三位的有海泡石、石棉及玻璃用石英岩；居第四位的是蛇纹岩；居第五位的是白云岩；居第七位的是石英岩及镍矿；居第八位的是锰矿；居第十位的是膨润土。

5. 经济总量

汉中市 2020 年生产总值 1 593.40 亿元，比 2019 年增长 0.9%，其中第一产业、第二产业、第三产业分别实现增加值 261.36 亿元、641.48 亿元、690.56 亿元，而第一产业和第三产业增加值的增长速度分别为 4.2% 和 1.1%，第二产业增加值则下降 0.4%。非公有制经济增加值占生产总值比重达到 52%，第一、第二和第三产业增加值占比分别为 16.4%、40.3% 和 43.3%，与 2019 年相比，非公有制经济中的第一产业和第三产业增加值占比分别提高 1.7 个、0.8 个百分点，第二产业增加值占比则下降 2.5 个百分点。

（二）安康市

1. 地理位置

安康市地处陕西省东南部，南依巴山北坡，北靠秦岭主脊，下辖 1 个区、8 个县、1 个县级市，居川、陕、鄂、渝交界处，东与湖北省的郧西县、郧阳区相接，西南与四川省的万源市、重庆市的城口县接壤，西与汉中市的洋县、西乡县、镇巴县相连，北与西安市的长安区、鄠邑区毗连，东北与商洛市的镇安县、柞水县接壤。位于东经 108°00′ 至 110°12′，北纬 31°42′ 至 33°50′，东西最大距离 250.1 千米，南北最大距离 236.2 千米，总面积 2.34 万平方千米，约占陕西省辖区面积的 11.4%，占川陕革命老区总面积的 14.9%。

2. 地形地貌

安康以汉江为界，地域界限明显，以汉水—池河—月河—汉水为大巴山和秦岭的分界，南为大巴山地区，北为秦岭地区。海拔高度以秦岭东梁为最高（海拔 2 964.6 米），湖北省与白河县交界的汉江右岸为最低（海拔 170 米）。全市地貌可分为山地古冰川地貌、岩溶地貌、宽谷盆地、低山、中山、亚高山 6 种类型。其地貌呈现河谷盆地居中，南北高山夹峙的特点。在本市总面积中，川道平坝约为 1.8%，丘陵约为 5.7%，山地约为 92.5%；秦岭区域约占全市地域的 40%，大巴山区域约占 60%。

3. 气候特征

安康属亚热带大陆性季风气候，主要特点是无霜期长、雨量充沛，湿润温和。安康四季分明，春暖干燥，夏季多雨多有伏旱，秋凉湿润并多连阴雨，冬季寒冷少雨。生长期年平均 290 天，无霜期年平均 253 天，年平均日照时数为 1 610 小时，年平均降水量 1 050 毫米，多年平均气温 15～17℃，垂直地域性气候明显，气温的地理分布差异大。

4. 自然资源

安康市是中国北亚热带动植物典型代表区，陕西省及西北地区最主要的茶叶、蚕茧、油桐、生漆主产区。已发现和探明的矿产资源为 65 种，有探明储量的矿产 32 种，其中在陕西和中国位居前列的矿产有毒重石、重晶石、汞矿、锑矿、锌矿、金矿、板石、天然珍稀矿泉水等，还有钛磁铁矿探明储量约 4 亿吨；金红石探明储量 75 万吨；水泥用灰岩探明储量 24 407 万吨；另外绿松石、滑石、钼矿、饰面大理岩、玻璃用石英、石煤、雄黄等矿产均有探明储量。

5. 经济总量

安康市 2020 年地区生产总值 1 088.78 亿元，比 2019 年下降 9.2%，其中第一产业增加值增长 3.4%，为 157.20 亿元，占地区生产总值的比重为 14.4%；第二产业增加值下降 18.7%，为 438.55 亿元，占比 40.3%；第三产业增加值下降 1.6％，为 493.03 亿元，占比 45.3％。全年非公有制经济增加值较 2019 年下降 1 个百分点，为 648.60 亿元，占地区生产总值的比重为 59.6％。

（三）商洛市

1. 地理位置

商洛市地处陕西省东南部，位于秦岭南麓，与鄂豫两省交界，下辖 1 区、6 县。东与河南省的卢氏县、淅川县、西峡县、灵宝市相邻；南与湖北省的十堰市郧西县、郧阳区毗邻；西、西南与陕西省西安市的蓝田县、长安区和安康市的旬阳市、宁陕县、汉滨区相连；北与陕西省渭南市的潼关县、华州区、华阴市接壤。介于东经 108°34′至 111°01′，北纬 33°02′至 34°24′，南北宽约 138 千米，东西长约 229 千米，总面积 1.93 万平方千米，约占陕西省辖区面积的 9.4％，占川陕革命老区总面积的 12.3％。

2. 地形地貌

商洛市总体地势是西北高，峡谷峻岭密集，最高点位于秦岭主脊上的柞水牛背梁，海拔为 2 802.1 米，最低点地处商南县的丹江谷地，海拔为 215.4 米。五条主要山脉——秦岭主脊、鹘岭、流岭、蟒岭、新开岭由西北向东、东北、东南伸延，岭谷相间排列，使全市总体呈掌状谷岭地形。全市丘陵、川垣地域面积约占总面积的 10％，中山地面积约占 16％，低山地面积约占 71％。素有"八山一水一分田"之称。

3. 气候特征

商洛市地处中纬度偏南地带，地理分布在暖温带与北亚热带交界区域，属季风气候区，水平方向上兼有两个气候带过渡性特征，北部主要是暖温带气候，南部则为北亚热带气候。全市四季分明，夏无酷暑，冬无严寒。年平均降水量 696.8～830.1 毫米，年平均气温 7.8～13.9℃，年平均日照时数 1 848.1～2 055.8 小时。由于市内峰峦叠嶂，谷壑纵横，导致其具有明显的山地立体气候特点，各地光、热、水气候资源差异明显，分布极不平衡。

4. 自然资源

商洛市有野生动物近千种，主要有羚牛、盘羊、青羊、苏门羚、草兔、水獭、林麝等。已查明的中草药种类 1 119 种，其中年产量 10 万～50 万千克的有柴胡、金银花、天麻、山楂、远志、柏子仁等 10 余种；年产量 50 万千克以上的有五味子、连翘、茵陈、青风藤、淫羊藿、威灵仙等 10 余种。已发现各类矿产达 60 种，探明矿产储量 46 种，储量居陕西省首位的有白云母、萤石、钾长石、水晶、银、铁、钛、钒、铼、锑等 20 种，第二位的有钼、铜、铅、锌等 13 种。其中柞水大西沟铁矿储量 3.02 亿吨，占陕西省的 46%。

5. 经济总量

商洛市 2020 年全市地区生产总值 739.46 亿元，比 2019 年下降 11.2%，其中第一产业增加值增长 2.9%，为 114.49 亿元，占地区生产总值的比重为 15.5%；第二产业增加值下降 24.2%，为 265.94 亿元，占地区生产总值的比重为 36.0%；第三产业增加值下降 1.0%，为 359.02 亿元，占地区生产总值的比重为 48.5%。全年非公有制经济增加值 392.17 亿元，占全市地区生产总值比重为 53%。

（四）宝鸡市太白县

1. 地理位置

太白县下辖 7 个镇，44 个行政村，位于宝鸡市东南，地处秦岭西部，因秦岭主峰太白山在境内而得名。太白县地理位置十分优越，南通巴蜀，北连秦川，横跨长江、黄河两大流域，为川陕之要冲，民情风俗、地方方言和自然风光等既有关中风情，又有巴蜀特色，县城距西安 180 千米，距宝鸡 64 千米，距汉中 170 千米。总面积 0.28 万平方千米，约占陕西省辖区面积的 1.4%，占川陕革命老区总面积的 1.8%。

2. 地形地貌

太白县内由北及南，北仰南缓，太白山、鳌山（古代称武功山、垂山）居中，东西展布隆起，形成中高、南北较低之地形大势，境内群峰耸立，山环水绕，海拔高在 740～3 771.2 米，相对高差达 3 000 多米。黄柏塬二郎坝的小盆地，稻田成片，水牛成群，素有"小江南"之称。

3. 气候特征

太白县年平均气温 7.8℃，但气温差别显著，古有"太白积雪六月天""山前桃花山后雪"之壮观，年降水量 800 毫米，无霜期 158 天，春秋相连，长冬无夏，气候中温湿润，带有高山气候与大陆性季风气候交汇的特征，小气候特点十分突出。

4. 自然资源

太白县矿产、水能、生物三大资源丰富。主要矿产有金、铜、铅、锌、大理石、云母、石英，其中黄金储量 40 吨，是陕西省第二大黄金生产县；全县有大小河流 57 条，水能蕴藏量 40 万千瓦，可开发水电能量 5.8 万千瓦；全县有林地面积 390 万亩，森林覆盖率 94%，野生动植物种类繁多，森林植物 1 900 多种，中药材 1 600 余种，素有"天然药物宝库"之称，野生动物 270 余种。

5. 经济总量

太白县 2020 年实现地区生产总值 37.47 亿元，比 2019 年增长 5.4%，其中第一产业增长 3.6%，为 8.78 亿元；第二产业增长 5.7%，为 13.73 亿元；第三产业增长 6.2%，为 14.95 亿元；三次产业比为 23.4∶36.6∶40.0。实现非公有制经济增加值 16.86 亿元，占全县经济总量的 45.01%。

（五）宝鸡市凤县

1. 地理位置

凤县下辖 9 个镇，位于陕西省西南部，地处嘉陵江源头，秦岭腹地。东与太白县接壤，南与汉中市勉县、留坝县毗邻，西与甘肃省两当县相邻，北与渭滨区、陈仓区相连，介于东经 106°24′至 107°07′，北纬 33°34′至 34°18′，南北长 80.5 千米，东西宽 70.9 千米，总面积 0.32 平方千米，约占陕西省辖区面积的 1.6%，占川陕革命老区总面积的 2.0%。

2. 地形地貌

县境地势东北高，西南低，主要山脉东西走向，嘉陵江自东北向西南穿境而过。嘉陵江及中曲河的河谷，发育有宽谷坝子与小型断陷盆地，其余山地大部为林草覆盖。凤县海拔在 900～2 700 米，其西北隅与甘肃省陇南市两当县交界处的透马驹山为境内最高点，海拔 2 739 米。按形态成因可将县境划分为 3 个地貌单元，即山间盆地、中秦岭中低山、北秦岭中低山。

3. 气候特征

凤县被暖温带山地气候控制，由于受到大气环流及秦岭阻隔影响，气候表现出明显的垂直变化特点。日照平均为 1 840.3 小时，年日照率只有

42%，是宝鸡市各区县中日照时间最少的县。平均降水613.2毫米，北部降水最多，南部次之，西部偏少。因凤县小气候特征明显，导致地域间温度差异大，各区县实际意义的四季分配不均，基本是夏短冬长，秋季降温快，春季升温慢。

4. 自然资源

凤县植物资源非常丰富，常见藤、竹类植物约9种，林木植物约50种，草本植物约67种，野生中草药达410余种。动物有哺乳动物、两栖动物、爬行动物等。地质勘探已发现金矿、铜矿、锌矿、铅矿等金属矿藏，是中国四大铅锌基地之一，铅锌的矿藏贮量350万吨，约占陕西省的80%，另有橄榄石、硅石、钠长石、煤矿等非金属矿藏100多种，特别是石墨储量非常丰富。

5. 经济总量

凤县2020年实现地区生产总值79.85亿元，比2019年增长3.9%，其中：第一产业增加值增长2.8%，为9.51亿元；第二产业增加值增长7.4%，为45.06亿元；第三产业增加值下降2.0%，为25.28亿元。三次产业结构比为11.9：56.4：31.7。全年非公有制经济实现增加值43.54亿元，占地区生产总值的比重达54.5%。

二、农户情况

陕西省川陕革命老区2020年农村居民人均可支配收入约为11 967元，比整个川陕革命老区2020年的农村居民人均可支配收入低1 896元；农村居民人均生活消费支出约为10 100元，比整个川陕革命老区2020年的农村居民人均生活消费支出低1 110元。下辖3个地级市、2个县2020年的具体情况如下。

（一）汉中市

汉中市2020年农村居民人均可支配收入为11 937元，比2019年增加839元，增长7.6%。其中，转移净收入3 517元，同比增长16.9%；财产净收入101元，同比增长7.4%；经营净收入2 712元，同比增长4.2%；工资性收入

5 607 元，同比增长 4.0%。农村居民人均生活消费支出 9 401 元，比 2019 年减少 185 元，下降 1.9%。

（二）安康市

安康市 2020 年农村居民人均可支配收入为 11 288 元，比 2019 年增加 813 元，增长 7.8%，人均可支配收入构成见图 2-6。其中，财产净收入 51 元，同比增长 7.3%；经营净收入 2 331 元，同比增长 7.6%；转移净收入 4 444 元，同比增长 9.2%；工资性收入 4 462 元，同比增长 6.5%。城乡收入比为 2.50：1，较上年同期缩小 0.08。

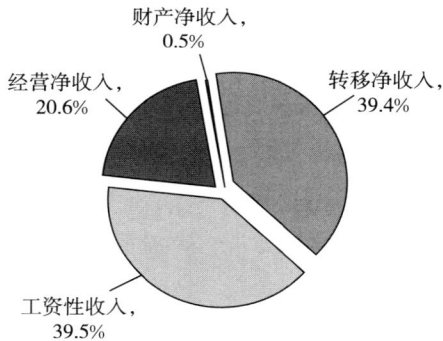

图 2-6 安康市 2020 年农村居民人均可支配收入构成

数据来源：安康市 2020 年国民经济和社会发展统计公报。

（三）商洛市

商洛市 2020 年农村居民人均可支配收入为 10 773 元，比 2019 年增长 7.5%。其中，财产净收入 44 元，同比增长 46%；转移净收入 2 837 元，同比增长 9.3%；经营净收入 1 956 元，同比增长 8.4%；工资性收入 5 936 元，同比增长 6.1%。

（四）宝鸡市太白县

太白县 2020 年农村居民人均可支配收入 12 492 元，比 2019 年增长 8.8%；农村居民人均消费性支出 11 401 元，比 2019 年增长 17.7%。农村居民人均住房建筑面积 32.07 平方米，比上年增长 3.45％。

（五）宝鸡市凤县

凤县 2020 年农村居民人均可支配收入 13 343 元，比 2019 年增长 8.7％。全县剩余 594 户 716 名贫困人口全部达标脱贫。全县 40 个贫困村全部脱贫退出，5 159 户 15 146 名建档立卡贫困人口全部高质量脱贫。

三、农业现代化状况

陕西省川陕革命老区 2020 年第一产业增加值 551.343 4 亿元，占川陕革命老区第一产业增加值的 25.8％；粮食播种面积 64.695 8 万公顷，占比 22.8％，粮食产量 240.897 2 万吨，占比 16.58％；油料作物播种面积 14.425 4 万公顷，占比 16.7％，油料产量 35.229 4 万吨，占比 16.4％。下辖 3 个地级市、2 个县 2020 年的具体情况如下。

（一）汉中市

农林牧渔业完成总产值 463.25 亿元，比上年增长 4.1％；实现增加值 269.09 亿元，增长 4.1％。其中，农业产值 293.49 亿元，增长 5.6％；林业产值 16.60 亿元，增长 7.2％；畜牧业产值 132.53 亿元，增长 0.3％；渔业产值 6.92 亿元，增长 6.5％；农林牧渔服务业产值 13.71 亿元，增长 1.1％。

粮食播种面积 381.58 万亩，比上年增加 1.18 万亩，产量比上年增长 2.3％；油料种植面积 116.98 万亩，增加 0.35 万亩，但产量比上年下降 0.5％；中药材种植面积 128.42 万亩，增加 2.16 万亩，比上年增长 8.3％；茶园种植面积 112.53 万亩，增加 1.73 万亩，茶叶产量比上年增长 8.1％；蔬菜种植面积 101.48 万亩，增加 5.7 万亩，产量比上年增长 5.6％；园林水果种植面积 52.44 万亩，增加 0.37 万亩，水果产量比上年增长 5.8％。另外汉中市 2020 年的牛、猪、羊等大牲畜年末存栏量及出栏量都比上年有所增长（表 2-2）。

表 2－2 2020 年主要农产品产量及畜牧业生产情况

产品名称	计量单位	产量	比上年增长（%）
粮食	万吨	108.53	2.3
油料	万吨	18.54	－0.5
中药材	万吨	19.11	8.3
茶叶	万吨	4.91	8.1
蔬菜	万吨	278.09	5.6
水果	万吨	63.58	5.8
肉类总产量	万吨	21.46	3.1
♯猪肉	万吨	18.04	2.8
奶类	万吨	1.10	8.0
♯牛奶	万吨	0.87	5.0
禽蛋	万吨	6.87	1.4
大牲畜年末存栏量	万头	26.34	3.4
牛年末存栏量	万头	26.31	3.4
猪年末存栏量	万头	164.93	3.6
羊年末存栏量	万头	28.58	5.4
家禽年末存栏量	万只	866.18	1.7
大牲畜出栏量	万头	9.92	7.5
牛出栏量	万头	9.92	7.5
猪出栏量	万头	236.69	0.9
羊出栏量	万头	21.9	5.7
家禽出栏量	万只	1 017.71	3.5

数据来源：汉中市 2020 年国民经济和社会发展统计公报。

（二）安康市

全年粮食播种面积 22.42 万公顷，比上年增长 0.5%，其中，夏粮 8.07 万公顷，增长 0.9%；秋粮 14.35 万公顷，增长 0.2%。油料面积 5.71 万公顷，增长 1.4%。蔬菜面积 8.05 万公顷，增长 3.1%。

全年粮食产量 77.48 万吨，增长 1.4%，其中，夏粮 24.38 万吨，增长 2.6%；秋粮 53.09 万吨，增长 0.8%。全年谷物产量 52.66 万吨，增长 1.0%，其中，稻谷产量 14.13 万吨，增长 0.1%；小麦产量 8.58 万吨，增长

2.5%；玉米产量 29.34 万吨，增长 1.1%。安康市 2020 年主要农产品产量见表 2 - 3。

表 2 - 3   2020 年主要农产品产量

产品名称	计量单位	产量	比上年增长（%）
粮食	万吨	77.48	1.4
油料	万吨	14.47	1.7
♯油菜籽	万吨	11.34	1.8
烤烟	万吨	1.74	2.0
蔬菜	万吨	171.88	4.7
园林水果	万吨	22.53	4.3
茶叶	万吨	3.38	12.4

数据来源：安康市 2020 年国民经济和社会发展统计公报。

年生猪出栏 180.01 万头，增长 1.5%；牛出栏 6.80 万头，增长 6.2%；羊出栏 48.81 万只，增长 6.1%；家禽出栏 890.46 万只，增长 6.6%。肉类总产量 17.45 万吨，增长 2.9%。禽蛋产量 5.56 万吨，增长 1.3%。全年水产品产量 41 625 吨，增长 0.2%，其中，养殖水产品产量 40 036 吨，增长 5.0%；捕捞水产品产量 1 589 吨，下降 55.8%。安康市 2020 年畜牧业生产情况见表 2 - 4。

表 2 - 4   2020 年畜牧业生产情况

产品名称	计量单位	产量	比上年增长（%）
肉类总产量	万吨	17.45	2.9
♯猪肉	万吨	13.85	2.7
牛肉	万吨	1.04	1.3
羊肉	万吨	1.06	6.8
禽蛋产量	万吨	5.56	1.3
牛年末存栏量	万头	20.01	4.1
羊年末存栏量	万只	58.23	3.9
猪年末存栏量	万头	125.86	6.5
家禽年末存栏量	万只	749.63	5.0

数据来源：安康市 2020 年国民经济和社会发展统计公报。

全市森林覆盖率 68%。全年营造林面积 116.07 万亩，比上年增长 5.9%。义务植树 772.07 万株。森林蓄积量累计 7 714 万立方米，林地保有量 2 878 万亩，湿地公园总面积 15.03 万亩，有国家级和省级自然保护区 3 个，面积 72.79 万亩，占全市面积的 2.1%。

（三）商洛市

全年实现农林牧渔及农林牧渔服务业总产值 215.07 亿元，增长 3.0%。实现增加值 120.83 亿元，增长 3.0%。其中，农业增加值 72.93 亿元，增长 3.8%；林业 8.78 亿元，增长 3.6%；牧业 32.20 亿元，增长 0.4%；渔业 0.59 亿元，增长 9.3%；农林牧渔服务业 6.33 亿元，增长 5.3%。

据抽样调查，全年粮食作物播种面积 240.49 万亩，粮食总产量为 51.47 万吨，同比增长 4.7%。其中，夏粮产量 19.27 万吨，秋粮产量 32.20 万吨（表 2-5）。2020 年粮食平均亩产 214 千克，同比增长 4.4%。

表 2-5　2020 年粮食及经济作物产品产量

产品名称	计量单位	产量	比上年增长（%）
粮食总产量	万吨	51.47	4.7
♯夏粮	万吨	19.27	6.4
♯秋粮	万吨	32.20	3.7
油料产量	万吨	2.05	−3.7
蔬菜及食用菌产量	万吨	60.57	3.2
水果产量	万吨	3.2	−5.0
药材产量	万吨	21.03	5.2
茶叶产量	万吨	0.41	8.5

数据来源：商洛市 2020 年国民经济和社会发展统计公报。

全年人工造林 22.55 万亩，森林覆盖率达到 69.56%。茶叶面积 24.02 万亩，产量 0.41 万吨；核桃、板栗和松子产量分别为 11.04 万吨、2.53 万吨和 0.12 万吨。全年完成水产品产量 5 561 吨，同比增长 5.5%。

年末牛存栏 7.23 万头，猪存栏 54.9 万头。全年肉类总产量达到 8.71 万吨，禽蛋产量 7.24 万吨（表 2-6）。

表 2-6 畜牧业生产情况表

产品名称	计量单位	产量	比上年增长（％）
肉类总产量	万吨	8.71	−1.2
♯猪肉	万吨	5.96	−3.1
牛肉	万吨	0.44	0.6
羊肉	万吨	0.37	8.4
奶类总产量	万吨	0.20	−20.2
禽蛋产量	万吨	7.24	−2.6
牛年末存栏	万头	7.23	1.7
羊年末存栏	万只	23.10	1.2
猪年末存栏	万头	54.90	2

数据来源：商洛市 2020 年国民经济和社会发展统计公报。

（四）宝鸡市太白县

太白县有省级以上农业产业化龙头企业 1 个。2020 年实现现价农林牧渔业总产值 149 166 万元，同比增长 4.2％。其中，农业产值 118 430 万元，同比增长 4.6％；林业产值 14 115 万元，同比增长 6.9％；牧业产值 9 840 万元，同比增长 0.5％；渔业产值 135 万元，同比增长 11.9％。

全年粮食播种面积 28 880 亩，同比持平。粮食产量达到 6 764 吨，基本持平。其中，夏粮 1 031 吨，同比增长 4.25％；秋粮 5 733 吨，同比减少 0.59％。油料种植面积 3 690 亩，同比增长 4.1％，实现油料产量 458 吨，同比增长 9.3％。蔬菜种植面积 109 922 亩，产量 445 154 吨，同比增长 6.3％。中药材种植面积达到 27 140 亩，产量 18 879 吨，同比增长 2.6％。年末园林水果实有面积 2 307 亩，当年采摘面积 2 178 亩，园林水果产量 2 476 吨，同比下降 12.42％；食用坚果 2 114 吨，同比增长 0.17％（表 2-7）；生猪出栏 16 129 头，猪肉产量 1 350.5 吨；牛出栏 1 036 头，同比增加 6.15％，牛肉产量 154.1 吨，同比增长 11.8％；羊出栏 3 765 只，同比减少 17.07％，羊肉产量 74.2 吨，同比减少 17.31％；家禽出栏 10.99 万只，禽肉产量 190.1 吨，同比增长 10.91％。

表 2-7　太白县主要农产品种植面积及产量

指　　标	计量单位	面积/产量	比上年增长（%）
粮食总面积	万亩	2.888 0	持平
粮食总产量	万吨	0.676 4	持平
蔬菜总面积	万亩	10.992 2	1.88
蔬菜总产量	万吨	44.515 4	6.3
园林水果总面积	万亩	0.230 7	4.63
水果总产量	万吨	0.247 6	−12.42
中药材面积	万亩	2.714 0	−0.67
中药材产量	万吨	1.887 9	2.6
肉类总产量	万吨	0.183 0	−19.38
食用坚果产量	万吨	0.211 4	0.17

数据来源：宝鸡市太白县 2020 年国民经济和社会发展统计公报。

（五）宝鸡市凤县

凤县 2020 年实现农林牧渔业增加值 10.14 亿元，比上年增长 3.2%。全年粮食播种面积 9.2 万亩，比上年增长 1.0%。其中，夏粮 1.01 万亩，下降 34.7%；秋粮 8.19 万亩，增长 8.3%。全年花椒产量 3 976 吨，增长 9.7%；核桃 11 577 吨，增长 16.6%。凤县 2020 年主要种植业产品产量见表 2-8。

表 2-8　凤县 2020 年主要种植业产品产量

指　　标	计量单位	产量	比上年增长（%）
粮食	万吨	2.740 8	14.6
♯夏粮	万吨	0.181 4	−28.2
秋粮	万吨	2.559 4	19.6
油料	万吨	0.123 6	17.5
蔬菜及食用菌	万吨	17.32	3.5
园林水果	万吨	4.97	6.1
♯苹果	万吨	4.77	5.9

数据来源：宝鸡市凤县 2020 年国民经济和社会发展统计公报。

年末猪存栏 3.34 万头，比上年下降 1.6%；牛存栏 1.16 万头，比上年下降 5.6%；羊存栏 1.11 万只，比上年下降 6.4%；家禽存栏 18.43 万只，比上年下降 24.2%。肉类总产量 4 714.5 吨，比上年下降 4.6%，其中猪肉产量 2 906.8 吨，比上年下降 21.6%；禽蛋产量 1 439 吨，比上年下降 21.1%。蜂蜜产量 36.47 万千克，比上年增长 194.4%；林麝存栏量达到 1.9 万头。全年水产品产量 65 吨，与上年持平。

四、政策支持

为支持川陕革命老区振兴发展，陕西省 2017 年 9 月制定《陕西省川陕革命老区振兴发展规划实施方案》，重点从财政、金融、土地、科技、人才、生态等方面给予相应支持。进一步加大财政转移支付力度，积极争取中央预算内资金和项目。市、县（区）分别按照当年地方财政收入的 2% 增列老区专项扶贫预算，并逐步加大投入力度。省级产业发展基金按不高于市级产业投资基金总额 20% 的比例出资参与市级产业投资基金的设立。实施差别化存款准备金政策，鼓励金融机构适当扩大贫困县分支机构的授信审批权限，加大各类贷款支持力度。列入国家集中连片特困地区和国家扶贫开发重点县的老区县，适当增加建设用地年度计划指标，允许将城乡建设用地增减挂钩指标在省域内流转使用。中央在陕企业和单位、省级党政机关、企事业单位对贫困县开展定点帮扶。加大财政科技投入支持力度，支持科技成果转移转化平台建设。建立发达地区对口支持老区人才开发机制，每年选派一批干部人才到老区开展援助服务，选拔一批老区干部人才到省级部门、省内发达地区和天津、江苏等东西协作地区挂职锻炼。积极争取逐步将符合条件的地方优先纳入国家重点生态功能区，加大重点生态功能区中央和省级转移支付补助力度。

五、发展规划

陕西省川陕革命老区规划目标是地区生产总值以高于陕西省平均 2 个百分点左右的增速快速增长，城乡居民人均可支配收入力争达到全省平均水平，实现市市通高铁、县县通高速。到 2020 年，实现贫困县全部摘帽，现行标准下建档立卡贫困人口全部脱贫，与全省同步全面建成小康社会。依托川陕革命老区经济发展空间结构，培育联动成渝经济区和关中—天水经济区的新增长带，形成连接丝绸之路经济带和长江经济带的重要通道；打造区域开发与精准扶贫协同推进示范区；大力发展特色产业及清洁能源，积极建设军民融合产业示范基地、特色农产品生产加工基地；重点发展红色文化、生态休闲旅游，建成全国知名的生态旅游目的地和红色文化传承区；建设秦巴山生态文明先行先试区。

第三节　重庆市川陕革命老区的区域概况

一、基本情况

重庆市川陕革命老区只下辖城口县，位于川陕革命老区的南方，占川陕革命老区总面积的 2.0%。2020 年末常住人口 25.11 万人，人口总量比 2019 年增长 35.4%，只占川陕革命老区总人口的 0.8%，人口占比相对 2019 年略有增长；2020 年实现的地区生产总值只占川陕革命老区的 0.4%，占比与 2019 年基本持平。

（一）地理位置

重庆市城口县位于长江上游地区、重庆东北部，渝、川、陕三省（市）交界处，西与四川省万源市接壤；南与四川省宣汉县和重庆市开州区、巫溪县相连；东北与陕西省紫阳县、岚皋县、平利县、镇坪县毗邻，处于东经 108°15′至 109°16′、北纬 31°37′至 32°12′，辖区面积达 0.32 万平方千米，约占重庆市辖区面积的 3.9%。

（二）地形地貌

城口县位于米仓山和大巴山的中山区，山岭较多，山脉排列整齐，地势南东偏高，北西偏低。五座大山从北向南依次排列分别是大巴山、牛心山、旗杆山、榔梆梁、八台山。南北河流的分界线是处于中间的旗杆山。该地区海拔高低之间相差 2 204.3 米，光头山海拔达 2 685.7 米，岔溪口海拔为 481.5 米。

（三）气候特征

城口县处在北亚热带山地气候的位置上，每个季节的特征明显，有着丰富的降水量和日照数。春季气温多变，常常出现"倒春寒"的天气；夏季的降水比较集中，年均降水天数为 166 天，年均降水量能达到 1 261.4 毫米；秋季气温的下降速度较快，阴雨天气多；冬季较长，气温也低，年平均气温在 13.8℃左右，年均日照时数为 1 530 小时。

（四）自然资源

城口县的资源丰富，自然资源主要分为矿产资源、生物资源、水能资源三部分。该地区的矿产资源储存量较大，有较好的开发前景，包括锰、钡、煤、铅、锌等 20 多个矿种，其中，锰、钡、煤开发程度较大。而且由于植被分布在垂直带谱上，树种分布比较明显，因此导致生物资源具有多样性的特征且森林覆盖率高，也被称作秦巴腹地的生态明珠。水能资源中包括各种大小不等的溪流、河水 779 条。

（五）经济总量

城口县经济发展速度有所提高，但产业结构与重庆全市相比依旧发展不平衡。2020 年实现地区生产总值 55.20 亿元，同比增长 1.8%。分行业看，第一产业增加值 12.27 亿元，同比增长 4.8%；第二产业增加值 9.90 亿元，同比增长 5.7%；第三产业增加值 33.04 亿元，同比下降 0.3%。三次产业结构为 22.2∶17.9∶59.9。按户籍人口计算，人均地区生产总值为 21 967 元，按常住人口计算，人均地区生产总值为 27 986 元。

二、农户情况

城口县 2020 年农村常住居民年人均可支配收入达到 11 257 元，同比增长 8.2%，其中工资性收入、经营性收入、财产性收入和转移性收入分别达到 5 945 元、3 715 元、331 元和 1 266 元，同比分别增长 7.5%、9.0%、8.9% 和 9.2%。农村居民人均生活消费支出 8 608 元，同比增长 10.0%。

三、农业现代化状况

城口县 2020 年农业总产值 19.98 亿元，现价同比增长 17.8%，可比价同比增长 5.1%。全县粮食作物播种面积 37.15 万亩，同比下降 1.1%；粮食产量 8.74 万吨，同比增长 3.7%；其中玉米产量 3.89 万吨，同比增长 9.0%；马铃薯产量 2.71 万吨，同比下降 4.9%；水稻产量 0.11 万吨，同比下降 18.5%；红薯产量 1.66 万吨，同比增长 9.5%；大豆产量 0.15 万吨，同比增长 7.1%。蔬菜播种面积 8.49 万亩，同比增长 2.0%；蔬菜产量 6.39 万吨，同比增长 4.5%。

全年肉类总产量 1.45 万吨，同比下降 16.5%。年末生猪存栏 8.67 万头，同比增长 18.6%，生猪出栏 10.77 万头，同比增长 0.8%；能繁母猪存栏 1.32 万头，同比增长 0.7%；年末牛存栏 1.19 万头，同比增长 3.2%，牛出栏 0.55 万头，同比下降 10.0%，年末羊存栏 7.22 万只，同比下降 2.8%，羊出栏 9.68 万只，同比下降 5.9%；年末家禽存栏 192.98 万只，同比增长 7.2%，家禽出栏 272.35 万只，同比下降 4.7%。

由于重庆市川陕革命老区成建制的区县只有城口县，因此它在川陕革命老区中的分量相对很轻，第一产业增加值只占川陕革命老区的 0.6%，粮食播种面积只占 1%，粮食产量只占 0.6%，油料作物播种面积只占 0.2%，油料产量只占 0.2%。

四、政策支持

重庆市严格落实中央振兴川陕革命老区的精神，2016 年 10 月制定《关于贯彻落实川陕革命老区振兴发展规划支持城口革命老区加快发展的实施意见》，对城口县实行地方税收收入县级全留政策，对中央财税体制调整下放的相关税收，市级不参与分成。全面推开营改增试点减轻企业税负造成城口当期财政减收的，通过转移支付予以补助。加大均衡性、基本财力、重点生态功能区等转移支付补助力度，逐步将切块转移支付占转移支付总量的比重提高到 80% 以上，教育、医疗、社会保障、农田水利、基础建设等社会事业发展方面财政支出的 60％以上由市级部门予以保障。积极争取中央加大革命老区转移支付力度，规划期内革命老区转移支付增量的 50％以上安排用于城口县。妥善处理城口县乡村公益性债务。各类涉及民生的专项转移支付资金进一步向城口县倾斜。落实和完善农产品批发市场、农贸市场城镇土地使用税政策。对新增存款按比例用于当地贷款考核达标的村镇银行执行优惠存款准备金率，对涉农贷款增速和比例考核达标的农业银行县级"三农金融事业部"执行差别化存款准备金率。选派机关优秀干部到贫困村和治理薄弱村任职，增加城口农村义务教育教师特设岗位计划、大学生志愿服务西部计划名额。

五、发展规划

重庆市高度重视城口县的发展规划，要求编制国民经济和社会发展等中长期规划及重大专项规划时，对城口县予以重点支持，并积极在能源、交通、水利等领域谋划一批重大工程项目，优先纳入市级相关专项规划，积极争取纳入国家相关专项规划，其规划目标是到 2020 年，解决区域性整体贫困问题，生态环境质量持续改善，特色生态经济蓬勃发展，城乡居民人均可支配收入增长幅度高于全市平均水平，充分发挥重庆向北重要门户的区位优势，在川陕革命老区率先全面建成小康社会，建成秦巴山生态文明建设先行先试区、川陕革命老区脱贫攻坚先行示范区、渝东北特色生态经济明珠。

第四节　研究小结

川陕革命老区是中国共产党领导的红四方面军在川陕边界建立的革命根据地，是土地革命战争时期第二大苏区，为中国革命胜利作出了重要贡献和巨大牺牲。2016 年 6 月，国务院通过了《川陕革命老区振兴发展规划》，明确将采取特殊扶持政策，加快推进川陕革命老区振兴发展。2016 年 12 月，川陕革命老区签订了《川陕革命老区振兴发展战略合作框架协议》，发表了《川陕革命老区振兴发展论坛广元宣言》。本章分别从地理位置、地形地貌、气候特征、自然资源和经济总量五个方面介绍了隶属川陕革命老区的四川省绵阳市、达州市、巴中市、广元市、南充市，陕西省安康市、汉中市、商洛市、宝鸡市太白县、宝鸡市凤县，以及重庆市城口县的基本情况，描述统计了上述市县的农户发展及农业现代化情况，分别介绍了四川省川陕革命老区、陕西省川陕革命老区、重庆市川陕革命老区的当前基本政策和发展规划。

第三章

川陕革命老区小农户及农业现代化现状调查

　　川陕革命老区地形地貌多样，丘陵广布、高山延绵、盆地和川道狭小，素有"八山一水一分田"之称，集革命老区、生态保护区于一体，是跨省交界广的经济相对落后地区之一，面临自然条件差、居民收入水平偏低、农民自身素质不高、市场信息滞后等诸多问题。为切实准确了解该区域存在的现实问题，项目组及时开展了问卷调查。为增强问卷的可靠性和科学性，本项目在研究经典文献、召开专家咨询会议基础上，项目组成员通过不断讨论、预调研以及不断修改并完成最终调查问卷，其主要内容是反映能够影响川陕革命老区2020年小农户与农业现代化衔接的家庭农业生产经营、金融、市场、科技、劳动力、基础设施、信息获取等情况。问卷的形式包括填空题、多选题、单选题和问答题。本章及后续第五至十章所采用的数据来源于项目组2020年7—9月在川陕革命老区9个地级市及重庆市城口县的问卷调查。

　　本次调查区域涉及川陕革命老区37个区县，除陕西省宝鸡市太白县、凤县及重庆市城口县以外，还随机选取了34个区县作为调研地区，它们分别是巴中市2个区县、广元市2个区县、达州市3个区县、绵阳市7个区县、南充市6个区县、汉中市4个区县、商洛市5个区县、安康市5个区县。由于重庆市成建制的区县中只有城口县属于川陕革命老区的地理范围，而重庆市又是直辖市，因此在这里将城口县作为地级市看待，选择4个有代表性的乡镇（每个乡镇3个村）共发放120份问卷，川陕革命老区的其他市县则是根据区县内乡村经济高、中、低发展水平抽取3个村，并根据每个样本村小农户经济发展水平分层随机抽取10个农户进行调查，发放问卷1 080份，加上在重庆市城口县发放的120份问卷，本次调研总共发放1 200份问卷。被调查者大多是小农户家庭的户主，采取一对一的问卷调查方法，收回有效问卷1 064份，其中四川508份，重庆109份，陕西447份，本次问卷有效率达88.70%，问卷调查的内容能够较为有效、真实地反映川陕革命老区小农户家庭的基本情况及小农户与农业现代化衔接情况。

本章首先从整体上着重就川陕革命老区的村庄环境、小农户及农业现代化情况展开现状调查分析，然后将四川省的绵阳市、南充市，陕西省的汉中市作为川陕革命老区当中有代表性的典型区域开展现状调查分析（收回有效问卷475份，其中绵阳192份，南充171份，汉中112份），之所以选择这3个城市作为典型区域，是因为绵阳市、南充市是四川川陕革命老区中区县个数最多，人口数量相对较大，经济实力相对较强的地区，而汉中市则是陕西川陕革命老区中区县个数最多，人口数量最多，经济实力最强的地区，因此这三个城市及区县能够很好地代表川陕革命老区小农户及农业现代化的当前发展水平。

第一节　村庄环境

从表3-1数据总体分析可知，小农户所在村庄的地理环境特征大体为山地地形，其中低山丘陵村以及高山/山区村占主要比重。低山丘陵这一类型的村庄最多，比例占到45.96%，高山/山区村占比也达到45.49%。这些数据也切实反映了川陕革命老区丘陵广布、高山延绵的特点。从表3-1数据中还可

表 3-1　川陕革命老区小农户所在村庄地理环境特征

单位：户，%

指标		解释说明	总体状况	
			数值	比例
村庄环境特征	村子类型	低山丘陵	489	45.96
		高山/山区	484	45.49
		平原	70	6.58
		高原	11	1.03
		其他	10	0.94
	村距离市集距离	本村	184	17.29
		小于2里	198	18.61
		2~4里	213	20.02
		4~6里	78	7.33
		6~8里	212	19.93
		大于8里	179	16.82

得知调研地区小农户所在村庄到市集距离的情况，本村就有集市的村庄只有17.29％，有27.35％的村庄有2～6里①路的距离才能到集市，还有16.82％的村庄到集市的距离大于8里地，这说明调研地区的绝大部分村庄分布较散，市场没有聚集，给小农户参与市场活动带来不便，同时也会在一定程度上影响小农户的日常生活。

第二节　农户情况

一、人力资本

根据表3-2可知，小农户户主文化程度总的来说是小学学历占大多数，占所有户主的40.6％，且重庆、四川、陕西三省份被调研的户主中，也都是小学文化程度的户主最多，而大专及以上文化水平的户主最少。由此可知川陕革命老区的小农户总体文化程度较低。再者，参加过农业技术培训的户主占比只有31.1％，而未参加过农业技术培训的户主占比高达68.9％；分地区看，

表3-2　川陕革命老区小农户家庭人力资本情况表一

单位：人，％

家庭人力资本情况	解释说明	总体		重庆		四川		陕西	
		数值	占比	数值	占比	数值	占比	数值	占比
户主文化程度	小学未毕业	187	17.6	26	23.9	85	16.7	76	17.0
	小学	432	40.6	52	47.7	191	37.6	189	42.3
	初中	256	24.1	17	15.6	128	25.2	111	24.8
	高中	85	8.0	2	1.8	43	8.5	40	9.00
	大专及以上	12	1.1	0	0.0	6	1.2	6	1.3
	从未上过学	92	8.6	12	11.0	55	10.8	25	5.6
是否参加过农业技术培训	是	331	31.1	37	33.9	156	30.7	138	30.9
	否	733	68.9	72	66.1	352	69.3	309	69.1

---

① 1里=500米。

不管是重庆城口县的小农户户主，还是地处四川、陕西川陕革命老区的小农户户主，他们当中都只有 30% 多的户主接受过农业技术培训，而未接受过农业技术培训的户主超过 60%，是接受过培训户主的两倍左右，这说明川陕革命老区的小农户家庭大多都缺乏相关农业技能培训。由表 3-3 可得，革命老区的小农户家庭户主年龄均值为 52 岁左右，家庭人口数均值为 4 人左右，这说明川陕革命老区小农户家庭规模适中，户主年富力强。

表 3-3　川陕革命老区小农户家庭人力资本情况表二

家庭人力资本情况	解释说明	总体		重庆		四川		陕西	
		均值	标准差	均值	标准差	均值	标准差	均值	标准差
年龄	户主年龄（岁）	52.16	10.37	51.74	9.99	52.60	11.07	51.75	9.62
人口数	家庭人口（人）	3.82	1.36	3.77	1.34	3.87	1.44	3.78	1.27

二、土地资本

由表 3-4 可以得出，调研地区小农户家庭土地耕地总体质量一般，比较差以及非常差的分别占 4.8% 和 5.5%，占比较小。分地区看，在重庆调研地区的调查结果最为明显，耕地质量比较差与非常差的都只有 1 户，占比 0.9%；

表 3-4　川陕革命老区小农户家庭土地资本情况

单位：户，%

家庭土地资本情况	解释说明	总体		重庆		四川		陕西	
		数值	占比	数值	占比	数值	占比	数值	占比
耕地总体质量	非常好	49	4.6	7	6.4	25	4.9	17	3.8
	比较好	422	39.7	55	50.5	219	43.1	148	33.1
	一般	483	45.4	45	41.3	224	44.2	214	47.9
	比较差	51	4.8	1	0.9	16	3.1	34	7.6
	非常差	59	5.5	1	0.9	24	4.7	34	7.6
是否租入耕地	是	118	11.09	15	13.76	42	8.27	61	13.65
	否	946	88.91	94	86.24	466	91.73	386	86.35

四川调研地区小农户家庭耕地质量比较差和非常差的占比分别为 3.1% 和
4.7%；陕西调研地区小农户家庭耕地质量比较差和非常差的占比均为 7.6%，
这说明川陕革命老区大多数小农户家庭的耕地质量都还是不错的。在租入耕地
方面（土地流转），只有 118 户小农户家庭租入了耕地，占比仅为 11.09%，
这说明川陕革命老区农户之间的土地流转情况不甚理想。此外，根据表 3-5
可知，调研地区小农户家庭耕地面积均值为 4.79 亩，设施农业占地面积均值
为 0.15 亩；分地区看，重庆被调研的小农户家庭耕地面积均值最大为 8.61
亩，但被调研的家庭都没有设施农业。总的来说，川陕革命老区小农户家庭的
设施农业占地面积普遍较小。

表 3-5　川陕革命老区小农户家庭土地资本情况

家庭土地 资本情况	解释说明	总体		重庆		四川		陕西	
		均值	标准差	均值	标准差	均值	标准差	均值	标准差
家庭耕地 总面积	单位（亩）	4.79	4.94	8.61	7.82	4.35	4.58	4.35	3.95
设施农业 占地面积	主要指各类 温室（亩）	0.15	0.60	0.00	0.00	0.12	0.57	0.22	0.69

三、住房结构

从千余份调查问卷分析结果可以看出，被调查的小农户住房坐落所在地，
有 680 户位于乡下偏远农村，也有 205 户位于乡镇中心地带，另有 179 户位于
城市郊区农村（图 3-1）。总的调查情况是位于乡下偏远农村的小农户占绝大
部分比例。就小农户住房类型的调查统计而言，有 37.03% 的小农户居住于砖
瓦房，30.36% 的小农户居住于平房，29.79% 的小农户居住于楼房
（表 3-6）。总的来看，小农户住房占比最多的为砖瓦类型的住房。土房与茅
草房的居住户占比很小。从上述住房数据观察可得知，被调查小农户居住条件
总的来说还是比较理想的。

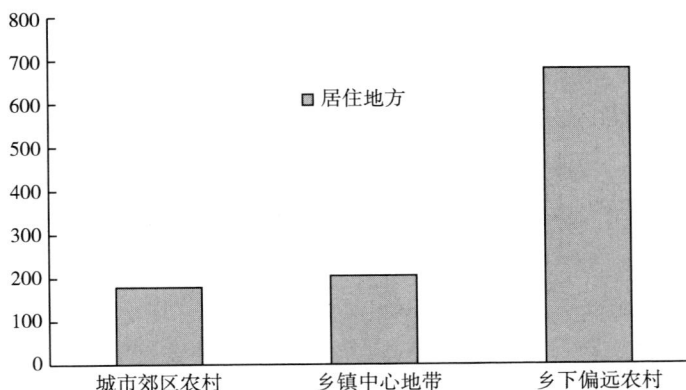

图 3-1　川陕革命老区小农户居住地情况

表 3-6　川陕革命老区小农户住房类型情况

单位：户，%

住房类型	数值	百分比
楼房	317	29.79
平房	323	30.36
砖瓦房	394	37.03
土房	25	2.35
茅草房	5	0.47

四、户均农业收入

从表 3-7 看出，总体上，本次调查的川陕革命老区 1 064 户农户家庭农业平均收入为 6 108.91 元，其中粮食作物收入最多，均值为 2 641.1 元，所占比例是 43.23%；其次是经济作物收入，均值为 2 150.13 元，所占比例是 35.20%；再次是养殖业收入，均值为 1 317.68 元，所占比例是 21.57%；综合以上结果阐述，在小农户家庭农业收入中，粮食作物收入和经济作物收入在农业总收入中的比重较大，这说明种植业是川陕革命老区小农户家庭农业收入的重要组成部分，而养殖业收入占农业收入的比重相对较小。分地区来说，四川被调查小农户家庭的农业平均收入最高，为 6 676.34 元，其中粮食作物收入 2 976.58 元，占比 44.58％；经济作物收入 1 868.64 元，占比 27.99％；养殖业收入为 1 831.12 元，占比 27.43％；其次是陕西，农业平均收入 6 590.77元，其中粮食作物收入 2 832.05 元，占比 42.97％；经济作物收入 2 333.14元，占比 35.40％；养殖业收入为 1 425.58 元，占比 21.63％；小农户家庭农业平均收入最少的是重庆，为 5 059.63 元，其中粮食作物收入 2 114.68 元，占比 41.80％；经济作物收入 2 248.62 元，占比 44.44％；养殖业收入为696.33 元，占比 13.76％。

表 3-7　川陕革命老区小农户家庭农业收入结构

单位：元，％

家庭农业收入结构	总体		重庆		四川		陕西	
	均值	占比	均值	占比	均值	占比	均值	占比
家庭农业收入	6 108.91	100.00	5 059.63	100.00	6 676.34	100.00	6 590.77	100.00
粮食作物收入	2 641.1	43.23	2 114.68	41.80	2 976.58	44.58	2 832.05	42.97
经济作物收入	2 150.13	35.20	2 248.62	44.44	1 868.64	27.99	2 333.14	35.40
养殖业收入	1 317.68	21.57	696.33	13.76	1 831.12	27.43	1 425.58	21.63

五、农业生产

农业生产是川陕革命老区小农户的重要生产活动，是其家庭收入的主要来源之一。根据问卷调查显示，被调查对象中有高达 75.66％的小农户从事过粮食作物的生产经营，有 39.29％的小农户从事过经济作物生产经营，还有32.98％的小农户从事过牲畜饲养经营。上述数据说明川陕革命老区还是以传统的粮食作物生产经营为主，这也从侧面说明了该地区小农户比较保守，抗风险能力较弱。表 3-8 也表明被调查的大部分小农户都有过 20 年以上的农业种植经历，这也在一定程度上体现了该地区小农户的农业生产经验比较丰富。从被调查小农户的除草方式可以看出，目前 53.1％的小农户已经使用除草剂，这在一定程度上体现了小农户与现代化农业衔接具有了一定的基础，但是仍然还有 32.89％的小农户依旧在使用人工除草方式，这也说明了一部分小农户还是比较保守的。

表3-8　川陕革命老区小农户农业生产情况

单位：户，%

指标	解释说明	数值	所占比例
从事农业生产经营类型（多选）	粮食作物	805	75.66
	经济作物	418	39.29
	牲畜饲养	351	32.98
从事农业种植期限	5年以下	48	4.51
	5~10年	85	7.99
	11~20年	233	21.9
	21~30年	297	27.91
	30年以上	401	37.69
除草方式（单选）	除草剂	565	53.1
	人工除草	350	32.89
	其他	149	14

六、种植产业

川陕革命老区的粮食作物有小麦、水稻和玉米等。从图3-2可以看出种植粮食作物的面积最大，占到了被调查小农户家庭耕地面积的70%，而经济作物的耕地面积则仅占耕种总面积的30%。图3-2再次印证了川陕革命老区还是以传统的粮食作物生产经营为主。

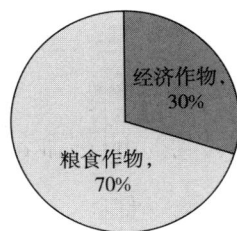

图3-2　川陕革命老区小农户种植产业情况

七、农户金融

结合表3-9，可以从收入与分配两个方面分析川陕革命老区小农户家庭金融情况。小农户家庭收入除了有农业收入之外，还有务工收入、个体经营收入及其他收入，而从主要收入来源看，首先52.35%的小农户家庭收入主要来源于进城务工获得的工资性收入，另有40.70%的小农户家庭收入主要来源于与种植、养殖有关的农业生产经营；只有 6.95％ 的小农户家庭收入主要依靠个体经营及其他收入。而就家庭存款而言，有 81.11％ 的老区小农户家庭有过存款，但是用收入办理农业保险的占比不到一半，只有 35.43％，而 64.57％ 的小农户没有办理过。对每年结余资金使用，被调查的小农户也有不同选择，其中 52.82％ 的小农户更倾向于存在银行，仅有 6.86％ 和 2.35％ 的小农户会选择农业再投资或是购买理财产品。通过分析上述数据，我们可以得出以下结论，即目前川陕革命老区小农户的兼业情况突出，纯粹从事农业的专营户并不是最大群体，外出打工是一半以上小农户家庭的主要收入来源，尽管大部分小农户每年都有盈余，但是他们天生保守，资金多用于储蓄，仅有少数农户用于开展农业再投资或是购买理财产品。

表 3-9　川陕革命老区小农户家庭金融情况

单位：户，％

评价指标	解释说明	数值	比例
家庭收入主要来源	农业生产	433	40.70
	进城务工	557	52.35
	个体经营及其他	74	6.95
家里是否有过存款	有	863	81.11
	无	201	18.89
办理农业保险的情况	已办理	377	35.43
	未办理	687	64.57
每年结余资金用途	农业再投资	73	6.86
	存于银行	562	52.82
	购买理财产品	25	2.35
	其他	404	37.97

第三节　农业现代化

一、农业机械化

根据表 3-10 可知，在调查的 1 064 户小农户家庭中，小农户家庭当前农业种植形式有 651 户是纯人工劳动，占总体的 61.2%；半人工半机械为 407 户，占比 38.3%；完全机械化的十分少，只有 6 户，占比仅 0.6% 左右，其中重庆 0 户，四川 4 户，陕西 2 户。小农户家庭农机具支出情况是 324 户有支出，占总体的 30.5%，另外 740 户无支出，占比 69.5%。就农机具对农业生产效率的影响而言，有 33.84% 的小农户家庭认为影响大，17.76% 的小农户家庭认为作用一般，另外有 13.63% 的小农户家庭对农机具的农业生产效率影响不甚了解。分析农机具在本地推广使用面积情况后，发现只有 16.07% 的小农户家庭认为推广使用面积大，而 42.58% 的小农户家庭觉得农机具在本地推广使用面积一般，另有 14.29% 的小农户家庭表示不了解农机具在本地推广使用面积情况。上述数据分析表明，川陕革命老区农业机械化水平较低。

表 3-10 川陕革命老区农业机械化水平情况

单位：户，%

农业机械化水平	解释说明	总体		重庆		四川		陕西	
		数值	占比	数值	占比	数值	占比	数值	占比
当前农业种植形式	纯人工劳动	651	61.2	56	51.4	310	61.0	285	63.8
	半人工半机械	407	38.3	53	48.6	194	38.2	160	35.8
	完全机械化	6	0.6	0	0.0	4	0.8	2	0.4
农机具支出情况	有	324	30.5	49	45	145	28.5	130	29.1
	无	740	69.5	60	55	363	71.5	317	70.9
农机具对农业生产效率的影响	大	360	33.84	33	30.3	165	32.5	162	36.2
	较大	370	34.77	37	33.9	173	34.1	160	35.8
	一般	189	17.76	12	11.0	90	17.7	87	19.5
	不了解	145	13.63	27	24.8	80	15.7	38	8.5
农机具在本地推广使用面积情况	大	171	16.07	4	3.7	47	9.3	120	26.85
	较大	288	27.06	32	29.3	137	27.0	119	26.62
	一般	453	42.58	46	42.2	242	47.6	165	36.91
	不了解	152	14.29	27	24.8	82	16.1	43	9.62

二、农业科技化

由表 3-11 可见，1 064 户小农户中，分别有 16.4% 和 55.5% 的小农户家庭认为农业科技对农业生产经营的影响很大和影响大，尽管有 22.8％和 5.3％的小农户家庭认为农业科技对农业生产经营的影响不明显和没有作用，但是绝大多数小农户家庭（55.5％）还是认为是有大影响的。对于农业科技的需求状况而言，总体上，急需、需要的小农户分别占 5.8％和 53.9％，认为无所谓的小农户占比为 30.1％，表示不需要农业科技的小农户占比 10.2％。在购买农业科技书籍方面，高达 98.3％的小农户家庭没有购买农业科技书籍，只有占比 1.7％的小农户家庭购买过。在面临农业科技难题时，只有占比为 8.7％的小农户家庭表示会经常遇到农业科技难题，45.2％和 46.1％的小农户家庭不常遇到和极少遇到，分地区来看，各地数据与总体比例大概是一致的，然而这并不能说明当地小农户的农业科技水平很高，相反这从侧面更加表明当地小农户对农业科技应用不多，对农业科技思考不多，导致难以发现农业技术难题。上述数据分析表明，川陕革命老区农业科技化水平总体不高，但对农业科技的需求较大。

表 3－11 川陕革命老区农业科技化水平情况

单位：户，％

小农户家庭农业科技化水平情况	解释说明	总体		重庆		四川		陕西	
		数值	占比	数值	占比	数值	占比	数值	占比
农业科技在农业生产经营中的影响程度	很大	174	16.4	16	14.6	81	15.9	77	17.2
	大	591	55.5	51	46.8	285	56.2	255	57.1
	不明显	243	22.8	38	34.9	116	22.8	89	19.9
	没有作用	56	5.3	4	3.7	26	5.1	26	5.8
对农业科技需求状况	急需	61	5.8	6	5.5	30	5.9	25	5.6
	需要	574	53.9	57	52.3	262	51.6	255	57.0
	无所谓	320	30.1	42	38.5	156	30.7	122	27.3
	不需要	109	10.2	4	3.7	60	11.8	45	10.1
购买农业科技书籍等	是	18	1.7	2	1.8	9	1.8	7	1.6
	否	1 046	98.3	107	98.2	499	98.2	440	98.4
面临农业科技难题情况	经常遇到	92	8.7	7	6.4	34	6.7	51	11.4
	不常遇到	481	45.2	34	31.2	217	42.7	230	51.5
	极少遇到	491	46.1	68	62.4	257	50.6	166	37.1

三、农业信息化

根据表 3-12 中的数据来看，在登录农业信息网站频率这个选项中，只有占比为 6.5% 的被调查小农户家庭会经常登录，也有占比为 13.7% 的小农户家庭表示有时会登录，另有 14.7% 的小农户家庭是偶尔会登录，而绝大部分小农户家庭（65.1%）从未登录农业信息网站。就对农业信息化平台的了解程度而言，只有 6% 的被调查小农户家庭表示非常了解，22.1% 的小农户家庭是基本了解，28.1% 的小农户家庭听说过，然而还有 43.8% 的小农户家庭却表示从未听说过农业信息化平台。在获取农业信息的方式上，有 81% 的被调查小农户家庭是通过本地农技推广站获取，只有 5.3% 的小农户家庭是通过涉农企业获取信息，高达 94.7% 的小农户家庭没有通过涉农企业获取农业信息。上述数据分析表明，川陕革命老区小农户对农业信息化的利用水平偏低，而之所以利用水平偏低是由于当地农业信息化水平偏低造成的。

表 3-12　川陕革命老区农业信息获取情况表

单位：户，%

小农户家庭农业信息获取情况	解释说明	总体		重庆		四川		陕西	
		数值	占比	数值	占比	数值	占比	数值	占比
登录农业信息网站频率	经常	69	6.5	7	6.4	19	3.7	43	9.6
	有时	146	13.7	5	4.6	68	13.5	73	16.3
	偶尔	156	14.7	6	5.5	49	9.6	101	22.6
	从未	693	65.1	91	83.5	372	73.2	230	51.5
对农业信息化平台的了解程度	非常了解	64	6.0	5	4.6	11	2.2	48	10.7
	基本了解	235	22.1	12	11.0	96	18.9	127	28.5
	听说过	299	28.1	38	34.9	151	29.7	110	24.6
	从未听说	466	43.8	54	49.5	250	49.2	162	36.2
通过本地农技推广站获取信息	是	862	81.0	98	89.9	415	81.7	349	78.1
	否	202	19.0	11	10.1	93	18.3	98	21.9
通过涉农企业获取信息	是	56	5.3	6	5.5	23	4.5	27	6.0
	否	1 008	94.7	103	94.5	485	95.5	420	94.0

四、社会化服务

从表 3-13 可以看出，非常了解合作经营的小农户比例非常小，只有 2.07%，绝大多数小农户（41.54%）只是了解一点，另有 28.01% 的小农户表示对合作经营不是很了解，这些数据说明合作经营在当地小农户中具有群众基础，但对合作经营深入了解的小农户还不多，这也从侧面表现出当地农村现代农业发展"带头人"缺失，合作规模经营的理念宣传不到位。对于是否有合作经营的意愿而言，持愿意态度的小农户超过 60%，而不愿意的小农户占比较小，当然也有 24.7% 的小农户对合作经营持无所谓的观望态度。对于农村合作社在农产品销售方面的效果，课题组也进行了问卷调查，其中有 37.4% 的小农户认为合作社在农产品销售方面的效果大，但有超过半数达 62.6% 的小农户认为合作社在农产品销售方面的效果一般，这一数据表明合作社在小农户中的作用并未落到实处。表 3-13 中的数据也说明了川陕革命老区小农户的农业技术主要是从家传经验中得来，只有极少数小农户主要是通过上培训课（4.98%）和农业部门推广（6.77%）中得来。总之上述数据分析表明，被调查的小农户没有享受到充分的农业社会化服务，这也说明了川陕革命老区的农业社会化服务工作还需要进一步深入开展。

表 3-13　川陕革命老区农业社会化服务情况

单位：户，%

指标	解释说明	总体状况	
		数值	比例
合作经营了解情况	非常了解	22	2.07
	了解	302	28.38
	了解一点	442	41.54
	不了解	298	28.01
是否愿意参与合作经营	非常愿意	69	6.5
	愿意	643	60.4
	无所谓	263	24.7
	不愿意	81	7.6
	非常不愿意	8	0.8

（续）

指标	解释说明	总体状况	
		数值	比例
农村合作社在农产品销售方面的效果	大	398	37.4
	一般	666	62.6
农业技术主要从何而来	家传经验	669	62.87
	电视	163	15.32
	网络	64	6.02
	报纸杂志	43	4.04
	上培训课	53	4.98
	农业部门推广	72	6.77

　　农村农业社会服务化主要体现在建立一个新型的为实现农业全面现代化的服务组织体系，发展多元化服务的新型现代化主体，在农村技术推广、农村信息传达以及创新科技服务方面起积极的推动作用。从川陕革命老区小农户的问卷调查结果来看（图3-3），小农户中58.55％的主体在遇到耕作问题时还主要是向本村的科技能人请教，只有少部分小农户会得到专门的技术人员指导，这也在一定程度上说明了农业社会服务化程度还有待提高。

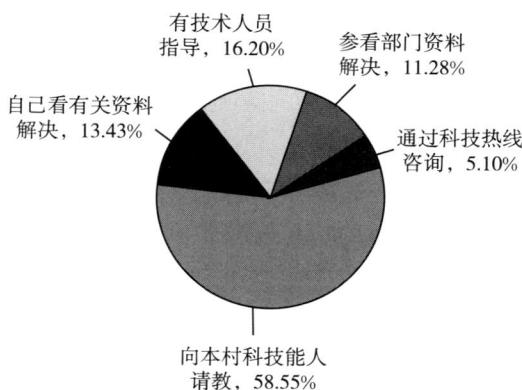

图3-3　川陕革命老区小农户耕作问题解决途径

五、农业市场化

　　农产品的销售与采购是农业市场化的重要内容，同时也需要有一定的市场条件去支撑农业市场化。从种子主要采购渠道来看，表 3 - 14 中的数据表明川陕革命老区有 84.87% 的小农户仍然以自己去附近市场购买的方式采购种子，只有 13% 左右的小农户通过平台或企业进行种子采购，而从目前的主要销售渠道来看，有高达 77.16% 的小农户还是自己去联系买家收购自产农产品，只有 200 多户小农户是通过现代化模式销售。而就合作社对小农户的帮助而言，川陕革命老区的小农户们认为，合作社在帮助他们购买种子、农具方面的帮助最大，其次是进行统一收购销售，再次是帮助解决生产养殖技术难题，第四则是帮助了解经济政策和市场信息。此外，小农户对于电商平台的了解程度也出现了明显的差异化，70.39% 的小农户都不了解电商平台。小农户了解市场信息途径也是比较多的，主要途径是收听收看新闻，以及通过在城市的家人或是朋友了解市场信息。总之通过对 1 064 份问卷数据进行分析，我们可以发现川陕革命老区的农业市场化水平还亟待提高。

表 3 - 14　川陕革命老区农业市场发展情况

单位：户，%

指标	解释说明	数值	所占比例
种子主要采购渠道	去市场买	903	84.87
	通过平台采购	125	11.75
	企业供应	17	1.59
	其他	19	1.79
目前主要销售渠道	自己联系买家收购	821	77.16
	自己在电商平台或微店销售	98	9.21
	农村合作社统一帮助销售	76	7.14
	城市线下展销	69	6.49
获得合作社哪些方面帮助（多选）	帮助购买种子、农具	376	35.34
	帮助进行统一收购销售	235	22.09
	帮助了解经济政策和市场信息	206	19.39
	帮助解决生产养殖技术难题	219	20.58
	帮助了解电商平台要求	75	7.05
	帮助扩展人脉和销售范围	152	14.29
是否了解电商平台	是	315	29.61
	否	749	70.39

（续）

指标	解释说明	数值	所占比例
通过什么途径了解市场信息（多选）	通过新闻了解	582	54.7
	通过农村合作社了解	243	22.84
	通过在城市的家人或朋友了解	415	39.00
	通过一些网络平台了解	112	10.53

六、新型农业经营主体发展

合作社和涉农企业是重要的新型农业经营主体。从一些文献中了解得知，近年来川陕革命老区加大了新型农业经营主体的培育力度，新型农业经营主体获得了一定的发展但实力较弱，而且总体上，多数新型农业经营主体处于产业链价值低端，农产品附加值较低，带领农民的能力有限；他们的管理也存在不规范问题，从而缺乏有效的利益联结机制来共同面对经营中的困难。从表3-15的问卷数据来看，只有25.85%的被调查小农户认为当地农业合作社发展水平高，这也充分表明川陕革命老区大部分农业合作社的实力确实不强。该地区涉农企业数量也不乐观，甚至有高达52.5%的调研村庄都没有涉农企业，38.33%的村庄也只有1至3家涉农企业，而仅9.17%的村庄的涉农企业能够达到4至6家，超过6家涉农企业的村庄为零。上述这些数据充分说明了川陕革命老区新型农业经营主体的培育力度远远不够，对小农户的服务带动作用也不足。我们知道农业现代化发展需要更专业化、职业化的新型农业经营主体带动，因此川陕革命老区农业现代化也离不开新型农业经营主体的大力发展。

表3-15　川陕革命老区新型农业主体情况

单位：户，%

评价指标	解释说明	数值	比例
合作社发展水平	高	275	25.85
	低	789	74.15
村里的涉农企业数量	没有	63（个村）	52.5
	1～3家	46（个村）	38.33
	4～6家	11（个村）	9.17
	6家以上	0（个村）	0

七、农业治理现代化

如今，推动小农户与农业现代化的有机衔接离不开政府引领和扶持。从表 3-16 的统计数据来看，川陕革命老区的被调查小农户们认为首先是政府在种粮补贴和其他补贴方面做了大量宣传（有 77.82％的小农户选择了这一项），其次是在土地承包政策上做了大量宣传，另外关于计划生育的宣传也有不少，而只有 31.11％的小农户认为政府在优良品种和农业技术方面开展过宣传。就小农户了解政策或法律知识的途径而言，选择通过村里和乡镇政府了解政策和法律的小农户数量最多，其次是选择通过电视了解政策和法律的小农户的数量为第二，而选择通过报纸了解政策和法律的小农户的数量最少。有 64.1％的小农户认为政府制定的各项政策大多数一般都不会轻易改变，当然也有 14％的小农户认为政府制定的各项政策总是说变就变，另外 4％的小农户对政府制定的各项政策是否稳定并不清楚。在惠农政策享受方面，选择享受过种粮直补政策的川陕革命老区被调查小农户最多，而选择享受过农机具购置补贴政策的小农户最少。综合上述分析，可以认为川陕革命老区的农业现代化治理是基本上到位的，但在惠农政策方面还需要通过农业综合补贴、农机具购置补贴等多种渠道加大惠农支持力度，同时要加强优良品种和农业技术推广的宣传。

表 3-16　川陕革命老区农村现代化治理情况

单位：户，％

评价指标	解释说明	数值	比例
村里或上级政府关于政策或法律方面的宣传（多选）	土地承包	666	62.59
	土地征用	484	45.49
	种粮补贴和其他补贴	828	77.82
	农业税减免	338	31.77
	计划生育	597	56.11
	优良品种和农业技术	331	31.11
了解政策或法律知识的途径（多选）	村里和乡镇政府	829	77.91
	电视	561	52.73
	收音机	89	8.36
	报纸	48	4.51
	其他	97	9.12

（续）

评价指标	解释说明	数值	比例
政府各项政策的 稳定情况	各项政策总是说变就变	149	14
	大多数一般都不会变	682	64.1
	多数都变得太快	195	18.33
	不清楚	38	4
正享受的惠农 政策（多选）	种粮直补	845	79.42
	良种补贴	381	35.81
	农机具购置补贴	165	15.51
	农业综合补贴	324	30.45

八、农业基础设施建设

根据表 3-17 可以得出，接近 90% 的调查小农户认为他们所在村庄的道路是在进步的，其中认为村庄道路有显著进步的有 611 户，稍有进步的有 328 户，与前几年差不多的有 115 户，但是也有 10 户小农户认为他们所在村庄的道路是稍有退步的。分地区看，重庆地区的村庄道路进步最为明显，认为村庄道路有显著进步的小农户占比高达 77.1%。在田间道路状况方面，总体上来说，710 户小农户的农业生产场所只有少数田间公路，并且影响了使用机器；当然也有 354 户小农户的农业生产场所有公路相通，很方便。分地区来说，在重庆川陕革命老区，只有 17 户小农户的农业生产场所有公路与田间道路相通；四川川陕革命老区有 153 户小农户的农业生产场所有公路与田间道路相通；陕西川陕革命老区小农户农业生产场所有公路与田间道路相通情况要稍微好于重庆和四川。另外就农业灌溉而言，还有 42.9% 的小农户认为乡村水利工程没有发挥太多作用。

根据图 3-4 可知，1 064 户调查对象中认为村内道路能够完全满足经济发展与居民出行需求的只有 38%，而 49% 的小农户觉得目前的村内道路只能基本达到经济发展和出行要求，还有 11% 的小农户认为还不能满足需求。总之，综合上述图表分析，可以认为川陕革命老区的农业基础设施还有比较大的提

93

升空间。

表 3 - 17 川陕革命老区村庄基础设施情况

单位：户，%

小农户家庭所在村落基础设施水平	解释说明	总体		重庆		四川		陕西	
		数值	占比	数值	占比	数值	占比	数值	占比
最近几年内村内道路的变化	显著进步	611	57.5	84	77.1	250	49.2	277	62.0
	稍有进步	328	30.8	20	18.3	185	36.4	123	27.5
	与前几年差不多	115	10.8	4	3.7	70	13.8	41	9.2
	稍有退步	10	0.9	1	0.9	3	0.6	6	1.3
田间道路状况	有公路相通，很方便	354	33.27	17	15.6	153	30.12	184	41.2
	只有少数田间公路，影响使用机器	710	66.73	92	84.4	355	69.88	263	58.8
所在村庄的水利工程是否发挥作用	是	597	56.1	104	95.4	289	56.9	204	45.6
	否	456	42.9	5	4.6	214	42.1	237	53.1
	不知道	11	1.0	0	0.0	5	1.0	6	1.3

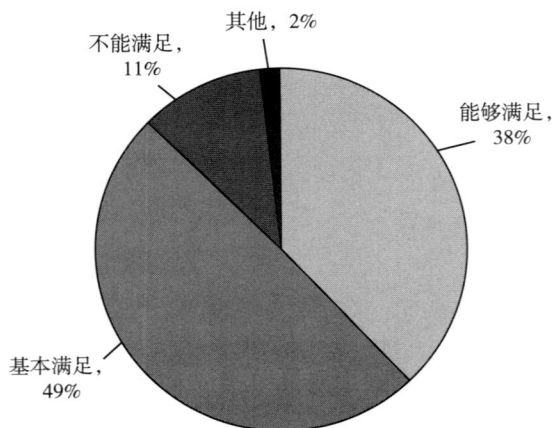

图 3 - 4 川陕革命老区小农户对村内道路的看法

第四节　典型区域

一、农业收入

就农业收入而言，表 3 - 18 的数据表明四川绵阳户均农业收入以 10 681.77 元位居三地之首，其中粮食作物收入占比最大，约为 63.36％，然后依次是经济作物收入和养殖业收入，说明在四川绵阳，小农户多以种植粮食贩卖为农业主要收入来源；而四川南充同样是粮食作物占大头，其户均粮食作物收入约为 3 147.32 元，这种情况可能跟四川的种植作物有关，大部分农户都以种植水稻为主，旱地会种植小麦等，都是日常需求的，销售比较容易，这也就造成了粮食作物收入占农业收入的绝大多数。四川绵阳也是三地当中户均养殖业收入最高的地区，这与当地很多小农户都会养鸡鸭等家禽有关。对比三地的农业收入结构，可以发现它们都是以粮食作物种植作为农业中的主导产业。

表 3 - 18　典型区域小农户农业收入情况

单位：元，％

家庭收入结构	总体		四川绵阳		四川南充		陕西汉中	
	均值	占比	均值	占比	均值	占比	均值	占比
家庭农业收入	7 541.9	100	10 681.77	100	6 179.46	100	5 764.47	100
粮食作物收入	4 326.58	57.37	6 768.61	63.36	3 147.32	50.93	3 063.8	53.15
经济作物收入	1 626.96	21.57	2 096.44	19.63	1 694.64	27.42	1 089.79	18.91
养殖业收入	1 588.36	21.06	1 816.7	17.01	1 337.5	21.65	1 610.87	27.94

二、耕地资源

通过下面的小农户耕地面积分析表，可以看出，三地小农户的户均耕地总面积为 4.78 亩，其中粮食作物面积为 3.79 亩，占总面积的 79.29％，而经济作物面积户均只有 0.99 亩，这再次说明三个地区的绝大部分小农户都以粮食类农作物种植为主。具体而言，三地中四川绵阳的户均耕地总面积为 4.43 亩，粮食作物面积为 3.45 亩，经济作物面积为 0.98 亩；四川南充的户均耕地总面积为 4.55 亩，粮食作物面积为 3.61 亩，经济作物面积为 0.94 亩；陕西汉中的户均耕地总面积为 5.38 亩，粮食作物面积为 4.32 亩，经济作物面积为 1.06 亩（表 3-19）。

表 3-19　典型区域小农户耕地资源情况

单位：亩，%

家庭耕地面积	总体		四川绵阳		四川南充		陕西汉中	
	均值	占比	均值	占比	均值	占比	均值	占比
耕地总面积	4.78	100	4.43	100	4.55	100	5.38	100
粮食作物面积	3.79	79.29	3.45	77.88	3.61	79.34	4.32	80.30
经济作物面积	0.99	20.71	0.98	22.12	0.94	20.66	1.06	19.70

三、现代农业科技

本次调查发现，川陕革命老区小农户对现代农业科技的普遍关注不够，具体到绵阳、南充和汉中三地而言，56.21% 的被调查小农户并不了解现代农业育种技术，相比较而言，四川绵阳的情况要好一点，接近 50% 的小农户对农业现代育种技术有所了解。在农膜使用方面，整体情况并不是很好，只有陕西汉中比较突出，高达 82.14% 的汉中被调查小农户曾经使用过农膜。就农药喷雾设备来讲，有 78.95% 的小农户依旧采用手动喷雾器进行农药喷洒，仅有 21.05% 的小农户采用非手动喷雾器（包括电动式和担架式等）。其中四川南充的情况要好一些，接近一半的南充被调查小农户（49.12%）使用过非手动农药喷雾器。针对化肥的使用情况来说，大部分的小农户选用氮磷化肥，在 475 份调查问卷里占比 78.32%。生物有机肥、农家肥、微量元素肥料和其他所占比重都很少，分别是 9.89%、9.26%、0.42%、2.11%。其中，在使用氮磷化肥的人群中，绵阳所占户数最多，占比为 94.27%（表 3-20）。

表 3－20　典型区域现代农业科技状况

单位：户，%

指标		解释说明	总体状况		四川绵阳		四川南充		陕西汉中	
			数值	比例	数值	比例	数值	比例	数值	比例
使用农业科技状况	对农业现代育种技术的了解程度	了解	208	43.79	92	47.92	68	39.77	48	42.86
		不了解	267	56.21	100	52.08	103	60.23	64	57.14
	农膜使用情况	使用	142	29.89	34	17.71	16	9.36	92	82.14
		不使用	333	70.11	158	82.29	155	90.64	20	17.86
	喷农药时的设备使用情况	手动喷雾器	375	78.95	150	78.12	87	50.88	98	87.50
		非手动喷雾器	100	21.05	42	21.88	84	49.12	14	12.50
	化肥使用情况	生物有机肥	47	9.89	6	3.13	31	18.13	10	8.94
		农家肥	44	9.26	2	1.04	13	7.60	29	25.89
		氮磷化肥	372	78.32	181	94.27	123	71.93	68	60.71
		微量元素肥料	2	0.42	0	0.00	1	0.59	1	0.89
		其他	10	2.11	3	1.56	3	1.75	4	3.57

四、农业信息化

针对绵阳、南充和汉中三地小农户对农业信息化平台的了解程度，由表 3－21 可以看出，在本次问卷调查中，没有听说过农业信息化平台的小农户

表 3－21　典型区域农业信息化状况

单位：户，%

指标		解释说明	总体状况		四川绵阳		四川南充		陕西汉中	
			数值	比例	数值	比例	数值	比例	数值	比例
农业信息化状况	对农业信息化平台了解程度	非常了解	10	2.11	0	0.00	7	4.09	3	2.68
		基本了解	41	8.63	4	2.08	21	12.28	16	14.28
		听说过	147	30.95	63	32.81	53	31.00	31	27.68
		没有听过	277	58.31	125	65.11	90	52.63	62	55.36
	登录农业信息化网站频率	经常登录	16	3.37	1	0.52	11	6.43	4	3.57
		有时登录	27	5.68	1	0.52	12	7.02	14	12.50
		偶尔登录	35	7.37	11	5.73	11	6.43	13	11.61
		从未登录	397	83.58	179	93.23	137	80.12	81	72.32

占大多数，占比 58.31%，其中绵阳被调查小农户中非常了解农业信息化平台的小农户为 0 户，而四川南充的情况稍微要好些，该地小农户对农业信息化平台的了解程度要高于绵阳和陕西汉中。就小农户登录有关农业信息网站的频率来说，绝大多数的小农户从未登录过有关农业信息网站，其比率高达 83.58%，只有四川南充有 6.43% 的被调查小农户经常登录有关农业信息网站，而四川绵阳经常登录有关农业信息网站的小农户不到 1%。综上可见，在三地的农业信息化方面，四川南充是相对做得比较好的。

五、农业机械化

表 3-22 显示，认为农机具在本地区的推广程度是"一般"的被调查小农户数量最多，占比 49.89%，其中绵阳地区高达 59.38% 的小农户认为农机具在绵阳的推广程度"一般"；而认为农机具在本地区有"大"面积推广使用的小农户仅有 6.74%，其中，汉中所占比重最大，为 16.97%，南充和绵阳的占比都较小，分别只有 4.68% 和 2.60%。甚而，在我们 475 份调查问卷中，南充、绵阳和汉中三地还有 16.63% 的小农户对于农机具对农业生产效率的影响不了解。由表 3-22 也可知，绵阳有 47.40% 的被调查小农户认为农机具对农业生产效率有"大"影响，然后依次是汉中 38.39%，南充 22.81%。

表 3-22 典型区域农业机械化状况

单位：户，%

指标		解释说明	总体状况		四川绵阳		四川南充		陕西汉中	
			数值	比例	数值	比例	数值	比例	数值	比例
农业机械化状况	农机具在本地推广使用面积情况	大	32	6.74	5	2.60	8	4.68	19	16.97
		较大	131	27.58	70	36.46	36	21.05	25	22.32
		一般	237	49.89	114	59.38	66	38.60	57	50.89
		不了解	75	15.79	3	1.56	61	35.67	11	9.82
	农机具对农业生产效率的影响	大	173	36.42	91	47.40	39	22.81	43	38.39
		较大	166	34.95	87	45.31	49	28.65	30	26.79
		一般	57	12.00	14	7.29	22	12.87	21	18.75
		不了解	79	16.63	0	0	61	35.67	18	16.07

六、农业市场化

从市场方面看，根据对绵阳、南充和汉中三地的调查数据研究可以发现：绝大部分小农户的购销渠道还是依靠自己联系买家进行收购以及销售，依靠互联网平台购销的小农户很少，一是对电商平台比较了解的小农户不是很多，由表3-23可知，了解电商平台的被调查小农户仅占17.68%，其中南充所占比例最多，为20.47%，其次是汉中，占比16.96%，最后是绵阳，占比15.63%；二是在扩展自己销路的途径上面，有想法通过创业、电商销售创建自己的品牌来扩大销路的小农户仅有4.42%，其中在南充和汉中愿意通过电商扩大销路的小农户相对多一些。在农产品市场信息关注度方面，有51.37%的被调查小农户关心过自己的农产品在经济政策、市场波动等方面的情况，其中绵阳关注市场信息的小农户最多，占比为76.56%。就了解市场信息的途径而言，绝大部分

表3-23　典型区域农业市场化状况

单位：户，%

指标	解释说明	总体状况		四川绵阳		四川南充		陕西汉中	
		数值	比例	数值	比例	数值	比例	数值	比例
是否了解电商平台	是	84	17.68	30	15.63	35	20.47	19	16.96
	否	391	82.32	162	84.37	136	79.53	93	83.04
是否想通过电商平台扩展自己销路	是	21	4.42	3	1.56	11	6.43	7	6.25
	否	454	95.58	189	98.44	160	93.57	105	93.75
是否关心相关农产品的市场信息	是	244	51.37	147	76.56	60	35.09	37	33.04
	否	231	48.63	45	23.44	111	64.91	75	66.96
通过什么途径了解市场信息	通过新闻了解	265	55.79	125	65.10	113	66.08	27	24.11
	通过农村合作社了解	53	11.16	7	3.65	20	11.70	26	23.21
	通过在城市的家人或朋友了解	129	27.16	60	31.25	15	8.77	54	48.22
	通过一些网络平台了解	28	5.89	0	0.00	23	13.45	5	4.46

表格最左侧纵向标题：与农业市场的衔接状况

被调查小农户借助网络或者手机通过新闻了解市场和价格波动等方面的信息，总体占比 55.79%，有趣的是汉中小农户了解市场信息的途径主要不是通过新闻，而是通过在城市的家人或朋友了解市场信息，占比达 48.22%。

七、农业基础设施建设

由表 3 - 24 可知，超过一半的村庄都是水泥路，占比 56.86%，另有 19.61% 的村庄是沥青混凝土路，还有 15.69% 的村庄是砂石路，7.84% 的村庄

表 3 - 24　典型区域农业基础设施状况

单位：户，%

指标		解释说明	总体状况		四川绵阳		四川南充		陕西汉中	
			数值	比例	数值	比例	数值	比例	数值	比例
农业基础设施状况	乡村的道路情况（单位：村庄）	水泥路	29	56.86	15	71.43	10	55.56	4	33.33
		沥青混凝土路	10	19.61	2	9.52	3	16.66	5	41.67
		砂石路	8	15.69	3	14.29	4	22.22	1	8.33
		土路	4	7.84	1	4.76	1	5.56	2	16.67
	村子的交通道路是否都有路灯（单位：村庄）	是	11	21.57	3	14.29	5	27.78	3	25.00
		否	40	78.43	18	85.71	13	72.22	9	75.00
	乡村的田间道路情况	都有公路相通，很方便	78	16.42	24	12.50	30	17.54	24	21.43
		只有极少数田间有公路相通，不方便	397	83.58	168	87.50	141	82.46	88	78.57
	道路情况带给小农户的满足程度	能够满足	155	32.63	40	20.83	76	44.45	39	34.82
		基本满足	288	60.63	147	76.56	86	50.29	55	49.11
		不能满足	31	6.53	5	2.61	9	5.26	17	15.18
		其他	1	0.21	0	0.00	0	0.00	1	0.89
	所在村庄的水利工程是否发挥作用	是	320	67.37	134	69.79	151	88.30	35	31.25
		否	153	32.21	58	30.21	19	11.11	76	67.86
		不知道	2	0.42	0	0.00	1	0.59	1	0.89

是土路，总的来说绵阳、南充和汉中的乡村道路路面情况均较好，其中南充有水泥路的村庄最多（占比 71.43%），汉中有沥青混凝土路的村庄最多（占比41.67%）。就道路周围的状况来看，绝大部分村子的交通道路（78.43%）旁边是没有路灯的，情况稍微好一点的是南充（27.78%的村子道路旁边有路灯）。在田间道路状况方面，总体上来说，397 户小农户的农业生产场所只有少数田间公路，并且影响了使用机器。绵阳的田间公路情况最不好，只有 24户（占比 12.5%）小农户的农业生产场所有公路相通，南充和汉中的比例也不是很高，分别只有 30 户（17.54%）和 24 户（21.43%）小农户的农业生产场所通公路。由表 3-24 还可知，大多数的小农户认为所在村庄道路能够满足（32.63%）或是基本满足（60.63%）经济发展与居民出行需要，只有汉中被调查小农户认为所在村庄道路不能满足经济发展及居民出行需要的农户比例要高一点，占比为 15.18%。另外绝大部分南充小农户（88.30%）认为当地水利工程发挥了作用，而汉中只有 31.25%的小农户觉得当地水利工程起了作用，可见汉中的水利设施还需要进一步加强建设。

八、农村治理现代化

把农民组织起来是实现中国农业现代化的重要前提，这就需要大力发挥村"两委"干部的中坚作用，他们是农村中的精英分子，具有广泛的人际关系和较强的领导管理能力。根据本次对关于小农户"最信任的干部及组织"的调查表明，绵阳、南充和汉中三地小农户对中央政府的信任度最高（占小农户数量的 45.05%），其次是对村支书也很信任，占比为 21.47%，再次是村主任和小组组长，占比分别是 15.37%和 8.00%，但具体到三地的具体情况，南充市有45.62%的被调查小农户很信任村支书，绵阳市小农户除最信任中央政府（占小农户数量的 50%）外，也很信任村主任（占小农户数量的 26.56%），汉中小农户则是除最信任中央政府（占小农户数量的 41.07%）外，对县政府、镇政府、村支书和村主任的信任相对比较平衡（表 3-25）。本次也就"小农户对待民主选举村主任对老百姓致富是否有用的态度"展开了调查，有 308 户小农户（占比 64.84%）认为民主选举村主任对老百姓致富是很有帮助的，但是在汉中却有 15 户小农户（占比 13.39%）认为民主选举村主任对老百姓致富没有帮助，汉中有不少小农户（42.86％）认为民主选举村主任对老百姓致富多多少少有点作用，但是作用不会太大。就"民主选举的村主任在小农户心中的地位"而言，72.84％的被调查小农户认为民选村主任很有威信，村主任安排的事情愿意去做，但是在汉中这个比例没有达到平均数，被调查的45户汉中小农户（占比40.18％）认为民选村主任威信一般，他安排的事情有时愿意做有时不愿意做。

表 3 - 25　典型区域农村治理现代化状况

单位：户，％

指标	解释说明	总体状况		四川绵阳		四川南充		陕西汉中	
		数值	比例	数值	比例	数值	比例	数值	比例
最信任的干部及组织的情况	小组长	38	8.00	34	17.71	3	1.75	1	0.89
	村主任	73	15.37	51	26.56	3	1.75	19	16.96
	村支书	102	21.47	11	5.73	78	45.62	13	11.61
	镇政府	24	5.05	0	0.00	7	4.09	17	15.18
	县政府	20	4.21	0	0.00	6	3.51	14	12.50
	省市政府	4	0.85	0	0.00	2	1.17	2	1.79
	中央政府	214	45.05	96	50.00	72	42.11	46	41.07
农村治理现代化状况	小农户对待民主选举村主任对老百姓致富是否有用的态度	作用很大							
		308	64.84	126	65.63	133	77.78	49	43.75
		作用不会太大，但多多少少有点作用							
		145	30.53	64	33.33	33	19.30	48	42.86
		没有用							
		22	4.63	2	1.04	5	2.92	15	13.39
	民主选举的村主任在小农户心中的地位	很有威信，他安排的事情愿意去做							
		346	72.84	144	75.00	143	83.63	59	52.68
		威信一般，他安排的事情有时愿意做有时不愿意做							
		115	24.21	44	22.92	26	15.20	45	40.18
		没有威信，他安排的事情不愿意去做							
		14	2.95	4	2.08	2	1.17	8	7.14

第五节　研究小结

　　从现状调查可知，川陕革命老区小农户所在村庄主要为山区村庄，小农户户主文化程度总体不高（40.6％为小学学历），家庭人口数均值为 4 人左右，耕地面积均值为 4.78 亩左右，土地耕地总体质量一般，住房占比最多的为砖瓦类型的住房，家庭收入主要来源是进城务工，农业收入不高，均值为 6 100 余元，且粮食作物收入比重最大，说明川陕革命老区还是以传统的粮食作物生产经营为主，其农业种植形式主要是纯人工劳动，占比高达 61.2％。川陕革命老区的农业现代化治理基本上到位，但农业科技化水平总体不高，对农业信息化的利用水平偏低，农业基础设施相对落后，农业社会化服务工作还需要进一步深入开展，农业市场化水平还亟待提高，通过新型农业经营主体带动小农户发展还有很大提升空间。以四川绵阳、南充和陕西汉中作为典型调查区域来看，典型区域的农业收入结构、耕地基本情况与全区域差不多，其现代农业科技、农业信息化、农业机械化、农业市场化、农业基础设施建设、农村治理现代化的发展情况在整个川陕革命老区具有一定的代表性。

第四章

川陕革命老区小农户
转型成长分析

中国农业经济目前已经嵌入到高度开放的社会化、专业化、市场化体系之中，但是从经营规模来看，其本质仍然是小农经济。关于小农经济的命运到底走向何方？在学术界引起了不少争论，主要表现在两条道路的争论上，即小农经济到底该往大生产大经营方面转型；还是要坚持其内在发展逻辑。由于分散的小农家庭农场难以适应规模化和机械化生产，必然会被社会化、专业化、市场化的生产方式所改造，因此走出小农经济的陷阱，延伸农业产业链条，实现规模化经营和机械化大生产被认为是中国农业现代化的必由之路。这种观点假定小农生产存在分散化、碎片化倾向，由此形成了对小农经济个体化、家庭化的深刻理解。主流学术界则是更加关注小农经济的内在发展。他们认为，培育新型农业经营主体已经成为小农经济转型的重点考量，并表现在对其政策支持上。农业转型在很大程度上已经转化为农业治理能力提升和农业治理体系转型，从而忽视了现代化过程中自发性农业现代化的可能路径和小农经济在生产关系层面的自我调整。恰亚诺夫（1996）强调了小农家庭的内在运作逻辑，认为小农经济有顽强生命力，可以通过其小规模生产方式抵御资本主义的渗透，但他忽视了小农经济内在发展的可能性和小农家庭之间的生产关系。这种生产关系是指人们在社会劳动过程中进行经济合作的结果。问题在于，现有的研究将"生产关系"主要理解为小农家庭制度与社会化生产制度之间的关系，而农户在生产过程及其他生产实践中的具体关系却没有得到足够的重视。因此，农业生产关系有两个维度，即小农户之间的相互关系和小农家庭制度与社会制度的关系，这两个关系分别构成了生产关系的实践维度和制度维度。农业生产既是一个关系协调的社会实践过程，又是一个要素协调的经济发展过程。由于对小农户生产关系的社会实践维度缺乏足够重视，小农生产结构仍是一个"黑箱"，其内在社会机制有待进一步阐明。事实上，社会化小农而非孤立的小农家庭构成了小农经济发展的社会基础，他们才是小农经济的真实主体，其转型成长既要考虑自身的内在逻辑，也要考虑农业生产关系的两个维度。

第一节　小农户的存在逻辑

一、小农户的存在形式

（一）农户生产的存在形式

1. 生产非标准化

一般来说，农业生产标准化是以增加农民收入为目的，以规范性生产技术标准和生产经营流程为产品生产基准，以现代生产技术为手段，以质量监督为保障，使得农户的生产经营行为符合标准化、规范化要求。然而近年来，在农业领域，对各种生产标准的要求及应用程度一直普遍较低。通过实地调研发现，小农户采用传统生产技术和方法开展农业生产，依然是其固有的生产经营习惯。也正是由于存在这种生产经营惯性，小农户一般都没有严格执行国家生产标准，致使农产品标准化程度相对较低。目前，小农户非标准化生产主要体现在以下三个方面。一是生产环境的非标准化。生产标准化农产品，要依靠环境污染防治的标准化、生产环境系统建设的标准化、生产环境管理的标准化、生产区域环境的标准化。二是生产资料的非标准化。农具、化肥、农药、种子、土地等生产资料的非标准化是造成农产品质量低下的重要原因，这极大地抑制了小农户生产经营的积极性，制约了优质农产品产出效率。三是生产技术的非标准化。由于农产品生产具有季节性、区域性和多样性特点，因此这就要求针对不同生产季节、不同生产区域、不同生产品种的农产品生产制定不同的生产标准和技术标准，以实现标准化、规范化生产。但在现实中，小农户普遍采用传统的生产方式，局限于自身生产经营习惯，不愿与现代生产工艺和生产技术实现有机衔接。

2. 生产非规模化

农业的非规模化生产主要体现在三个方面：一是耕地面积小。统计年鉴数据显示，2018 年全国农村家庭人均耕地面积为 2.34 亩/人，只比 2000 年的

1.98 亩/人，增加了 0.36 亩/人。虽然全国和许多小农户家庭的人均耕地面积有所增加，但仍然是一种超小规模经营。二是市场化程度低。小农户要实现生产市场化，就需要了解市场需求，结合家庭实际情况科学安排种养结构，合理分配劳动力，有序开展生产和商品交易，实现农业效益最大化。但由于市场不稳定，专业化水平低，农产品生产规模小，缺乏品牌效应，导致农产品市场化程度较低。三是农业设施利用率低。小规模生产和土地细碎化需要大量的农业劳动力，却挤压了机械化生产，而且由于小农户的科学文化素质水平较低，使其存在排斥机械化作业的心理，不利于农业机械化推广和使用。

3. 生产非信息化

目前，小农由于信息资源匮乏、信息网络不健全、信息结构不完善、信息开发资金有限等原因，使得小农户难以及时了解和掌握农产品生产与流通的相关信息。具体表现为：一是农村网络基础设施建设相对滞后，特别是一些偏远山区的农村并没有覆盖网络基础设施，使得信息网络尚未完全延伸到农村的每一个家庭；二是农业信息网络不健全，农户能够普遍接受且准确反映农产品特色的网页相对较少，老百姓喜闻乐见的综合性大型农产品流通服务信息网站更是不多；三是信息网络资源分散，缺乏整合多种资源的农业信息网络发布平台，难以进行充分有效的信息交流；四是信息化服务社会组织发展速度缓慢，难以及时有效地满足小农户信息服务需求。

（二）小农户经营的存在形式

1. 进入市场的非组织化

小农户地块零散细碎，经营规模小，其市场力量较为薄弱，难以与其他流通主体合作一起进入市场。通过调查显示，小农户农产品主要通过自行入市、地方商贩、批发市场、超市、企业订单、农民专业合作社等多种方式进入市场。其中，农户农产品自行销售到市场的比例约为 40％（10％从地头直接销售给零售商或消费者，15％沿街销售，15％在当地农贸市场销售）。另有大约47％的农产品是通过个体商贩或贩销大户等商贩销售，大约 14％的农产品是通过农民专业合作社销售，大约9％的农产品是通过企业（含超市）按合同销售。因此，目前小农户的农产品大多是自行或通过摊贩向市场销售，通过超市、企业、农民专业合作社销售的相对较少。所以，通过提高小农户进入市场的组织化程度，把一盘散沙的小农户组织起来，使他们具有更大的定价权和话语权，是现在亟须解决的问题。

2. 交易方式的非契约化

非契约化交易是指小农户的农产品交易没有依据合同、信用等契约形式开展商品交易。非契约交易主要有两种类型：第一，存在合同约束，但小农户或其他行为主体没有按照合同履行，导致合同约束力薄弱。根据原农业部数据，2014年超过80%的订单农业合同没有完成履约行为。主要原因是合同订立不规范，交易双方法律意识淡薄，农产品交易主体地位不平等。第二，根本没有契约约束。主要表现在自销和口头协议两种方式。口头协议交易方式对双方的交易行为没有约束力，容易出现交易主体违约行为；而小农户将农产品从地头直接卖给消费者，或是采用临时摊点、沿街叫卖、走街串巷等销售方式，由于销售地点不固定，使得其销售行为很不稳定。

3. 流通的非可追溯性

农产品生产的可追溯性是指农产品从田间地头种植、到加工生产，再到市场销售的整个过程都可以被定位和跟踪。然而目前要对小农户生产的农产品开展安全质量追溯还有很多困难。主要原因：一是农产品生产由于受到小农户文化水平低、资金不足、成本较高、技术缺失等各种条件的限制，致使其没有能力或者不愿意按照国家规定进行标准化生产，从而使得农产品的安全质量很难从源头追溯，进而无法保证农产品的质量安全。二是由于农产品的收购商又多又杂，既有可能是个体户、零售商、商贩、小贸易商等小规模收购商，有也可能是批发商、超市、生产企业等大规模收购商，因此小农户对农产品的交易是随机的，除非在出售的农产品上附加一些产品相关信息（但是这将增加一些成本），否则很难开展追溯。

（三）小农户资金融通的存在形式

1. 资金保障依赖民间借贷

目前，小农户难以获得正规金融机构的资金保障，更多是依赖民间贷款。主要原因有两个：一是正规金融机构的借贷手续烦琐，影响了小农户到银行融资的意愿；二是由于小农户自身规模小，市场地位弱，导致银行对其信贷能力不信任，银行即使同意向小农户贷款，但如果由于其偿还能力不足，到期还款受到限制，就会形成恶性循环，使得他们今后很难再从银行获得贷款。因此，当外部融资渠道不能得到满足时，小农户就只能依靠民间贷款。

2. 低强度专用资产投资

专用资产投资是指资产拥有者基于经济利益目标，将资产与其某种特殊用途相结合的投资方式，而机械设备、土地、劳动力、劳动技能以及一些其他的固定资产就是小农户投资的主要专用资产。例如，不同地区、不同季节、不同种类的农产品种植需要小农户掌握某项特定的技能，这必须耗费精力、时间和技术知识等小农户自有的专用资产。但小农户本身规模小、过于分散，缺乏高端农业生产工具，专业化劳动力能力不高，而且他们还没有足够的资金、时间和精力去学习专门的技术知识，这就使得小农户在生产经营过程中的资产专用性强度较低。

（四）小农户科学技术的存在形式

1. 习惯传承是主要的技术来源

小农户的农业生产技术主要来源于习惯继承，因此就会使得小农户的生产设施和文化水平受到限制，从而致使新品种改良、施肥技术、栽培技术、病虫害防治技术等现代生产技术难以得到大范围的推广使用和发展。比如在肥料的使用上，施肥技术不科学、不专业，主要表现为磷肥、氮肥等化学肥料大量施用，而有机肥、微肥等生物肥料则用量相对较少，使得肥料养分利用率低，进而导致成本高，效益低。在栽培方面，栽培技术不规范、不专业、不系统，缺乏一定的专业创新技术和生产增产技术。在品种改良方面，表现为品种良莠不齐、混杂低质。

2. 孤立、偶然的技术使用与传播

目前，先进农业生产技术与小农户实际生产经营所使用技术之间的矛盾是导致小农户收入水平较低的一个非常重要原因。在我国从传统农业大国迈向农业现代化进程中，我国的农业科技发展取得了惊人成就。目前农业科技进步贡献率已经突破60%，比2009年提高了10个百分点。尽管我国农业生产技术水平相比之前有所提高，但实际技术转化率和先进技术推广水平仍相对较低。据统计，2009年我国农业生产技术转化率仅为40%，2018年不足50%，推广率仅为20%左右，与发达国家85%的农业生产技术转化率相比，仍然较落后，一些老少边穷地区更是处于一种孤立、偶然的技术使用与传播形态。

二、小农户存在的必然性

（一）马克思农业资本论思想是小农户必然存在的理论依据

关于马克思"小农经济必然灭亡"的前提条件和这一科学论断的来源依据，我们要辩证地看待，它既是中国推进农业现代化必然性的理论依据，同时也是我们当前不能盲目否定"小农家庭经营"的理论依据，应根据不同地区的农业发展情况，将"小农家庭经营"优势嵌入到现代农业之中，而不是一味地、全面地推进现代规模化农业。正确理解马克思"小农经济必然灭亡"这一科学论断提出的依据和条件，对指导我国当前的农业发展具有重要意义。

马克思说："我们预见到小农灭亡的必然性，但我们不能以自己的干预去加速小农的灭亡。"因此，在加快农业发展进程中，我们不能简单地采取强制手段干预小农经济，加速其灭亡，而是必须尊重小农经济的自身发展规律。在解读马克思的科学论断时，我们深知小农经济不是马上灭亡，其衰落是有前提条件的，是渐渐的过程，这主要是由于农业生产自身的特殊性，使得农业资本很难像工业资本那样扩张式发展，当农业生产还不能像工业生产那样存在时，小农经济生产模式则可以以其自身优势长期存在于这些农业生产中。因此，在农业现代化进程中，绝不能盲目地运用马克思"小农经济必然灭亡"的科学论断，全面建立现代大农业，强行消灭小农经济。

我们必须辩证地看待和肯定在特定条件下，小农经济和小农户存在的必然性，特别是在一些现代大规模农业难以发展的地区允许小农经济及小农户的存在就更是必然的。从马克思的理论中，我们看到了现代农业取代小农经济的必然性和条件，即只有科学技术进步到可使得原本只适宜发展小农经济的区域满足了发展现代化农业的要求时，或是彻底改变了农业发展所必须依赖的自然条件及其他因素时，才能全面实施现代大规模农业取代小农经济，大农户取代小农户。

（二）小农户的重要意义决定其存在价值

中国以全球9%的耕地养活了全球近20%的人口，是典型的小农经济国家。农户是农业生产经营体系中的微观生产者，小农生产是中国主要的农业形态。"几千年来，中国一直是个体经济，以家庭为生产单位，分散生产是封建统治的经济基础"。新中国成立初期我们对小农国家的认识就是非常透彻的。近年来，小农户在农业现代化进程中的重要地位被提升到更高的程度，这在党的十九大提出的"乡村振兴战略"中得到了体现。

当前，我国农业主要是向科学化、专业化、产业化、机械化、规模化方向发展，虽然这一方向值得肯定，但还必须考虑到由于农村土地流转所引起的一部分农民失去土地所有权或经营权的问题，而我们只有在确保农民根本利益得到充分保障的前提下，才有可能让农民踏实进入城市，这就进一步涉及农民的市民化问题，其实质则是大规模农村劳动力转移问题，只有使农民从农村转移出来并真正地成为城市公民，才能让农民真正地脱离原来的土地。但是，大规模农村劳动力进城（转移）必然会带来农民与城市相互融合问题、城市人口容量问题、城市空间发展问题、医疗保险等相关社会福利问题等，在还没有完全设定一套相关方案体系，以指导农村劳动力进城（转移）的正常实施和有效衔接，以及保障农民进城（转移）后的根本利益时，大多数农民即使进入城市（或产业转移），不再务农，也不会放弃土地。因此，在国家大规模推进农业生产经营体制机制创新和现代农业发展过程中，地方政府不能为了政绩，不顾现实，盲目地大规模发展现代农业，完全否定个体小农户及其家庭经营的生产方式。

总之，小农户构成了"小农经济"的基本单位，没有小农户家庭经营，就没有"小农经济"的发展和繁荣，更谈不上家庭联产承包经营责任制度的稳定。小农户作为农业转型发展和农业现代化进程中的基础性力量，不容忽视。

（三）人地关系是小农户存在的理论要义

纵观世界各国农业发展史，人地关系构成了两种基本模式：一是以日本为代表的"人多地少"的东亚农业发展模式；二是以美国为代表的"人少地多"的欧美农业发展模式。需要说明的是，尽管农户单位面积产量在被改良的种子、化肥、机械化等技术手段的帮助下，会得到大力提高，但农业生产要依靠土地，其产量增长速度仍然会受到"土地力量"的限制。

依靠机械化、规模化、产业化实现农业现代化的美国，克服了人力、机械、科技等方面的限制，但却无法克服"土地力量"的限制。美国农业劳动生产率之所以是中国的 51 倍，日本的 23 倍，凭借的并非仅仅是科技投入、机械投入、资本投入等，而是离不开其丰富的土地资源。即使美国拥有与劳动力相匹配的拖拉机及科学技术，但是如果没有相对劳动力数量来说过于丰富的土地资源，也不可能使得美国农业劳动生产率达到那么高。归根到底，人地比例、资源禀赋及其制约因素是决定因素。

当然，中国的农业人口密度比日本高，"人多地少"的情况更加严重。人多地少的自然禀赋资源约束是导致我国存在大量小农户及其生产方式以及农业滞后发展的根本原因。因此农业生产要素，特别是土地、劳动力等资源禀赋基本上是给定的自然条件。一个国家的土地资源可能是相对稀缺的，也可能是相对丰富的；同样，一个国家的人力资源可能相对稀缺，也可能相对丰富。农业生产不会像舒尔茨等认为的那样，即劳动力与其他生产要素一样都是稀缺资源，在市场资源配置机制下会实现最佳配置。

总之，人地关系受到既定的自然条件约束，而不是简单地由市场机制的配置决定的。正是由于人地关系的决定性作用，美国在"人少地多"的前提下，其高度机械化农业可以使农场规模达到几千亩，但是这对于"人多地少"的中国来说，是难以在全国范围内充分做到的。因此，中国农业现代化不能单纯依靠市场机制和政府调控走上美国式的发展道路，而只能走符合我国国情那种人多地少的"小而精"的农业现代化道路，从而也印证了小农户及其生产方式在中国存在的必然性。

（四）人多地少基本农情是小农户存在的现实要义

农民人数多、农村土地少以及城市吸纳能力弱是我国现阶段面临的三个现实情况，这也决定了我国必然要继续以小农户家庭经营为主体。据统计，截至 2016 年底，我国农村居民仍有 5.8 亿余人，尚有 2.6 亿农户，户均耕地面积不到 10 亩，这就意味着短期内，我国根本并不具备大量大规模经营的条件。另外，我国城市化和工业化发展速度与状况也与快速吸纳大量农村劳动力的要求不相匹配，这主要表现在以下几个方面：一是我国尚有许多产业处于世界产业链的低端，本身利润不高，吸纳劳动力的能力偏弱；二是由于进城务工农民的科学文化素质普遍较低，且进城主要是从事一些劳动密集型产业，整体工资收入不是很高，难以静下心来在城市安居乐业；三是宏观经济形势容易对农民外出务工造成影响，例如近年来由于环保监管趋严、要素价格上涨，劳动力成本增加等因素，导致大量劳动力密集型产业由原生产地转移到其他地区，不少在当地进城务工的农民面临失业，难以在城市继续生存发展，只能先返乡；四是由于年龄问题，农民很容易被企业淘汰，基本上 35 岁以后就很难进入工厂，45 岁以后就很难进入建筑工地，只能回到家乡务农。

总之，农民不断地"进城—返乡"是我国当前甚至是今后长时间的现实存在，而家里的一亩三分地是农民回到老家的生活保障，这不仅解决了农民返乡生活的后顾之忧，也是社会经济发展的稳定器。中国人民大学农业与农村发展学院教授周力指出，在未来很长一段时间内，仍将存在大量农村人口，这是中国的基本事实，我们不能因为城乡一体化就否定农村人口的存在而不去发展。"人均一亩三分地，平均每户不到十亩"的小农经济，是中国长期面临的现实。因此，小农户及小农户经营在我国具有必然性。

（五）小农经济的生产与消费特点也决定了小农户必然存在

小农经济有其非常明显的特点：小农家庭既是一个完整的生产单位，也是一个完整的消费单位。它要在考虑到包括气候在内的所有能够影响生产的外部因素基础上，制定生产计划，安排劳动力投入，并评估形势，预测未来市场，把握好销售时机。同时，对于小农户的家庭消费，也需要灵活把握丰产和歉收等不同情况下的不同消费支出。而这种在经济学中既有生产又有消费的多任务问题，就需要极其丰富的人力资本积累才能解决。农户是否有较高的人力资本不能简单地理解为"读了多少年书""受教育多少年"，而是与经验有关。中国的小农经济孕育了一大批有各种社会技能和经验丰富的小农。中国在 20 世纪八九十年代出现了大量的农民企业家，也与传统小农经济有着直接关系，因为正是小农经济培养了许多具有创业精神、卓越管理能力和经济敏锐性的人才。这在其他任何国家都没有，也无法复制。

总之，我们不能放弃小农经济，因为中国与欧美动辄数百英亩的大型农场截然不同，大规模农业经营或农业商业化在目前是非常难以实现的。我们应该做好心理准备，在中国，尽管农民拥有土地，其工资要求也比较低，但农业依然是极其昂贵的行业。之所以昂贵，是因为以种植粮食为主导的农业，很难有巨大的商业利润。姚洋（2017）就认为许多西方大农场也主要依靠财政补贴。应该指出的是，指望纯粹靠农业致富是比较困难的，这在世界上没有先例，在中国更是很难。我们没有必要把农业看得过于特殊，而是要遵循中国农业发展的基本规律，中国存在大量小农户的必然性正是中国农业发展的基本规律之一。

三、小农户存在的合理性

（一）家庭联产承包责任制是小农户合理存在的制度基础

中国农业生产的特点是小农分散经营，这种情况在几十年内也不会有根本的改变，原因是我们一直以家庭承包经营为主。我国从 1978 年开始实行家庭联产承包责任制，这一制度虽然促进了我国农业生产发展和农民收入增加，但也同时固化了土地细化的局面，即在承包地不允许买卖的原则下，形成了目前平均每户 9.7 亩耕地面积的小规模经营现状，并且使得我国农户的经营规模主要处于倒金字塔状态。一端是少量的大规模经营农户，尽管这部分家庭农户数量占比很小，但其所能耕作的耕地面积却相对较大，另一端则是数量众多的小规模经营农户，虽然这部分家庭农户数量占比很大，但其所能耕作的耕地面积却相对较小。

虽然国家允许土地流转，农业企业或规模大户有机会获得参与流转的土地，但是土地不能自由买卖的政策强烈地限制了土地集中的趋势。正如许多学者所说（郭清海，2014；陈锡文，2018），家庭承包经营是立足于人多地少的基本国情，是有效保护农民权益的一项基本措施。此外，张红宇（2005）认为，家庭承包经营下的小农户农业生产模式也是包容和吸纳农业从业劳动者中三分之一到二分之一隐形失业劳动力的有效途径。

第三次全国农业普查数据显示，截至 2016 年底，农业生产经营人员中 55 岁以上劳动者占 33.6%，女性农业劳动者占 47.5%，农业生产的老龄化和女性化特征正日益突出。这部分劳动力由于健康、家庭、自身劳动能力等各种原因难以进入非农生产领域，而家庭承包经营为这部分难以转移的农业剩余劳动力提供了就业机会。因此，小农户家庭中的农业生产与非农务工形成了"两根拐杖"："一根拐杖"是外出务工农民能给家庭带来更多的现金收入，弥补了剩余家庭成员从事小规模农业的低回报；而"一根拐杖"是小农户农业生产为难以外出务工的家庭成员提供了收入补贴和就业机会，同时也为外出务工的家庭成员提供了变相的养老福利和失业保障。因此只要农村还有剩余劳动力，这种半农半工的兼业性质小农户及其生产经营模式就会继续存在（程申，2018）。

（二）小农经济自身的顽强生命力是小农户合理存在的现实基础

自2013年中国政府提出发展"家庭农场"等新型农业经营主体以来，许多学者都主张通过农业经营的机械化、规模化、智能化、企业化，来逐步摆脱低效的、规模小的、缺乏分工和低技术水平的小农经济，并认为是小农造成了中国农业经济发展缓慢，拖累了中国农业现代化的发展进程。然而，根据中国2亿多农户，5.6亿左右农村人口这一现状，可以认为小农经济在中国农业生产中仍然占据主导地位。无论是"中农经济""留守经济"，抑或是"流动性家庭农场"，还是"小而精的真正家庭农场"都是中国小农经济具有顽强生命力的表征，也可以被认为是"中国小农经济的另一个表达方式"。

事实上，小农户可以通过参与建立农民专业合作社或采用"公司＋农户"的生产经营模式来提高长期生存能力，这不仅是实践出真知的结果，而且符合经济理论逻辑。此外，小农户家庭的利益联结关系使得小农户家庭经营具有较低的监督成本、生产的长期性和较高的经济刺激性，可以产生有效的激励，再加上我国农业生产时空分布的多元性、差异性和独特性，使得小农户家庭经营比大规模经营更适合当前的农业发展。黄宗智也认为，中国适度规模、"小而精"的小农户家庭经营，是中国农业发展中一条比规模化家庭农场更有效、更持久的道路。

事实上，正是农业生产的内在规律和权、责、利一体化的小农户家庭经营模式决定了小农户及小农经济存在的合理性。因此，小农经济本身是生机勃勃的，小农户也具有顽强生命力。

（三）小农户的发展性是小农户合理存在的重要保障

我国当代小农户与传统小农相比已经有了很大的不同，他们处于"动态开放"状态，与社会各界都有着密切交流，能够不断地调整自己，以便较好地适应外部经济形势的变化，并积极融入市场经济。也正是由于小农户这种极强的自我调节能力，使其能够在家庭内部和农村社区中保持相对稳定性，从而也就确保了小农户及其经营的合理性。为了更好地适应经济社会发展，小农户家庭内部正在由性别主导的家庭分工转变为当前以"半农半工"为基础的代际分工，具体而言就是老年人留在家中照顾孙辈和务农获得农业收入，中青年劳动者则是进城打工获得工资性收入。由于年龄问题，老年人很难被城市企业雇佣，但是采用传统生产技术也基本上可以胜任整个家庭的承包地，从而可以增加整个家庭的收入。家中保留承包地，也为年轻人回乡留下了一条退路。这种家庭"代际分工＋'进城务工—小农农业'的循环运转模式"一方面增加了家庭收入，形成了井然有序的农村秩序，同时降低了由于城镇化进程不稳定导致农民进城的风险，维护了社会稳定。此外，由于我国特殊的历史背景和资源禀赋条件，在发展新型农业经营主体的同时，还需要明确小农户作为我国最多、最重要的农业经营主体的地位，我们不能发展了新的农业经营主体，却使"旧"的经营主体受到损伤。如果小农户受到伤害，我们将很难在"农村问题"和"农业问题"中发挥小农户的重要作用。事实上，在许多方面，我们仍然需要依靠小农，例如在粮食生产方面，2008年世界银行发展报告就指出，突破当前粮食困境的重要途径是增加小农的粮食产量。因此，如果挫伤了小农的积极性，我国的农业发展将无从谈起。

总之，小农户及其生产方式长期实践结果，既充分肯定了以"家庭经营"为基础的农业生产经营模式的优势，也是其在我国社会经济发展过程中仍然具有存在合理性的最好证明。

四、小农户存在的长期性

（一）小农经济长期存在的论争

小农经济能否长久存在，决定着小农能否长久存在。国内学者对小农经济的争论愈演愈烈，形成了小农经济难以长期存在的三种观点：一是在城乡一体化背景下，快速推进中国现代化，其实质就是进行农业生产方式的变革，其潜在结果是小农经济被非农业经济取代。二是遵循马克思经典话语中关于小农经济生命力短暂性的本质及其最终衰落的观点。三是通过对中外农业经济竞争力的比较，得出实现农业现代化必然会出现大规模农业取代小农经济的结论。然而也有许多学者不同意上述观点，他们认为：一是马克思关于小农经济的论述不符合小农国家农业现代化发展的现实，小农生产方式仍然是长期存在的；二是中国的农业现代化不能简单地照搬西方，在现代化的背景下，必须慎重考虑规模化经营，并相信小农经营将成为我国多元化经营制度的重要组成部分，适度规模的家庭农场将成为未来中国农业发展的主力军。社会各界对小农经济命运的争论，其实质是对小农经济生产经营方式与农业现代化适应性的探讨。激进者认为小农经济与农业现代化不相容，小农经济必然会被农业现代化消灭。然而农业现代化的激进主义既没有认识到农业生产发展过程中需要解决的问题，也没有认识到推进农业现代化过程中亟待解决的问题，当然也不会真正认识到中国小农经济的生命力。

（二）小农经济是小农户长期存在的经济基础

无论是在实践中还是在理论上，小农户生产方式在小农经济中都得到了充分的肯定和认可。当然，我们也认识到，随着农业经济发展和转型，家庭经营体制需要在一定范围内进行调整和创新。但是小农户家庭经营在我国人多地少的前提下，是作为农业生产先天最适组织细胞而必须坚持的，也可以通过向现代化小农户转型成长来克服小农经济的固有缺陷。可以预见未来中国的农业经营模式中依然会有不少以现代农业为目标，且符合市场导向的小规模家庭农场。然而，市场化进程并未使农户经营方式完全市场化，从某种意义上说，以农村小农户家庭经营为基础的适度规模经营更符合国情，长期以来小农户家庭经营的优势和农业生产的特殊性，也证明了小农户家庭经营能够适应不同阶段的生产力水平，使其在农业生产中具有旺盛的生命力。另外，家庭成员之间的互惠性和家庭内部的利他主义也为家庭作为农业生产经营主体提供了独特优势，与此同时，小农户家庭经营由于"小而精"的特点，使其转型的灵活性很大，这种灵活性有助于小农户充分发挥其比较优势，参与农业分工而成为现代农业发展的重要组织资源和积极因素，还可以自身通过扩大土地经营面积，实现规模化经营。

（三）小农户目前仍在农业生产系统中占据重要地位

在我国农业发展过程中，由于农业生产长期处于人多地少的状态，使得小农户一直都将大量存在。虽然我国目前提倡积极培育新型农业经营主体，但新型农业经营主体仍然发展缓慢，总量依然不足。截至 2016 年底，我国仅有 350 万家左右新型农业经营主体的土地规模在 50 亩以上，这很难改变我国小农户仍然会大量存在的现状，以及以小农户经营为主体的农业经营面貌。虽然我国在继续推进土地流转，但由于土地制度固有的局限性，土地流转的过程较为缓慢。据统计，到 2020 年，中国 50 亩以下规模的农户还有 2.2 亿户左右，其耕地面积大约占全国耕地总面积的 80%；预测到 2030 年大约有 1.7 亿户，其耕地面积大约占全国耕地总面积的 70%；到 2050 年将大约有 1 亿户，其耕地面积大约占全国耕地总面积的 50%，这表明在现有农村基本经营制度框架下，小农户在未来相当长一段时间内仍然是我国农业的经营主体。贺雪峰（2013）强调"从目前中国农村情况来看，小农户还将长期存在，具体地讲，9 亿农民和 2 亿多户小农中的绝大多数人还将在未来相当长一个时期内依托于农业和农村，以代际分工为基础的'半工半耕'家庭再生产模式也将长期存在"。因此，我国以小农户经营为主体的农业生产方式在短期内不会改变，小农户在我国具有长期性。

（四）小农户的天然优势决定其将长期存在

当前，随着城市化和工业化的推进，小农经济面临着农业生产效率低、生产成本高、农业老龄化等新的现实挑战。小农应该去哪里？马克思主义者的观点：小农户将被工业化淘汰，取而代之的是雇佣工人（赵晓峰，2018）。与此相反，一些学者（刘同山，2018；葛志平，2018）认为小农生产具备发展现代农业的可能性。一方面，目前的小农经济仍然具有很强的禀赋优势，可以作为"蓄水池"，吸纳 2 亿左右规模的农户可以继续以农业生产为生，从而继续充分发挥其稳定农村剩余劳动力的作用，对我国农业发展具有重要意义。另一方面，小农户经营能够解决农户的基本生存问题，可以减轻农民进城的后顾之忧，是经济资本化进程的"稳定器"。虽然学者们已经注意到小农户分散经营与农业现代化生产不相适应，但如何协调两者之间的矛盾是一个值得思考的问题。从目前农业发展状况来看，我国的小农户将会大量存在，并且在未来很长一段时间内都将存在。因此，我国农业仍然需要小农经济的发展，必须充分利用小农户的优势，真正把小农户纳入到农业现代化的轨道上。如果现代化不能惠及小农，那就是不全面、不平衡的现代化。

（五）家庭承包经营长期存在也意味着小农户将长期存在

小农户长期存在这个结论，实际上包含了一个重要假定，那就是家庭承包经营长时期内还会是我国农村的基本经济制度这一现实不会改变。也就是说摒弃家庭承包经营，土地可以不平均分配，允许土地向一部分人集中达到农业可以大规模经营的程度，应该说不会成为我们的政策选择。我们只要认真重温历史，考察中国3 000多年来的土地制度变迁，也会发现小农经济中农户家庭经营存在的长期性，这里蕴藏着人地矛盾所导致的公平与效率的两难冲突问题，昭示着公平与效率协调之艰难。要知道，我国是一个农户不仅高度分散而且土地分割细碎的国家，实行家庭承包经营符合人多地少的基本国情。建立在家庭承包经营基础上的当代小农户经济是中国农业的重要组成部分。而且从目前发展情势看来，短时间内，家庭承包经营还会继续发挥作用，这也就意味着小农户及其经济不可能消失。

第二节　小农户转型成长的认识与判断

小农户一直以来都是我国农业生产的主要主体，那么为什么我国会有这么多的小规模农户？这么多小规模农户能否实现由传统向现代转型？这么多小农户为什么要实现转型成长？当然，要回答这些问题，我们首先要辩证地认识小农户消亡问题，只有先活着，才能成长与发展。

一、毁灭与发展：殊途同归？

从英国的圈地运动到殖民时代的土地掠夺，再到当代跨国公司的全球土地掠夺，我们越来越多的小农户，不得不面对土地成为资本家的原始积累，自己却失去赖以生存的土地变成为资本家创造剩余价值的产业工人，进而沦为无产者的无赖现实，更为残酷的是更多小农户只能进入产业后备军（失业者）的行列。资本主义的现代化就是不断优化资本主义生产关系的过程，也是不断试图消灭小农户与小农户生产方式的过程，当然这也是小农户为了掌握自己命运而不断与资本抗争的过程。在这个过程中，有不少学者判定小农户将面临毁灭的命运，也有不少学者试图将小农户从资本主义现代化的洪流冲击中拯救出来，但到底是毁灭还是发展，仍是未知的。

二、资本抑或胜利，小农抑或消灭？

资本将胜利，小农将被消灭，一些学者坚持这种观点。马克思主义者将农民视为小商品生产者，他们认为极少部分农民会在资本主义市场竞争中成为资本家，而大多数农民则将失去土地沦为无产者。马克思在《资本论》中则写道"小块土地所有制按其性质来说就排斥社会劳动生产力的发展、劳动的社会形式、资本的社会积聚、大规模的畜牧和科学的不断扩大的应用"。列宁的观点是农民运动的胜利尽管在事实上给资本主义发展造成了更加广泛的基础，但同时农民作为小资产阶级，必然会在无产阶级和资产阶级之间"摇摆"。斯大林则指出，农民是建立在私有制和小商品生产基础上的阶级，国家可以通过土地国有化和集体农场组织，剥夺农民自有资本，实现国有资本和农民劳动的结合。而在当代中国，一些马克思主义学者将城市农民工视为"半无产阶级"，并努力推动农民工的完全彻底无产阶级化，使他们真正脱离农村，脱离土地，融入城市。

西方一些主流学者也对小农的未来做出预测。马克斯·韦伯认为庄园制崩溃意味着农民在获得自由的同时也失去了土地，还认为资本主义农业可以用最少的人力，在有限的土地上生产最多的商品，因此资本主义将使农业生产从劳动密集型向资本密集型转变。随着转变，小农也将失去优势，成为农业工人，"资本主义对农村社会既是一种淘汰，也是一种掠夺"。与之相反，恰亚诺夫并不同意农民家庭农场对于资本主义农场来说是一种自然的竞争劣势，也不同意由此产生的农民必然被资本主义消灭的观点。他认为，一个生产与消费相结合的家庭农场，通过增加自我剥削程度，可以达到家庭经济的基本均衡，特别是在市场条件恶劣的情况下，农户家庭农场会比资本主义农场更加稳定，更加具有生存能力。孟德拉斯在《农民的终结》一书中提出，法国农民和法国古老的农业文明已经被新的科技文明所取代，传统的家庭农场已经转变为联合的机械化农场。但是，在该书再版时，作者在"跋"（标题为"二十年之后")中写道,"乡村社会的惊人复兴",法国的农民没有消失在无产阶级化中,而是依托兼业化和家庭内部的产业延伸,成为新的"乡村阶级"或"小资产阶级"。

韦伯认为,资本主义化的过程本身即是一个以理性取代传统的过程,通过传统因素维系在一起的农村共同体终将与代表工具理性的运作方式的资本主义格格不入,因此小农户家庭经营始终竞争不过符合工具理性、追求利润的资本主义农业公司,前者连同其所处的传统农村共同体都将被农业公司所取代,最终走向瓦解、消亡。在许多发展经济学的经典著作中,小农户及其生产方式都被贴上了保守、传统和缺乏效率的标签,农村的作用主要在于为城市发展提供劳动力,而小农户则是这部分劳动力中的绝对力量,事实上,许多国家正在利用所谓的"绿色革命"将小农户手中的土地集中到资本主义农场主手中,或者使用国家权力来强制农民融入所谓的"新村",从而将小农赶进城市,以促进土地的规模化经营。

三、小农的权力:未来还在

不可否认,小农和小农经济产生于前资本主义,而市场与商品化的冲击会使其不可避免地卷入到资本主义社会化大生产中,成为资本主义体系中的一个环节。与此同时,以分工和生产专门化为主要特征的社会化大生产中,已经颠覆了完全自给自足式的小农经济模式,小农不仅可以从外界获得生活资料与生产资料,还可以向市场提供商品,这意味着完全自给自足的小农很难在现代社会中立足。然而,还是有许多学者肯定小农户及小农经济存在的合理性,千方百计避免小农户陷入资本主义现代化浪潮的"万劫不复"中,他们认为小农户不能以一种被动者、逃避者的消极形象被看待,不能简单地随意否认小农户的创造性和主动性,也不能武断地抹杀小农户创造自己未来的权力。

四、小农的现实:维持生计

当全球化浪潮将资本主义生产方式席卷世界每个角落的时候,小农及小农经济依然顽强地屹立于世界。来自范德普勒格《新小农阶级》中的数据表明,全世界还有 12 亿小农，有四分之一到五分之二的人类是依靠小农式生产维持生计，小农生产提供了全世界超过一半的食物。此外，这些维持小规模土地和家庭经营模式的小农户农场遍布世界各地，其中相当一部分小农场是存在于资本主义最发达、市场经济最活跃的地区。

在资本主义大农场发源地的欧洲，仍有数百万小农，还有过去的一些大农场也正在逐渐回归到小农生产模式，这就是所谓的"再小农化"。美国农业部官员表示，"家庭农场仍然支持美国农业，这一主导地位没有下降的迹象。"全世界有一半以上的小农户家庭农场在东亚，特别是日本、韩国，几乎都是小农户家庭农场（土地面积不到两公顷）。它们不仅为城市提供工业所需原材料和食物，也是城市各种服务和工业产品的主要消费者。

日本、韩国的小农既没有脱离发达的资本主义市场体系，也没有被资本主义消灭，已有的事实已经证明了这一点。这些小农户辛勤劳动为城市提供优质的物质资料，也为自己的家庭创造了富裕生活，同时还创造出传统而不失繁荣的现代化农村。在这些现代化程度很高、城乡一体化发展迅速、资本力量强大的地方，小农户并没有被孤立在古老的田园之中，也没有被彻底消灭。在资本的觊觎和市场的竞争中，这个古老的群体不仅通过自身发展，在整个社会经济体系中保持着不可替代的地位，而且也为自己赢得了更大的生存空间和光明未来。

同时，我们也应该看到，在其他一些国家或地区，小农在与资本主义农场的竞争中失败了，他们不敌现代化冲击而陷入困境，被迫放弃土地、放弃农业、放弃传统生活与文化。这些陷入困境的小农，包括被跨国公司夺去土地的东南亚农民，被粮食进口所击垮的非洲小农，陷入债务危机的印度棉农，以及众多为谋生而离开家乡与土地的城市新移民。与此同时，来自美国、欧洲、中东和东南亚的大农场主、国际粮商及其背后的金融资本将发展中国家的大片耕地收入囊中，并且垄断世界粮食生产，制造大量廉价工人。

小农能否适应现代化，实现自主发展，现实世界为我们提供了肯定的例证。但现实同时也显示了一个复杂的世界：同样经受现代化的洗礼，一些地方的小农场赢得了资本竞争，呈现一片欣欣向荣景象，在当地农业中的地位不可替代；而另外有些地方的小农场在资本竞争下不断萎缩，显然是陷入到了困境之中，而农业公司在他们撤退后留下的土地上建立了现代化生产关系。

五、小农的未来：转型成长

日本、韩国的例子让我们相信，小农户及小农经济在现代化冲击下依然顽强。虽然与资本主义农业相比，他们发展规模不显著、实力较弱，然而他们依靠资本主义农业所没有的独特优势使自己在竞争中立于不败之地，从而实现自主发展。我们已经看到，小农灭亡的"预言"与现实之间存在着巨大的矛盾。孤立式的"拯救"小农户及小农经济在韩国这些地方既没有必要也不合理，所谓小农户及小农经济与农业现代化不相适应的命题在这里被现实所否定。现实世界的复杂图景也让我们看到，并非所有的小农户及小农经济都能取得成功。由于受到传统习惯等某些因素制约，一些地方的小农户无法有效发挥优势，小农户积极性受到限制。非洲、印度的一些小农户要么被资本主义农场的扩张挤出了土地，要么遭受了进口农产品的低价倾销，要么因为生计难以维持而不得不放弃土地。总之，这些地方的小农户在与国内外资本竞争中处于不利地位，因此，只有实现转型增长，小农户才能有未来。

第三节　小农户转型成长背景与意义

一、转型成长背景

随着现代化进程加快和市场经济发展，中国农民站在了现代化和资本竞争双重挑战的十字路口。一些农民和村庄陷入在未知前途的"纠缠"中，也有不少村庄在城乡一体化浪潮中"消失"了。改革开放是农业商业化和农民兼业化的过程，也是农民日益分化为"小农"和"大农"的过程。有学者认为小农被大户取代是历史发展的必然规律，主张通过土地流转促进农村土地集中，发展规模化经营的现代农业。然而，"大农业"是中国农村的必然出路吗？也有一些学者对此表示怀疑，他们认为经典作家预测的小农经营被农业企业所取代的景象并没有大范围出现，不同阶层的农民对土地所有权的看法完全不同，地方政府为培养"大农"而发起的一些大规模土地出让活动应该谨慎对待，"大农式"雇工经营模式与小农经营模式相比，并没有太多经济优势，主张通过上层建筑改革和外部规模经济制度的建立来实现现代化小农经济。目前，很多小农户通过现代农业家庭经营实现了资本积累，另外小农生存与发展环境也正在发生着深刻变化，这都将更有利于促进小农户及小农经济的快速发展。

（一）政策环境为小农户转型成长奠定政策基调

现阶段，随着国家"三农"政策环境变化，小农户发展逐渐体现出新的时代特点。首先，小农户发展与国家的农村土地制度密切相关。党的十八大以来，为适应农业农村发展新形势，国家以《中共中央关于全面深化改革若干重大问题的决定》为总纲，印发《关于完善农村土地所有权承包权经营权分置办法的意见》等文件，正式提出了新一轮农地制度改革的总体框架，即承包地"三权"分置。通过改革，落实集体所有权，稳定农户承包权，放活土地经营权，形成结构合理、层次分明、平等保护的"三权"分置格局。改革开放以来，我国大量农村剩余劳动力涌入城镇，并转向非农就业，致使农村普遍出现土地承包者与土地经营者分离现象，新一轮农地制度改革正视这一现实，并对土地所有者权利进一步细分，但是，这次改革并没有改变家庭土地承包经营制度和农村土地集体所有制。家庭承包仍然是农村土地经营的基本单元。考虑到我国现有的土地承包关系将长期保持稳定不变，为此小农户在今后很长一段时间内仍将是我国农业农村的主力军。其次，小农户发展与农业现代化政策密切相关。党的十八大报告提出要坚持走中国特色新型工业化、信息化、城镇化、农业现代化道路，促进工业化、信息化、城镇化、农业现代化同步发展。十八届三中全会进一步提出要通过健全体制机制，形成以城带乡、城乡一体的新型城乡关系和以工促农、工农互惠的新型工农关系，并要求加快推进城乡要素平等交换，加速推进公共资源均衡配置，积极构建新型农业经营体系，进一步完善城镇化健康发展体制。党的十九大又明确提出实施乡村振兴战略，并指出要完善农业支持保护制度，进一步健全农业社会化服务体系，加快构建现代农业产业体系、生产体系、经营体系，积极发展多种形式适度规模经营，大力培育新型农业经营主体，实现小农户和现代农业发展有机衔接。在新型农业经营主体迅速发展的同时，小农户在我国农业农村发展中的重要地位也被社会各界普遍认同，小农户将是新时期乡村振兴的重要力量，着力促进小农户有机融入农业现代化，推动小农户与新型农业经营主体有机衔接成为新时期乡村振兴的重要内容。

（二）经济环境为小农户转型成长创造经济基础

国内外事实表明，到目前为止，小农户的生产力水平并没有真正衰落，但是随着经济社会进步，小农户的数量正在稳步下降（Pyle，2005；Fan et al.，2013）。在市场经济日益成熟的情况下，受非农产业发展以及劳动力、技术、金融、交通等多种因素的影响，农用地规模化经营优势逐渐显现，小农户经营的劣势将日益突出。因此当小农户面临自然环境恶化、市场价格波动等各种风险产生的负面效应超过它本身的优势价值时，小农户经营的转型就变得十分必要。同时，国家宏观经济环境变化，如通货膨胀等也会逐渐增加小农户的经营成本，导致其生产效率下降，这也会迫使小农户进行转型。此外，我国作为农业大国，不仅处于城镇化、产业化、工业化加速发展时期，也处于产业结构转型升级和新型城乡一体化的压力期，面临的各种形势更为严峻，农产品市场剧烈波动凸显了小农户经营的脆弱性，小农户的劳动力优势逐渐变得不再明显。正是基于小农户经营优势的动态变化，中国政府在2013年明确提出培育新型农业经营主体，推进农业农村现代化发展。作为一个农业大国，小农户经营结构转型将是一项重大的系统工程。无论是自然条件、地域和经济发展的各种差异，还是人多地少的基本农情，都需要实现小农户的转型成长。只有这样，我们才能有效地面对日益困难的经济发展阶段和日益复杂的经济发展环境。

（三）时代要求小农户实现转型成长是大势所趋

进入新时代，新型农业经营体系初步构建，土地制度日趋完善，农业生产效率不断提高，这些都在一定程度上缓解了传统农业的资源浪费、土地细碎化、耕地分散化等问题，并引致了农业的规模化经营，我国农业发展落后的状况得到了初步改善。但是，对于大多数小农户来说，他们仍然面临信息不对称、渠道不畅通、分散经营、要素匮乏等约束性问题，这些都直接导致了小农户与农业现代化要求的脱节。另外，长期以来小农户风险抵御能力弱、分散经营、组织化程度低的弱质性特征，也是导致小农户难以高效融入商品经济和市场经济的现实。因此，我们需要通过制度、政策等外生动力支持，以及小农户自身的内生动力，促使小农户转型成长。在上述背景下，党的十九大精神坚持农业生产经营规模宜大则大、宜小则小的原则，引领小农户以家庭经营为基础，与多元化新型农业经营相协调，与多种形式规模化经营相适应，促进传统小农户向现代小农户转型。

二、转型成长意义

（一）有利于提高生产经营规模

人多地少，土地分散不均是我国的基本国情，而这种国情使得农户小规模经营一直作为我国农业经营的主要方式而存在。也正因以这种方式为主的现象的存在，就要求小农户必须实现转型成长，这也是小农户迈向现代化的关键一步。从长远看，小农户向现代农户转型正好可以促使其积极发展规模经营，使得生产经营规模不局限于原有水平，从而有利于大规模专业化经营和小规模经营交错并行，有利于推动农业从传统农业向集约化、专业化、组织化、社会化相结合的新型农业转变。

（二）有利于培育新型农业经营主体

与新型农业经营主体相比，小农户在对接市场、采用新技术、新农具等方面，都面临着更多困难；在应对质量安全风险、抵御市场风险等方面，都面临着更多挑战。所以在推进农业现代化的过程中，如何将小农户生产融入农业现代化的轨道，尽快提高小农户的竞争力，更好地帮助小农户、提高小农户、富裕小农户，使广大小农户都能参与到现代化进程中来，共享现代化的成果，这确实是摆在政府面前一个重大而紧迫的问题。为此要通过培育小农户内生动力，提升小农户自我发展能力实现小农户转型成长，以有利于促进其往专业大户等新型农业经营主体方面发展，这也是中国农业现代化的现实选择。

（三）有利于小农户收入水平提高

传统农业生产经营方式不利于小农户进一步提高收入水平，相反还容易使得小农户出现资金窘况，致使其接下来的农业生产与发展无法进行。且小农户在除去高昂的生产成本之后，年收入所剩无几，维持农户家庭生计较困难。现在如通过强化网络信息平台、发展科技农业、提高农产品流通效率等手段促使小农户转型成长，能够有利于小农户自己更好地和农业现代化结合，帮助小农户在向现代农户转型过程中减少生产成本，提高农业生产效率，扩大收入来源，提高收入水平。

第四节　川陕革命老区小农户面临的转型困境

一、农户文化水平偏低

在调查的 1 064 户小农户中，从未上过学的农户户主占比为 8.6%；小学未毕业的占比为 17.6%。绝大多数小农户户主没有接受过正规农业技术培训。大部分小农户安于现状，意识不到农产品加工所带来的增值效益和附加价值；对于新种植技术、新品种和新理念及模式的接受能力较差；不愿尝试新东西，大多持等待观望的态度。

二、农业经营面临挑战

一是种植成本不断上升。据调查，小农户种植平均成本为 1 100 元/亩左右，其中种子平均支出 280 元/亩，化肥平均支出 500 元/亩，农药平均支出 160 元/亩，导致许多小农户对土地的种植率逐年下降。二是农业科技水平不高。大多数小农户的农业生产都是依靠祖辈相传经验，占调查农户总数的 72%，缺乏科学种植的意识，不能正确使用现代农业技术。三是农业经营信息不灵敏。在调查中，有 47% 的小农户反映存在市场信息不畅的问题，主要是由于小农户在市场上处于劣势地位，导致对市场供需信息把握不准。四是自然风险不可避免。川陕革命老区自然生态环境相对脆弱，小农户在自然风险面前无能为力。

三、农村资源难以整合

一是农村土地资源利用效率低。川陕革命老区农村户均耕地面积为4.7亩左右，导致农户常常是分散种植，规模化程度低，对于土地资源利用停留在自家的"一亩三分田"思想中，导致农村出现一些荒废的土地没有得到有效处理。二是农村产业资源比较欠缺。当前川陕革命老区一二三产业布局不协调，33％的调查小农户认为产业化水平不高是当前农业发展面临的主要问题，其表现形式是一产向后延伸不充分，仍以传统种植业为主，多以供应原料为主；二产连接两头不紧密，农产品精深加工不足，农产品加工转化率较低；三产乡村价值功能开发不充分，农户和企业之间利益联结不紧密。三是农村资金资源断裂更是常见现象。虽然近几年国家鼓励农村地区金融改革，但是真正落实到小农户的资金少之又少，43％的调查小农户表示曾经出现过资金短缺问题，成为制约小农户转型成长的重要因素。

四、致富带动作用有限

一是专业大户和家庭农场偏少，只有78户通过流转土地，耕地面积在10~20亩，占调查对象的7％，另外只有40户通过流转土地，耕地面积在20亩以上，占调查对象的比例不到4％。二是合作社贡献不大。比较典型的是重庆川陕革命老区，该地区受访者对合作经营非常了解和比较了解的占比为4％和26％，有52％的小农户处于不太了解状态，有18％的小农户是不了解，致使当地合作社的作用得不到充分发挥，只有35％的小农户认为合作社对他们扩大销售有帮助，65％的小农户认为帮助小，上述这些数据也说明了在重庆川陕革命老区，合作社的致富带动作用有限。

第五节 全区域实证分析

本章第五部分将川陕革命老区所有被调查小农户作为研究对象，采用因子分析法就小农户转型成长问题开展实证研究，找出影响川陕革命老区小农户转型成长的主要因素。

一、模型构建

我们在进行因素研究时，需要分析的变量可能是多个甚至是几十个，由于变量较多，如果这些变量都参与数据建模，无疑会增加分析过程中的计算量，而因子分析能大大减少参与数据建模的变量个数，是一种将很多个研究变量转化成少数几个不相关的综合指标的多元统计分析方法。而这少数几个综合指标即因子，能够反映原来多个实测变量代表的主要信息，并解释这些实测变量之间的依存关系。另外因子分析法能够使得由原变量重组出来的因子之间的线性关系变弱，这样还可以有效解决变量的多重共线性等问题。

本部分选用主因子分析法进行分析，公式如下：

$$X_i = a_{i1}f_1 + a_{i2}f_2 + \cdots + a_{im}f_m + e_i \qquad 式（4-1）$$

一般地设 $X = (x_1, x_2, \cdots, x_p)$ 为可观测的随机变量，$f = (f_1, f_2, f_3, \cdots, f_m)$ 为公共因子，$e = (e_1, e_2, \cdots, e_p)$ 为特殊因子。

二、变量选取

本部分结合川陕革命老区小农户问卷调查，从农户劳动力、村庄环境、土地情况、农业生产等因素出发，选取 30 个变量对小农户转型成长展开研究，希望可以更好地了解小农户转型成长的影响因素，然后加以利用，提高小农户收益，更好地为转型成长打好基础。变量的特征解释详见表 4-1。

表 4－1　变量的特征解释

类别	变量	变量解释及赋值	均值	标准差
劳动力变量	户主年龄	受访当年户主实际年龄	52.16	10.37
	户主文化程度	1＝小学未毕业；2＝小学；3＝初中；4＝高中；5＝大专及以上；6＝从未上过学	2.60	1.36
	户主从事工作	1＝务农；2＝外出务工；3＝自营工商业；4＝其他	1.69	0.83
	是否受过技能培训	1＝是；2＝否	1.69	0.46
土地变量	农业耕地总面积	用于农业生产的耕地面积（亩）	4.79	4.94
	耕地总体质量	1＝非常好；2＝比较好；3＝一般；4＝比较差；5＝非常差	2.67	0.86
	耕地出租情况	1＝是；2＝否	1.76	0.43
村庄变量	农村的企业（5个人以上）有多少家	家数	1.14	1.47
	村类型	1＝低山丘陵村；2＝高山/山区村；3＝平原村；4＝高原村；5＝其他	1.67	0.83
	村距离最近的集市有多远	1＝本村；2＝小于2里（1里＝500米）；3＝2～4里；4＝4～6里；5＝6～8里；6＝大于8里	3.44	1.75
生产变量	农业生产方式对转型成长没有重大影响	1＝有；2＝无	1.67	0.47
	当前农业种植形式	1＝纯人力劳动；2＝半人半机械；3＝完全机械化	1.39	0.50
	缺技术是否为影响农业增收的重大因素	1＝是；2＝否	1.49	0.50
	缺资金是否为影响农业增收的重大因素	1＝是；2＝否	1.57	0.49
	缺销路是否为导致农业增收难的重大原因	1＝是；2＝否	1.72	0.45
	缺带头人是否为导致农业增收难的重大原因	1＝是；2＝否	1.64	0.48
	经营规模太小是否为影响农业增收的重大因素	1＝是；2＝否	1.64	0.48
	生产成本太高是否为影响农业增收的重大因素	1＝是；2＝否	1.66	0.47

（续）

类别	变量	变量解释及赋值	均值	标准差
环境变量	农机具在本地推广使用面积情况	1＝大；2＝较大；3＝一般；4＝不了解	2.55	0.93
	基础设施不好是否对农业收入产生重大影响	1＝是；2＝否	1.76	0.42
	交通运输对农业生产的影响程度	1＝大；2＝小	1.70	0.46
	农户加入合作社意愿	1＝非常愿意；2＝愿意；3＝无所谓；4＝不愿意；5＝非常不愿意	2.36	0.75
	在生产经营活动中遇到的技术难题情况	1＝经常遇到；2＝不常遇到；3＝极少遇到	2.37	0.64
	农村合作社在农产品销售方面的效果	1＝大；2＝小	1.63	0.48
	农业服务是否有重要影响	1＝有；2＝无	1.82	0.38
	市场信息是否有重要影响	1＝有；2＝无	1.63	0.48
	对农业信息化平台了解吗	1＝非常了解；2＝基本了解；3＝听说过；4＝从未听说	3.10	0.94
	是否了解互联网金融	1＝非常了解；2＝有一点了解；3＝基本不了解	2.39	0.56
	是否有贷款	1＝有；2＝无	1.74	0.44
	对于已经参加的保险是否满意	1＝满意；2＝比较满意；3＝不满意	1.64	0.57

三、结果解读

KMO 和 Bartlett 的检验如表 4-2 所示。

表 4-2　KMO 和 Bartlett 检验

KMO 取样适切性量数		0.698
巴特利特球性度检验	近似卡方	5 140.297
	自由度	435
	显著性	0.000

结果分析：

KMO 统计量值为 0.698，大于 0.5，可以看出变量之间的相关程度无太大差异，可以用来做因子分析。巴特利特球性度检验的结果小于 0.05，球形假设被拒绝，原始变量之间存在相关性，适合做因子分析。

因子分析法一般默认特征值大于 1 的因子作为最终被提取的因子，特征值经过因子提取和因子旋转得到如表 4-3 所示的计算结果。

表 4-3　公因子特征值及贡献值

成分	初始特征值			提取平方和载入			旋转平方和载入		
	合计	方差的 %	累积 %	合计	方差的 %	累积 %	合计	方差的 %	累积 %
1	3.535	11.784	11.784	3.535	11.784	11.784	2.089	6.964	6.964
2	2.228	7.427	19.211	2.228	7.427	19.211	2.027	6.756	13.719
3	1.893	6.310	25.521	1.893	6.310	25.521	2.010	6.701	20.420
4	1.628	5.427	30.949	1.628	5.427	30.949	1.917	6.392	26.812
5	1.605	5.350	36.298	1.605	5.350	36.298	1.735	5.783	32.594
6	1.444	4.813	41.111	1.444	4.813	41.111	1.595	5.315	37.909
7	1.256	4.188	45.299	1.256	4.188	45.299	1.484	4.946	42.856
8	1.177	3.924	49.222	1.177	3.924	49.222	1.409	4.698	47.554
9	1.146	3.821	53.044	1.146	3.821	53.044	1.382	4.606	52.160
10	1.106	3.686	56.730	1.106	3.686	56.730	1.371	4.570	56.730
11	0.974	3.245	59.976						
12	0.919	3.062	63.038						
13	0.898	2.994	66.032						
14	0.848	2.828	68.860						
15	0.814	2.714	71.575						
16	0.779	2.597	74.171						
17	0.740	2.465	76.637						
18	0.726	2.421	79.057						
19	0.710	2.366	81.424						
20	0.666	2.219	83.642						
21	0.615	2.049	85.691						
22	0.600	1.999	87.690						
23	0.568	1.892	89.582						

（续）

成分	初始特征值			提取平方和载入			旋转平方和载入		
	合计	方差的 %	累积 %	合计	方差的 %	累积 %	合计	方差的 %	累积 %
24	0.550	1.835	91.417						
25	0.513	1.710	93.127						
26	0.490	1.632	94.758						
27	0.453	1.509	96.267						
28	0.390	1.299	97.566						
29	0.383	1.276	98.843						
30	0.347	1.157	100.000						

通过表 4-3 的分析可知，可以从 30 个影响川陕革命老区小农户转型成长的因素中提取出 10 个因子，因子 1、因子 2、因子 3 直到因子 10，其特征值分别是 3.535、2.228、1.893、1.628、1.605、1.444、1.256、1.177、1.146、1.106，结果显示各个因子的特征值均大于 1，符合因子分析原理，其累积贡献率达到 56.73%，也就是集中反映了所要包含调查信息的 56.73%。因此本研究最终选择了 10 个主成分，也是为了更清楚地解释各因素（表 4-4）。

表 4-4　旋转后的因子载荷矩阵

变量	主因子									
	1	2	3	4	5	6	7	8	9	10
户主年龄	0.709	−0.167	−0.129	0.062	−0.083	0.034	0.157	0.064	0.103	−0.102
户主文化程度	0.655	0.097	−0.123	−0.172	0.010	−0.116	0.006	0.099	0.178	−0.102
户主从事工作	−0.642	−0.122	−0.011	0.170	0.065	0.125	0.093	−0.058	0.027	0.054
互联网金融了解程度	0.640	0.218	0.006	0.086	−0.030	0.141	−0.052	−0.186	−0.055	0.226
农业服务	0.038	−0.687	−0.097	0.055	0.033	−0.050	0.116	−0.109	0.043	0.002
缺带头人	0.009	0.581	−0.075	0.039	0.111	−0.059	0.046	0.340	0.296	0.067
农机具推广	0.150	0.534	0.110	−0.079	−0.487	0.053	−0.183	−0.111	−0.005	0.179
合作社对销售的帮助	−0.038	0.625	−0.054	−0.096	0.223	0.134	0.091	−0.192	−0.022	−0.006
农业信息化平台	0.366	0.531	−0.188	−0.037	−0.098	0.270	0.046	0.092	−0.337	−0.115
农业生产方式	−0.004	−0.067	0.627	0.139	−0.062	−0.103	0.151	−0.046	−0.122	0.149
生产成本	−0.213	0.066	0.491	0.227	−0.058	−0.289	−0.124	0.098	−0.134	−0.287
经营规模	−0.103	0.054	0.458	0.050	0.147	0.262	−0.066	0.358	0.149	0.102

（续）

变量	主因子									
	1	2	3	4	5	6	7	8	9	10
技术难题	0.098	0.390	−0.429	0.125	−0.088	−0.204	0.326	−0.028	0.005	0.099
缺资金	0.021	−0.052	0.100	0.813	0.065	−0.008	−0.038	0.007	−0.095	−0.072
缺技术	−0.044	−0.039	0.110	0.810	0.041	0.019	0.045	0.003	0.077	0.047
农业种植形式	−0.071	0.044	0.026	0.037	0.673	−0.140	0.025	−0.071	−0.078	0.105
加入合作社意愿	0.305	−0.033	−0.029	0.286	−0.521	−0.112	0.088	−0.063	−0.041	0.129
缺销路	−0.095	0.151	−0.077	0.233	0.516	0.185	−0.231	−0.004	0.138	−0.086
交通运输	−0.031	−0.002	0.186	−0.106	0.509	0.201	−0.156	0.033	0.015	−0.385
农村企业数量	−0.297	0.128	0.038	0.265	−0.314	0.596	0.054	0.120	−0.026	−0.052
市场信息	0.069	0.116	−0.075	−0.021	0.164	0.589	0.188	0.071	−0.082	−0.240
基础设施	−0.125	0.001	0.302	0.309	0.054	−0.477	0.097	0.271	0.030	−0.138
耕地质量	−0.008	0.067	0.056	−0.004	0.062	−0.019	−0.833	−00.24	0.072	−0.116
耕地总面积	−0.069	0.048	0.136	−0.038	0.002	−0.146	0.747	0.141	−0.098	−0.111
耕地出租	0.353	0.067	0.277	0.010	−0.211	−0.118	−0.414	0.159	−0.080	−0.068
保险满意度	−0.097	0.308	−0.185	−0.143	−0.127	−0.285	−0.041	−0.591	−0.033	−0.252
是否有贷款	0.311	0.322	−0.045	−0.064	−0.172	0.095	0.221	0.387	−0.374	−0.079
村子类型	−0.120	−0.011	0.194	0.260	−0.225	0.051	−0.146	−0.169	0.541	−0.063
距离集市距离	0.190	0.400	−0.286	−0.093	−0.321	0.275	0.074	0.093	0.441	0.034
是否接受过培训	0.049	0.171	0.063	0.046	−0.084	−0.008	0.088	−0.047	−0.093	−0.628

注：提取方法为主成分分析法。

　　根据上述因子法导出的结果进行具体分析，载荷矩阵中每类公因子所包含的因素都具有相似性的特征。所以，结合影响小农户转型成长的因素的具体内容，对上述具有相似性特征的因素进行归类。

　　因子1主要构成要素：户主年龄、户主文化程度、户主从事工作和互联网金融了解程度，这四项主要反映了小农户转型过程中，由于年龄、文化等自身特征对其向现代农户转型造成的影响，将其命名为"自身特征影响因子"，该因子的方差贡献率为15.989%。将互联网金融了解程度归类到"自身特征影响因子"中首先是因为了解互联网金融是农户素养的重要体现，对互联网金融越了解的小农户，其自身素养就越高，其次是文化程度越高、越年轻、经常进城务工的小农户一般而言对互联网金融要了解得多一些。

因子 2 主要构成要素：农业服务、缺带头人、农机具推广、合作社对销售的帮助、农业信息化平台，这五项主要反映了小农户转型过程中，由于合作社、农机社、信息获取等因素对其向现代农户转型造成的影响，将其命名为"农业社会化服务影响因子"，该因子的方差贡献率为 7.427%。

因子 3 主要构成要素：农业生产方式、生产成本、经营规模、技术难题，这四项主要反映了小农户转型过程中，由于生产经营的方式、成本、规模、技术等因素对其向现代农户转型造成的影响，将其命名为"生产经营（一）影响因子"，该因子的方差贡献率为 6.310%。

因子 4 主要构成要素：缺资金、缺技术，这两项主要反映了小农户转型过程中，由于资金缺乏、技术缺失的原因对其向现代农户转型造成的影响，将其命名为"资金与技术影响因子"，该因子的方差贡献率为 5.427%。

因子 5 主要构成要素：农业种植形式、加入合作社意愿、缺销路、交通运输，这四项主要反映了小农户转型过程中，由于机械化生产、运输条件、合作意愿、销售渠道等因素对其向现代农户转型造成的影响，将其命名为"生产经营（二）影响因子"，该因子的方差贡献率为 5.350%。

因子 6 主要构成要素：农村企业数量、市场信息、基础设施，这三项主要反映了小农户转型过程中，由于涉农企业、信息情况、村庄田间道路等基础条件等小农户难以控制的外部因素对其向现代农户转型造成的影响，将其命名为"外部环境影响因子"，该因子的方差贡献率为 4.813%。

因子 7 主要构成要素：耕地质量、耕地总面积、耕地出租，这三项主要反映了小农户转型过程中，由于耕地资源方面的因素对其向现代农户转型造成的影响，将其命名为"土地影响因子"，该因子的方差贡献率为 4.188%。

因子 8 主要构成要素：保险满意度、是否有贷款，这两项主要反映了小农户转型过程中，由于金融方面的因素对其向现代农户转型造成的影响，将其命名为"金融影响因子"，该因子的方差贡献率为 3.924%。

因子 9 主要构成要素：村子类型、距离集市距离，这两项主要反映了小农户转型过程中，由于村庄所在环境方面的因素对其向现代农户转型造成的影响，将其命名为"村庄环境影响因子"，该因子的方差贡献率为 3.821%。

因子 10 主要构成要素：是否接受过培训，这一项主要反映了小农户转型过程中，由于农业技术培训因素对其向现代农户转型造成的影响，将其命名为

"技术培训影响因子"，该因子的方差贡献率为 3.686%。

本章第六部分将川陕革命老区典型区域，即四川绵阳、四川南充和陕西汉中的被调查小农户作为研究对象，采用因子分析法和多元回归法就小农户的转型成长问题开展实证研究，找出影响川陕革命老区典型区域小农户转型成长的主要因素。

一、因子分析

（一）模型构建

依然采用因子分析法对川陕革命老区下辖的四川绵阳、四川南充和陕西汉中三地的小农户转型成长影响因素进行评估。

（二）变量选取

根据实地调研数据，从自然环境、人力资本、土地资源、经营模式、社会环境等 8 个方面，选取了 20 个可能对典型区域小农户转型成长产生影响的评价指标，各变量的定义具体见表 4-5。

表 4-5 变量的特征解释

变量	变量解释及赋值	均值	标准差
村子类型	1＝低山丘陵村；2＝高山/山区村；3＝平原村；4＝高原村；5＝其他	1.36	0.54
户主年龄	受访当年户主实际年龄	52.51	10.95
户主文化程度	1＝小学未毕业；2＝小学；3＝初中；4＝高中；5＝大专及以上；6＝从未上过学	2.57	1.53
家庭人口数量	此家庭户籍中的总人口（人）	3.74	1.41
是否接受过技能培训	1＝是；2＝否	1.71	0.45
耕地总面积	用于农业生产的耕地面积（亩）	4.78	5.98

（续）

变量	变量解释及赋值	均值	标准差
耕地总体质量	1＝非常好；2＝比较好；3＝一般；4＝比较差；5＝非常差	2.43	0.66
田间道路状况	1＝有公路相通，很方便；2＝只有少数的田间有公路，影响使用机器	1.84	0.37
所在村庄的水利工程是否发挥作用	1＝是；2＝否；3＝不知道	1.33	0.48
乡村的道路情况	1＝水泥路；2＝沥青混凝土路；3＝砂石路；4＝土路	1.55	0.89
市场销路是否为主要影响因素	1＝是；2＝否	1.76	0.43
市场信息是否有重要影响	1＝有；2＝无	1.38	0.49
交通运输对农业生产的影响程度	1＝大；2＝小	1.65	0.48
当前农业种植形式	1＝纯人力劳动；2＝半人半机械；3＝完全机械化	1.37	0.53
除草方式	1＝除草剂；2＝人工铲地；3＝其他方式	1.52	0.60
是否了解现代种子选育技术	1＝不了解；2＝知道一些；3＝了解	2.81	1.12
购产销一体化经营是否为主要影响因素	1＝是；2＝否	1.37	0.48
致富带头人是否有重要影响	1＝有；2＝无	1.73	0.44
对经营规模的影响程度	1＝大；2＝小	1.62	0.49
加入合作社意愿	1＝非常愿意；2＝愿意；3＝无所谓；4＝不愿意；5＝非常不愿意	2.27	0.7

（三）结果解读

对指标体系进行因子分析前首先需要对因子做适应性检验。在 SPSS 20.0 中采用主成分分析法进行探索性因子分析，采用最大方差进行正交旋转。结果显示，总量表 KMO 值为 0.711，巴特勒球形检验值为 1 631.099，p 值为 0.00，说明量表适合做因子分析（表 4-6）。

表 4 - 6　KMO 和 Bartlett 的检验

KMO 取样适切性量数		0.711
巴特利特球性度检验	近似卡方	1 631.099
	自由度	190
	显著性	0.000

因子分析法不仅要对因子进行提取，同时对原始因子载荷系数采用最大方差垂直旋转交换。因子提取的最终个数以特征值大于 1 作为判别标准。特征值经过因子提取和因子旋转得到如表 4 - 7 所示的计算结果。

表 4 - 7　公因子特征值及贡献值

成分	初始特征值			提取平方和载入			旋转平方和载入		
	合计	方差的 %	累积 %	合计	方差的 %	累积 %	合计	方差的 %	累积 %
1	3.198	15.989	15.989	3.198	15.989	15.989	2.715	13.575	13.575
2	2.084	10.419	26.408	2.084	10.419	26.408	2.246	11.231	24.806
3	1.663	8.317	34.725	1.663	8.317	34.725	1.618	8.088	32.894
4	1.587	7.934	42.659	1.587	7.934	42.659	1.526	7.631	40.525
5	1.249	6.245	48.904	1.249	6.245	48.904	1.415	7.074	47.598
6	1.153	5.767	54.671	1.153	5.767	54.671	1.415	7.073	54.671
7	0.995	4.977	59.648						
8	0.985	4.926	64.574						
9	0.874	4.370	68.943						
10	0.810	4.048	72.991						
11	0.791	3.956	76.948						
12	0.714	3.572	80.519						
13	0.663	3.316	83.835						
14	0.608	3.040	86.875						
15	0.560	2.801	89.676						
16	0.535	2.674	92.350						
17	0.428	2.142	94.492						
18	0.418	2.090	96.582						
19	0.355	1.777	98.360						
20	0.328	1.640	100.000						

注：因子提取方法为主成分分析法。

通过分析表4-7可知，可以从20个影响小农户转型成长的因素中提取出6个因子，因子1、因子2、因子3直到因子6，结果显示各个因子的特征值均大于1，符合因子分析原理，其累积贡献率为54.671%，也就是集中反映了所要包含调查信息的54.671%，因此最终选择6个主成分，也是为了更清楚地解释各因素。

表4-8 旋转后的因子载荷矩阵

变量	主因子					
	1	2	3	4	5	6
村子类型	0.740	0.142	−0.022	0.271	−0.005	0.096
种植形式	−0.670	0.230	0.012	0.223	−0.067	0.170
除草方式	0.771	0.049	0.222	0.109	−0.016	−0.029
交通运输	−0.605	0.133	0.104	0.265	−0.029	−0.179
家庭人口	0.045	0.748	−0.032	−0.083	−0.079	0.056
户主年龄	0.038	−0.698	0.041	−0.036	0.100	0.321
经营规模	−0.082	0.518	−0.006	0.037	0.050	0.179
购产销一体化经营	−0.360	0.437	0.326	−0.032	0.358	−0.061
耕地总面积	0.291	0.342	−0.400	−0.022	−0.357	0.308
耕地质量	0.073	0.011	0.674	0.078	0.076	0.032
村庄道路	0.236	−0.312	0.582	0.013	−0.337	−0.096
田间道路	0.259	0.217	0.583	0.070	−0.088	0.190
兴修水利	−0.398	0.385	0.493	−0.048	0.259	0.219
市场销路	−0.294	0.155	0.117	0.625	0.284	−0.039
致富带头人	0.121	−0.018	0.134	0.732	−0.205	0.158
育种技术	0.198	−0.296	−0.395	0.533	0.004	−0.095
户主文化程度	−0.152	−0.260	−0.106	0.294	−0.340	0.024
技能培训	0.077	−0.164	−0.003	0.005	0.755	−0.079
合作经营意愿	0.015	−0.140	−0.019	0.018	−0.179	0.561
市场信息	−0.277	0.110	−0.130	0.018	0.316	0.593

因子载荷矩阵反映各因子之间的相关程度，为更准确地解释主因子的程度采用方差最大法对因子载荷矩阵进行正交旋转，得到旋转后的因子载荷矩阵，如表4-8所示。矩阵中每类公因子所包含的因素都具有相似性的特征，

结合影响小农户转型成长的因素的具体内容，对上述具有相似性特征的因素归类。

因子 1 主要构成要素：村子类型、种植形式、除草方式、交通运输，这四项主要反映了山区农村生产经营过程中，由于地理、地形、地势等环境因素对小农户转型成长造成的影响，将其命名为"自然环境影响因子"，该因子的方差贡献率为 15.989％。在小农户生产经营实地调查过程中发现，小农户的种植形式以纯人力劳动为主，完全机械化的种植很少见，这主要是受制于当地的地理条件，有 319 户小农户是居住在低山丘陵村（占比 67％），有 142 户在高山村（占比 30％），受山地这种自然环境影响致使其难以开展机械化种植（占比只有 4％），就算是半人半机械的种植方式占比也不是很高（30％），由于是山地，人工铲地比较困难，使得除草剂的使用频率大大提高（占比 56％），同时由于山地地形复杂使得交通不便，农产品运输困难，在很大程度上增加了小农户的运输成本。

因子 2 主要构成因素：家庭人口、户主年龄、经营规模、购产销一体化经营，这四项主要反映了小农户转型成长过程中由于人口及其背后隐含的因素所带来的影响，将其命名为"劳动力影响因子"，该因子的方差贡献率为 10.419％。绵阳、南充以及汉中都是山区，地势高低起伏不定，温差也相对比较大，可能同一块地山上山下的情况都不一样，所以发展的难度也十分大。小农户想要提高农业收入，就需要先找出经营过程中遇到的问题，发现购产销一体化经营是目前遇到的最大问题，也是最基础的问题，而对山区小农户家庭而言，要实现购产销一体化，就需要有足够的劳动力来从事前期的农业生产资料采购、中期的农业生产和后期的农产品销售，而且山区小农户家庭农业要实现规模化生产，不仅需要有一定的土地规模，还需要有一定的劳动力规模，但是现在山区农村年轻人大部分外出务工，老龄化严重，影响了小农户的转型成长。

因子 3 主要构成因素：耕地总面积、耕地质量、村庄道路、田间道路、兴修水利，这五类主要涉及与小农户转型成长密切相关的土地、道路等方面，可以将其命名为"土地与基础设施影响因子"，该因子的方差贡献率为 8.317％。在典型区域，小农户土地流转情况比较少，户均粮食作物种植面积为 3.79 亩，经济作物种植面积是 0.99 亩，难以达到规模化生产要求，严重制约了小农户的生产积极性，同时土地总体质量也不是非常好，只有24户认为土地质量非常好，接近一半的小农户觉得自家的土地质量一般。另外水利设施、道路情况等各种基础设施都是小农户向现代农户转型的影响因素，要想更好地帮助小农户转型成长，就需要打牢基础，才能建好农户发展这座大楼。

因子4主要构成因素：市场销路、致富带头人、育种技术，该板块主要是反映小农户的合作经营情况与农业生产之间的联系，可以将其命名为"能人与技术影响因子"。该因子的方差贡献率为7.934％。缺少有影响力的致富带头人是导致小农户农业经营困难的一个重要原因，在典型区域，缺乏有权威性的带头人，这就很难产生片区经营，难以形成集聚效益，同时又由于带头人没有发挥好主动跑市场的功能，致使产品销路也难以打开，因此高达348户小农户认为带头人没有对他们的收入提高产生重要影响。另外还由于带头人能力等方面的原因，没有谁愿意首先尝试使用新技术，这也会对带头人帮助小农户转型成长造成一定影响。

因子5主要构成因素是：户主文化程度、技能培训，这些因素主要是家庭劳动力情况对小农户转型成长的影响，可以将其命名为"人力资本影响因子"。该因子的方差贡献率为6.245％。典型区域小农户家庭的经营主体主要是留守在家的老人或是短期劳动力，这些人的文化程度不高，对于很多现代化农业技术不能很好地理解并加以运用，比如如何选择良种，或是肥料的选择，大多数家庭都是沿用传统经营方式，基本上都是依靠人力输出，但毕竟人的精力也是有限的，而只有注重人力资本建设，提高文化水平，加大技能培训，将现代技术更好地运用于农业生产，才能更好地经营农业，助推小农户转型成长。

因子6主要构成因素是：合作经营意愿、市场信息，该因子主要反映合作与信息给小农户转型成长带来的影响，可以将其命名为"人际交往影响因子"。该因子的方差贡献率为5.767％。在典型区域很多村镇都还没有合作经营的模式，基本上都是单打独斗地经营自家的土地，根据问卷了解到很多小农户对于合作经营有意愿，对于合作经营都有一定的了解，都希望通过合作经营，加强人际交流，了解更多市场信息，所以发展合作经营模式在农户中是有广泛基础的，也是改变小农户农业经营局面的一种有效途径。

二、多元回归分析

（一）模型构建

根据因子分析的结果，我们明确了 6 个公共因子，但是因子分析并不能说明每个公共因子下面的子因子对小农户转型成长的具体影响方向及大小，因此很有必要采用多元回归的分析方法研究各个子因子对小农户转型成长的影响。

回归分析是探索因变量与自变量之间联系的一种研究方法，指有一个固有的 y 和变量 x 的回归模型，其基本方法是根据各变量值算出交叉乘积和 S_i。相关变量之间的关系可以是线性的，也可以是非线性的。根据研究需要，我们这里讨论的是多元线性回归。设 x_1，x_2，$\cdots$，x_p 是 p 个可以精确测量或可控制的变量。如果变量 y 与 x_1，x_2，$\cdots$，x_p 之间的内在联系是线性的，那么进行 n 次试验，则可得 n 组数据：

$$(y_i, x_{i1}, x_{i2}, \cdots, x_{ip}), i = 1, 2, \cdots, n$$

它们之间的关系可表示为：

$$y_1 = b_0 + b_1 x_{11} + b_2 x_{12} + \cdots + b_p x_{1p} + \varepsilon_1 \qquad 式（4-2）$$

$$y_2 = b_0 + b_1 x_{21} + b_2 x_{22} + \cdots + b_p x_{2p} + \varepsilon_2 \qquad 式（4-3）$$

$$\cdots\cdots$$

$$y_n = b_0 + b_1 x_{n1} + b_2 x_{n2} + \cdots + b_p x_{np} + \varepsilon_n \qquad 式（4-4）$$

其中，b_0，b_1，b_2，$\cdots$，b_p 是 $p+1$ 个待估参数，ε_i 表示第 i 次试验中的随机因素对 y_i 的影响。为简便起见，将此 n 个方程表示成矩阵形式：

$$Y = XB + \varepsilon \qquad 式（4-5）$$

其中，

$$Y = (y_1, y_2, \cdots, y_n)' \qquad 式（4-6）$$

$$B = (b_1, b_2, \cdots, b_n)' \qquad 式（4-7）$$

$$\varepsilon = (\varepsilon_1, \varepsilon_2, \cdots, \varepsilon_n)' \qquad 式（4-8）$$

（二）变量选取

本部分主要考察哪些因素对小农户的转型成长产生了什么样的影响及其影响大小，为此我们选定因变量为典型区域小农户的户均农业收入，自变量是各公共因子下面的子因子，如户主年龄、文化程度、土地质量、种植形式、合作经营意愿等。

（三）结果分析

表 4-9　回归系数

变量		模型一	模型二	模型三	模型四	模型五	模型六	模型七
自然环境影响因子	村子类型	−0.366**	−0.453***	−0.269**	−0.346**	−0.362**		−0.394**
	种植形式	0.461***	0.454***	0.627***	0.591***	0.454***		0.454***
	除草方式	−0.181	−0.137	−0.090	−0.076	−0.193		−0.175
	交通运输	−0.169	−0.290*	−0.087	−0.225	−0.189		−0.207
劳动力影响因子	家庭人口	0.003	0.027	0.002	0.177		−0.029	0.017
	户主年龄	0.764***	0.872***	0.862***	0.914***		0.824***	0.889***
	经营规模	0.030	0.015	−0.047	0.039		−0.052	0.022
	产购销一体化经营	0.463**	0.389**	0.333*	0.253		0.392**	0.371**
土地与基础设施影响因子	耕地总面积	0.303***	0.299***	0.296***		0.271***	0.287***	0.311***
	耕地质量	0.039	0.070	0.098		0.052	−0.057	0.088
	村庄道路	−0.262**	−0.194*	−0.167		−0.206*	−0.290**	−0.222*
	田间道路	0.492**	0.424*	0.425*		0.483**	0.338*	0.414*
	兴修水利	0.322	0.428**	0.365		0.446**	0.636**	0.359*
能人与技术影响因子	市场销路	0.180	0.271		0.235	0.245	0.254	0.231
	致富带头人	0.462***	0.452***		0.421**	0.436**	0.438**	0.472**
	育种技术	0.045	0.062		0.044	0.046	0.040	0.050
人力资本影响因子	户主文化程度	−0.105		−0.050	−0.104	−0.093	−0.073	−0.097
	技能培训	0.419		0.305	0.140	0.334	0.211	0.309
人际交往影响因子	合作经营意愿		−0.628***	−0.520**	−0.556**	−0.534**	−0.545**	−0.553**
	市场信息		0.006	0.012	0.028	0.067	0.095	0.002
常数		3.877***	4.109***	4.170***	4.418***	7.452***	4.246***	3.842***

注：***、**、*分别代表在1%、5%、10%的水平上显著。

模型表明，在自然环境公共影响因子中，村子类型这个子因子对小农户转型成长产生了显著的负向影响，这说明山区的自然条件确实不利于小农户发展；而种植形式则具有显著的正向影响，这也证明了纯人力劳动的农业生产方式，能够适应当地农业发展条件，要因地制宜地开展农业生产。除草方式和交通运输都是负向影响，这也主要是受到山区自然环境的限制。

劳动力公共影响因子中的户主年龄和产购销一体化经营都对小农户转型成

长有显著正向效应，而家庭人口和经营规模的影响都不显著，这表明在典型区域要提高农业收入，更多的是依靠单个劳动力的体力，而不是劳动力人口的多少，这主要是因为老龄化严重，年轻人都外出务工没有产生农业收入，因此家庭人口多少对农业收入产生不了显著影响。

模型七表明土地与基础设施这个公共影响因子中的耕地总面积、田间道路和兴修水利三个子因子都能对小农户转型成长产生显著正向影响，这是符合逻辑的；而到村委会道路这个子因子则对小农户转型成长有显著的负向效益，这说明山区的村级干道质量不高或是路况不好，对农户收入的提高产生了不利影响。另外从模型一到模型七都表明耕地质量对小农户的转型成长没有明显影响，但这不合常理，因为耕地质量好，收成就高，而耕地质量差就需要消耗更多的种子，对于肥料的需求也更高，相当于成本提高而收益减少，因此从逻辑上讲，耕地质量应该对农业收入有显著影响，而没有产生显著影响的原因可能是农户在回答耕地质量这个问题时，对耕地质量的好坏把握不准。

能人与技术影响因子这个公共影响因子中只有致富带头人这个子因子能对小农户转型成长产生显著正向影响，这是符合常理的；而市场销路和育种技术都不能显著发挥作用，这说明小农户农产品市场销路不够宽广，掌握的包括育种在内的农业技术不多，难以对其成长产生影响。

通过回归可以发现，人力资本这个公共影响因子中的所有子因子对小农户的转型成长的影响都不显著，且户主文化程度的影响为负向效应，这与一般的常理不符，这可能是与典型区域绝大部分小农户的文化程度过低，难以在农业生产过程中发挥文化知识方面的作用，致使其对农业收入无法产生显著的正面效应；另外由于该地区小农户过于缺少农业技能方面的培训，使得技能培训的影响也不够显著。

就人际交往公共影响因子而言，只有合作经营意愿的影响是显著的，但却是负向影响，说明了小农户有良好的合作意愿，但却没有实实在在的合作行动，而只有意愿却没有行动，是难以对小农户自身收入带来正向效应的（表4-9）。

从典型区域分析中可知，典型区域小农户正走在全面建设农业现代化的路上，但是如果想要真正依靠农业发家致富，可能还有一段路要走。要想提升小农户农业效益，提高小农户农业收入，实现小农户转型成长，下面这些问题，就是我们必须要考虑的，只有解决了影响小农户农业经营的种种不利因素，我们才能更好地发展小农户农业经营，切实提高农业收入，助推他们实现发展。

1. 耕地影响因素

通过上述分析发现典型区域小农户基本上都是种植自家的耕地，一家的种植规模也不会有很大，一旦遭遇突发情况就很难补救。部分农户认为退耕还林的持续进行，让农民手中的可耕种土地越来越少，单纯依靠种植粮食作物或是经济作物的贩卖来生活是一件很困难的事情；耕地质量的好坏也是影响小农户农业收入的主要因素之一，高质量的耕地较少，而贫瘠的耕地收成又不好，耕地是小农户农业发展的根本，甚至可以直接决定山区农业效益。

2. 劳动力影响因素

小农户的农业经营主体比较单一，以45岁以上的中老年人为主体，60岁以上的占比32.62%，也就是说在调查的典型区域475户小农户中，平均每调查三个户主中就有一个老年人，可以说是老年化程度非常严重了；其次就是文化程度，接近80%的小农户是小学未毕业或是小学毕业，所接受的知识是很局限的，这也是为什么很多人没有参加培训或是培训无法进行的原因，很多现代化的农业技术他们理解不了，只能依靠之前的经验经营，对于花钱参加培训，了解新技术，更是很多人不愿意的，这也是小农户发展停滞的原因之一。老年人在家务农，很多年轻人不愿意从事农业相关的工作，很多岗位找不到合适的人员，很多技术无法推广，导致小农户的劳动力仍以体力劳动为主，机械很少，这也是小农户采用家庭生产模式的主要原因，很多家庭都是老人进行农业相关的生产活动，年轻人多选择务工或是外出工作，农业人才匮乏，也是小农户农业收入不高的主要原因。

3. 环境影响因素

典型区域主要是山区小农户，地势不平坦，以南充为例，山地居多，雨水充沛，但是光照时间短，无法种植一些短期的水果，大面积种植的多是核桃、板栗等，对于温度、光照以及气候要求不高。道路交通情况也是影响小农户农业收入的主要因素，很多田间道路情况不完善，只有部分有公路，致使很多田地的浇灌、施肥以及除草都无法借助工具，全部以人力进行。调研农户表示，水利情况还比较好，很多农田附近都有水池或是水库，都是近几年修建的，方便农户进行浇灌工作。上述各种环境情况都会对小农户的农业经营产生影响。

4. 科技影响因素

对于科技方面的很多东西，很多农户家里只有老人，并不是很了解真实情况，但是就调查的结果来看，很少有人会关注科技类的电视、广播节目或是信息，在生产中面临难题时多数时候还是依靠邻居之间相互讨论，很难找到具体有效的解决方案，对于树苗的嫁接以及种植，尽管偶尔也会有专门的技术人员进行培训，但是效果也并不理想。选用良种、化肥等，很多人都是靠经验或是邻居传授，没有进行过专门的培训，也不了解相关的知识。换句话说，就是关于农业科技，很多小农户都不是很关心，甚至他们也不打算接触了解相关知识，这必然会对小农户的农业经营产生不利影响。

第七节　研究小结

小农户拥有顽强生命力，有其存在的必然性、合理性和长期性，其农户生产的存在形式具有生产非标准化、非规模化、非信息化特点，农户经营的存在形式具有进入市场的非组织化、交易方式的非契约化、流通的非可追溯性特点，农户资金融通的存在形式具有资金保障依赖民间借贷、低强度专用资产投资特点，农户科学技术的存在形式是习惯传承，以及孤立、偶然的技术使用与传播。从长远来看，小农户实现转型成长，具有重要意义，当然其转型成长会面临不少困境，小农户只有克服这些转型困境，才能拥抱未来。那么，影响小农户转型成长的主要因素又有哪些呢？

通过全区域因子分析，可以更好地知道影响川陕革命老区小农户转型成长的主要因素是哪些方面，并针对这些因素对症下药以帮助小农户实现转型成长。分析表明一共涉及 10 大公共因子 30 个细分因素影响川陕革命老区小农户转型成长，这十大公共因子分别是"自身特征影响因子""农业社会化服务影响因子""生产经营（一）影响因子""资金与技术影响因子""生产经营（二）影响因子""外部环境影响因子""土地影响因子""金融影响因子""村庄环境影响因子""技术培训影响因子"。

就典型区域而言，自然环境、劳动力、土地与基础设施、能人与技术、人力资本、人际交往 6 个公共影响因子是影响典型区域小农户转型成长的重要因素，其中土地、劳动力、自然环境和科技的影响更为明显，只有切实消除上述这些因素的不利影响，才能真正帮助小农户提升农业效益，提高农业收入，实现转型成长。

第五章

川陕革命老区小农户转型成长与金融要素

影响川陕革命老区小农户转型成长的因素有很多，如小农户人力资本、土地资本、农村基础设施、政府政策等。从理论上讲，金融素养高低以及金融行为的合理性对一个农户家庭的成长成功也至关重要，为此主要从小农户金融素养及金融行为角度研究金融要素与川陕革命老区小农户转型成长之间的关系以及该区域小农户的金融素养与金融行为对其转型成长的影响很有必要。

小农户的收支情况是反映小农户转型成长的核心要义，也与金融素养、金融行为有着必要的联系，因此本章主要利用从绵阳、南充、汉中三地获得的调查数据，结合西方经济学、计量经济学相关理论和方法及技术，从理论和现实的角度研究典型区域小农户金融素养、金融行为与其收支之间的关系，探讨金融素养、金融行为对典型区域小农户收支的影响，为实现小农户转型成长提供可行的建议。

第一节 金融要素与小农户转型成长的理论分析

一、相关概念界定

（一）金融素养

所谓金融素养，是指为了其一生的金融财富，有效管理其金融资产的消费者的知识和能力。综合理论和实践两个角度，金融素养可以分为金融知识和金融技能。金融知识指的是借贷知识和保险知识。金融技能指的是基础算数能力、理财能力和金融产品选择能力。

目前，金融素养还没有公认的标准的度量方法。早期国外学者通过调查消费者对通货膨胀情况、市场利率情况、金融市场情况的了解程度来衡量其金融素养的高低。后期通过改进，将货币的时间价值、机会成本、资产的风险与回报、组合投资等知识考虑进去，构造了基础金融素养和高级金融素养两个指标。此外，有很多学者直接根据不同的研究目的，设计不同的问卷，通过问卷调查结果来反映居民的金融素养；也有学者通过研究居民的投资行为来度量其金融素养。

（二）金融行为

美国学者将金融行为定义为现金管理行为、储蓄行为、投资行为、信用行为和保险行为。在美国，主要根据消费者角色定义居民金融行为，而中国农村居民却具有消费者和生产者双重角色；此外，美国学者认为保险行为是消费者的内生行为，因为美国居民的保险主要是商业保险，这种保险被认为是个人理财或者财富管理中的一项重要内容，而我国农村居民的保险则主要是为了得到基本的社会保障，并且这一保险是一种政府行为，不是自己主动的行为，农村居民普遍不参加商业保险，且参加者保险金额也较小，因此本次研究将金融行为分为储蓄行为、借贷行为和保险行为，而保险行为主要考虑农业保险、医疗保险、工伤保险、养老保险和失业保险。

（三）小农户收支

1. 小农户收入

小农户收入即农户家庭当年的总收入，这一定义相对广泛，能充分说明小农户转型成功与否。根据我国关于农户收入的相关理论研究和界定标准，本章将农户收入定义为农户家庭当年所获得的农业收入、工资收入、转移收入、其他收入的总和。其中，农业收入即是农户通过从事农业生产经营取得的收入；工资收入是他人雇佣的农户成员的年收入总和；转移收入是国家、企业、社会团体的各种转移支付和农户家庭之间的财富赠予、赡养收入等；其他收入是指从家庭资产中获得的参与社会生产或活动的收入，包括出租固定资产、存款利息和参与金融市场的股息等。

2. 小农户支出

小农户支出即农户家庭当年的总支出，是农户一年内用于生产、生活和再分配方面的全部支出的总和。不少学者将农户支出分为家庭经营支出、购买生产性固定资产支出、生活消费支出和其他非借贷性支出，不包括借贷性支出。小农户的支出情况既反映了农民家庭经营的经济效益，同时也反映了农民家庭收入分配中国家、集体和个人三者的关系，以及在生活消费中物质生活和文化生活的改善情况，是对转型成长的最好注释。本章所指的农户家庭支出则是包括农业支出、养殖业支出、教育支出、生活支出、医疗支出和除上述支出以外的其他支出。

二、金融要素相关研究

（一）金融素养内涵与测评

不同学者对金融素养进行了不同分类并给出了不同定义，而金融素养测评则是研究如何对居民金融素养的高低进行衡量，目前使用最为广泛的是问卷评分法，调查者设计与金融相关的问题，根据受访者的回答进行评分，最后以受访者总分的高低来判断其金融素养水平。

国外学者 Huston（2010）采用拆分法研究了金融素养的具体含义和如何评测金融素养的高低等问题。金融素养被 Gallery（2011）分为客观金融素养和主观金融素养，研究表明，其主观金融素养会随着客观金融素养评价框架的变化而发生改变。Allgood&Walstad（2016）表示可以通过居民对金融知识的了解程度来判断该居民金融素养水平的高低，他还认为居民对自身金融素养的评价是影响其金融行为的重要因素，而居民的金融行为与其客观金融素养的相关性并不显著。因此，了解消费者的金融行为不得不区分金融素养水平测量的主观性和客观性。

国内学者刘勇（2017）在研究金融素养时，将其分为金融化和公民权两个主题。于雪与吕晨曼（2017）基于国际角度的研究，指出中国公民金融素养位于国际水平的中间位置，国民对于自身金融相关知识的认识定位比较清楚，但对于组合投资和投资的长期性考虑仍非常不足。朱涛（2017）则通过研究指出我国居民在金融素养方面具有：投资观念与实际金融素养相矛盾、投资情况与其金融素养不相符、生活阅历与金融素养水平相匹配三大突出特征。熊芳（2018）从金融知识和金融技能两个方面研究了金融素养，她将金融知识分为借贷和保险两方面，将金融技能分为基础算数技能、财务管理技能、金融产品选择技能。此外，张欢欢（2018）、谢平（2018）也是采用问卷调查法研究金融素养水平。彭显琪（2018）分析了金融素养测量理论，以及金融素养与信用行为、投资行为及储蓄行为之间的关系。

（二）金融素养影响因素研究

影响居民金融素养水平的因素有很多，收入水平、个体基本情况、受教育程度和其家庭背景是最主要的四大影响因素。

收入高低如何影响金融素养并无统一观点，Fomero 和 Monticone（2011）发现收入对于金融素养水平的影响并不明显，然而 Spataro & Corsini（2013）认为高收入居民对于自身的理财能力更加重视，在金融市场中表现更活跃，其金融素养水平会随着活跃程度的增加而增加。Fonseca 等人（2012）在研究男女金融素养水平时，发现他们各自了解金融知识的方法和途径大不相同，所以他们的金融素养水平也有很大的不同。Mahdavi & Horton（2014）研究发现女性对于借贷、保险和其他金融类方面知识的了解普遍低于男性。除此之外，年龄差异也是导致金融素养水平不同的原因之一。Clerk（2005）认为通过短期学习来改变家庭和教育带来的影响，以提高金融素养水平几乎不可能实现。Lusardi（2010）发现，若父母的教育水平较高，其孩子的金融素养水平也会相对较高，儿童的金融素养水平会因其天赋和接受的教育的不同而产生区别。此外，OECD（2013）研究表明，在同一个家庭中，掌握家庭财产支配权力的家庭成员的金融素养水平通常会高于其他家庭成员的金融素养水平。

国内学者，如王高宇（2015）将国民金融素养的影响因素分为人口、家庭、心理和金融阅历四点，将金融素养从知识的角度分为基础和高级两个层次。经过实证分析，他发现居民对金融知识的兴趣程度、提高金融素养的原因和其所受教育，对基础金融知识和高级金融知识都具有正向影响；而是否拥有自己的房子、对金融风险的承受能力和其他金融相关心理因素则只是对基础金融知识有显著影响，对高级金融知识的影响并不显著。彭显琪（2016）则基于CFPS 2014 年数据库，采用项目反应理论模型，对金融素养的主、客观两方面均进行了测量，研究结果为：在婚姻方面，单身居民比已组建家庭居民的客观金融素养水平会高一些；在性别方面，男性居民的主观金融素养水平要高于其客观金融素养水平；在教育方面，教育水平越高，金融素养水平越高；在家庭背景方面，高收入居民的金融素养水平普遍高于低收入居民的金融素养水平。何学松、孔荣（2018）则利用多元回归法研究发现，年龄、家庭住址与银行网点等金融机构的距离与其金融素养水平呈显著负相关。

（三）金融素养对金融行为的影响

金融素养与金融行为的关系较为复杂，已有的研究结论也有很大的差异。

Rooij（2007）发现金融素养对金融决策行为的影响是积极的。Borden（2008）表示金融决策是否合理与金融素养水平的高低并没有明显的不可避免的关系。Lusardi&Mitchell（2010）发现家庭在金融市场中的活跃情况，以及组合投资是反映家庭金融素养水平的重要变量。Tan（2015）发现在"理性人"假设下，金融素养与金融行为之间的相关性较弱。Lusardi（2013）去除"理性人"假设，结合跨期资产模型选择问题，并在多种条件下对金融工具行为开展实证分析后，认为金融素养是一种人力资本。Murendo&Mustsonziwa（2017）等人就金融素养水平对储蓄和风投的影响情况进行分析，其研究结果表明无论是储蓄行为还是风投行为，都与金融素养水平呈正相关。此外，Robb&Sharpe（2009）研究表明，使用信用卡频率较高的消费者金融素养水平普遍较高，但也会发现，他们通常不会有应该按时还款的想法。

国内学者，如史方超（2015）在研究我国金融消费权益保护现状时，指出我国居民的金融素养仍需提高、居民消费法律保护机制有待完善、投诉处理流程仍需改进等问题。吴琨（2017）将金融行为进一步细化为借贷、风险投资组合、家庭保险购买，并分别展开实证分析，结果表明无论是借贷情况、购买保险还是风险投资组合方面，高水平金融素养的家庭都会表现得更具优势。胡振（2018）运用多种模型分析，发现投资者对金融风险的敏感程度，会随着其家人的金融素养水平的升高而升高，其金融风险资产与家庭总资产的比值也会更高，金融市场参与也会更活跃，但参与投资的亏损情况与其自身金融素养水平高低并无非常明显的联系。

（四）农民金融素养、金融行为与家庭收支

舒尔茨（T. Schultz，1961）、罗默（P. M. Romer，1986）、卢卡斯（R. Lucas，

1988）等研究发现，强化对农民的教育，才能有效改变农村经济落后现状，实现农村从穷困落后向富有的巨大转变。该观点为经济发展不理想的地区，提升农民金融素养提供了理论支撑。Robb&Sharpe（2009）发现与城市居民相比，农村地区的居民一般不会使用信用卡，也很少会有超前消费的情况出现。Spataro&Corsini（2013）则认为，收入对于金融素养水平的影响不仅非常关键而且比较烦琐，原因应该是高收入水平的农民更愿意增强财富管理的能力，使其在金融市场中更加活跃，因此农民家庭收入水平不断提高，其金融素养水平也会得到相应的增加。Gamble（2015）的研究表明，中年人的金融素养水平会随着其社会阅历的增加而升高，农村老年人的金融素养水平普遍偏低，是他们的生活认知能力和了解能力下降所致。此外，Sayinzoga（2015）通过实验，发现仅对小农场主进行很短的金融培训，也会对他们的储蓄和借贷行为产生影响，但其收入并没有因为培训而发生明显的改变。

在国内，温涛、冉光和（2005）发现农村民间金融发展对于农民收入增加具有显著的流动性和负面影响。于新平、熊晶白等（2010）的研究表明，农户存款、农村养老保险与农民收入增长之间存在一种正相关的关系，农业贷款对农民收入增长却存在一定的滞后期，乡镇企业的贷款不仅没有起到较大促进农民增收的作用，反而在一定程度上阻碍了农民收入的流动性。陈策、杨丹萍等（2013）的研究结果表明，民间金融已经对农民收入的积极影响不显著，但对农民收入的消极影响具有区域性差异。鲍锐（2018）的研究结果显示，农民基础金融知识与消费金融产品的使用呈负相关，而高级金融知识与消费金融产品的使用呈正相关。此外，华志远（2013）、李明贤和叶慧敏（2014）等学者也研究了农村金融与农民收入增长的联系。

三、金融素养、金融行为与小农户收支的逻辑关系

（一）金融素养与金融行为的逻辑关系

1. 金融素养与小农户投资、储蓄行为

金融素养与小农户的投资行为呈正相关，与小农户的储蓄行为呈负相关。金融素养高的小农户更倾向于将收入用于再投资，而金融素养水平低的农户会倾向于将收入储蓄在银行等金融机构，因此，随着金融素养水平的降低，小农

户更加偏向于将财富储存起来；随着金融素养的提高，小农户用于再投资的收入占总收入的比例会逐渐增加。

2. 金融素养与小农户借贷行为

金融素养水平较低的小农户习惯打安全牌，不希望让自己有可能负债的情况出现，因此他们的借贷行为较为保守，除因突发情况急需大笔经济来源，一般不会产生借贷行为，且他们首先会考虑向亲朋好友求助，其次再考虑到银行等金融机构贷款。因为从常理来讲，亲朋好友的借款利率会普遍低于银行贷款，甚至无利息，只需归还本金。而金融素养较高的小农户，为获取更多的收入，拓宽收入渠道，愿意承担较高的风险，通过借贷获取的资金进行再投资。因此，除特殊情况外，金融素养水平越高，小农户越可能有借贷行为的发生。

3. 金融素养与小农户保险行为

前文提到金融素养水平较低的小农户，会更加倾向于将收入储存起来，且他们对除医疗保险等基本居民保险以外的商业保险了解甚少，所以他们参加的保险种类十分单一。而金融素养较高的小农户，了解的保险知识更多，涉足的领域更广，更愿意将购买保险当作一种投资，所以他们会在基本居民保险之外选择购买一些适合自己的保险。因此，金融素养水平较高的小农户参与的保险种类往往会多于金融素养较低的小农户。

（二）金融素养与小农户收支的逻辑关系

1. 金融素养正向影响小农户收支

根据已有的研究结论，随着小农户金融素养的提高，农户的理财投资能力会相应提高，金融素养高的农户会主动了解除农业之外的行业，并且能够适当地挑选适合自己的行业参与经营，参与需要本金，从而导致支出增加，而资金来源渠道就会因参与其他行业变得更广泛，从理论上说，在维持原本农业正常经营的情况下，若农户在其他行业经营得当，整体收入无疑会增加，而随着收入的增加，小农户的消费水平也会相应升高，则再次使小农户的支出增加。

2. 金融素养的过度自信与小农户收支

金融素养过度自信会使小农户对自己的能力定位模糊，盲目自信，做金融决策时不够谨慎，会导致农户的投资非常接近或者等于其储蓄，甚至可能会以较高的成本获取资金参与投资。由此一来，小农户便会承担过高的风险，高风险往往伴随着高收益，但获得高收益概率却十分渺小，若成功，小农户会获得大量除农业经营之外的收入，可若失败，不但未获利，反而有了亏损，农户的总支出增加总收入却会减少，甚至出现负债。

（三）金融行为与小农户收支的逻辑关系

1. 单一金融行为与小农户收支

单一金融行为在本章指仅从事农业生产的金融行为。传统小农户，若不参与传统农业以外的经营，金融行为单一，总体而言收入相对偏低，因此消费水平也会相对较低。除必要的生活、教育、医疗等支出外，会尽量避免其他非必需的开销，会选择将家庭结余的资金储存起来，或用于之后子女教育或用于子女婚嫁或用于养老，因此总体支出会相对较低。

2. 复杂金融行为与小农户收支

复杂金融行为在本章指包括农业生产经营的两种及两种以上的金融行为。金融行为较为复杂的小农户会选择将农业经营盈利的资金进行再投资，若投资失败，资金亏损，不但小农户的收入会降低，小农户的支出则是不降反升。若投资最终盈利，小农户的总体收入会随着盈利情况相应提高，收入增加必然伴随着消费水平的上升，也就是说小农户的金融行为——消费行为会更加复杂。这时小农户在生活上会选择购买较好的生活用品，甚至会选择购买一些价格较为昂贵的非生活必需品；在教育上会选择给子女更加良好的教育环境；在医疗上会选择给生病的家人更好的医疗环境。此外，除基本的医疗保险外，还会选择性购买一些其他商业保险。因此，复杂金融行为对小农户收入和支出的影响有可能是正相关，也有可能是负相关。

第二节　典型区域的小农户金融素养与金融行为

一、典型区域小农户金融素养描述性统计分析

表 5-1 显示，在受访的 475 家小农户中，关于投资与储蓄的选择，共有 322 户认为储蓄比投资划算，其中四川南充 121 户，绵阳 119 户，陕西汉中 82

户，很显然，2/3 左右的被调查小农户认为储蓄比投资划算，且陕西汉中地区农户的此观点较为突出；关于对互联网金融的了解程度，基本不了解的农户与了解一点的农户均超过 200 户，总体差距不大，另外只有 11 户被调查小农户对互联网非常了解，从地域来看，四川绵阳的被调查小农户对互联网金融的了解程度最高，陕西汉中的被调查小农户对互联网金融的了解程度最低；关于熟知的互联网金融产品种类，小农户相对比较熟知的是支付宝等第三方支付，其中四川绵阳熟知小农户最多，四川南充次之，陕西汉中熟知小农户最少，基金平台直销仅有 27 名被调查小农户熟知，值得注意的是，受访陕西汉中被调查小农户中无人熟知基金直销平台；关于使用过的互联网金融产品，至少有 145 人没有做选择，而使用户数由多到少依次为支付宝等支付类产品、余额宝等理财类产品、花呗等贷款类产品、其他产品、网络证券基金类产品，从地域上来看也是基本上如此；关于使用过的金融支付方式，现金支付最为普遍，其次为微信、支付宝，qq 钱包几乎无小农户使用；关于是否了解电商平台，391 户表示不了解，84 户表示了解，其中四川南充了解的农户最多，有 35 户，四川绵阳为 30 户，陕西汉中仅有 19 户，整体来看，三个地区了解电商平台的被调查小农户不足 1/5。

表 5−1　小农户金融素养描述

单位：户

金融素养		总体	四川绵阳	四川南充	陕西汉中
是否认为投资比存款划算	是	153	73	50	30
	否	322	119	121	82
对互联网金融的了解程度	基本不了解	221	65	89	67
	有一点了解	243	121	79	42
	非常了解	11	6	3	3
熟知的互联网金融产品种类	支付宝等第三方支付	287	120	108	59
	基金平台直销	27	15	12	0
	都不熟知	161	57	51	53
使用过的互联网金融产品（可以多选或是不选）	支付宝等支付类产品	256	125	99	32
	余额宝等理财类产品	25	14	8	3
	花呗等贷款类产品	19	8	7	4
	网络证券基金类产品	5	1	4	0
	其他类产品	25	3	16	6

（续）

金融素养		总体	四川绵阳	四川南充	陕西汉中
使用过的金融 支付方式 （可以多选或是不选）	支付宝	112	53	37	22
	微信钱包	239	117	94	28
	现金支付	386	165	167	54
	银联支付	44	26	12	6
	qq 钱包	3	1	0	2
	其他	10	0	10	0
是否了解电商平台	了解	84	30	35	19
	不了解	391	162	136	93

二、典型区域小农户金融行为描述性统计分析

（一）小农户单一金融行为描述统计

表 5-2 显示，在所调查的 475 户小农户中，关于储蓄行为，有 120 户被

表 5-2 　小农户单一金融行为描述

金融行为	行为指标	指标解释	样本量（户）	样本量/总体样本
储蓄行为	储蓄/收入	0%	120	25.26%
		5%～10%	85	17.89%
		10%～20%	100	21.05%
		20%～30%	78	16.42%
		30%以上	92	19.37%
借贷行为	是否拥有贷款	是	52	10.95%
		否	423	89.05%
	是否拥有借款	是	180	37.89%
		否	295	62.11%
保险行为	参加的保险种类 （可以多选）	农业保险	204	42.95%
		医疗保险	445	93.68%
		养老保险	290	61.05%
		工伤保险	119	25.05%
		失业保险	4	0.84%
		没有参与任何保险	4	0.84%

调查小农户没有储蓄，此类小农户占到了总样本的 25.26％，另外有 85 户小农户家庭年储蓄为年总收入的 5％～10％，占总样本的 17.89％，也有 19.37％的小农户家庭年储蓄占年总收入的 30％以上；关于借贷行为，在总样本中，近 90％的小农户近三年都没有过贷款行为，仅有 10％左右的小农户近三年拥有过贷款，而相比近三年贷款行为而言，有过借款行为的小农户达到了总样本的 37.89％，但仍有 62.11％的小农户近三年既无贷款行为也无借款行为；关于保险行为，有 277 人既参加了医疗保险，同时也参加了养老保险，单独来看每个保险的参与比例，也是参与医疗保险和养老保险的小农户居多，另外仍有 4 人未参与任何保险，占总样本的 0.84％，比例虽小，却不可忽视。

（二）小农户复杂金融行为描述统计

储蓄行为。表 5-3 显示，关于余钱的主要用途，有 93 户被调查小农户既选择了将余钱储蓄起来，同时也选择了主要用于未来子女上学，如果将每个余钱的主要用途单独来看，则 85.8％的小农户会选择将余钱存银行，其次是用在未来子女上学上面，占比为 26.7％，1.8％的小农户会选择将余钱用来购买保险，仅有 1％的小农户会选择将余钱用于借贷，另外还有 1.6％的小农户会将余钱用于除以上列举之外的用途。关于储蓄的目的，既是为了养老又是为了看病的小农户，达到 76 户，占比为 16％，如果单独看每个储蓄目的，则为了养老的占比最多，达到 33.4％，也有 31.1％的小农户是为了子女上学，用于看病、子女结婚和生产投入的农户较少，且逐渐递减，依次为 27.7％、16.4％、15.3％，另外还有 1％的小农户主要是为了其他用途。

借贷行为。表 5-3 显示，关于借款的主要用途，有 31 户被调查小农户借钱既是为了买种子化肥又是为了日常生活消费，这有点出人意料，如果单独看每个借款用途，那么借钱用于买化肥农药种子和日常生活消费的小农户占比依次为 12.2％和 9.4％，且两者差距不大，其次是为了子女上学、给家人看病、买电器，三者占比分别为 10.7％、6.7％、6.3％，仅 2.1％的小农户借款是为了做生意，另外还有 5.6％是为了其他用途。关于贷款的主要用途，2.3％的小农户贷款是为了子女上学，1.4％是为了给家人看病，1.2%是为了买化肥种子等，贷款用于买电器、做生意的农户均为0.4%，仅0.2%的小农户贷款是为了日常生活消费，还有5%是有其他用途。

表5-3 小农户复杂金融行为描述

储蓄行为				借贷行为				保险行为			
细分行为	指标	样本数量（户）	样本比例（%）	细分行为	指标	样本数量（户）	样本比例（%）	细分行为	指标	样本数量（户）	样本比例（%）
余钱主要用途（可多选或不选）	储蓄	408	85.8	借款主要用途（可多选或不选）	买种子化肥农药等	58	12.2	对已参加保险的满意程度	满意	174	36.6
	借贷	5	1		子女上学	51	10.7		比较满意	281	59.1
	未来子女上学	127	26.7		给家人看病	32	6.7				
	购买保险	9	1.8		日常生活消费	45	9.4				
				买电器	30	6.3				
	其他	8	1.6		做生意	10	2.1		不满意	20	3.7
				其他	27	5.6				
储蓄主要目的（可多选或不选）	看病	132	27.7	贷款主要用途（可多选或不选）	买种子化肥农药等	6	1.2	没有参加其中某种保险的原因（可多选或不选）	当地没有很好发展	13	2.7
	子女上学	148	31.1		子女上学	11	2.3				
	养老	159	33.4		给家人看病	7	1.4		没有钱	43	9.0
	做生意	17	3.5		日常生活消费	1	0.2				
	给子女结婚	78	16.4		买电器	2	0.4				
	生产投入	73	15.3		做生意	2	0.4		用处不大	38	8.0
	其他	5	1		其他	24	5				

保险行为。表5-3显示，关于农户对已参加保险的满意程度，比较满意的农户居多，达到了59.1％，36.6％的农户持满意态度，仍有3.7％的农户表示不满意。在调研地区，依然有个别农户没有参加医疗保险，还有接近40％的农户没有参加养老保险，没有参加农业保险的农户超过50％，他们中的一部分人把没有参加其中某种保险的主要原因归结于没有钱和保险用处不大。

第三节　典型区域实证分析

本章要研究金融要素对典型区域小农户转型成长的影响，在这里我们用小农户收支情况反映典型区域小农户的转型成长情况，用金融素养和金融行为作为金融要素，为此本部分主要探究金融素养、金融行为与小农户收支的关系。

一、基于金融总体素养和单一金融行为的变量选取与模型构建

（一）变量选取

1. 因变量

①小农户收入。考虑到家庭人口组成、地区产品价格差异等因素，选取家庭总收入为因变量。②小农户支出。考虑到受访家庭在主要支出类型和金额上都有较大的差异，直接选取家庭的总支出为因变量。

2. 自变量

①金融总体素养。金融素养的高低可以影响农户的金融行为，从而间接影响农户的收支。本章主要从小农户对投资与储蓄的选择、对互联网金融及电商平台的了解、熟知的互联网金融产品种类、参与互联网金融情况（包括使用过的互联网金融产品、支付方式）来衡量小农户的金融素养。赋值区间为0～16，最后将所有题目的数值相加，数值越大，代表该农户金融素养越高。②储蓄收入比。该值可以间接显示农户的总体收入高低与家庭支出的大小。③是否借贷。是否具有借贷行为可以从侧面反映农户家庭的总收入与支出。④参加保险种类。农户是否参加保险以及参加保险的种类，一方

面可以反映该农户家庭的收入与储蓄，另一方面也可以反映该农户的金融认知。

表 5-4 显示，总体样本的金融素养均值为 7.98，表明小农户总体金融素养水平较低。从分类样本来看，金融素养水平与小农户从事工作的复杂性呈正相关，其中纯粹务农的小农户金融素养水平最低，自营工商业的小农户金融素养水平最高；金融素养水平与小农户受教育的程度呈正相关，其中大专文化以上的小农户金融素养水平最高，均值达到了 9.0，小学教育水平的小农户金融素养水平均值在 7.9 左右，而从未上过学的小农户金融素养水平最低，均值仅有 7.19，与大专以上教育水平的小农户金融素养水平相差较大；小农户金融素养水平随着其收入的增加而逐渐升高，二者呈正相关；不同地区的小农户金融素养水平具有一定差距，南充和汉中的小农户金融素养水平明显低于绵阳小农户的金融素养水平。

表 5-4 小农户金融素养水平

样本分类		样本量（户）	均值	标准差	样本分类		样本量（户）	均值	标准差
总体样本		475	7.98	2.31	收入	5 000 元以下	17	6.00	1.28
从事工作	纯粹务农	228	7.06	1.93		1 万元左右	128	6.73	1.92
	外出务工	220	8.79	2.26					
	自营工商业	14	10.43	1.64		3 万~5 万元	130	8.74	1.94
	其他	13	7.64	2.68					
文化程度	小学未毕业	97	7.91	1.90		5 万元以上	200	8.45	2.40
	小学	217	7.91	2.23					
	初中	79	8.62	2.74	地域	汉中	112	7.86	2.53
	高中	18	8.89	2.11		绵阳	192	8.48	2.36
	大专及以上	2	9.00	2.00		南充	171	7.98	2.09
	从未上过学	62	7.19	2.29					

3. 控制变量

结合已有研究结果，本章此处选取家庭人口数反映被调查农户的家庭特征；被调查农户户主的年龄、文化程度、从事工作，以及是否受过技能培训反映个体特征。家庭作为一个整体，首先，家庭的总人口数可以代表家庭劳动力的个数，劳动力多的家庭，每一个劳动力均有收入来源，该家庭的总收入自然较多。其次，家庭总人口数也可以代表该农户家庭消费者个数，家庭消费者个数较多，家庭日常支出会较大，除基本支出外，其他方面支出的可能性也较大，会导致该家庭的总体支出较高。户主作为个体，一般为其所在家庭的核心人物，创造家庭的主要收入来源，年龄代表户主的体力，受教育程度反映户主能力，从事工作反映户主的收入水平和身体所能承受的工作年限，而是否受过技能培训则代表户主的工作效率、直接影响户主创造收入的能力。

变量具体定义与描述性统计结果见表5-5。

表5-5　变量定义、赋值及描述性统计

变量类型	变量		变量描述	变量解释及赋值	均值	标准差
因变量	小农户收入		家庭总收入	总收入/总户数（元/户）	42 611.5	53 419.71
	小农户支出		家庭总支出	总支出/总户数（元/户）	19 957.35	25 840.92
核心自变量	总体金融素养		各细分金融素养赋值之和	详见表5-4	7.98	2.31
	金融行为	储蓄行为	储蓄/收入	1=0%；2=5%～10%；3=10%～20%；4=20%～30%；5=30%以上	2.87	1.45
		借贷行为	近三年是否有借贷	1=是；2=否	1.89	0.31
		保险行为	参加保险种类	具体参加保险种类见表5-2；1=未参加；2=一种；3=两种；4=三种；5=四种；6=五种	2.24	0.97
控制变量	人力资本变量		家庭人口数量	受访家庭同一户籍总人数	3.74	1.41
			户主年龄	受访当年户主实际年龄	52.51	10.95
			户主从事工作	1=务农；2=外出务工；3=自营工商业；4=其他	1.60	0.68
			户主文化程度	1=从未上过学；2=小学未毕业；3=小学；4=初中；5=高中；6=大专及以上	2.57	1.53
			户主是否受过技能培训	1=是；2=否	1.71	0.45

（二）模型构建

本章此处为探究整体金融素养、单一金融行为与小农户收支的关系，建立以下回归模型：

$$Y_i = \beta_0 + \beta_1 X_{i1} + \beta_2 X_{i2} + \beta_3 X_{i3} + \cdots + \beta_9 X_{i9} \quad 式（5-1）$$

$$Y_j = \beta_0 + \beta_1 X_{j1} + \beta_2 X_{j2} + \beta_3 X_{j3} + \cdots + \beta_9 X_{j9} \quad 式（5-2）$$

其中，Y_i 代表模型（一）中小农户家庭总收入，X_{i1-9} 分别代表模型（一）中的总体金融素养、储蓄收入比、是否借贷、参加保险种类、家庭人口数、户主年龄、从事工作、文化程度与是否受过技能培训；Y_j 代表模型（二）中小农户家庭总支出，X_{j1-9} 分别代表模型（二）中的总体金融素养等变量。

（三）结果分析

1. 金融总体素养与农户家庭收支

总体金融素养对小农户家庭收入的影响不显著，但对家庭支出的影响显著，可能是由于总体的金融素养中和了细分金融素养的差异；储蓄行为对小农户的收入与支出的影响均不显著，可能是由于收入与支出一般呈正向增减，导致二者的比值变化不明显，从而不能凸显对小农户家庭总收支的影响。

2. 单一金融行为与农户家庭收支

借贷行为对小农户总收入有正向影响，但 t 值为 0.997，影响不显著，而对小农户总支出影响的 t 值为 2.379，影响显著，且为正相关，这可能是因为在家庭总收入一定的情况下，由于物价上涨、农村风气等因素使得家庭总开支增大，导致了借贷行为的发生（表 5-6）。保险行为对小农户收入与支出的影响均不显著，可能是因为保险属于稳健投资的一种，是否参加保险家庭的总资产基本不变，所以对收入支出影响不显著。

3. 人力资本与农户家庭收支

家庭人口数对小农户收入与支出的影响均显著，家庭人口数代表家庭的劳动者和消费者，劳动者和消费者的增加或减少均会影响家庭的总收支；另外户主年龄对小农户总收入和支出也都有显著影响，一般而言，随着年龄增长，户主的劳动力减弱，户主的收入会逐渐减少，导致家庭总收入减少，而户主的支出通常在家庭总支出中的占比较小，所以户主的年龄变化对家庭总支出的影响力要小于对家庭总收入的影响力。户主从事的工作、文化程度以及是否受过技能培训对农户家庭总收入与支出的影响均不显著，可能是由于现代家庭中，多数家庭的户主已经不再是家庭收入的主要来源，反而是子辈创造的收入在家庭总收入中的占比较大，且家庭中主要支出是子孙的培养，所以户主的个人特征对整个家庭的总收支影响不大。

表 5 - 6　金融总体素养、单一金融行为与家庭收支回归结果

变量	模型一（家庭收入）			模型二（家庭支出）		
	系数	t 值	显著性水平	系数	t 值	显著性水平
金融素养	0.059	1.166	0.244	0.089*	1.786	0.075
储蓄行为（储蓄收入比）	0.042	0.807	0.420	-0.084	-1.632	0.103
借贷行为（是否有借贷）	0.049	0.997	0.319	0.116**	2.379	0.018
保险行为（参加保险的种类）	0.007	0.150	0.881	0.055	1.154	0.249
家庭人口数	0.208***	4.182	0.000	0.212***	4.321	0.000
户主年龄	-0.141**	-2.424	0.016	-0.100*	-1.739	0.083
户主从事工作	-0.058	-1.095	0.274	-0.075	-1.438	0.151
户主文化程度	0.048	1.025	0.306	0.014	0.311	0.756
户主是否受过技能培训	-0.40	-0.883	0.378	-0.082	-1.619	0.170

注：*** 、 ** 、 * 分别代表在 1%、5%、10%的水平上显著。

二、基于金融细分素养和复杂金融行为的变量选取与模型构建

（一）变量选取

1. 因变量

本章此处仍然选择小农户收入（家庭总收入）与小农户支出（家庭总支出）为因变量。

2. 自变量

选取农户是否认为投资比存款划算、农户对互联网金融的了解程度、农户熟知的互联网金融产品种类、农户使用过的互联网金融产品种类、农户使用过的金融支付方式种类，以及农户是否了解电商平台为自变量，反映受访农户的金融素养；选取余钱主要用途、储蓄主要目的、借款主要用途、贷款主要用途、对已经参保的满意程度与没有参加保险的原因为自变量，反映受访农户的金融行为。首先，农户对投资与储蓄的态度会直接影响农户对收入的处理方式，认为储蓄更为划算的农户会将余钱直接储蓄起来，而认为投资更为划算的农户很可能会将余钱进行投资；对互联网金融产品较为熟悉的农户可能会进行互联网金融产品投资，甚至有农户会通过花呗等借贷平台贷款投资，投资有风险，若成功会使农户的收入增加，反之则使农户收入减少，此外，电商平台作为现代农产品的重要销售渠道之一，对电商平台的了解也会直接影响到农户的收入。通过了解农户余钱和借贷款的用途，对农户的主要支出进行分析，可以从根本上了解农户产生借贷和余钱不足的原因，对提高农户生活水平有极大帮助。

3. 控制变量

选取受访农户家庭耕地总面积、设施农业占地面积、耕地总体质量、村企业数量、村距乡（镇）政府距离与村距最近集市距离为控制变量。农业收入是农户家庭收入的主要来源之一，家庭耕地总面积直接影响农户的农业生产收入；设施农业占地面积代表农户采用先进科技进行种植的面积，意味着生产效率更高，农户的农业收入也会更高，但要提高设施农业种植面积也会相应增加农业支出；耕地的总体质量直接影响农户农业生产的支出与收入，质量越好的耕地，农户需要投入的成本就越低，且收入更高。而村与乡（镇）政府以及与集市的距离，会影响农户对惠农信息等的了解程度，直接影响农户售卖农作物的成本，从而影响农户的收入。

变量具体定义与描述性统计结果见表5-7。

表5-7 变量定义、赋值及描述性统计

变量类型	变量说明	变量描述	含义和单位	均值	标准差
因变量	小农户收入	家庭总收入	家庭总收入（元）	50 959.67	71 545.35
	小农户支出	家庭总支出	家庭总支出（元）	19 957.35	25 840.92

（续）

变量类型	变量说明	变量描述	含义和单位	均值	标准差
核心自变量	金融素养	是否认为投资比较划算	1＝是；2＝否	1.68	0.47
		对互联网金融的了解程度	1＝非常了解；2＝有一点了解；3＝基本不了解	2.44	0.54
		熟知的互联网金融产品种类	1＝支付宝等第三方支付；2＝基金平台直销；3＝都不熟知	1.73	0.94
		使用过的互联网金融产品种类	具体使用过的互联网金融产品种类见表5-1：1＝未使用；2＝一种；3＝两种；4＝三种；5＝四种	1.72	0.66
		使用过的支付方式种类	具体使用过的支付方式种类见表5-1：1＝未使用；2＝一种；3＝两种；4＝三种；5＝四种；6＝五种	2.92	0.94
		是否了解电商平台	1＝了解；2＝不了解	1.82	0.38
	金融行为 储蓄行为	余钱主要用途	具体的余钱主要用途见表5-3：1＝一个用途；2＝二个用途；3＝三个用途	1.23	0.45
		储蓄主要目的	具体的储蓄主要目的见表5-3：1＝一个目的；2＝二个目的；3＝三个目的；4＝四个目的；5＝五个目的	1.53	0.74
	借贷行为	借款主要用途	具体的借款主要用途见表5-3：1＝没有借款；2＝一个用途；3＝二个用途；4＝三个用途；5＝四个用途；6＝五个用途	1.56	0.90
		贷款主要用途	具体的贷款主要用途见表5-3：1＝没有贷款；2＝一个用途；3＝二个用途；4＝三个用途	1.13	0.38
	保险行为	对已参保的满意程度	1＝满意；2＝比较满意；3＝不满意	1.68	0.55
		没有参加其中某种保险的原因	1＝当地没有发展；2＝没有钱；3＝用处不大	2.27	0.69

（续）

变量类型	变量说明	变量描述	含义和单位	均值	标准差
	家庭土地资本变量	家庭耕地总面积	家庭耕地总面积＝粮食作物播种面积＋经济作物播种面积（亩）	4.78	5.98
		设施农业占地面积	主要指各类温室（亩）	0.05	0.29
		耕地总体质量	1＝非常好；2＝比较好；3＝一般；4＝比较差；5＝非常差	2.43	0.66
控制变量		村企业数量	主要指5个人以上的企业（家）	1.40	1.67
	家庭住址地理位置及特征变量	村距乡（镇）政府距离	1＝本村；2＝小于2里；3＝2～4里；4＝4～6里；5＝6～8里；6＝大于8里	4.08	1.53
		村距最近集市距离	1＝本村；2＝小于2里；3＝2～4里；4＝4～6里；5＝6～8里；6＝大于8里	4.02	1.55

（二）模型构建

本章此处为探究细分金融素养、复杂金融行为与小农户收支的关系，建立如下模型：

$$Y_m = \beta_0 + \beta_1 X_{m1} + \beta_2 X_{m2} + \beta_3 X_{m3} + \cdots + \beta_{18} X_{m18}$$

式（5-3）

$$Y_n = \beta_0 + \beta_1 X_{n1} + \beta_2 X_{n2} + \beta_3 X_{n3} + \cdots + \beta_{18} X_{n18} \quad 式（5-4）$$

其中，Y_m 代表模型（三）中的小农户家庭总收入，X_{m1-18} 依次代表模型（三）中是否认为投资比较划算、对互联网金融的了解程度、熟知的互联网金融产品、使用过的互联网金融产品、使用过的支付方式、是否了解电商平台、余钱用途、储蓄主要目的、借款主要用途、贷款主要用途、对已参保满意程度、没有参保的原因、家庭耕地总面积、设施农业占地面积、耕地总体质量、村企业数量、村距乡（镇）政府距离、村距最近集市距离；Y_n 代表模型（四）中的小农户家庭总支出，X_{n1-18} 依次代表模型（四）中是否认为投资比较划算等变量。

（三）结果分析

1. 金融细分素养与农户家庭收支

是否认为投资比较划算、对互联网金融的了解程度、熟知的互联网金融产品与使用过的互联网金融产品对小农户家庭总收入与总支出的影响均不显著（表5-8），可能是因为所调查农户均对此类产品了解较少，投资观念较为保守，个体之间差异较小，所以结果不显著。

表5-8 细分金融素养、复杂金融行为与小农户收支回归结果

变量	模型三（家庭收入）			模型四（家庭支出）		
	系数	t值	显著性水平	系数	t值	显著性水平
是否认为投资比较划算	0.032	0.773	0.440	0.035	1.074	0.284
对互联网金融了解程度	0.013	0.284	0.776	0.011	0.302	0.763
熟知的互联网金融产品	−0.024	−0.508	0.612	0.032	0.859	0.391
使用过的互联网金融产品	0.015	0.293	0.770	−0.008	−0.203	0.839
使用过的支付方式	0.102**	2.314	0.021	0.100***	2.860	0.004
是否了解电商平台	0.056	1.433	0.153	0.026	0.833	0.405
余钱用途	−0.024	−0.664	0.507	0.056*	1.937	0.053
储蓄主要目的	−0.174***	−4.402	0.000	−0.096***	−3.061	0.002
借款主要用途	0.003	0.064	0.949	0.049	1.396	0.164
贷款主要用途	−0.037	−0.975	0.330	−0.099***	−3.332	0.001
对已参保满意程度	−0.022	−0.602	0.548	−0.067**	−2.335	0.020
没有参保其中某种保险的原因	−0.004	−0.103	0.918	0.104***	3.277	0.001
家庭耕地总面积	0.674***	18.909	0.000	0.795***	28.237	0.000
设施农业占地面积	−0.010	−0.272	0.786	0.054	1.701	0.158
耕地总体质量	−0.011	−0.314	0.753	0.040	1.437	0.151
村企业数量	−0.075**	−2.012	0.045	0.062**	2.117	0.035
村距乡（镇）政府距离	0.007	0.051	0.959	0.183*	1.740	0.083
村到最近集市距离	−0.027	−0.201	0.840	0.289***	2.754	0.006

注：***、**、*分别代表在1%、5%、10%的水平上显著。

使用过的支付方式对小农户家庭总收入与总支出均呈显著正相关，小农户的收入来源越广，收入越高，市场渠道也会增加，支出会因此增加，因此可能涉及的支付方式也会较为丰富。而受支付便捷和心理因素影响，丰富的支付方

式也会增加支出，影响收入。

是否了解电商平台对小农户家庭总收支的影响均不显著，可能是因为所调查农户几乎未利用电商平台进行农产品销售，也很少通过电商平台购买产品，所以其收入和支出与电商平台相关性不大。

2. 复杂金融行为与农户家庭收支

余钱用途对小农户家庭总收入的影响不甚显著，可能是由于余钱是总收入与总支出之差，且短时间内不会有收入，但是对总支出有比较明显的影响。

储蓄主要目的对小农户家庭总收支的影响均显著，收入高的家庭储蓄的目的可能是为了建新房或是买房等大额支出，而收入较低的家庭也可能为了建新房等大额刚需开销而减少其他开支。总之，储蓄的主要目的跟家庭总收入与支出都会有较大的关系。

借款主要用途对小农户家庭总收入与总支出的影响均不显著，可能是由于借款均是因为子女上学、看病等必要支出，且借款金额一般较小；贷款主要用途对小农户家庭总收入的影响不显著，但负向影响小农户家庭的总支出，可能是由于贷款一般金额较大，且贷款获得的金钱不能作为收入，所以贷款目的与总收入无明显联系，但贷款产生原因一般是由于不可抗力，所以会负向影响总支出。

对已参保的满意程度以及没有参保其中某种保险的原因对小农户家庭总收入的影响不显著，但没有参加其中某种保险的原因对家庭总支出的影响为正向显著，说明决定小农户是否购买保险的主要因素并不是收入的多少，而是该类保险令购买者的满意程度，且将购买保险作为一种消费，自然会影响家庭总支出。

3. 家庭土地资本与农户家庭收支

家庭耕地总面积对小农户家庭总收入与总支出的影响均显著，这与很多学者的研究观点是吻合的，这是因为家庭耕地面积广的小农户农业收入较高，导致总收入增加，但因此需要投入的生产成本也更多，所以总支出也相应增加。

设施农业占地面积、耕地总体质量对小农户家庭总收入与总支出的影响均不显著，可能是因为所访农户位于秦巴山区，耕地总体质量差异不大、现代科技农业普及一般、设施农业占地面积均较少，所以对农户的收支影响均不大。

4. 家庭所在地特征与农户家庭收支

令人疑惑的是村企业数量给小农户家庭收入产生了比较显著的负向影响，

这可能是因为这些企业数量太少，且以家庭作坊式为主，难以为农户带来收入效应，但是又对家庭支出有显著的正向影响，这个有些令人费解。

村距乡（镇）政府以及最近集市的距离对小农户家庭总收入影响并不显著，可能是由于所访农户几乎均有代步工具，导致距离并未对农户的收入产生较为明显的影响，相反由于使用代步工具，而明显增加了油费等支出。

第四节　提升小农户金融水平

上述实证分析结果表明，金融素养、储蓄行为、借贷行为、保险行为都会对典型区域小农户收支及其转型成长产生重要影响，为此很有必要从金融素养等方面大力提升小农户金融水平。

（一）金融素养方面

首先，政府应该加大对小农户金融教育的重视程度，明确金融机构、教育机构等在金融教育中应该承担的责任，各相关机构应该结合自身的特点，以政府指令为导向，从具体业务出发，积极参与到小农户金融教育的工作中，为切实加快小农户金融教育进程，积极提高小农户金融素养水平出一份力。其次，农村推广服务机构等相关部门应制定一份完整的长期可行的农户金融素养提升方案，将提升农户金融素养工作纳入部门重点工作，同时，提高农村地区金融普查的频率，加强农村地区金融素养水平的调查力度，明确农户金融知识的主要不足之处，以及他们参与金融市场时面临的具体问题，从根本上解决农户金融素养普遍偏低的问题。最后，还应该建立多元化的金融教育反馈机制，要深入了解金融教育活动的有效性，结合相关反馈情况，及时完善各金融教育内容与教育方式，使农民金融素养得到稳步高效提升。

（二）储蓄行为方面

首先，要合理加强农村地区金融机构等相关基础设施建设，如信用合作社营业部、银行网点、金融服务站等。其次，大力宣传金融知识，帮助农户优化家庭资产配置，减少过度储蓄。最后，相关金融机构应为农户积极提供多样化储蓄方式，使保守的农户在承担一定风险的情况下尽可能提高收入，同时，金融机构也可吸纳更多资金参与运作，达到互利共赢局面。值得注意的是，应严禁金融机构工作人员为业绩而向农户推荐不合适的金融产品，增强农户对除储蓄之外的理财产品的信赖。

（三）借贷行为方面

首先，受访农户发生借贷的类型属于商业类型、额度较小，了解农户贷款的具体用途十分必要，同时加大对电商平台的宣传，增加农户收入渠道，从根本上减少农户因基本生活困难而借贷的可能性。其次，多向农户宣传贷款类惠农政策，鼓励农户贷款创新创业，拓宽收入渠道。最后，需让农户明确非正规渠道贷款可能会造成的不良后果，并定期披露提供非常规贷款的组织等，减少农户因发生错误借贷行为而造成损失。

（四）保险行为方面

首先，受访地区农户参保率不是非常高的主要原因是由于没有钱，因此，提高农户收入是首要任务，同时对农户普及保险行业、保险条例等知识，增强农户对保险的认可度，鼓励农户尽可能参加医疗养老类等保费低效益高的基本保险。其次，开展农业保险知识宣讲，为农户介绍种植业保险、森林保险和养殖业保险等与农户生产生活息息相关的保险品种，根据当地农户年龄人群有针对性地介绍生命健康类保险品种。最后，应结合真实案例具体解释保险内容、投保方式以及优缺点，便于农户真正选择适合自己的保险进行投保，以便减少意外发生时的大额支出。此外，还必须告知农户发生灾害时获取赔偿、处理争议、维护自身合法权益的方式。调查显示仍有农户对已参保的保险不满意，所以相关部门应加大保险的后续服务，使已参保农户满意放心。

第五节 研究小结

小农户的收入及支出情况是小农户转型成长的重要反映，从理论上讲，金融素养与小农户投资、储蓄行为、借贷行为、保险行为存在逻辑关系，金融素养会对小农户收支产生正向影响，不同的金融行为也会影响小农户的收入高低以及生活消费等支出行为。通过对川陕革命老区典型区域小农户转型成长与金融要素的关系进行分析，可以发现小农户的金融素养与金融行为均对典型区域小农户的家庭总收支有不同程度的影响。其中使用过的支付方式、储蓄主要目的、家庭耕地总面积、村企业数量对小农户家庭总收入有较为明显的影响，而使用过的支付方式、余钱用途、储蓄主要目的、贷款主要用途、对已参保满意程度、没有参保其中某种保险的原因、家庭耕地总面积、村企业数量、村距乡（镇）政府距离、村到最近集市距离对小农户家庭总支出影响显著。此外，农户户主的个体特征、家庭特征、家庭土地特征与家庭地理位置特征等也会对农户的收支产生影响。

第六章

川陕革命老区小农户转型成长与科技要素

我国作为农业大国，农业一直是我国安定平稳的保证，也是国家经济发展必不可或缺的基础组成部分。随着经济发展以及现代化进程的推进，现阶段农业发展已进入需求制约为主导的阶段。传统农业逐渐不能适应时代的发展，利用现代化农业科技改善传统农业生产效益不足的局面是时代的需要，是确保粮食安全的基础支撑，是转变农业发展方式，缓解资源压力，实现农业可持续发展的关键因素和主要动力，也是传统农业向现代化农业转变的必经之路。

小农户的农业科技要素是实现小农户转型成长的重要载体，而小农户农业效益的高低则是小农户转型成长的重要体现。当前，川陕革命老区小农户受地域限制，面对农业现代化的推进，依靠农业科技改善农业效益存在较大的困难。这也就迫切需要我们对川陕革命老区农业科技发展模式展开研究，并从根本上解决川陕革命老区小农户利用农业科技困难的难题，发挥小农户自身科技水平，通过不断提升农业科技在川陕革命老区农业的贡献占比，使农业科技能够有效和有质量地提高小农户农业效益，以此促进小农户转型成长。

为此本章通过对川陕革命老区典型区域三个地级市的实地调查，获得小农户农业科技要素及农业效益的相关数据，并通过分析小农户农业科技要素与农业效益之间的关系，来寻求基于农业科技要素找到助推当前川陕革命老区典型区域小农户农业效益提升及实现转型成长的方法与出路。

第一节　科技要素与小农户转型成长的理论分析

一、相关研究综述

（一）农业科技研究

在农业科技研究方面，从 20 世纪以来，就有学者开展传统农业与农业科技相互融合研究。Karl Heinrich Marx 认为科学技术对农业经济发展起了重要作用，并提出"社会的劳动生产力首先是科学力量"，这使传统农业逐渐与现代化农业有了交点。在中国，利用科技作为推动农业发展的主要力量的理论源头之一是邓小平提出的"科学技术是第一生产力"（1988）这一论断。这一论断，既是现代科学技术发展的重要特点，也是农业科学技术发展的必然结果。中国工程院院士卢良恕（2006）在《农业科技发展》中就指出：现代农业是继原始农业、传统农业之后的一个农业发展新阶段，农业科技装备则是现代农业的物质条件，科学化就是现代农业的核心。奉公（2005）认为农业科技不仅是体现在现代化设备技术上，更与小农户本身的科技文化素养直接相关。潘斌（2007）指出我国农业科技发展在体制上存在问题，主要表现在动力模式单一，科研、教育、推广三者之间缺乏有效协调机制，依赖经验管理，甚至是用行政管理手段代替科学管理等方面，另外他也认为农民素质是影响农业科技水平建设的重要原因。吴普特（2018）则提出发展农业科技，既要有深入研究的硬功夫，也要有机制改善的软环境，做到科技创新和制度创新"双轮驱动"。

（二）农业效益研究

对于农业效益的研究，一些学者从经济、生态和社会性功能三个方面来进行分析，认为其核心是经济、社会与生态价值之间的平衡。农业经济效益分析的理论和方法是建立在应用数学、系统科学、经济学、信息科学等很多学科上。在对农业经济效益进行数据分析时，美国统计学家提出了更为适用的统计方法，如 Arther Hoerl（1962）提出岭回归法，该方法能比较好地解决支持向量积之间的共线性问题，Eberhart 和 Kennedy 博士（1995）则提出粒子群优化算法，能较好地解决不可微的传递函数问题。国内也有一些学者从不同角度对农业效益开展研究，丁健国（2004）就指出农业生产具有多重农业效益，包括经济效益、生态效益和社会效益，而生态效益就是由于农作物或天然农产品自身的欣赏价值带来的经济效益。陈晓波（2013）认为提升农业效益，就要培育发展新型业态，全力发展各种类型的特色农业基地和特色农庄。许贵舫（2019）则认为大力发展农村电子商务，运用信息化数字服务平台推进农贸市场信息化改造，开展农超对接、农校对接、农批对接等新模式，就能够为农业效益提升打下坚实基础。

（三）农业科技与农业效益关系研究

改造传统农业是提升农业效益的核心。舒尔茨在《人力资本的投资》（1960）中认为如果农民素质跟不上物质资本的要求，传统农业依然不能够改头换面，农业科技根本在于被农民使用，先进强大的农业科技是提升农业效益的重要力量。舒尔茨的理论明确了要进一步提高农业效率，实现传统农业转型就需要引入新的生产要素和技术。在舒尔茨提出改造传统农业理论的同时，John Mdlor 指出，推动技术进步是传统农业向现代农业转变的关键。虽然以舒尔茨为代表的经济学家认为现代农业发展必须通过新技术的引进来改造传统农业，但是他们并没有解释需要引进哪些技术和如何引进技术。Evenson（1989）等对美国等国家的农业科研投入进行了调查，发现政府农业科技投入对农业效益提高及农民收入增长具有正向影响。Minten 等（2008）的研究则认为农业科学技术与农户家庭财富之间存在弱相关性。Dennins（2013）研究表明，农业科技投资具有累积效应，投资时间越长，农业经济发展及其效益就越显著。

国内也有不少学者深入探讨了农业科技与农业效益之间的关系。俞培果等（2006）认为农业科技投入很难从整体上提高农民农业效益，甚至会进一步扩大城乡收入差距。唐国华（2009）从公共产品视角对农业科技与农业效益的关系进行了深入探讨，结果表明在所有公共品供给中，农业科技投入对农业效益的影响相对较小。鉴于农业科技对收入增长的影响结论不一致，现有文献主要从农村居民收入来源和时间效应两方面考察了造成差异的原因。在农村居民收入来源方面：李平等（2012）研究指出农业科技会促进农民非农收入比重的增加，对农业劳动力非农就业有显著正向影响；陆文聪等（2013）研究发现农业

174

科技对于农民非农业收入与农业收入的增收效应存在差异。在时间效应方面：周波（2011）通过对江西省观察户的调查，认为农业科技对农民收入增长的影响存在短期和长期差异。罗序斌等（2011）、刘玉春等（2013）在分析我国农业科技与农民收入关系时，则得到农业科技对农民收入长期增长具有显著促进作用的结论。

在 2017 年两会中，伍跃委员提出了这样的观点，现代化的农业需要现代化的农民，政府引导农民接受农业科技化是关键。总之随着科学技术的发展，农业科技在推动农业现代化过程中，对解决农户产业化，提升农户农业效益起着举足轻重的作用。

二、农业科技与农业效益的逻辑关系

（一）农业科技与农业效益之间具有内在一致性

要满足当前我们对农产品的需求，农业生产所要面临的任务是巨大的。为此，农业需要发展，发展就需要依靠科学手段来提升效益，我们促进农业科技水平提高就是旨在通过提升农业技术含量，帮助农民实现增产增收；而我们不断提高农业效益就是旨在依托农业生产率提高来达成实现农民共同富裕的目标。对于小农户而言，提高其农业科技水平是近期目标，提高农业效益是具体图景，两者在方向上和本质上是协同一致的。

（二）农业科技与农业效益存在因果关系

农业科技是指农业生产各方面的科学技术及现代化生产设施设备，农业科技是因；农业效益是指农业能够满足人类利益的效果，农业效益是果。"科学技术是第一生产力"，农业的高速发展离不开农业科技的支持，农业效益的提高离不开农业科技的推动。从古至今我们赖以生存的基础便是农业，从古代的狩猎养殖到现代的机械化种植，既是农业效益不断提高的明证，也是农业科技不断推动的结果，农业科技自始至终都是我们提升农业效益必不可缺的重要元素。

（三）农业科技与农业效益存在作用与反作用关系

如何提升农业效益是我们要考虑的首要问题，传统农业从现实来看，已经逐步满足不了我们对农业生产的需求，向依赖农业科技的现代化农业过渡是我们的必然选择。科技现代化在农业上的展现就是要加强现代科技装备应用，改善基础设施，推广应用面向农户的适用轻简型装备和技术，落实科技服务乡村的行动等。总体来看，提高农业科技水平对其农业生产效益的影响是积极向上的，反之，农业效益提升，能为农户带来更多收入，也能为农户的科技投入创造物质条件，从而有助于推进农业科技水平提高。

（四）促进农业效益提升需要提高小农户农业科技水平

首先，根据罗斯托的经济增长阶段论，任何经济增长，在本质上都可以归为科技进步的拉动。从我国推行农业现代化以来，农业经济效益进步是显而易见的，农业科技水平也在一定程度上成为影响一个地区农业效益的关键因素。我国作为农业大国，提高农业效益，离不开走科技先行的发展道路，小农户是我国农业经济的关键组成部分，要想转型成长，实现跨越发展，那么改善这些小农户本身科技水平以促进农业效益的提升就具有重要的意义。

其次，现代农业的高速发展离不开农业科技化，要显示出现代农业应有价值，就必须紧跟世界农业发展新趋势，大力发展农业科技。农业科技即以现代科学技术发展为基础，借助现代农业科学技术，追求更高的社会效益、经济效益和生态效益。而在我国，农业科技化的执行人便是众多农户，带动农户科技水平，从根本上对农户进行人力资本投资才能达到农户自身发展、农业效益提升与现代化进程的完美衔接。

最后，当前农情是各地农业资源条件差异大，大部分丘陵山区耕地零散，短时间内全面实行规模化经营并不现实，当今和今后很长一个时期，小农户家庭经营方式是我国农业的主要经营方式。然而小农户由于受到自身教育水平限制，一味地运用传统方式开展农业经营活动只会让小农户农业经济效益处在某一个水平后而停滞不前，因此通过提高小农户本身科技水平来提升农业经济效益就显得尤为迫切。

（五）提高小农户农业科技水平能够促进农业效益提升

首先，小农户受教育程度及知识水平直接影响着小农户的科技水平。影响主要体现在小农户面对现代科学技术的理解能力较差，致使其并不会有效地运用现代农业科技资料和生产技术，从而导致现代科技没有作用于其农业生产中，出现浪费现代农业生产要素的局面。因此，小农户本身科学技术水平受限是影响小农户农业效益的根本矛盾。但是解决小农户自身文化素养不高的问题是具有可行性的，强化农业教育，调动小农户追求科学水平的积极性以提高小农户综合素质是最直接的措施。所以，从小农户自身受限因素来看，我们通过加强小农户有关科技知识的培训，来提高小农户农业科技水平，以带动农业效益提升是可行的。

其次，我们从大数据统计中，可以发现农业科技设施所带动的农业发展依然不尽人意，特别是作用于小农户的农业科技基础设施，其发展的落后更是直接影响着小农户科技水平的提高。农业科技氛围环境则是农技站等相关部门对现代农业技术的推广是否到位，小农户是否接收到了国家的先进农业技术等。尽管农业科技基础设施、环境因素对小农户科技水平的影响是复杂的、多方面的。但从解决方法来看，国家加大农业科技基础设施投入，加强农机推广宣传，营造科技带动农业发展的氛围，满足小农户对科技的实际需求，是可行且能做到的。

最后，科技设备对于农业经济效益的提高来说，功劳是厥功至伟的。对于小农户来说，引进自己所需求的科技设备并非那么容易，最直接的一点便是受自身经济条件的影响。一台科技设备的花费对小农户家庭来说是比较大的，他们自身并不富裕，甚至是贫穷，一时间不可能拿出太多的收入去满足自家农业科技设备的需求。尽管当前信贷已经进入我们的视野，但是对小农户而言，科技信贷同时又不好办理，复杂的程序使他们望而却步。这也形成了一种小农户对农业科技设备迫切需求，同时又可望而不可即的局面。但是，国家在推动科技带动农业经济发展的同时，简化小农户农业科技信贷程序，降低科技信贷利息，以满足小农户家庭对农业科技设备的需求，却是具有可行性的。

农业经济在我国具有重要地位，农业效益事关农业现代化进程，从以上各个方面看，提升农业效益是一个长期的历史过程，必须要有足够的历史耐心。虽然过程显得复杂而烦琐，但分析表明是可行的，通过提升小农户农业科技水平以提升小农户农业经济效益就是可行的，也是符合中国特色社会主义道路的一个方向。

四川绵阳、四川南充和陕西汉中，是川陕革命老区典型区域，具有农业人口占比大，农户受教育程度低，农业发展进程缓慢等特点，其小农户的农业科技发展水平及农业效益在川陕革命老区农业发展中具有较高的代表性。

一、小农户农业科技状况

（一）小农户农业科技文化素养

从表6-1来看，在文化程度方面，文化程度在小学阶段的小农户户主占多数，占比为总体的45.68%；文化程度整体呈现在小学及未毕业阶段，占比高达66.1%，可见小农户整体文化程度并不高，其中四川南充小农户中小学及未毕业阶段的比例最高，其次是绵阳，汉中最低。在相关农业技术培训上，没有接受过相关农业技术培训的户主占总体的70.95%，相比较而言，陕西汉中的情况稍微要好些，但综合可见，调研区域小农户农业科技文化素养并不高。

表6-1 小农户农业科技文化素养情况

单位：人，%

科技水平状况	解释说明		总体状况		四川绵阳		四川南充		陕西汉中	
			数值	比例	数值	比例	数值	比例	数值	比例
农业科技文化素养	户主文化程度	小学未毕业	97	20.42	53	27.60	32	18.72	12	10.71
		小学	217	45.68	73	38.02	94	54.97	50	44.64
		初中	79	16.63	20	10.42	25	14.62	34	30.36
		高中	18	3.79	3	1.56	5	2.92	10	8.93
		大专及以上	2	0.43	0	0.00	0	0.00	2	1.79
		从未上过学	62	13.05	43	22.40	15	8.77	4	3.57
	户主参加农业技术培训情况	是	138	29.05	45	23.44	52	30.41	41	36.61
		否	337	70.95	147	76.56	119	69.59	71	63.39

（二）小农户农业生产科技含量

由表 6-2 可见，在农业机械化方面，62.11％的小农户家庭在农业生产生活中仍然是纯人力劳动，只有不到 1％的小农户家庭应用完全机械化的劳作方式，陕西汉中有 65.18％的被调查小农户家庭是半人半机械农业生产方式，是三地农村中农业机械化水平最高的地区。设施农业的应用程度也不高，只有 3.16％的小农户家庭拥有设施农业。农膜使用情况总体呈现出比较好的现象，有接近 70％的小农户家庭使用了农膜，其中四川南充使用农膜的小农户家庭占比最高。在农机具支出方面，只有 30.74％的小农户家庭有该项支出，但陕西汉中无农机具支出的小农户家庭占比达 93.75％。总体可以看出，小农户家庭的农业生产科技含量普遍不高，且会依据家庭经济实力和支出成本，量力而为，选择性使用农业生产科技。

表 6-2　小农户农业生产科技含量情况

单位：户，％

农业科技状况		解释说明	总体状况		四川绵阳		四川南充		陕西汉中	
			数值	比例	数值	比例	数值	比例	数值	比例
农业生产科技含量	农业机械化	纯人力劳动	295	62.11	104	54.17	154	90.06	37	33.04
		半人半机械	176	37.05	88	45.83	15	8.77	73	65.18
		完全机械化	4	0.84	0	0.00	2	1.17	2	1.78
	设施农业	有	15	3.16	12	6.25	0	0.00	0	0.00
		无	460	96.84	180	93.75	171	100.00	112	100.00
	农膜使用	使用	331	69.68	98	51.04	151	88.30	82	73.21
		不使用	144	30.32	94	48.96	20	11.70	30	26.79
	农机具支出	有	146	30.74	75	39.06	64	37.43	7	6.25
		无	329	69.26	117	60.94	107	62.57	105	93.75

（三）小农户农业科技服务供给

表 6-3 的数据表明，只有不到 4％的小农户家庭会经常收听科技节目或查看科技信息，偶尔能够收听科技节目或查看科技信息的小农户家庭也只有 18.95％，余下的绝大多数小农户家庭是难以通过各种渠道得到科技信息的，其中四川绵阳高达 41.15％的被调查小农户从不看或收听相关农业科技信息。

就农机具补贴而言，则是只有 1.47% 的小农户家庭表示收到过来自政府或者其他部门的农机具补贴，而陕西汉中被调查小农户中获得农具补贴的户数为0。综合看出，在农业科技服务供给方面，调研区域小农户家庭主动或被动受到的农业科技服务供给状况并不好。

表 6-3　小农户农业科技服务供给情况

单位：人，%

农业科技状况	解释说明	总体状况		四川绵阳		四川南充		陕西汉中	
		数值	比例	数值	比例	数值	比例	数值	比例
农业科技服务供给	能够收听科技节目或查看科技信息 经常	18	3.79	0	0.00	12	7.02	6	5.36
	偶尔	90	18.95	23	11.97	32	18.71	35	31.25
	很少看或收听	193	40.63	90	46.88	60	35.09	43	38.39
	从不看或收听	174	36.63	79	41.15	67	39.18	28	25.00
	农机补贴 有	7	1.47	5	2.60	2	1.17	0	0.00
	无	468	98.53	187	97.40	169	98.83	112	100.00

（四）小农户农业科技服务需求

从表 6-4 可知，在购买相关农业科技书籍选项上，只有不到 4% 的被调查小农户有购买书籍的情况，而四川绵阳高达 97.40% 被调查小农户没有购买过农业科技书籍；在与农业科技人员交流选项上，只有接近 3% 的小农户家庭

表 6-4　小农户农业科技服务需求情况

单位：人，%

农业科技状况	解释说明	总体状况		四川绵阳		四川南充		陕西汉中	
		数值	比例	数值	比例	数值	比例	数值	比例
农业科技服务需求	购买农业科技书籍等 有	18	3.79	5	2.60	8	4.68	5	4.46
	无	457	96.21	187	97.40	163	95.32	107	95.54
	与农业科技人员交流 有	14	2.95	6	3.13	3	1.75	5	4.46
	无	461	97.05	186	96.87	168	98.25	107	95.54
	对农业科技需求的态度 急需	22	4.63	7	3.65	9	5.26	6	5.36
	需要	264	55.58	137	71.35	76	44.45	51	45.54
	无所谓	171	36.00	44	22.92	77	45.03	50	44.64
	不需要	18	3.79	4	2.08	9	5.26	5	4.46

有过与科技人员交流的情况，在四川南充只有 3 户（1.75%）被调查小农户在
2020 年与农业科技人员有过交流；而在农业科技需求的态度方面，则有
60.21% 的小农户家庭对农业科技持需求态度的，其中有 4.63% 的小农户家
庭是持急需态度的，但在四川南充也有 45.03% 的被调查小农户对农业科技
需求持无所谓的态度。所以基于表 6 - 4 可知，大部分小农户家庭对农业科技
是有需求的，但是实际行动却呈现出不理想状态，行动与需求是自相矛盾的。

（五）小农户农业科技意识

由表 6 - 5 可见，在对农业科技难题的认识方面，只有占比为 4.84% 的被
调查小农户家庭表示经常遇到科技难题，其中四川绵阳被调查小农户中遇到农
业科技难题的小农户占比最低，这不符合常理，这其中体现出的问题要么就是
小农户确实没有科技性难题，要么就是他们无法接触到科技性难题；而就农业
科技对农业生产经营产生影响的认识方面，则是 70% 多的小农户家庭认为影
响是"很大"或"大"，在陕西汉中，只有 1 户（0.89%）被调查小农户认为
农业科技在农业生产经营中没有作用。综合看出，有不少小农户家庭具有一定
的农业科技意识。

表 6 - 5　小农户农业科技意识情况

单位：人，%

农业科技状况		解释说明	总体状况		四川绵阳		四川南充		陕西汉中	
			数值	比例	数值	比例	数值	比例	数值	比例
农业科技意识	农业科技难题	经常遇到	23	4.84	3	1.56	11	6.43	9	8.04
		不常遇到	180	37.89	83	43.23	51	29.82	46	41.07
		极少遇到	272	57.26	106	55.21	109	63.74	57	50.89
	对农业科技在农业生产经营中影响的认识	很大	79	16.63	29	15.10	22	12.87	28	25.00
		大	257	54.11	143	74.48	71	41.52	43	38.39
		不明显	124	26.11	14	7.29	70	40.94	40	35.71
		没有作用	15	3.16	6	3.13	8	4.68	1	0.89

（六）小农户农业科技信息获取

表 6 - 6 的数据在上文也有过分析，但在第四章是从农业信息化的角度进

行分析，而农业信息与农业科技密切相关，可以通过农业信息化平台了解或掌握农业科技的发展趋势，为此从研究的完整性出发，本章也基于农业科技的角度对农业信息的相关数据展开分析。通过表 6-6 数据来看，只有 10.74％的小农户家庭表示对农业信息化平台有一定的了解，然而却有高达 58.31％的小农户家庭表示没有听说过什么农业信息化平台，表示只是听说过农业信息化平台的小农户家庭也仅有 30.95％；在是否登录过农业信息网站方面，则高达 83.58％的小农户家庭表示从未登录过农业信息网站。上述数据表明旨在通过农业信息平台获得农业科技信息的农户并不太多，这也表明了小农户家庭对农业科技信息的总体了解程度并不高。

表 6-6　小农户农业科技信息获取情况

单位：人，％

农业科技信息状况		解释说明	总体状况		四川绵阳		四川南充		陕西汉中	
			数值	比例	数值	比例	数值	比例	数值	比例
农业科技信息获取	农业信息化平台了解程度	非常了解	10	2.11	0	0.00	7	4.09	3	2.68
		基本了解	41	8.63	4	2.08	21	12.28	16	14.28
		听说过	147	30.95	63	32.81	53	31.00	31	27.68
		没听说过	277	58.31	125	65.11	90	52.63	62	55.36
	登录农业信息网站	经常登录	16	3.37	1	0.52	11	6.43	4	3.57
		有时登录	27	5.68	1	0.52	12	7.02	14	12.50
		偶尔登录	35	7.37	11	5.73	11	6.43	13	11.61
		从未登录	397	83.58	179	93.23	137	80.12	81	72.32

二、小农户农业效益状况

对农业效益的衡量，本章选取调查区域内单位面积所产生的农业作物收入来作为农业效益的衡量标准。由表 6-7 可见，就调研区域农业效益均值而言，陕西汉中的农业效益均值与总体均值差异最大，而四川南充的农业效益均值则比较接近总体状况。

表 6-7　小农户农业效益状况

农业效益		总体状况	四川绵阳	四川南充	陕西汉中
		均值（元/亩）	均值（元/亩）	均值（元/亩）	均值（元/亩）
农业效益	单位面积农业作物收入	1 245.51	937.60	1 064.17	1 647.78

第三节　典型区域实证分析

一、研究假说

对农户农业科技水平及其对农业效益的影响评价应从农户自身素质（年龄、文化程度）、农业生产科技含量、科技服务供需状况等方面进行综合评价。

受到自身素质限制，不同年龄阶段小农户对科技文化知识的领悟程度有差异。据研究发现，记忆能力与年岁高低存在负相关影响，年龄越大，记忆能力呈减弱趋势。因此，一般来说在没有充分接受高等教育的情况下，农户年龄越大，意味着提高科技水平的可能性将会更低。为此，我们在考虑通过提高农户农业科技水平来提升农业效益的时候，就不得不考虑，由于农户年龄对其农业科技水平的直接影响而间接对农业效益所产生的影响。因此，提出研究假说 I。

I：年龄高低对小农户农业效益提升有负向影响

受教育程度直接影响了小农户科技水平的高低。受教育程度越高，小农户文化程度就越高，对国家发布的相关惠农政策的运用能力，以及对研究机构新发布的农业技术知识的接受能力就相对更高。从另一个角度说，文化程度更高，那么学习相关新的科学技术知识的机会就更多，提升自身科技水平的选择就会更多，从而也就会有助于小农户运用科学技术作用于农业生产，提升农业效益。由此，提出研究假说 II。

II：农业科技文化素养对小农户农业效益提升有正向影响

农业生产科技是直接影响小农户作物作业的直接要素，作业设备科技含量越高，代表小农户拥有更为先进的作业方式，那么进行农业生产的方法方式就会更为高效，从而对农业效益也会产生更为积极的影响。一般来说，农业生产科技含量与小农户农业效益成正比关系。因此，提出研究假说Ⅲ。

Ⅲ：农业生产科技含量对小农户农业效益提升有正向影响

从很多学者的研究来看，农业科技服务供给对山区农业产生的影响并不明显，但这并不表明农业科技服务供给对小农户的农业生产及农业效益就完全没有影响。相反，农业科技服务供给程度高的地区，其农业效益水平理应更高一筹。如果没有影响，或者影响不明显，更多的原因可能是由于大多数山区的农业科技服务供给并不到位。我们认为农业科技服务供给对小农户的农业生产及农业效益是有积极影响的。由此，提出研究假说Ⅳ。

Ⅳ：农业科技服务供给对小农户农业效益提升有正向影响

农业科技服务需求与农业科技服务供给相对。一般来讲，供给越高，需求越低。小农户对农业科技服务的需求间接反映出了小农户身边的农业科技服务供给情况。需求越高，说明小农户所处的社会环境提供的农业科技服务供给越低，从而间接对农业效益产生不利影响。但是从另外一方面来说，小农户有农业科技需求，就会刺激其产生提升农业科技水平的动力，从而提升农业效益。由此，提出研究假说Ⅴ。

Ⅴ：农业科技服务需求对小农户农业效益提升的影响不确定。

小农户科技意识在一定程度上受自身的科技文化素养决定。一般而言，科技意识越高，对农业科技的开发和使用都会有明显的提升。因此在一定程度上，科技意识决定了小农户所持有的科技务农方式方法，从而对农业效益产生影响。由此，提出研究假说Ⅵ。

Ⅵ：农业科技意识对小农户农业效益提升有正向影响

农业科技信息即与新的务农方式方法及农业设施设备等有关的科学技术信息。小农户掌握科技信息程度与其科技水平直接相关，有研究表明小农户掌握的农业科技信息越多，那么其农业科技水平也就越高，而农业科技水平又与农业效益有密切关系，因此是否了解新的农业作业方式方法等农业科技信息就与其农业效益的高低密切相关了。由此，提出研究假说Ⅶ。

Ⅶ：农业科技信息对小农户农业效益提升有正向影响。

二、变量选取

对于变量的选取，借鉴前人在农业效益方面的相关研究，选取单位面积农作物收入（包括粮食作物收入和经济作物收入）作为农业效益变量。自变量选取分别是从小农户的基本特征变量、农业科技文化素养、农业生产科技含量、农业科技服务供给、农业科技服务需求、农业科技意识、农业科技信息等 7 个方面综合考虑选取 16 个解释变量作为因变量的主要解释因素（表 6 - 8）。

表 6 - 8　变量说明及其描述性统计

变量类别	变量名称	测量与赋值	均值	标准差	预期影响
被解释变量	农业效益	单位面积农业作物收入	1 245.51	2 431.17	
基本特征变量	年龄（X_1）	受访当年户主实际年龄	52.51	10.95	－
农业科技文化素养	文化程度（X_2）	1＝小学未毕业；2＝小学；3＝初中；4＝高中；5＝大专及以上；6＝从未上过学	2.57	1.53	＋
	户主是否受过技能培训（X_3）	1＝是；2＝否	1.71	0.45	＋
农业生产科技含量	农业机械化水平（X_4）	1＝纯人力劳动；2＝半机械化；3＝纯机械化	1.39	0.50	＋
	设施农业（X_5）	1＝有；2＝无	1.30	0.46	＋
	农膜使用情况（X_6）	1＝使用；2＝不使用	1.31	0.49	＋
	农机具支出（X_7）	1＝有；2＝无	1.69	0.46	＋
农业科技服务供给	能够收听到科技节目或查看到科技信息（X_8）	1＝经常；2＝偶尔；3＝很少看；4＝从不看	3.10	0.84	＋
	农机具补贴（X_9）	1＝有；2＝无	1.99	0.12	＋

185

（续）

变量类别	变量名称	测量与赋值	均值	标准差	预期影响
农业科技服务需求	购买农业科技书籍等（X_{10}）	1＝有；2＝无	1.96	0.19	＋/－
	与农业科技人员交流（X_{11}）	1＝有；2＝无	1.98	0.14	＋/－
	对农业科技需求的态度（X_{12}）	1＝急需；2＝需要；3＝无所谓；4＝不需要	2.39	0.64	＋/－
农业科技意识	在生产经营活动中遇到的技术难题情况（X_{13}）	1＝经常遇到；2＝不常遇到；3＝极少遇到	2.52	0.59	＋/－
	对农业科技在农业生产经营中影响的认识（X_{14}）	1＝大；2＝很大；3＝不明显；4＝没有作用	2.16	0.73	＋
农业科技信息	对农业信息化平台了解程度（X_{15}）	1＝非常了解；2＝基本了解；3＝听说过；4＝没听说过	3.45	0.74	＋
	登录农业信息网站（X_{16}）	1＝经常；2＝有时；3＝偶尔；4＝从未	3.71	0.73	＋

三、模型估计及分析

小农户农业效益受到多个农业科技因素相互作用影响，为此，本章利用小农户微观调研数据，通过建立多元线性回归模型来找出影响小农户农业效益的农业科技因素。为了降低样本数据中的异方差并使其趋势线性化，分别对各变量数据取自然对数处理。

（一）多重共线性经验

为降低由于变量存在多重共线性而导致回归模型估计存在误差的程度，我们运用 SPSS 统计软件计算方差膨胀因子（VIF）对解释变量进行多重共线性检验。由表 6 - 9 可以看出，所研究的变量 VIF 值都小于 10，表明模型所使用的变量不存在明显的多重共线性问题。

表 6 - 9　多重共线性检验（VIF）表

变量		容差 （$Tolerance$）	方差膨胀因子 （VIF）
基本特征变量	年龄（X_1）	0.914	1.094
农业科技文化素养	文化程度（X_2）	0.959	1.043
	科学技术培训（X_3）	0.752	1.330
农业生产科技含量	农业机械化水平（X_4）	0.860	1.163
	设施农业（X_5）	0.821	1.217
	农膜使用情况（X_6）	0.829	1.206
	农机具支出（X_7）	0.800	1.250
农业科技服务供给	能够收听到科技节目 或查看到科技信息（X_8）	0.668	1.497
	农机具补贴（X_9）	0.923	1.083
农业科技服务需求	购买农业科技书籍等（X_{10}）	0.467	2.140
	与农业科技人员交流（X_{11}）	0.533	1.876
	对农业科技需求的态度（X_{12}）	0.702	1.425
农业科技意识	农业科技难题（X_{13}）	0.733	1.365
	对农业科技在农业生产 经营中影响的认识（X_{14}）	0.799	1.252
农业科技信息	对农业信息化平台 了解程度（X_{15}）	0.440	2.274
	登录农业信息网站（X_{16}）	0.536	1.867

（二）模型估计结果

表 6 - 10　小农户科技水平影响农业效益的模型回归结果

变量		回归结果		
		非标准化系数	t 统计量	显著性
基本特征变量	年龄（X_1）	−0.408	−0.999	0.319
农业科技文化素养	文化程度（X_2）	−0.020	−0.189	0.850
	科学技术培训（X_3）	1.002*	2.620	0.009

（续）

变量		回归结果		
		非标准化系数	t 统计量	显著性
农业生产科技含量	农业机械化水平（X_4）	0.588*	3.331	0.001
	设施农业（X_5）	-1.284^*	-2.666	0.008
	农膜使用情况（X_6）	0.570*	2.942	0.003
	农机具支出（X_7）	0.730*	3.084	0.002
农业科技服务供给	能够收听到科技节目或查看到科技信息（X_8）	-0.001^{***}	-2.184	0.098 7
	农机具补贴（X_9）	-0.017^{***}	-4.323	0.074 7
农业科技服务需求	购买农业科技书籍等（X_{10}）	-0.823	-1.415	0.158
	与农业科技人员交流（X_{11}）	-1.317^{***}	-1.679	0.094
	对农业科技需求的态度（X_{12}）	-0.181	-0.754	0.451
农业科技意识	农业科技难题（X_{13}）	-0.313	-1.350	0.178
	对农业科技在农业生产经营中影响的认识（X_{14}）	0.246	1.411	0.159
农业科技信息	对农业信息化平台了解程度（X_{15}）	-0.033^*	-2.022	0.005
	登录农业信息网站（X_{16}）	0.102**	2.103	0.046 2

注：*、**、*** 分别表示置信区间为 1%、5%、10% 下的显著性水平。

1. 小农户年龄变量对农业效益的影响

表 6-10 的回归结果表明小农户年龄与农业效益有负相关趋势（系数为 -0.408），但在统计结果上呈不显著状态。说明随着小农户年龄增长，其农业效益会呈不显著的减弱趋势。这个结果也比较符合当前实际情况，现阶段山区农村绝大多数劳动力以 45～60 岁的农民为主力，他们比较依赖传统的农业生产方式，吸收和运用最新农业科技的能力相对较弱，这就不可避免地会影响其农业科技水平的提高，从而给农业效益提升也带来不利影响。

2. 小农户科技文化素养对农业效益的影响

从回归结果看，小农户自身的文化程度与农业效益呈不显著的负向关系，这与研究预测是不一致的。一般来说文化程度越高，小农户科技水平相应提高，无论是学习新的知识，还是在解决相应的农业生产经营问题上，较高的文化程度都会体现出绝对的优势。人力资本论认为，拥有较高文化程度的个体，更易于接受新的知识，更好地利用新技术，所以在一定程度上，增产增收的效果就会更好，然而模型结果表明"文化程度"变量对农业效益没有正向影响，可能与调研地区绝大部分小农户的文化程度过低，难以在农业生产过程中发挥文化知识方面的作用，致使其对农业收入无法产生显著的正面效应。另外科学技术培训能够显著提升农业效益，这是因为在山区，科技培训是小农户为数不多的直接学习与农业生产经营相关知识的途径，而科学知识储备越多，针对性解决问题的方式就越多，改善农业生产方式，提高农业生产效益的途径就更多。

3. 小农户农业生产科技含量对农业效益的影响

我们假设农业生产科技含量对农业效益有正向影响，回归结果证实了农业机械化水平、农机具支出和农膜使用对农业效益有显著的正向影响，但设施农业与农业效益却呈显著的负相关关系，这与研究假说有一定的差异。存在差异的原因可能有两个，一个原因是在调查地区，设施农业发展态势并不理想，致使其对农业效益的贡献并不明显；另一个原因是小农户对设施农业的研究和掌握情况达不到使用设施农业的原本目标，造成了一种成本高、收益不明显的局面，因此在川陕革命老区这样的山区，一味地推广设施农业是否明智，需要严谨的论证分析。

4. 小农户农业科技服务供给对农业效益的影响

小农户农业科技服务供给对农业效益的回归结果与研究假说不符，表明了小农户并没有因收听科技信息或查看科技信息，以及政府提供的农机具补贴带来其农业效益的提升（呈显著负相关）。一般来说，收听科技节目或查看科技信息是小农户家庭常见的获得科学技术相关讯息的渠道，而农机具补贴则能提高农业科技的应用率，从而带来农业效益的提升，但其结果与研究假设差异较大。这说明在调查区域，小农户所接收到的科技服务供给与其科技水平的衔接并不到位，科技服务供给所起的作用并不明显。

5. 小农户农业科技服务需求对农业效益的影响

研究假说是假定小农户农业科技服务需求对农业效益的影响方向不确定，表 6-10 的回归结果表明购买农业科技书籍、与农业科技人员交流、对农业科技需求的态度代表小农户农业科技服务需求的变量对农业效益有负向影响，这是因为在调研地区，没有多少小农户愿意花费成本去购买科技书籍，也没有多少农户愿意直接与科技人员进行交流，从而对其农业科技水平提高和农业效益提升产生不利影响。从理论上说，小农户对科学技术的需求是源于要解决农业生产的实际问题，但数据呈现出一种不显著影响，表明小农户对科学技术的需求实际只是空有需求，而问题并未解决，所以才有了表中所表现出的现象。小农户的需求是真实存在的，只有满足这些需求，并解决实际问题，才能从根本上解决小农户科技水平程度低的局面，达到提升小农户农业效益的目标。

6. 小农户农业科技意识对农业效益的影响

小农户"对农业科技在农业生产经营中影响的认识"这个变量与农业效益是正相关，符合研究假说。对农业科技难题的认识是小农户农业科技意识的重要表现形式，而回归结果说明我们山区小农户对科技难题的认识并不能有效提升其农业效益（回归效果不显著），这可能是因为小农户所面临的农业科技难题并没有得到妥善解决而影响其农业科技意识提高，以及由此带来的农业效益提升。

7. 小农户农业科技信息对农业效益的影响

小农户对农业信息化平台的了解程度和登录农业信息网站对农业经济效益均有显著影响，但是对农业信息化平台的了解程度变量却与农业效益呈负相关关系，与研究假说不符。这说明了小农户经常登录农业信息网站确实有利于增加农业效益，而农业信息化平台却没有对小农户的农业效益产生正向影响，一个主要原因还是由于宣传推广不够，没有给广大农户带来实惠，致使小农户对信息平台使用不多。

第四节　提升小农户科技水平

上述实证分析结果表明，小农户科技文化素养、农业生产科技含量、农业科技服务需求等因素都会对典型区域小农户的农业效益，即对其转型成长产生重要影响，为此很有必要从农业科技信息等方面大力提升小农户的科技水平。

一、注重人力资本投资，提升小农户科技文化素养

通过数据分析，小农户科技文化素养直接影响小农户的农业效益。小农户

本身社会地位处于弱势地位，教育的普及并没有影响到年龄在 45～60 岁的小农户，为其重新提供受教育机会显得不现实和具有不可行性，唯一的道路是提供最直接最有作用的农业科技培训，作为人力资本投入的一种方式。从调查数据可以看出，大部分小农户并没有受到相关的农业科技培训，这是地方政府相关部门消极应对的结果。小农户虽然能力有限，一户小农户的影响也微乎其微，但千万户小农户就足以影响一国的农业生产力。加大人力资本投入，从根本上提高小农户的科技知识水平，从而对提升农业效益就显得至关重要。

二、加大农业科技设施设备投入，提高小农户农业生产科技含量

研究表明，小农户农业科技水平不仅受到自身文化素养的影响，而且也与其农业生产的科技含量密切相关。我国作为农业大国，农业贡献巨大，国家对小农户的农业生产发展也尤其看重，然而对小农户的现代农业科技投入却略显不足。为此，我们提高小农户农业生产科技含量的一条重要路径就是加大农业科技设施设备投入，为小农户家庭造就现代农业科技要素丰富的物质环境。总的来说，要使小农户农业生产力进步，必须直接着力于小农户农业生产科技的投入，为此要积极推动农业机械化，加快设施农业建设，这样才能使其对农业效益产生积极效应。

三、完善农业科技服务供给链，满足小农户农业科技服务需求

加快农业现代化建设，须达成农业科技服务供大于求，即要给小农户创造一种"有问必答、有求必应、不求能教"的一种社会资源环境。调查数据表明，在农业科技服务供给方面，小农户并没有主动或被动地接收到充分足够的农业科学知识及技术。为此，政府要进一步完善农业科技服务供给链，积极建设农业科技服务供给基站，为农户提供所需的科技文化书籍，安排科技文化专员解答农户农业科技疑难问题，定时安排专业人员与农户直接沟通等。

四、宣传农业科技，培养小农户科技意识

调查数据表明，陕西汉中、四川南充和绵阳三地的山区农村并没有开展较多的农业科技宣传活动，小农户科技意识并不强烈。然而有针对性的农业科技宣传是非常必要的，因为这些小农户本身文化程度并不高，对农业科技不感兴趣，如果能有针对性地宣传一些依靠农业科技解决实际困难的实例，就会更有说服力，小农户也会在有过切身了解之后，逐渐强化农业科技意识，并通过长而久之的积累就会在面对技术难题时第一时间想到运用农业科技解决农业难题，提高农业效益，毕竟只有有所意识，才能有所准备，才能欣然去接受农业科技所带来的影响。

五、建设农业信息化基站，提高小农户农业科技信息化水平

农业信息化基站是通过信息双向传递作用于农业生产及农业效益提升的。由于受小农户本身文化程度及其他因素的限制，那种高大上的高科技信息化平台可能并不适用于小农户的需要，所以我们要建设的农业信息化基站应该是一个既简洁高效又适用于小农户家庭使用的信息化平台，是一个政府与小农户双向传递信息的平台，也是建设一个既能让小农户了解科技文化信息，又能让政府了解小农户农业科技需求的信息化平台基站。推广农业科技也可以在这样的平台上进行，目的都是提高小农户科技水平，所以这样的信息化平台是一台多用的，也是有必要的。

第五节　研究小结

小农户转型成长的重要表现是其农业效益的高低，而农业科技要素则能够对小农户的农业效益，即能对其转型成长产生重要影响。从理论上讲，农业科技与农业效益之间具有内在一致性，存在因果关系，以及作用与反作用关系，要想促进农业效益提升就需要提高小农户农业科技水平，同理，通过提高小农

户农业科技水平也就能够促进农业效益提升。为此本章在获得川陕革命老区典型区域小农户农业科技要素及农业效益的相关数据基础上，通过实证分析，寻求影响小农户农业转型成长的农业科技要素。研究发现小农户年龄、自身文化程度、设施农业、收听查看科技信息、农机具补贴、购买农业科技书籍、与农业科技人员交流、对农业科技需求的态度等因素与农业效益呈现负向关系；而科学技术培训、机械化水平、农机具支出、农膜使用、经常登录农业信息网站等因素则与农业效益呈现正向关系。

第七章

川陕革命老区农业现代化
影响因素分析

　　党的十九大报告指出，"农业农村农民问题是关系国计民生的根本性问题，必须始终把解决好'三农'问题作为全党工作重中之重"。在当前，我国农村经济社会发展面临众多不确定因素及多重挑战背景下，实现农业现代化是解决"三农"问题的必然要求。首先，农业现代化是确保粮食安全和农产品供应的应有之义，对农村安定、社会稳定发展有着积极作用；其次，实现农业现代化有助于激发出农村市场潜在的、巨大的活力；最后，实现农业现代化有助于提高小农户家庭收入，逐步缩小城乡差距，巩固农村全面小康成果，实现共同富裕，这也是社会主义的本质要求。

　　农业现代化实质就是实现农户增收，农业现代化的发展水平如何，关键要通过农户的农业收入水平来体现和反映，只有农户农业收入大大提高了，才能说农业现代化取得了实质性进展，才能达成农业现代化的终极目标。因此，本章以小农户的农业收入来衡量川陕革命老区农业现代化的发展水平，即通过分析影响小农户农业收入的因素来说明川陕革命老区农业现代化的影响因素。为更好地进行研究，本章在将川陕革命老区所有被调查小农户农业收入作为研究对象开展实证分析的基础上，还将四川绵阳、四川南充和陕西汉中作为典型区域，并以典型区域被调查小农户农业收入作为研究对象展开实证分析，找出影响川陕革命老区农业现代化的主要因素。

　　对川陕革命老区的实地调查，获得小农户农业收入的相关数据，旨在利用分析结果寻求实现川陕革命老区农业现代化的方法与出路。诚然，小农户在我国农业经济中扮演着重要角色，而要寻找到解决小农户农业收入低下的出路，小农户自身并不具备明显优势，更多的是要找寻外界资源去弥补小农户的劣势，扬长补短地去解决问题，因此通过采取加大川陕革命老区农业科技供给、加快发展设施农业等措施，进而实现老区农业现代化是一条具有重要意义的可行道路。

农户农业收入的影响因素

有不少学者对制度政策对农户农业收入的影响进行了论述。Brian C. Briggeman（2007）的研究发现政府补助对提高农场收入具有积极影响。许庆、田世超（2008）通过研究发现，现有农地制度所导致的土地细碎化程度对农户农业增收具有一定影响。韩菡、钟甫宁（2011）经过研究，认为农户自身经济水平和国家农业政策对农户转入土地面积分别具有显著的反向作用和显著的正向作用。朱湖根（2007）等人的研究结果表明，财政支撑的农业产业化运营项目对农户农业增收有明显作用。沈坤荣（2007）的实证研究结果显示：国家财政支农对农户农业收入提高具有一定程度的促进作用。方桂堂（2014）通过研究得出财政投入力度、转移就业等方面存在制度扭曲会导致农户收入结构不合理的结论。

相较于制度政策是否有助于提高农户农业收入的研究，更多文献关注人力资本对农户农业收入的影响。Theodore William Schultz（2006）认为，传统农业改造为现代农业的关键是具有高素质人力资本的新型农户替代旧有农户。Iddo Kan等人（2006）研究发现，农户受教育程度对农业收入增长具有积极影响。Kashiwa Chiba（2013）的研究发现，农户通过参加田间学校，提高了基本素质，获取了农业知识，这对于农业生产具有正向影响，进而促进了农户农业收入的增加。郭剑雄（2005）的研究表明，制约农户农业收入增长的原因是农村地区高生育率和低人力资本积累率所导致的马尔萨斯稳态。辛岭、王艳华（2007）实证结果表明，增加对农户的教育投资，可以促进农户农业增收。王引、尹志超（2009）通过研究，认为人力资本累积对我国农户农业增收具有非凡的意义。侯向娟（2016）的研究表明，农村人力资本投资对农户人均可支配收入、家庭农业经营收入和工资性收入都具有显著影响。

关于农业经营模式对农户农业收入影响的研究文献也有不少。Huiqing Liu（2014）指出发展多功能农业，不但可以提高农业的综合价值，还可以提高农户的农业收入。周远清（2015）从丘陵地区的农业发展实况出发，认为发展高效生态农业具有增加粮食产量、促进农村发展、维持环境均衡、降低农业污染等方面的好处。李江南（2017）的研究结论表明，产业一体化经营、农牧旅游经营和生态种养经营对农牧户收入有着正向影响。李文斌（2019）的研究发现，建立种养结合的循环农业模式将会促进带动当地产业，降低农业生产成本的同时还增加了农户收入。韩立杰（2019）认为休闲农业与乡村旅游是一种新型旅游和农业结合的经营模式，可以帮助农户增收。

在不少学者看来，农村金融对农户农业收入的影响比较大。Geenwood 和 Jovan、Galor 和 Zeira、Banerjee 和 Newman（1990）的研究就间接地揭示了金融发展与农户增收之间的关系。Jensen E（2000）认为发展中国家难以有效促进农村资本的增加，同时缺乏完善的农村金融市场，以致农村地区资金使用成效低下，从而影响农户农业增收。李敬（2007）认为金融因素必然是影响农户农业收入增长的重要因素。余新平等人（2010）的实证结果表明，中国农村存款、农业保险赔付对农户农业收入增长有积极影响，而乡镇企业贷款与农户农业增收呈负向关系。刘玉春（2013）的研究结果表明，我国农村金融发展显著促进了农户农业收入的提高。高然然（2019）的研究表明，农村金融发展规模与农户农业收入的增加成正比。魏静（2019）的研究结果表明，农村金融发展对农户农业增收具有积极影响。

自然与气候对农户农业收入的影响也是学术界非常关注的话题。Robert（2007）在其研究中发现，在美国和巴西的农村地区，农户农业收入与气候之间存在联系，气候通过影响农业生产，从而影响农村的人均收入。白梦娇（2016）的研究表明，在气候变化条件下，粮食产量的增减对农民农业收入的影响在短期波动中并不显著，但是长期来看粮食产量的减少对农户农业收入具有显著的负影响，说明气候变化影响粮食生产，进而对农户农业收入造成长期的趋势影响。凌昱晨（2017）的研究揭示气温这一气候因素对农户农业收入存在消极影响。朱静萍（2018）的研究结果表明，在 1988—2016 年间，气候变化对合肥市粮食作物产量具有明确影响。贾利军（2019）构建西部地区多个省份的经济—气候模型，研究结果表明，一方面极端高温天数的增加对于提高西部地区农户的农业收入水平具有显著影响，而另一方面极端降水天数的增加则会导致农户农业收入水平的降低。

但我国农户农业收入增长的影响因素是复杂的，这些影响因素也是互相干扰的，且部分研究由于数据的原因，结论存在争议。本研究可能的边际贡献在于：选择川陕革命老区这个能够代表我国老少边穷地区的典型老区开展研究，所用数据又是从川陕革命老区中，具有鲜明山区特点的四川绵阳、四川南充、陕西汉中、重庆城口等地农村实地采集，且结合中国农村小农户家庭实际情况和现有文献，从不同角度选取多个指标数据，希望发现对老区小农户家庭农业收入具有重要作用的影响因素。

第二节　全区域实证分析

一、变量选取

根据已有文献的研究，本章将被调查小农户家庭农业收入作为反映川陕革命老区农业现代化的因变量，自变量有人力资本变量、土地资本变量、农业机械变量、基础设施变量、农业信息变量、农业科技变量。变量的类别、解释、赋值、均值和标准差见表 7-1。

表 7-1　变量赋值表

类别	变量	变量解释及赋值	均值	标准差
被解释变量	小农户家庭农业收入	1＝3 000 元以下；2＝3 001～6 000 元；3＝6 001～10 000 元；4＝10 001～20 000 元；5＝20 000 元以上	2.06	1.26
人力资本变量	年龄	户主当年年龄（岁）	52.16	10.37
	户主文化程度	1＝小学未毕业；2＝小学；3＝初中；4＝高中；5＝大专及以上；6＝从未上过学	2.60	1.36
	人口数量	此家庭户籍中的总人口（人）	3.82	1.36
	是否受过技能培训	1＝是；2＝否	1.69	0.46

（续）

类别	变量	变量解释及赋值	均值	标准差
土地资本变量	耕地面积	家庭耕地面积（亩）	4.79	4.94
	设施农业占地面积	主要指各类温室（亩）	0.15	0.60
	家庭耕地总体质量	1＝非常好；2＝比较好；3＝一般；4＝比较差；5＝非常差	2.67	0.86
	是否租入耕地	1＝是；2＝否	1.91	0.29
农业机械变量	当前农业种植形式	1＝纯人工劳动；2＝半人半机械；3＝完全机械化	1.39	0.50
	农机具支出情况	1＝有；2＝无	1.70	0.46
	农机具对农业生产效率的影响	1＝大；2＝较大；3＝一般；4＝不了解	2.11	1.02
	农机具在本地推广使用面积情况	1＝大；2＝较大；3＝一般；4＝不了解	2.55	0.93
基础设施变量	最近几年内村内道路的变化	1＝显著进步；2＝稍有进步；3＝与前几年差不多；4＝稍有退步	1.55	0.72
	田间道路状况	1＝有公路相通，很方便；2＝只有少数田间公路，影响使用机器	1.73	0.44
	所在村庄的水利工程是否发挥作用	1＝是；2＝否；3＝不知道	1.45	0.52
农业信息变量	登录农业信息网站频率	1＝经常；2＝有时；3＝偶尔；4＝从未	3.38	0.95
	了解农业信息化平台吗	1＝非常了解；2＝基本了解；3＝听说过；4＝从未听说	3.10	0.94
	通过本地农技推广站获取信息	1＝是；2＝否	2.55	0.93
	通过涉农企业获取信息	1＝是；2＝否	1.95	0.22
农业科技变量	农业科技在农业生产经营中的影响程度	1＝大；2＝很大；3＝不明显；4＝没有作用	2.17	0.76
	对农业科技需求状况	1＝急需；2＝需要；3＝无所谓；4＝不需要	2.45	0.75
	购买农业科技书籍等	1＝有；2＝无	1.98	0.13
	在生产经营活动中遇到的技术难题情况	1＝经常遇到；2＝不常遇到；3＝极少遇到	2.37	0.64

小农户家庭农业收入。本章将小农户家庭农业收入作为被解释变量。本章将被解释变量分为 3 000 元以下、3 001～6 000 元、6 001～10 000 元、10 001～20 000 元、20 000 元以上五个等级。小农户家庭农业收入为粮食作物收入、经济作物收入和养殖业收入之和。

家庭人力资本变量。本章的人力资本变量为户主的年龄、文化程度、农户家庭人口数量和是否受过技能培训。由于户主在一个小农户家庭中发挥着"顶梁柱"的作用，是创造农业收入的主要力量，是家庭参与农业现代化的重要主体，那么他的文化程度、年龄等因素必须考虑。但不同的小农户家庭的户主间也存在差别，这一差别也主要反映在年龄和受教育程度上，户主这些素质上的差异也表现在农业生产经营过程中。例如，处于壮年的户主比老年户主能够创造出更多的农业收入，更容易融入农业现代化进程，再例如，文化程度高的户主比文化程度低或者是没有上过学的户主了解更多的农业生产知识，具备更多农业生产技能，并且学习能力强，能够不断学习新知识，了解国家农业新政策，能够与时俱进，不脱离时代的步伐，从而转变观念，提高农业生产效率，进一步参与农业现代化。同时，文化程度高的户主目光长远，重视子女的教育，也更愿意投入较大的教育支出，而在其子女学业完成后，其子女的就业对于整个家庭的收入水平及农业现代化水平也具有较大的推动作用。在是否受过技能培训方面，受过技能培训的小农户可能更能提高农业收入，有更高的生产积极性和生产效率。

家庭土地资本变量。本章的土地资本变量包括家庭耕地面积、设施农业占地面积和家庭耕地总体质量。第一，小农户家庭农业收入来源的重要生产要素是土地，那么小农户家庭耕地面积的大小在一定程度上能够左右小农户家庭农业收入的多少。第二，设施农业占地面积的大小可能意味着拥有更多更高效的种植技术，对家庭农业收入的提高具有很大作用，是小农户农业现代化参与程度的重要反映。第三，家庭耕地总体质量的好坏在一定程度上意味着小农户家庭的农业产出多少，进而影响家庭农业收入及对现代农业的参与度。

农业机械变量。农业机械是农业现代化的重要载体，本章的农业机械变量主要包括：当前农业种植形式、农机具的支出情况、农机具的生产效率和当地机械化农具推广使用的情况。首先，小农户家庭当前农业种植形式分为纯人工劳动、半人工半机械和完全机械化，这能反映出种植形式的机械化水平，实现完全机械化的小农户家庭在同样条件下的生产效率高，那么农业现代化的水平也会更高。其次，农机具的支出情况和当地机械化农具推广使用情况也能反映出小农户家庭的农业机械化水平，有支出的说明家庭购买了农机具，农机具的生产效率好的以及当地机械化农具推广使用情况好的，生产效率高于其他农户，因此农业现代化水平就会高一些。

基础设施变量。基础设施是农业现代化的重要保障，本章的基础设施变量选择了最近几年内村内道路的变化、小农户所在村落的田间道路状况和水利工程是否发挥作用。最近几年内村内的道路变化显著与否反映着基础设施建设的现代化状况。田间道路状况会影响农业生产效率，例如，不通公路的田间道路会影响机器的使用，进而影响农业生产效率，再进一步也影响了农业现代化水平。同样，水利工程也能够影响农业生产的效率，水利工程作用发挥得好的村庄的农业现代化程度可能会高于水利工程作用发挥得不好的村庄的农业现代化程度。

农业信息变量。农业信息化是农业现代化的关键力量，在本章的农业信息变量中，主要选取小农户登录农业信息网站的频率与对农业信息化平台的了解状况，通过本地农技推广站获取农业信息和通过涉农企业的方式获取农业信息。经常登录农业信息网站的小农户以及了解农业信息平台的小农户更能及时了解经济政策，更好地学习到关于种植养殖的新技术、方法，能够有效避免亏损，提高生产效率，进一步使得农业收入提高，助推农业现代化。通过本地农技推广站和涉农企业的方式获取农业信息的小农户比其他农户了解农业信息的范围更广，可能其农业收入和农业现代化水平也会更高一些。

农业科技变量。农业科技是农业现代化的核心指标，本章的农业科技变量主要有：小农户家庭对农业科技在农业生产经营中的影响的认识、对于农业科技的需求状况、是否购买农业科技书籍、面临农业科技难题。认为农业科技在农业生产经营中的影响大的小农户，能够充分认识到农业科技的重要性，将农业科技作为提高农业生产效率的重要因素。对农业科技的需求状况、是否购买农业科技书籍以及面临农业科技难题的频率也都在一定程度上反映了小农户的农业科技素养。

二、回归模型

最佳尺度回归，又称分类回归。普通线性回归碰到分类变量时，没有办法去准确地反映分类变量不同取值的距离，而最优尺度回归可以对分类变量的不同取值进行量化处理、将分类变量转换为数值型从而进行统计分析。使用最优尺度回归能够大大提高分类变量数据的处理能力，突破分类变量对分析模型选择的限制，扩大回归分析的应用能力。本章选取的自变量类型较多，故选择了最优尺度回归模型来分析所选取的自变量对小农户家庭农业收入的影响，进而分析川陕革命老区农业现代化的影响因素。

最优尺度回归模型的一般形式如下：

$$Y = \sum_{i=1}^{n} \beta_i X_i + e \qquad\qquad 式（7-1）$$

$\beta_i X_i$ 为待估计的标准化系数，e 为随机误差项。

将选取的变量纳入最佳尺度回归模型中进行拟合，得到结果如表 7-2 所示。

表 7-2　ANOVA

平方和	自由度	均方	F	显著性
277.038	30	9.235	12.122	0.000
786.962	1 033	0.762		

在本次回归结果当中，最佳尺度回归模型的 F 检验值＝12.122，Sig 值为 0.000＜显著性水平临界值 0.05，说明模型显著，具有统计学意义。此外，调整后 R^2＝0.239，这一拟合度在实际分析中的水平已经非常高，模型整体上通过显著性检验。

三、结果解读

根据表 7-3，可以看出在 5％的置信度下：人力资本变量中的户主年龄，土地资本变量中的耕地总体质量、耕地总面积、设施农业占地面积，农业机械变量中的农机具支出、农业种植形式和农机具对农业生产效率的影响以及农机具大面积推广的情况，农业信息变量中登录有关农业信息网站的频率以及是否通过农技推广站获取农业信息，农业科技变量中的遇到农业技术难题情况以及对科技在农业生产经营中的影响程度的认识等这些因素对小农户家庭农业收入的影响均是显著的，也就是说上述这些因素能够对川陕革命老区农业现代化产生显著影响；而人口数量、是否接受培训、文化程度、是否租入耕地、田间道路状况、近年道路明显变化情况、涉农企业获取信息、对农业信息化平台的了解程度等因素对小农户家庭农业收入的影响并不显著，也就是说人口数量等因素并不能显著影响川陕革命老区的农业现代化。

表 7 - 3　回归分析系数表

变量	标准化系数			
	Beta	标准误差的自助抽样（1 000）估算	F	显著性
人口数量	0.056	0.033	2.863	0.091
年龄	0.085	0.034	6.346	0.012
文化程度	0.034	0.025	1.735	0.177
耕地总面积	0.099	0.038	6.83	0.009
购买科技书籍、报刊	0.051	0.038	1.84	0.175
设施农业占地面积	0.16	0.044	13.513	0.000
耕地总体质量	0.129	0.035	13.3	0.000
农业种植形式	0.162	0.034	22.258	0.000
是否租入了耕地	0.014	0.033	0.177	0.674
农机具支出	0.104	0.034	9.26	0.002
田间的道路状况	0.063	0.035	3.307	0.069
近年道路明显变化	0.036	0.031	1.426	0.233
所在村庄的水利工程是否发挥作用	0.052	0.031	2.755	0.064
遇到技术难题情况	−0.167	0.033	26.171	0.000
科学技术影响程度	0.103	0.03	12.172	0.000
对科技的需求状况	−0.085	0.03	7.875	0.005
是否接受过培训	0.053	0.03	3.151	0.076
本地农技推广站获取信息	0.083	0.034	5.871	0.016
涉农企业获取信息	0.02	0.024	0.721	0.396
登录农业信息网站	0.238	0.036	44.223	0.000
对农业信息化平台的了解程度	−0.057	0.036	2.548	0.111
农机具大面积推广	−0.091	0.039	5.627	0.004
农机具对农业生产效率的影响	0.09	0.036	6.4	0.012

根据以上系数表格，可以得出回归方程：小农户家庭农业收入＝0.056×家庭人口数量＋0.085×户主年龄＋0.053×是否培训＋0.034×文化程度＋0.099×耕地总面积＋0.16×设施农业占地面积＋0.129×耕地总体质量＋0.162×农业种植形式＋0.014×是否租入耕地＋0.104×有无农机具支出＋0.063×田间道路状况＋0.036×道路明显变化＋0.052×水利工程作用发挥＋0.051×有无购买书籍报刊－0.167×遇到技术难题情况＋0.103×科技对农业生产影响程度认识－0.085×对科技需求状况＋0.238×是否登录农业信息网站－0.057×对农业信息化平台的了解程度＋0.02×是否通过涉农企业获取信息＋0.083×是否通过农技推广站获取信息－0.091×农机具是否大面积推广使用＋0.09×农机具对农业生产效率的影响。

（一）人力资本对农业现代化的影响

在人力资本变量中，被调查的户主年龄均值52岁，大多数都是40岁及以上的壮年人，表7-3数据说明了户主年龄对小农户家庭农业收入影响显著，显著性为0.012，呈正相关，这也进一步证明了小农户家庭户主的年龄越大，务农的经验越丰富，技术相对成熟些，家庭农业收入也相对较高。另外，人口、文化程度、是否接受过培训这几个因素对小农户农业收入有着正向影响，意味着小农户家庭人口越多、户主文化程度越高以及接受过培训的农户家庭农业收入越高。事实上，具有高学历的小农户比低学历甚至没有上过学的小农户能够更好更全面地理解中央精神，不断提升自身素质，相信科学，减少由于思想保守等自身局限而影响理解国家相关政策。总之，小农户作为农业经营的主体，自身内在条件对其提高家庭农业收入，助推农业现代化具有重要影响。

（二）土地资本对农业现代化的影响

结果显示，在土地资本变量中，小农户家庭耕地总面积、设施农业占地面积以及耕地总体质量对小农户家庭农业收入具有显著性影响，显著性分别为0.009、0.000和0.000，并且也是呈明显的正相关，这说明小农户家庭拥有的耕地总面积越大、设施农业占地面积越大、耕地质量越好，那么家庭农业收入也就越高。另外，租入耕地对小农户家庭农业收入的提高没有显著影响。这其实也好理解，小农户家庭耕地总面积大，则种植面积更大，产出越多；设施农业占地面积越大，则产出效率越高；耕地质量越好，产出质量越好，产出效益越高。然而部分小农户家庭的耕地由于受自然条件或人为影响，家庭耕地质量较差，小农户必须改良土壤或提高施肥技术水平，使得小农户家庭农业投入的成本增加，进而延缓了小农户与农业现代化有机衔接的速度，也让不少小农户家庭在走向农业现代化进程中受阻。

（三）农业机械变量对农业现代化的影响

根据所得结果，家庭机械变量中的有无农机具支出、农机具在当地大面积推广情况、农机具对农业生产效率的影响以及当前农业种植形式对小农户家庭农业收入有显著影响，显著性分别为 0.002、0.004、0.012 和 0.000。有农机具支出的小农户家庭比没有农机具支出的小农户家庭农业收入高。农机具在当地大面积推广情况和家庭农业收入呈负相关，这可能是由于农机具在当地推广面积过小，没有产生规模效应，致使其对提高当地小农户家庭农业收入的帮助太小。模型结果表明农机具对农业生产效率是有显著影响的，当然影响系数偏小，可能是因为调查区域有部分小农户对农机具在农业生产效率影响上的认识还不够深刻，这也说明当地使用农机具进行农业生产的小农户家庭不是很多，对使用农机具生产的重要意义不大了解，然而这并不意味着农机具对农业生产效率提高没有作用。另外，当地农业种植形式有纯人工劳动、半人半机械以及完全机械化，而如今实现完全机械化的小农户家庭很少，大多数还是纯人工劳动。纯人工劳动工作量大，并且效率低下。农业机械和劳动力之间有着明显的替代关系，农业机械化不仅能够缓解劳动力缺失和劳动力转移对农业生产带来的消极影响，还能提高资源利用效率和农业生产效率。越来越多的小农户家庭开展机械化农业种植，就意味着当地农业机械化程度越高，那么农业现代化水平也就越高。

（四）基础设施变量对农业现代化的影响

在基础设施中，近几年来村内道路变化与水利工程作用发挥的情况以及田间道路状况对当地小农户家庭农业收入均有正向影响，但其影响不甚显著。一般而言，村内道路显著进步、水利工程作用发挥得好和田间道路有公路，交通便利村落的小农户家庭农业收入会要更高一些，然而不甚显著，说明当地的基础设施还有很大提升空间。基础设施的现代化是农业现代化发展的重要保障，基础设施更完善的村落能够为当地小农户家庭农业生产经营提供更优质的服务，提高当地小农户家庭农业生产效率，能够更加强有力地调动当地小农户发展农业的积极性，推动当地小农户家庭农业结构的升级。总之，基础设施的优化无疑会给小农户发展现代农业提供便利，为实现农业现代化奠定基础。

（五）农业信息变量对农业现代化的影响

在农业信息变量中，是否通过本地农技推广站获取农业信息、登录农业信息网站的频繁对小农户家庭的农业收入具有显著影响，其显著性分别为 0.016 和 0.000，而通过涉农企业获取农业信息对小农户家庭农业收入的影响不显著。根据表 7－3 数据，登录农业信息网站的频率与家庭农业收入呈显著正相关，可知小农户家庭登录相关农业信息网站的频率越高，其家庭的农业收入就越高；而对农业信息化平台的了解程度与农业收入呈负相关，但不显著。一般而言，了解农业信息，将信息技术渗透到农业生产中，用信息技术提升农业服务水平、为小农户提供及时更新的数据与信息，是提高小农户家庭农业收入，助推农业现代化的关键。

（六）农业科技变量对农业现代化的影响

在本章选取的农业科技变量中，小农户家庭在生产经营中遇到技术难题的情况、对科学技术在农业生产经营中影响程度的认识以及小农户家庭的科技需求状况对小农户家庭农业收入具有显著影响，显著性值分别为 0.000、0.000 和 0.005。其中，小农户家庭在生产过程中遇到技术难题情况与农业收入呈负相关，结合赋值和统计数据可得，小农户家庭遇到的技术难题不多，然而这并不代表小农户没有农业生产方面的技术难题，而主要是因为川陕革命老区的小农户没有深入到农业科技当中去，更多的是采用传统农业生产方式，致使其对农业科技知道得不多，使用得不多，从而就使得农业科技对提高他们的农业收入没有带来多少帮助。事实上，经常遇到技术难题有助于小农户家庭农业收入提高，这是因为遇到技术难题后，小农户就会在解决难题的过程中，请教专家、查询资料、询问他人等，同时也会进一步积累经验，并且学习新型农业科技，加强农户之间的交流合作，从而提高农业生产经营能力和农业现代化水平。

四、相关性和容差分析

表 7 - 4　相关性和容差

变量	相关性			容差	
	零阶	偏相关	百分	重要性	转换后
人口数	0.127	0.056	0.048	0.027	0.75
年龄	0.054	0.092	0.08	0.018	0.872
文化程度	−0.028	0.038	0.032	−0.004	0.937
耕地总面积	0.121	0.105	0.091	0.046	0.845
购买科技书籍、报刊	0.083	0.058	0.05	0.016	0.949
设施农业占地面积	0.226	0.176	0.154	0.139	0.919
耕地总体质量	0.095	0.133	0.115	0.047	0.793
农业种植形式	0.198	0.17	0.149	0.123	0.843
是否租入耕地	0.048	0.014	0.012	0.003	0.771
农机具支出	0.182	0.114	0.099	0.073	0.903
田间的道路状况	0.09	0.064	0.055	0.022	0.761
近年道路的明显变化	0.115	0.04	0.034	0.016	0.883
所在村庄的水利工程是否发挥作用	0.098	0.051	0.044	0.02	0.726
遇到的技术难题情况	−0.185	−0.174	−0.152	0.119	0.82
科学技术的影响程度	0.08	0.111	0.096	0.032	0.87
对科技的需求状况	−0.132	−0.09	−0.078	0.043	0.83
是否接受过培训	0.025	0.058	0.05	0.005	0.891
本地农技推广站获取信息	0.151	0.091	0.078	0.048	0.877
涉农企业获取信息	0.022	0.023	0.02	0.002	0.942
登录农业信息网站	0.163	0.215	0.189	0.149	0.633
对农业信息化平台的了解程度	0.037	−0.056	−0.048	−0.008	0.705
农机具大面积推广	−0.062	−0.088	−0.076	0.022	0.684
农机具对农业生产效率的影响	0.121	0.091	0.078	0.042	0.747

因变量：家庭农业收入

　　表 7 - 4 中的重要性检验指标显示出，是否经常登录农业信息网站对小农户家庭农业收入的影响最大，重要性为 0.149，其次为设施农业占地面积，重

要性为 0.139，再次是当地农业种植形式，重要性为 0.123，第四是小农户家庭遇到技术难题情况，再后面重要性从高到低依次为是否有农机具支出、通过本地农技推广站获得农业信息、家庭耕地质量总体情况、家庭耕地总面积、小农户家庭农业科技需求状况、对农机具对农业生产效率影响的认识、对科学技术在农业生产经营中影响的认识、家庭人口数量、小农户家庭所在村庄田间道路状况、农机具大面积推广情况、水利工程作用发挥情况、户主年龄、是否购买科技书籍报刊、近年村内道路明显变化情况、是否接受技术培训、是否租入耕地、是否通过涉农企业获取农业信息、户主文化程度、对农业信息化平台的了解程度。此外，容差是指该解释变量对被解释变量的影响中不能够被其他解释变量所解释或替代的能力，数值越大说明回归分析结果更可靠，本章选取的 23 个自变量转换后的容差大多数都在 0.8 以上，说明最佳尺度回归分析结果可靠。

第三节　典型区域实证分析

一、三地小农户家庭收入情况

此次调查将小农户家庭收入分为农业收入和非农业收入，其中农业收入包括粮食作物收入、经济作物收入和养殖业收入，非农业收入则包括工资性收入、转移性收入和其他收入。

表 7-5　三地 475 户小农户家庭收入结构表

单位：元，%

家庭收入结构	总体		四川绵阳		四川南充		陕西汉中	
	均值	占比	均值	占比	均值	占比	均值	占比
家庭总收入	42 611.5	100.00	50 958.29	100.00	40 941.33	100.00	35 934.88	100.00
农业收入	7 541.9	17.70	10 681.77	20.96	6 179.46	15.09	5 764.47	16.04
工资性收入	32 900.1	77.21	37 649.11	73.88	31 911.56	77.94	29 139.63	81.09
转移收入	816.52	1.92	1 441.93	2.83	598.48	1.46	409.14	1.14
其他收入	1 352.98	3.18	1 185.48	2.33	2 251.83	5.50	621.64	1.73

如表 7-5 所示，三地 475 户小农户家庭户均总收入为 42 611.5 元，其中，工资性收入对三地小农户家庭收入的贡献最大，为 32 900.1 元，占比达 77.21%；转移性收入贡献最低，只有 816.52 元，占比仅 1.92%；由于受山区发展环境所限，农业收入并没有成为三地小农户家庭的主要收入来源，户均只有 7 541.9 元，占比为 17.70%。分地区而言，此次调查涉及的四川南充、绵阳和陕西汉中三地的小农户家庭收入存在较大差异，且不同地区的小农户家庭收入构成侧重也不尽相同。四川绵阳的小农户家庭收入最多，为 50 958.29 元，对家庭收入贡献从大到小依次是工资性收入 37 649.11 元（占比 73.88%）、农业收入为 10 681.77 元（占比 20.96%）、其他收入 1 185.48 元（占比 2.33%）和转移性收入 1 441.93 元（占比 2.83%）；而在四川南充，对家庭收入贡献从大到小依次则是工资性收入 31 911.56 元（占比 77.94%）、农业收入 6 179.46 元（占比 15.09%）、其他收入 2 251.83 元（占比 5.50%）和转移性收入 598.48 元（占比 1.46%）。在三地小农户中，陕西汉中的小农户家庭收入最低，为 35 934.88 元，且转移性收入（占比 1.14%）和其他收入（占比 1.73%）的比重相对于其他两地均较低，这说明陕西汉中小农户享受到的政策性收入要相对低于四川绵阳和南充。总体而言，在小农户家庭收入中，农业收入和工资性收入占总收入的比重较大，是小农户家庭收入的重要组成部分，而转移性收入和其他收入对于小农户家庭收入的贡献相对较小。

二、变量描述

基于现有相关文献成果，本章将家庭人力资本、家庭土地资本变量、国家政策环境变量、家庭金融变量和农业科技变量作为解释变量，将小农户家庭总收入、小农户家庭农业收入及非农业收入作为被解释变量。根据 2020 年三地实地调查的第一手数据进行研究，从而对提高川陕革命老区典型区域小农户家庭收入，实现农业现代化提出有效建议。

研究农业现代化问题，就需要研究农户通过农业现代化所得到的实在利益，而农业收入的多少是农户通过农业现代化获得利益的体现，为此本章将小农户家庭农业收入作为代替农业现代化的因变量进行分析。之所以又将小农户家庭总收入、家庭非农业收入纳入被解释变量展开分析，是为了便于比较分析出家庭人力资本等自变量对小农户家庭农业收入、家庭总收入、家庭非农业收入影响的大小。

变量解释、赋值、均值和标准差详见表7-6。

表7-6　各变量的基本特征

类别	变量	变量解释及赋值	均值	标准差
被解释变量	小农户家庭总收入	总收入/总户数（元/户）	42 611.5	53 419.71
	家庭农业收入	农业总收入/总户数（元/户）	7 541.9	46 415.67
	家庭非农业收入	非农业总收入/总户数（元/户）	35 069.6	28 273.33
家庭人力资本变量	户主年龄	户主当年年龄（岁）	52.51	10.95
	户主受教育程度	1＝小学未毕业；2＝小学；3＝初中；4＝高中；5＝大专及以上；6＝从未上过学	2.57	1.53
	家庭人口数量	此家庭户籍中的总人口（人）	3.74	1.41
	是否接受过技能培训	1＝是；2＝否	1.71	0.45
家庭土地资本变量	耕地总面积	用于农业生产的耕地面积（亩）	4.78	5.98
	设施农业占地面积	主要指各类温室（亩）	0.05	0.29
	耕地总体质量	1＝非常好；2＝比较好；3＝一般；4＝比较差；5＝非常差	2.43	0.66
国家政策环境变量	是否享受惠农政策	1＝是；2＝否	1.004	0.05
	田间道路状况	1＝有公路相通，很方便；2＝只有少数田间公路，影响机器使用	1.84	0.37
	已参保满意度	1＝满意；2＝比较满意；3＝不满意	1.68	0.55
	加入合作社意愿	1＝非常愿意；2＝愿意；3＝无所谓；4＝不愿意；5＝非常不愿意	2.27	0.7
家庭金融变量	是否拥有存款	1＝是；2＝否	1.06	0.25
	是否拥有贷款	1＝是；2＝否	1.89	0.31
	收入用于储蓄的比例	1＝0%；2＝5%～10%；3＝10%～20%；4＝20%～30%；5＝30%以上	2.87	1.45

（续）

类别	变量	变量解释及赋值	均值	标准差
农业科技变量	当前农业种植形式	1＝纯人力劳动；2＝半人半机械；3＝完全机械化	1.37	0.53
	如何看待"测土配方施肥"	1＝没听说过；2＝听说过但未尝试；3＝想尝试，但缺乏指导；4＝试验过，效果一般；5＝试验过，效果很好	1.36	0.70
	是否了解现代种子选育技术	1＝不了解；2＝知道一些；3＝了解；	2.81	1.12

（一）家庭人力资本变量

人力资本主要衡量人力资本素质对收入的影响，包括户主年龄、户主受教育程度、家庭人口数量和是否接受过技能培训等。关于家庭人力资本对农业收入的影响在本章第二部分已经分析过，这里还需要说明的是：处于优势年龄的户主有机会能够创造更多的工资性收入；受教育程度更高的户主相较于低学历的户主有更多进城务工的机会，具有更多的知识储备和更高的技能水平，且不管是在农业生产领域还是非农工作领域，他们对于新知识和新技术的接受能力都更强，容易取得更高的生产和工作效率，进而获得更多的家庭收入；家庭人口数量可以代表家庭规模对小农户家庭收入产生影响，家庭总人口越多，也就意味着家庭劳动力就越多，会对小农户家庭收入，特别是工资性收入的提高具有积极作用；接受技能培训的小农户可能对于收入提升具有更高的主动性，并且对于农业生产和非农工作也都具有更高的积极性。如表 7 - 6 的统计结果显示，户主当年年龄平均值为 52.51 岁，说明样本中小农户家庭的户主在体力方面的状况良好。户主受教育程度平均值为 2.57，代表被调查小农户户主的受教育程度在小学与初中水平之间，说明样本中的小农户户主受教育程度较低。家庭人口数量平均值为 3.74。是否接受过技能培训平均值为 1.71，代表大部分被调查小农户没有接受过技术培训。

（二）家庭土地资本变量

家庭耕地面积、设施农业占地面积以及耕地总体质量是影响小农户收入的重要因素。关于家庭土地资本变量对农业收入的影响在本章第二部分已经分析过。这里还需要说明的是：耕地是小农户安家立命之本，只要有耕地，小农户进城务工就没有后顾之忧，因此耕地的数量及质量也会对小农户的工资性收入产生一定影响。如表 7-6 的统计结果显示，家庭耕地面积平均值为 4.78 亩，低于全国平均水平。设施农业占地面积平均值为 0.05 亩，说明多数的小农户家庭未拥有设施农业。耕地总体质量平均值为 2.43，说明受访小农户家庭所拥有耕地质量在比较好到一般水准之间。

（三）国家政策环境变量

一些政策及环境将对川陕革命老区典型区域小农户家庭收入产生影响，在这里我们主要选取是否享受惠农政策、田间道路状况、对于已经参加的保险的满意度以及加入合作社的意愿作为国家政策环境变量。首先，将是否享受惠农政策视为国家优惠政策支农的代表变量，惠农政策所带来的转移性收入是小农户家庭收入的组成部分。其次，将田间道路状况作为国家农村基础设施建设政策的代表变量，代表国家在农村基础设施建设方面的投入，基础建设越好，可能意味着生产经营环境的优化，进而对小农户家庭总收入及农业收入的提高产生正向作用。再次，将对已经参加的保险的满意度作为社保机制的代表变量，小农户家庭的抗风险能力较弱，而恰好社会保险对于保障农村家庭生活状态具有重要意义。最后，将小农户加入合作社的意愿用于考量农村专业合作社对于小农户家庭收入的影响（在该问题下选择 1、2 选项的小农户视作已加入合作社，选择 3、4、5 选项的小农户视作未加入合作社）。小农户家庭加入合作社，意味着能够获取到更多的市场信息和获得集体的各项帮助，而且对于相关政策的接触程度更深，进而有益于家庭总收入及农业收入的提升。如表 7-6 的统计结果显示，是否享受惠农政策平均值为 1.004，说明几乎所有被调查小农户家庭都拥有惠农政策的转移性收入。田间道路状况平均值为 1.84，说明大部分农户认为田间道路状况较差，对于生活生产经营构成了消极影响。对于已经参加的保险的满意度平均值为 1.68，表明被调查小农户家庭的已参保满意度在满意与比较满意的水平之间。加入合作社的意愿平均值为 2.27，代表样本中的小农户多数愿意加入合作社。

（四）家庭金融变量

本章将是否拥有存款、是否拥有贷款以及收入用于储蓄的比例作为家庭金融变量。首先，存款对于家庭收入最为直接的影响就是拥有存款便可以用于投资非农生产或是扩大农业生产，获取收入，所以拥有存款的家庭相较于无存款家庭更易提高家庭总收入及农业收入。其次，现有的部分研究将金融发展视作影响农户收入的因素之一，所以本章将是否拥有贷款作为农村金融的代表变量，考察贷款对于农户收入的影响。最后，之所以将收入用于储蓄的比例作为解释变量，是因为它在一定程度上可以用于衡量小农户家庭对于农业生产或是非农生产投入的多寡，一般意义上而言，生产投入越多，从生产中所获取的收益越高，进而可以提高小农户家庭总收入及农业收入。如表 7 - 6 的统计结果显示，家中是否拥有存款的平均值为 1.06，意味着大多数小农户家庭拥有存款。家中是否拥有贷款的平均值为 1.89，说明大部分受访家庭都没有贷款。收入用于储蓄的比例的平均值为 2.87。

（五）农业科技变量

科学技术对小农户家庭收入具有重要影响，为此我们将当前农业种植形式、如何看待"测土配方施肥"以及是否了解现代种子选育技术纳入影响小农户家庭收入的考量范围，即将农业生产中机械用具、选肥和育种作为科技变量。首先，种植形式机械化程度越高，意味着农业产出效率越高，能够创造更多的收入。其次，"测土配方施肥"和现代种子选育技术对于科学的种植方式而言是最基础的，对于提高土地产出效益也是最直接的，所以本章将两者都作为农业科技变量，同时这也可以看作是小农户家庭对科学技术态度的一个体现。如表 7 - 6 的统计结果显示，当前农业种植形式的平均值为 1.37，代表着目前更多的小农户家庭的种植方式是以纯人力劳动为主。如何看待"测土配方施肥"和是否了解现代种子选育技术的平均值分别为 1.36 和 2.81，意味着多数小农户家庭对于这两种科学种植技术处在听说和了解但未实践的水平。

三、模型构建

小农户家庭收入受到多个因素相互作用影响，为此，本章利用小农户微观调研数据，通过建立多元线性回归模型来找出影响小农户家庭收入的重要因素。本章以家庭人力资本变量、家庭土地资本变量、国家政策环境变量、家庭金融变量和农业科技变量作为解释变量，建立多元线性回归模型。为了降低样本数据中的异方差并使其趋势线性化，分别对各变量数据取自然对数处理。

其中根据前文要求，建立模型如下：

$$Y_1 = \beta_0 + \beta_1 X_{1i} + \beta_2 X_{2i} + \cdots + \beta_k X_{ki} + \varepsilon, i = 1, 2, \cdots, n$$

式（7-2）

$$Y_2 = \beta_0 + \beta_1 X_{1i} + \beta_2 X_{2i} + \cdots + \beta_k X_{ki} + \varepsilon, i = 1, 2, \cdots, n$$

式（7-3）

$$Y_3 = \beta_0 + \beta_1 X_{1i} + \beta_2 X_{2i} + \cdots + \beta_k X_{ki} + \varepsilon, i = 1, 2, \cdots, n$$

式（7-4）

其中，Y_1、Y_2、Y_3 是被解释变量，分别为小农户家庭总收入、小农户家庭农业收入和小农户家庭非农业收入。k 为解释变量的数量，β_j（$j=1,2,\cdots,k$）称为回归系数。

四、结果解读

（一）人力资本变量对小农户家庭收入及农业现代化的影响

一是户主年龄对小农户家庭收入及农业现代化的影响。户主年龄对于家庭总收入和非农业收入具有显著的负向影响，对农业收入具有显著的正向影响。小农户家庭户主多为一个家庭的重要劳动力，相对于其他家庭成员而言，他们拥有着更高的劳动生产率，但随着年龄增加，身体素质下降，导致其外出务工机会减少，所获得的非农收益也随之降低，但对于农业生产而言，一方面，随着部分户主年龄增长，他们不再从事高强度的外出务工体力工作，而回归田地，积极参与农业现代化进程，增加农业产出；另一方面，随着山区现代化农业生产方式的发展，相对传统的人力劳动方式，生产效率提升的同时对于劳动者身体素质的要求也会下降，所以导致户主年龄对于农业收入具有正向影响，因此这也可以证明典型区域年龄较大的小农户户主是农业现代化的受益者。

二是户主受教育程度对小农户家庭收入及农业现代化的影响。总体来看，调研地区小农户主受教育程度对家庭总收入、农业收入以及非农业收入均有显著正向影响，回归结果分别为 0.048、0.177、0.084，其中受教育程度对农户农业收入的影响最大，这可能是因为现代农业生产对小农户文化水平要求越来越高所致，这也从侧面说明受教育程度越高的农民越容易参与到农业现代化进程中，并且获益。

三是家庭人口数量对小农户家庭收入及农业现代化的影响。该变量的回归结果分别为 0.197、0.226、0.198，所以家庭人口数量对于家庭总收入、农业收入和非农业收入产生的显著影响均为正向，人口越多的家庭较大概率上意味着家庭劳动力也更多，无论是对于农业收入还是非农业收入而言，人口的增加，都能够创造更多的收入，但相对而言，家庭人口数量对家庭农业收入的影响最大，这也就意味着如果有越来越多的小农户家庭人口参与农业生产，那么就能为实现川陕革命老区典型区域农业现代化作出更大贡献。

四是是否接受过技能培训对小农户家庭收入及农业现代化的影响。如表 7-7 所示，该影响因素的回归结果分别为 0.163、-0.489、0.196，这意味着接受过技能培训对家庭总收入、农业收入和非农业收入的影响均不显著，且对农业收入的影响为负向影响。这个结果与常理明显不相符，按现有认知，小农户接受技能培训可以提升自身素质以及获得更高效的种植技术或是其他的技能，进而增加家庭收入，但模型分析结果却并非如此，这可能是由于两方面的原因，一是相关活动的培训方案不切合调研地区小农户家庭实际情况，二是当地小农户受教育水平程度本身就低，导致其自身接受知识技术的能力不足。当然，这也从另一方面说明川陕革命老区典型区域需要进一步加大小农户技术培训力度，特别是要帮助小农户们掌握先进的农业生产技术，以提高小农户收入，助推当地农业现代化水平提升。

（二）土地资本变量对小农户家庭收入及农业现代化的影响

一是家庭耕地面积对小农户家庭收入及农业现代化的影响。从回归结果看，家庭耕地面积对家庭总收入和农业收入具有显著正向影响，回归系数分别是 0.007 和 0.015，符合常理。但对非农业收入的影响不显著，特别是家庭耕地面积多的家庭，需要在农业生产上投入更多的人力物力，由此将劳动力限制在创造农业收入上，而致使外出务工获取非农业收入的可能性降低，这也反向证明了家庭耕地面积对于小农户农业收入及农业现代化的重要性。

二是设施农业占地面积对小农户家庭收入及农业现代化的影响。如表 7－7 所示，该变量的回归结果分别为－0.208、1.330、－0.556，其中设施农业占地面积对农业收入具有显著的正向影响，对家庭总收入和非农业收入具有负向影响，这是因为拥有设施农业，可以帮助调查地区小农户家庭通过土地资源获取更多农业收入，是当地农业现代化水平的反映，但是该地区小农户受制于受教育程度以及地理环境等因素影响，致使其设施农业后期维护以及前期修建都需要人力物力的耗费，所以设施农业占地面积对于农业收入产生正向影响，对于家庭总收入和非农业收入产生负向影响。

三是耕地总体质量对小农户家庭收入及农业现代化的影响。回归结果表明耕地总体质量对农业收入具有十分显著的正向影响（回归系数是 0.907），对家庭总收入和非农业收入的影响不显著，回归系数分别为 0.070 和 0.085，可能的原因是耕地总体质量越好，小农户家庭从耕地获得的产出更高，从农业生产中所获得的效益更高，所以对农业收入有显著的正向影响，毕竟良好的耕地质量是提升农业现代化水平的基础之一。当然耕地质量所增加的效益相较于总体收入而言还是较小，所以对家庭总收入的影响不显著。

（三）国家政策环境变量对小农户家庭收入及农业现代化的影响

一是是否享受惠农政策对小农户家庭收入及农业现代化的影响。如表 7－7 所示，该变量的回归结果分别为 0.589、－2.562、3.215，这即表明享受惠农政策对家庭总收入、农业收入的影响并不显著，但对于非农业收入具有显著的正向影响，原因可能是惠农政策可以带来转移性收入，从而使小农户家庭的非农业收入增加，但在家庭收入结构中所占比重较小，对于家庭总收入的增长影响不明显。这也说明在川陕革命老区典型区域，惠农政策对当地农业现代化的助推作用不大。

二是田间道路状况对小农户家庭收入及农业现代化的影响。调查区域的田间道路状况对农业收入具有较为显著的正向影响（回归系数为 0.089），对家庭总收入和非农业收入的影响不显著。田间道路状况作为农村基础建设政策的代表变量，基础建设的优化能够在一定程度上改善小农户家庭的生产经营环境，提高小农户家庭的生产积极性，所以对农业收入会产生显著的正向影响，有助于农业现代化的实现。

三是对已参保险的满意度对小农户家庭收入及农业现代化的影响。农户的参保满意度对家庭收入的影响不能一概而论，回归结果表明对已参保险的满意度对家庭总收入和非农业收入的影响均不显著（回归系数分别为 0.086 和 0.037），但是对于农业收入具有显著的正向影响（回归系数是 0.632），原因可能是小农户家庭主要参与的保险是医疗保险、养老保险和农业保险，而前两种保险在调节收入分配方面都发挥了一定的作用，但它的调节作用在城市地区才较为明显，而农业保险在缓解家庭收入压力方面实现较快，对于小农户家庭而言更为明显，是小农户应对农业生产风险的重要保障，也是助推农业现代化的重要路径。

四是加入合作社的意愿对小农户家庭收入及农业现代化的影响。从回归结果看，加入合作社对家庭总收入和非农业收入的影响不显著，但对农业收入却具有显著的负向影响（回归系数是－0.444），这不合常理，可能是由于典型区域的农村社会专业合作社发展程度不高，发展水平参差不齐，对于小农户家庭的增收效果并不明显，也不利于当地农业现代化的实现。

（四）家庭金融变量对小农户家庭收入及农业现代化的影响

一是是否拥有存款对小农户家庭收入及农业现代化的影响。拥有存款是一个家庭经济实力的重要表现，本研究的回归结果证实了一些学者的观点，即拥有存款对于家庭总收入和非农业收入具有积极影响（回归系数分别是 0.600 和 0.555），对农业收入的影响不显著（回归系数是－0.977）。金融发展与居民财产性收入增长之间存在正向关系，所以存款能够有效地促进小农户家庭的非农业收入和总收入的增长。按照传统思维，小农户在获得收益后更多的会将其用作存储或是其他投资，而不是着眼于扩大农业生产，所以是否拥有存款对于农业收入的影响并不明显。因此，从提高小农户农业收入，提升农业现代化水平出发，就应该鼓励小农户将存款更多用于扩大农业生产。

二是是否拥有贷款对小农户家庭收入及农业现代化的影响。如表 7－7 所示，该变量的回归结果表明拥有贷款对非农业收入具有消极影响，对家庭总收入和农业收入的影响不显著。这个结果与现实认知并不一致，一般认为增加资金借贷对于提高小农户家庭收入具有重要意义，但是模型也不存在多重共线性的情况，可能存在的原因是部分被调查者对于家庭借贷情况较为避讳，不愿告知真实情况。

三是收入用于储蓄的比例对小农户家庭收入及农业现代化的影响。该变量的回归结果表明其与拥有存款对小农户家庭收入的影响是一致的，即收入用于储蓄的比例对于家庭总收入和非农业收入具有显著的正向影响（回归系数分别是 0.087 和 0.096），但对农业收入的影响并不显著（回归系数是 0.046）。收入用于储蓄的比例越大，存款本金余额越多，小农户家庭从中获取的财产性收入越多，使得非农业收入和家庭总收入增加，因此该变量与小农户家庭农业收入及农业现代化的关系不大。

（五）农业科技变量对小农户家庭收入及农业现代化的影响

一是当前农业种植形式对小农户家庭收入及农业现代化的影响。如表 7－7 所示，该变量的回归结果分别为 0.100、0.597、0.187，这表明当前农业种植形式只对农业收入具有较为显著的正向影响，而对于家庭总收入和非农业收入而言，并没有显著影响。为此，也可以认为，通过改进典型区域农业的种植形式，能够促进小农户农业收入增加，大幅提高农业生产效率，加快农业现代化进程。

二是如何看待"测土配方施肥"对小农户家庭收入及农业现代化的影响。如表 7－7 所示，如何看待"测土配方施肥"变量对于家庭总收入的回归系数是 0.128，具有显著的正向影响；对于农业收入的回归系数是 0.010，也具有显著的正向影响；但是对于非农业收入的影响不显著（回归系数为 0.194）。测土配方施肥作为基础的科学选肥技术，它的运用能够很好地配合土地特点，因地制宜，提高土地产出，增加小农户家庭的农业收入，自然也就促进总收入增加。所以要进一步提高川陕革命老区典型区域"测土配方施肥"能力，这也是农业现代化水平的重要体现。

三是是否了解现代种子选育技术对小农户家庭收入及农业现代化的影响。现代种子选育技术是农业发展的关键，0.133 的回归系数说明了育种技术变量对农业收入具有正向影响，但是对于小农户家庭总收入和非农业收入的影响都不显著（回归系数分别是－0.017 和－0.007）。回归结果也证实了育种选种作为农业生产的第一步，可以说是较为重要的一环，使用科学选种育种方法，可以更好地开展农业生产，提升土地单位产出，增加农业收入。诚然，这也是农业现代化的应有之义。

表 7-7   回归分析系数表

变量	收入分类		
	家庭总收入	农业收入	非农业收入
户主年龄	-0.016***	0.040***	-0.027***
	(0.003)	(0.013)	(0.005)
户主受教育程度	0.048**	0.177**	0.084***
	(0.022)	(0.089)	(0.035)
家庭人口数量	0.197***	0.226**	0.198***
	(0.026)	(0.102)	(0.040)
是否接受过培训	0.163	-0.489	0.196
	(0.118)	(0.475)	(0.183)
家庭耕地面积	0.007***	0.015**	0.002
	(0.001)	(0.006)	(0.002)
设施农业占地面积	-0.208*	1.330**	-0.556***
	(0.116)	(0.537)	(0.178)
耕地总体质量	0.070	0.907***	0.085
	(0.046)	(0.185)	(0.072)
是否享受惠农政策	0.589	-2.562	3.215***
	(0.693)	(2.770)	(1.070)
田间道路状况	0.190	0.089**	0.040
	(0.091)	(0.364)	(0.140)
已参保险满意度	0.086	0.632***	0.037
	(0.059)	(0.236)	(0.091)
加入合作社意愿	-0.037	-0.444**	-0.002
	(0.047)	(0.187)	(0.072)
是否拥有存款	0.600*	-0.977	0.555***
	(0.136)	(0.544)	(0.210)
是否拥有贷款	-0.114	0.137	-0.309*
	(0.109)	(0.436)	(0.168)
收入用于储蓄的比例	0.087*	0.046	0.096*
	(0.033)	(0.134)	(0.052)
当前农业种植形式	0.100	0.597**	0.187
	(0.065)	(0.261)	(0.101)
如何看待"测土配方施肥"	0.128*	0.010*	0.194
	(0.048)	(0.193)	(0.074)

（续）

变量	收入分类		
	家庭总收入	农业收入	非农业收入
是否了解现代种子选育技术	−0.017 （0.036）	0.133* （0.145）	−0.007 （0.056）
常数	9.492*** （0.845）	5.241 （3.379）	8.036*** （1.305）
样本数（n）	475	475	475

注：***、**、*分别代表在1%、5%、10%的水平上显著。

第四节　研究小结

农户增收是农业现代化的结果，我们可以用农户增收来反映农业现代化的发展程度。不少学者的研究表明制度政策、人力资本、教育投资、农业经营模式、农村金融发展、自然与气候等都能够对农户收入产生重要影响。

通过对川陕革命老区展开全区域实证分析，可以发现人力资本、土地资本、农业机械、基础设施、农业信息、农业科技等是影响小农户收入、农业现代化的重要因素。

使用四川绵阳、南充和陕西汉中三地的实地调查数据，通过对小农户家庭收入的影响因素进行探讨，运用多元线性回归模型对不同类型收入的影响因素进行实证分析，也能够得出如下结论：第一，户主受教育程度、家庭人口数量、耕地面积、有无存贷款、收入用于储蓄的比例以及选肥技术等是影响小农户家庭总收入提高最为重要的因素；第二，户主年龄、户主受教育程度、家庭人口数量、家庭耕地面积、设施农业占地面积、耕地总体质量、田间道路状况、社保机制、种植形式、选肥技术以及育种技术等是影响小农户家庭农业收入及农业现代化提高最为重要的因素；第三，户主受教育程度、家庭人口数量、惠农政策、有无存款以及收入用于储蓄的比例等是影响小农户家庭非农业收入提高最为重要的因素。

第八章

川陕革命老区小农户与农业现代化有机衔接逻辑

面对长期以来形成的"大国小农"现实国情，实现小农户与农业现代化接轨已经成为做强做大农业的必要条件，也构成了整个国民经济发展的现实基础，与此同时，在现代化发展新形势下，要让小农户转变落后理念、拓宽经营发展思路、提高农业生产力水平，也必须通过全方位地促进小农户与农业现代化有机衔接来实现。目前，中国特色社会主义的现实发展要求以及新时期乡村振兴战略的实施，已经把小农户纳入到农业现代化进程中，但是，近些年来小农户在参与农业现代化进程中也面临着许多现实复杂难题，其与农业现代化的有机衔接也成为战略目标实现的紧迫现实问题。

本章基于发展经济学范式，探索小农户与农业现代化衔接的必要性、可行性等逻辑问题，基于川陕革命老区问卷调查与实地考察，以川陕革命老区小农户对与农业现代化进行有机衔接的意愿为衔接逻辑起点，以小农户对其与农业现代化有机衔接的感性认识为逻辑主线，开展实证分析，旨在为川陕革命老区小农户与农业现代化有机衔接，提供理论支撑。

第一节 有机衔接的逻辑依据

一、有机衔接背景

（一）"三农"问题的重要性

为什么要推进小农户与农业现代化有机衔接，是由于"三农"问题始终是我国面临的一个基本问题，而这一问题反映的却是多方面多层次的问题。既反映土地产权问题，又反映行政权模糊及城乡发展不均衡的矛盾。其中"三农"

220

问题的关键问题在于农民问题，由于农业效益较低，农民不得不背井离乡，使土地变得荒废，这些现象反映的都是"三农"问题中的农民问题。农民最关心的核心问题是收入，增加农民收入是农业产业发展的根本，当前实现小农户与农业现代化有机衔接可以提高农民收入，可以为解决"三农"问题打下坚实的基础。

（二）乡村振兴战略的提出

党的十九大报告提出了乡村振兴的战略部署，在乡村振兴战略背景下，农户与小微企业是从传统农业转向现代化农业的重要主体，是农村经济发展的主力。乡村振兴意味着农村农业的各个方面都会得到改善和扶持，特别是会得到资源的倾斜，这为小农户有机衔接农业现代化建立了坚实的基础，让小农户在当前大的改革时代背景下融进发展的道路，走向与现代化农业相结合的道路。且乡村振兴的核心还是小农户问题，解决好小农户问题才能带动农业产业发展，形成"以农促农"的积极现象。处于时代背景之下，当前的政策大力支持小农户与农业现代化有机衔接。

（三）国家支持小农户发展

政府为扶持小农户，提升小农户转型成长的能力，加快推进农业农村现代化，出台了《关于促进小农户和现代农业发展有机衔接的意见》（以下简称《意见》），通过政策支撑，让新型农业经营组织带动小农户，让农村领路人带领小农户发展，跟上现代农业的步伐，逐渐改变过去的传统生产方式，且引入现代化的农机具、适用技术等，让小农户的经营水平显著提高。《意见》的出台也给小农户吃了定心丸，有了国家的政策支持，小农户可以安心转型，向农业现代化迈近。

（四）中国特色农业现代化的必然选择

新中国成立以来，一直积极探索中国特色农业现代化道路。中国特色农业现代化是指具有中国特色的农业生产条件现代化、农业生产组织社会化、农业生产技术科学化和农业生态环境可持续化的道路。与此同时，基于中国特殊的人多地少，土地分散不均的国情，中国特色农业现代化还是小农户的现代化，在小农经济依然旺盛的情况下，中国特色农业现代化道路是以适合小农经营为主的改造道路，小农户与农业现代化有机衔接是中国特色农业现代化的必然选择。

二、有机衔接意义

（一）有助于转变小农户思想观念

目前我国某些农村地区发展滞后，农民老龄化程度较高，缺少现代化农业种植技术及相关科学常识，思想相对保守，不愿接受现代化农业知识变革，与农业现代化接轨的意愿不足。而在与中国式农业现代化有机衔接的过程中，有专业人员点对点扶持，不断加强推广宣传，不断普及文化常识，积累成功经验，有利于小农户转变思想观念，提高对新事物的接受能力，从而充分调动积极性，更好地发挥优势及经验，以助推其解决目前发展中面临的问题。

（二）有助于改变小农户生产方式

长期以来，传统小农户以家庭为单位进行生产经营。在中国式农业现代化进程中，生产技术性等问题增多是一般小农户在进行日常生产经营中要面临的，越来越多的问题难以由单个家庭或一个小集体解决，目前的生产方式也难以适应经济高速增长的要求。而推动小农户与中国式农业现代化有效衔接后，通过技术手段、专业机械化设备的使用以及专业人才的帮扶等手段可以有效节约成本、提高生产能力与效用。另外也能推动农业生产性服务业的发展，解决普通小农户适应市场困难、信息不对称等普遍存在的问题。有助于将个体小农户的小生产与农业现代化大生产进行有效融合、改变传统的低效落后的生产方式，建立起一个以家庭为基础的专业性现代农业经营的业务系统。

（三）有助于促进小农户经济状况改善

农业是我国经济发展的命脉，而小农户则是农业高质量发展的重要参与者，在推动经济平稳运行以及国民经济发展中起着不可估量的作用。小农户作为中国农业农村发展占比最高的经营主体，其增产增收是促进整个农业农村发展的必要前提，然而单个小农户具有以家庭经营为主，生产规模小、土地面积有限、农作物自然生产周期长以及农业技术机器设备落后等特点，这就导致其抗风险能力较差，效益低产量少且成本高。而要有效解决上述问题就要促进小农户与中国式农业现代化进行有机衔接，充分利用有利的政策导向、现代化的基础设施、相对完善对称的市场信息、极具竞争力的科技支撑以及独特的现代化运营模式去解决目前出现的问题，激发内生活力，实现增产增收，从而有效改善现有经济状况。

（四）有助于农村稳定和谐

小农户与中国式农业现代化有机衔接能为农村的和谐做出贡献：一是能引导小农户转型成长，提高小农户农业生产竞争力，促使他们的生活在衔接过程中得到改善，这对农村社会和谐稳定也有着不可言喻的重要意义。二是在衔接过程中强化了小农户的幸福感，因为如果小农户自己单打独斗，与现实社会及现代农业农村发展不能有效接轨，其自身容易遇到很多不能解决的困难，就很难有较强的幸福感，而通过实现小农户与中国式农业现代化有机衔接，能够使小农户有机融入现代农业农村发展中，而不至于脱离现实，从而提高小农户的幸福指数，促进农村的和谐稳定。

（五）有助于避免农村内部贫富差距拉大

随着国家大力实施各项惠农政策，城乡收入差距逐年缩小，但是由于自身基础和能力问题，大农户、小农户、村干部等不同农业参与主体从国家惠农政策中获得的利益大小却不一样，从而导致许多农村内部出现发展不平衡的现象，并形成恶性循环，内部贫富差距越来越大。因此，实现小农户与中国式农业现代化有机衔接，不仅为小农户提供实现自我价值的途径，尽快实现农业现代化，还能缩小农村内部的贫富差距。总体来讲，小农户与中国式农业现代化有机衔接后，会让小农户与互联网有效接轨，更快适应当前农户产品的购销模式，从而增加山区小农户收入，进而逐步缩小农村内部贫富差距。

（六）有助于减少阻碍现代农业发展的因素

阻碍现代农业发展的因素既与小农户自身素质和意识有关，也与农村基础设施及条件相关。小农户受自身知识水平与行为习惯的影响，部分小农户生态环境保护意识相对薄弱，在生产中更注重生产的便捷、收入的增加，从而忽视了农业生产过程中的环境保护问题，以及现代农业发展所需要的人才、资金、技术等一系列问题。就小农户而言，在推动其与中国式农业现代化衔接过程中，小农户自身发展意识与能力得以提高后，能够在农业生产、经营等各个环节更好地融入现代农业发展理念，同时亦可带动小农户进入现代农业大循环圈，助推农业可持续发展。另一方面，小农户得以和中国式农业现代化有机衔接之后也会带动农村基础设施与条件的改善（例如农户家庭的网络通达情况、农村交通便利程度、农耕技术等），使得小农户在发展现代农业时有了坚实的保障。因此，小农户与中国式农业现代化的有机衔接会减少阻碍现代农业发展的因素。

三、有机衔接迫切性

（一）大国小农的基本国情和农情未变

我国是一个有着悠久农耕历史的农业大国，早在黄帝尧舜禹时期就出现了小农，我国又是一个人口大国，农民所占比例大，这种基本国情决定了小农户经营是一种能够适应我国农业发展的生产模式。另外，拥有不到 2 公顷耕地面积的小农户将在很长一段时间内占据我国农业生产主体的绝大多数，因此，人多地少的基本农情，也决定着小农户经营方式在未来很长一段时期内不会发生变化。在我国基本国情和农情短时间内难以改变的情况下，实现小农户与中国式农业现代化有机衔接就显得十分迫切。

（二）小农户是农业现代化的组织基础

党的十九大提出：要把培育新型农业经营主体视作实现小农户和现代农业有效衔接的重要纽带。其中，新型农业经营主体主要为专业大户、家庭农场和农民合作社，他们是中国式农业现代化的重要参与者、贡献者和引领者。小农户通过提升规模化、专业化、现代化水平可以转变为专业大户；小农生产的专业化、组织化、市场化模式是家庭农场；小农户与小农户之间的有效合作桥梁是农民专业合作社。并且，小农户在发展过程中自身也存在对大市场的适应性及可塑造性。由此可知，我国农业生产的基本面脱离不了小农生产，小农户依然是我国农业现代化的组织基础，如果小农户发展面临困境，新型农业经营主体就会受到不同程度的影响，农业现代化步伐也会受到阻碍，这也就表明了小农户与中国式农业现代化有机衔接的迫切性。

（三）传统小农户难以适应日新月异的农业现代化

小农户融入现代化是当务之急，同时也是实现农业现代化的迫切要求。根据相关部门估算，2020 年，大约 2.2 亿户小农户经营的土地规模仍然少于 50 亩，其比例约为所有农户的 80％；到 2030 年为 1.7 亿户，其比例约为所有农户的 70％；直至 2050 年也还有大约 1 亿户，此时其比例约为所有农户的 50％。因此，小农户依旧在我国农业生产经营中处于核心地位，然而农业现代化需要的是现代小农，而非传统小农，小农户的现代化就是我国目前农业现代化的发展中心，为此，有必要通过实现小农户与中国式农业现代化有机衔接，来促进小农户向新型农业模式靠拢，变革小农户那些不适应农业现代化的生产形式以及自给自足模式，最终达到减少传统小农户的目的。

四、有机衔接必要性

（一）实现国家乡村振兴战略目标的需要

习近平总书记在党的十九大报告中指出："要坚持农业农村优先发展，按照产业兴旺、生态宜居、乡风文明、治理有效、生活富裕的总要求，建立健全城乡融合发展体制机制和政策体系，加快推进农业农村现代化。"这句话是对乡村振兴战略内涵的高度概括，其中，"加快推进农业农村现代化"是国家实施乡村振兴战略的目标。早在 2017 年中央农村工作会议上，习近平总书记就提出："要实施伟大的乡村振兴战略，必须深化农村供给侧结构性改革，发展壮大新型现代化农业的经营主体，建立新时代的农业体系，促进小农户与现代农业发展的有机衔接。"在这里，习近平总书记明确提出了小农户问题。要知道，建设现代化农业强国的重要支撑是小农户由传统生产向现代化生产发展，而乡村振兴战略要想成功实施，就要大力推动作为内在基础的小农户有效衔接融合好中国式农业现代化，若小农户目前的局限性无法得到有效改善，整体效益无法提高，便没有乡村的整体振兴，乡村振兴在一定程度上也是小农户的振兴。

（二）促进农业农村发展的需要

在科学技术日新月异发展以及全球化趋势不断加强的大背景之下，农产品价格要素也随之发生变化，农业农村发展的固有优势逐渐消失，农村经济、社会、文化等各个方面都面临着发展瓶颈。而小农户作为农业农村发展主体，却一直会长期存在，因此如果没有有效机制促进小农户与中国式农业现代化进行有效衔接，那么农业农村的劣势就会一直是劣势，农业产业整体的生产效率与收益必然难以得到提高，与现代化科学生产体系、全球化趋势以及大市场环境的矛盾也会持续加深。因此，促进小农户与中国式农业现代化衔接是有效促进农业现代化的必要条件。

（三）小农户进行现代化改造的需要

小农户是农业生产不可或缺的组成部分。根据舒尔茨的人力资本理论可知，小农户是潜在的人力资本，只要对小农户进行专业化培训，他们将会在中国式农业现代化过程中展现不一样的色彩。他同样指出，要把现代农业要素引入到传统农业生产中，尤其要重视小农户自身的提升和积累，这是传统农业转型的关键。现代小农与传统小农已不可同日而语，是新时代小农。实现小农户与中国式农业现代化有机衔接，至少可以在以下几个方面取得进步：第一，优化传统生产经验。经过几千年历史的洗礼，小农户积累了丰富的农耕经验，通过与农业现代化衔接，可以使传统生产经验得到优化。第二，知识水平的持续提高。通过与农业现代化衔接，现代小农不再满足于仅从生产中取得收获，也会积极主动参与技术性的培训和学习，不断接受新知识的能力得以提高。再者，使用新生产要素的能力不断增强。通过与农业现代化衔接，会使小农户具备紧跟现代化不掉队的能力。为此要实现上述几个方面的进步，达成小农户现代化改造目标，就需要实现小农户与中国式农业现代化有机衔接。

五、有机衔接可行性

（一）十九大政策大力支持

稳定有序的乡村社会和精耕细作的小农生产，构成了中国农村独特的社会形态和生产方式。在推进中国式农业现代化的过程中，如何保证小农户不掉队？中共中央办公厅、国务院办公厅发布了《关于促进小农户和现代农业发展有机衔接的意见》（以下简称《意见》）。《意见》提出"农业农村现代化离不开小农户的现代化"，明确在鼓励发展多种形式适度规模经营的同时，要加强针对小农户的社会化服务，进一步完善面向小农户的扶持政策，积极把小农户纳入现代农业发展轨道。《意见》指出，坚持农业生产经营规模宜大则大、宜小则小，坚持小农户家庭经营为基础与多种形式适度规模经营为引领相协调，充分发挥小农在乡村振兴中的作用。《意见》就扩大小农户收入，提高小农发展能力提出了多方面的要求。例如，大力拓展农业功能，促进农业与生态、文化、旅游等产业深度融合，让小农户充分共享二、三产业的增值效益；积极发展农业生产性服务业，推进农业生产信托服务等。在金融、财政、土地等方面，《意见》还明确了其他配套政策，包括建立健全农村土地承包经营权登记制度，为小农户"确实权、颁铁证"等。上述这些政策都为小农户有效参与农业现代化进程，有机衔接中国式农业现代化提供了有力的政策支持，使得两者有机衔接成为可能。

（二）创新创业教育日益深入

实现中国式农业现代化的关键是小农户知识水平和技术素养的提高，而要培养具备农业现代化知识和技术的小农户就需要对其加强创新创业教育。按照"科教兴农、人才强农"的要求，2014 年农业部正式启动实施农民培育工程，2015 年开展实施推进农民创业创新行动计划，2017 年农业部下发了《关于进一步加强农民创业创新服务工作的通知》。2020 年农业农村部出台的《关于做好 2020 年高素质农民培育工作的通知》也明确提出要进一步深入实施"双百计划"，打造 100 所人才培养优质校，推进 100 万乡村振兴带头人培养，推动农民教育提质增效。"十三五"以来，农业农村部联合财政部以提升农民生产经营水平和综合素质为宗旨，累计投入 91.9 亿元，持续推进高素质农民培育工作，做好农民后续发展服务，重点是围绕当地主导特色产业，推进分层分类分模块按周期培训，累计培育各类型农民超过 400 万人。上述措施为小农户成长提供了大力支持，使得小农户主动融入中国式农业现代化，有机衔接中国式农业现代化成为可能。

（三）机械化发展到了一定程度

农业机械化和农机装备是提高农村生产力的重要载体、是转变农业发展方式的重要支撑、是实施乡村振兴战略的重要基石，是实现中国式农业现代化的重要基础。没有农业机械化，就没有农业农村现代化。党的十八大以来，我国农业机械装备行业和农业机械化一直保持着快速发展势头。2017 年，有 2 500 余家规模以上农机企业，其主营业务收入近 4 500 亿元；全国农作物种植和收获综合机械化率超过 66%，农业机械总功率达 9.88 亿千瓦。据 2019 年统计，我国专业农机户有 500 多万户，农机合作社等社会化服务机构约 20 万家，每年累计经营服务面积超过 40 亿亩。农业农村部鼓励农机服务主体与普通小农户、大农户、家庭农场、农业企业建立联盟，为所有生产主体提供全流程、全要素的机械化服务，促进农具共享，互利共赢；同时加快"互联网＋农机作业"的应用，推动农机服务延伸至全产业链和生产全过程。为此，农业机械化发展为小农户与中国式农业现代化进行有效衔接提供了可行的技术支撑。

（四）新装备和新技术被推广应用

新时代进行现代化农业生产的前提和基础是现代装备和现代技术，小农户最快速有效衔接中国式农业现代化的方式之一就是将原有的小农生产方式转变为使用现代装备和先进现代技术的现代化农业生产。因此，新技术推广程度，以及小农户对新技术的接受程度、对使用新设备的接受程度就显得十分重要。根据相关问卷调查发现，绝大多数的小农户都意识到新技术和使用新设备对农业发展起着非常重要的作用，并且在自身条件允许的情况下愿意接受新技术和新设备。这表明小农户是能够接受新技术与新装备推广使用的，这也体现了小农户与农业现代化有效衔接的可行性。

（五）农业社会化服务体系的成熟完善

完善的农业社会化服务体系，能够为小农户提供农业信息、农产品流通、农业生产、农业保险以及农业技术创新与推广等服务，是中国式农业现代化的必然要求。为进一步提高农业社会化服务水平，增强服务能力，更好地引领小农户转型成长和农业现代化发展，2021 年，农业农村部发布《关于加快发展农业社会化服务的指导意见》，把大力发展多类型、多层次、多元化的农业社会化服务，形成一个组织结构合理、服务行为规范、服务能力强、专业水平高、全产业链覆盖的农业社会化服务体系，作为全面推进乡村振兴、加快推进农业农村现代化的一个重要任务。上述促使农业社会化服务体系成熟完善的措施，也将进一步助推小农户更好地和中国式农业现代化相衔接。

（六）农业信息化顺利推进

随着信息科技的发展，信息技术在农业农村的应用也在不断创新与推广。尤其是近些年由农业农村部着力推动的农业农村电子商务、信息进村入户工程等都取得了喜人的成绩，早在 2017 年 9 月底，全国共建成运营 73 865 个益农信息社，开展便民服务 1.97 亿人次，为农民和新型农业经营主体提供公益服务 1 634 万人次，累计培训村级信息员 40.8 万人次，实现电子商务交易额143.3 亿元。事实上，小农户生产经营只要能融入信息化大世界，就可以通过"乡村数字大脑"线上购买农业生产资料、及时打通销售环节，这可以很好地克服传统农户生产成本大、信息封闭的缺点，使小农户更加符合现代农业生产的发展要求，进而更好更快地融入农业现代化进程中。

第二节　有机衔接机理

在实现中国农业现代化的道路选择上，很多人有一些片面观点：一是认为小农生产的存在是中国农业生产落后的主要原因；二是认为凡是从事小农生产的农民就是小农；三是认为所谓农业现代化就是对中国小农生产的现代化改造。这种片面观点主要有两个理论上的缺陷，首先是概念内涵界定不清，混淆了小农户和农民的概念；其次是将小农户及其生产方式放在农业现代化的对立面，所以我国要真正走上农业现代化道路，实现小农户与中国式农业现代化有机衔接，首先就要认识小农与农民的关系，其次要厘清小农户与农业现代化衔接的关系。

一、小农户与农民的关系

在中国，很多人认为中国的农民就是小农户，把农民等同于小农户，但实际上两者内涵之间有明显区别。根据马克思主义观点，小农户可以被看作是小块土地所有者和佃户。这块土地既不小于足以养活他的家庭的限度，也不超过他和他的家庭能够耕种的限度。在这个定义中，我们可以发现三种含义：一是小农户可以拥有土地的经营权（佃户）；二是小农户中的"小"主要是指耕地规模小；三是小农户拥有土地的各种权利具有自主性，主要靠自己和家庭的力量来耕种和劳作。因此，我们可以认为小农户一般有四个要素：即是单个家庭、小块土地、自己耕种、自主经营。而根据现代汉语词典的解释，农民是指长期从事农业生产的劳动者，包括专业大户等，很显然农民的界定范围要比小农户的界定范围宽泛得多。因此，我们可以得出一个结论，小农户只是农民的一种类型，是历史的产物，是农民发展的一个阶段和表现形式。

二、正确认识小农户与农业现代化的矛盾性

农业现代化激进主义认为，现有的小农户及小农生产模式是农业生产力落后的象征。只有通过农业生产关系等上层建筑的变革，才能发展农业生产力，缓解农业生产关系中的矛盾。然而在我国农业现代化的实践中，现代小农经济也是始终在发展，小农户与农业现代化之间的矛盾并非不可避免。无论是当代中国农业发展的独有特征，还是农业经济发展的历史实践，都表明农业资本化、农业商品化与以家庭劳动力为主的小农户之间并不必然排斥。

事实上当前小农户的资本投入程度已经相当深，而且现代小农对现代农业技术的运用也在不断增加，这是小农经济在新时代具有韧性的重要体现。如果以资金投入和农业科技应用的程度来衡量，当前的小农户和小农经济模式已经被充分纳入农业现代化进程中，实际上构成了现代农业生产的一部分，完全是现代化农业经营的一种形式。把小农户及小农生产与农业现代化对立起来的观点，实际上是被现有的农业现代化理论和特定国家农业发展的历史经验所误导。从当前的国情和农业条件来看，小农户及小农生产模式是与我国农业现代化发展趋势相适应的，它们不仅是当前农业经营的基础和主流，也将成为未来长期坚持的主动选择。

三、小农户与农业现代化衔接的对立性及统一性

小农户与农业现代化的衔接并不是很多人认为的那样，即小农户与农业现

代化是完全对立的，只要改变小农户的生产方式，就可以迅速实现农业现代化。小农户与农业现代化在有机衔接过程中应该是对立统一的关系，但在现实中，人们更注重两者之间的对立，而忽视了二者的统一。特别是长期以来，我们都是过分强调推进小农生产方式转型，积极改造小农户，而忽视了小农户及其生产方式在与农业现代化接轨过程中的统一性，这也是阻碍我国农业发展的一个重要原因。

（一）小农户与农业现代化衔接过程中的对立性

中国式农业现代化是在不断克服小农生产缺陷的过程中实现的，是伴随着农业生产力不断发展而来的，并非从来就有，因此小农户与农业现代化之间存在着一定程度的矛盾，甚至在某个发展阶段出现激烈对抗，也并不奇怪。从马克思主义的观点来看，一切阻碍生产力发展的方式，都是落后的生产方式，最终都会被与生产力发展相适应的新方式所取代，农业现代化的生产方式就是这种能够适应生产力发展趋势的新型生产方式。由于小农户只在自己的那块土地上主要依靠家庭劳动力进行农业生产，其产品销售也是自主行为，就使得小农户生产的一些局限性与生俱来，主要表现在农业生产经营观念落后、生产工具落后、土地规模小等。现代农业生产则恰恰相反。例如，在土地规模上，所有实现农业现代化的国家都是以土地集中为前提的，在美国，农场平均农地耕种面积高达 4 000 英亩，而直接从事农业生产的人口只有 350 万人，我国则是与之相反，众多农村人口在狭小的耕地面积上从事农业生产，这就限制了现代农业机械的使用，不利于规模化生产。同时，由于受到落后生产工具及小规模生产的限制，我国小农户的经营观念十分落后，缺乏市场化意识，不能适应市场化经济发展，因此农业现代化与小农户及其小农生产是对立和矛盾的，而实现农业现代化就是要克服这些不足。

（二）小农户与农业现代化衔接过程中的统一性

如上所述，农业现代化与小农户及小农生产方式存在着对立性，但二者之间还有统一性。然而，许多人只是片面地强调对立性，而忽视了统一性。任何生产过程的完成都离不开劳动者、生产工具和劳动对象这三要素。就农业生产而言，这三个要素可以转化为农民、农业工具和土地。农业现代化生产与小农户生产的区别，主要就是由于上述农业三要素的配置和要求不同。采用小农生产方式的农民由于生产方式落后，很难实现土地集聚和提高生产效率；同时他们具有强烈的小农意识，有得过且过思想，容易满足现状，不思进取，这在一定程度上制约了农业生产工具的创新。当然，土地规模太小也客观上限制了现代工具的使用，同时又由于土地规模和生产工具的限制，也进一步固化了农民的小农意识。总之，构成农业生产的农民、农业工具和土地三个生产要素是相互制约、相互影响的，而农业现代化生产则是指具有先进生产意识的农民在一定规模的土地上，以现代化手段从事农业生产。

第一，从农民的角度来看，在现代化农业生产和小农生产的三大生产要素中，只有农民具有主观能动性，是有思想的活体，而农业生产工具和农业用地都是为农民农业生产服务的，所以关键是农民。因此由于农民在农业生产中的特殊地位，要实现从小农生产过渡到农业现代化生产，其关键就在于农民的发展。在家庭联产承包责任制下的小农户生产中，农户由于获得了土地经营权，就极大地刺激了他们的生产积极性，而农业现代化生产也离不开农民的农业生产积极性。此外，从小农户的生产目标来看，两者也有共同之处，即农民不管是采取小农生产方式还是从事现代化的农业生产，首先都是为了解决自身的生存问题，然后才是增加收入，改善和提高自身生活水平。

第二，从农业土地角度来看，土地是农业发展极为重要的生产要素，不可或缺，但土地规模大小受自然环境的制约。我国的自然环境是非常复杂的，人们无法改变既有平原又有山地丘陵的自然现状。因此，从这个角度来看，小农生产与农业现代化生产是没有区别的。从生产的角度来看，农地规模大小是区分小农户生产与农业现代化生产的重要媒介，但两者是统一的。对于农业生产来说，并不是土地规模越大就越有利于农业生产，只有与农业生产方式相适应的土地规模才能促进农业生产发展。关于这一点，我们有深刻的历史教训。新中国成立初期，人为地强制集中土地，建立人民公社，极大地挫伤了农民的生产积极性，最终结果是农业发展严重受损。相反，改革开放后实行家庭联产承包责任制顺应了时代要求，得到了农民的拥护，农业走上快速发展道路。实际上，家庭联产承包责任制导致了农民土地细碎化，但我国农业却实现了更大的发展，这充分说明了土地规模从小农生产方式下的小规模到农业现代化生产方式下的大规模是一个渐进的发展过程，不可能一蹴而就，任何超过当时农业发展水平的农业土地规模都是违背经济发展规律的，并不能真正促进农业快速发展。

第三，从农业生产工具来看，农民使用比较落后的农业生产工具是小农生产的一个特征。例如，在我国一些生产力落后地区，农业生产还是采用铁犁、畜力等生产工具，而这种"铁犁牛耕"方式早在我国汉代时就出现了。但是，无论是小农户生产还是现代化农业生产，其生产工具的使用都被两个方面的因素制约着。首先，一个国家的先进农业生产工具能否被生产，与该国工业实力的大小密切相关；另一个制约因素是农民自身是否有能力和意愿购买先进农业生产工具。改革开放以来，我国完善的工业体系能够支撑我们先进农业生产工具的生产，同时我国农民的收入有了很大增长，特别是在国家给予农民农业机械购置补贴和生产补贴的有利条件下，农民购买现代化农业生产工具的积极性大大提高。因此，无论是农业现代化生产方式下的农民，还是小农户生产方式下的农民，他们在农业生产工具这一点上并没有矛盾。

从农民、农业生产工具和农业土地三个方面分析，无论是扩大农业土地规模还是使用现代农业生产工具，都不能背离农民的意愿。只有获得农民的支持，得到农民的拥护，农业现代化才有源源不断的源泉和动力。从这三个方面可以发现，小农户及小农生产方式与农业现代化生产方式有很大的统一性，要根据实际情况推动农业现代化生产方式的建立和发展。实际上，小农户生产与发展农业现代化并不矛盾，小农户生产同样可以与时俱进，实现动态发展，融入农业现代化的进程中。

第三节　有机衔接动力

当前实现小农户与中国式农业现代化有机衔接是繁荣农村经济的重要保证，是乡村振兴的重要基础，是发展现代农业的主要渠道，也是农民增收的重要途径。那么小农户为什么要有机衔接农业现代化呢，这就需要回答小农户衔接农业现代化的动力问题。

一、小农户与农业现代化有机衔接的动力模型构建

（一）动力系统的含义

近年来，对动力系统的研究日益深入，综合来看，我们主要可以从以下几个方面来理解动力系统的含义。首先，动力系统就是"原动力建设"。在这里一些学者主要把动力系统理解为事物发展的动力源有哪些，这些动力源从何而来，如何找到这些动力源等。其次，动力系统是一个合力系统，例如钟睿等（2010）就认为动力系统是由活动整体构建的各种因素、各个子系统组成的，主要表现为支持系统、拉力系统和推力系统。再次，动力系统是一个开放和兼容并蓄的系统，随着经济社会的不断发展以及科学技术和文化的巨大进步，这种动力系统作为一个合力系统将纳入许多新的因素。

（二）小农户与农业现代化有机衔接的动力系统定义

新经济增长理论的观点认为，只有克服回报递减趋势，实现要素回报的递增，才能维持一个经济系统的可持续增长，而要做到这一点，那么找到一个维持可持续增长的发动机就至关重要。但是这个发动机不单是某一个独立因素，也不会是某个点的聚焦，而是依赖各种因素相互作用、相辅相成而形成的动力系统。因为任何形态的经济发展都不可能是一成不变的，而是非线性的、动态的、存在路径依赖的一个多元过程。因此，小农户与中国式农业现代化有机衔接的动力系统，是在于阐述和分析两者有机衔接过程中的各种动力因子和阻力因子的产生和存在机理，以及这些因子是如何作用于两者有机衔接的，并通过这种动力系统，使小农户始终保持旺盛的生命力，拥有强劲的发展力，确保农业现代化有序推进，并且保证小农户与中国式农业现代化有机衔接过程中的各种参与主体都能成为更大的利益获取者。

（三）小农户与农业现代化有机衔接的帆船动力模型

小农户与中国式农业现代化有机衔接是个系统性工程，决定了其衔接过程中必然会受到诸因素的制约与影响，这些诸多因素在不同的层次和维度上以不同的方式存在，并且共同作用于两者有机衔接的全过程，决定着衔接模式和衔

接路径，从而构成了一个结构复杂的系统。为了使研究具有可行性，本书所要研究的小农户与中国式农业现代化有机衔接的动力因素应具有以下特征：一是可获得性，即推动小农户与中国式农业现代化有机衔接的动力因素要能够为小农户及农业现代化所获得或构建。二是高度相关性，即所选择的因素不是孤立元素，所有元素都是小农户与中国式农业现代化有机衔接过程中缺一不可的，并且彼此之间相互依存、相互补充同时又相互作用、相互激励、相互制约。三是动态性，即这些因素不是静止的，它们对小农户与中国式农业现代化有机衔接的影响是变化的、动态的，因此随着条件的变化，这些因素对小农户与中国式农业现代化有机衔接的影响也会有所变化。

需要说明的是小农户与中国式农业现代化有机衔接的动力系统是一个完全开放而非封闭的系统，而要保证系统运行的有效性，就必须从系统之外引入大量的负熵流，才能降低自身的熵增。所以小农户与中国式农业现代化有机衔接的动力系统被嵌入到更为复杂的社会经济发展系统之中，即该动力系统的运行是与社会文化环境系统、政治环境系统和经济环境系统相辅相成、彼此关联的。因此构造模型必须考虑该动力系统的社会文化、政治和经济等外部环境因素。总之，小农户与中国式农业现代化有机衔接的动力系统是一个复杂的系统（图 8-1）。

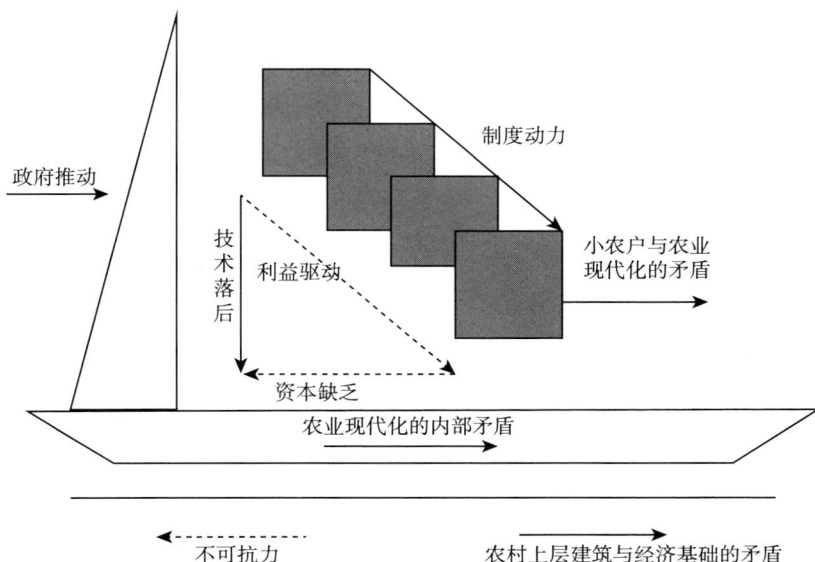

图 8-1　小农户与农业现代化有机衔接的帆船动力模型

二、小农户与农业现代化有机衔接的动力模型解析

针对上述帆船动力模型的解读即对小农户与中国式农业现代化有机衔接动力的构成因素进行分析，如表 8-1 和表 8-2 所示。小农户与中国式农业现代化有机衔接的动力取决于表 8-1 所列的动力因素及表 8-2 所列的阻力因素的合力。必须补充说明的是，影响小农户与中国式农业现代化有机衔接的动力因素众多，本书提出的小农户与中国式农业现代化有机衔接的帆船动力模型，仅仅给出了最为重要的几个影响因素。

表 8-1　小农户与农业现代化有机衔接的帆船动力模型（动力因素）

序号	动力因素	作用机理	描述	对应
1	农业现代化的内部矛盾	核心动力	解决农业现代化的内部矛盾是实现小农户与农业现代化有机衔接的核心因素	引擎
2	小农户与农业现代化之间的障碍	关键动力	解决小农户与农业现代化的矛盾是实现小农户与农业现代化有机衔接的关键因素	舵
3	农村上层建筑与经济基础的矛盾	重要动力	解决农村上层建筑与经济基础的矛盾是实现小农户与农业现代化有机衔接的重要因素	水流
4	利益驱动	内在动力	相关经济主体如无利益需求则难以有序推动小农户主动衔接农业现代化	桨
5	政府推动	外推动力	政府是推动小农户与农业现代化有机衔接向更高层次和更高规模发展的主要因素	帆
6	制度动力	辅助动力	各种形式的非正式制度是小农户与农业现代化能够实现有机衔接的保障性因素	轴带

表 8-2　小农户与农业现代化有机衔接的帆船动力模型（阻力因素）

序号	阻力因素	作用机理	描述
1	不可抗力	动力中断	自然灾害、政府禁令等有可能影响小农户与农业现代化有机衔接的原有进程
2	资金缺乏	动力流失	资金缺乏可能导致小农户与农业现代化有机衔接进程受阻
3	科技落后	动力衰败	农业科技落后可能影响小农户与农业现代化有机衔接的顺利开展

（一）小农户有机衔接农业现代化的动力因素分析

1. 解决农业现代化的内部矛盾是小农户有机衔接农业现代化的核心动力

当前中国式农业现代化所面临的内部矛盾有农业剩余劳动力过多、农业投资不足、以家庭承包经营为主要内容的农业制度与社会化大生产偏离，农业新技术、新产业、新业态大量涌现与新动能点状存在交织在一起，成本不断抬升与农业基础竞争力乏力并存，农村人口老龄化问题日趋严峻与外出劳动力不稳定并存，在新型农业经营主体迅速发展的同时各种软硬配套滞后，农产品相对过剩与短缺交替出现等。解决上述矛盾，都离不开小农户的积极参与，矛盾的彻底解决也需要在小农户实现自身转型成长的过程中实现，只有这样才能更好地提升农业现代化水平，才能使得小农户真正具备核心动力去有机衔接中国式农业现代化，就如同帆船的引擎，具有强大的发动作用。

2. 破除小农户与农业现代化之间的障碍是小农户有机衔接农业现代化的关键动力

推动小农户融入农业现代化整体发展格局，对于强化农业发展转型，建设现代农业产业体系，实现农民增收，都具有重要意义。然而，当前小农户与农业现代化之间还存在不少障碍：一是对小农户及其家庭经营的合理性和长期性存在认识障碍。二是新型农业经营体制下的各个农业相关主体之间存在缺乏合作互动的障碍。三是面向小农户的社会化服务体系存在服务滞后的障碍。上述障碍的存在对小农户有机衔接农业现代化造成不利影响，因此提高对小农户及小农经济的认识，加强涉农主体合作，提高农业社会化服务水平以破除这些障碍，是决定"小农户与农业现代化有机衔接的帆船"能否沉稳掌舵顺利前行不可或缺的因素。

3. 破解农村上层建筑与经济基础的矛盾是小农户有机衔接农业现代化的重要动力

农村上层建筑与经济基础之间的矛盾及其转化是小农户有机衔接中国式农业现代化的重要动力。这种矛盾情况在我国一些农村落后地区经常发生，农民初步温饱之后，存在不思进取、小富即安等情况，这种旧的习惯想法、传统观念意识会束缚农民的手脚，阻碍农民转型成长和农业现代化步伐。需要激励小农户积极进取，转变思想意识，学习先进技术和文化来适应正在变化中的经济形势，从而不仅仅实现农户增收致富，也带动当地农业向前发展。因而我们需要通过解决好农村上层建筑与经济基础的矛盾，即要用思想观念的转变、生活方式的转化和价值观念的更新来提升农业现代化质量，促进小农户与中国式农业现代化有机衔接。

4. 利益驱动是小农户有机衔接农业现代化的内在动力

推动小农户有机衔接农业现代化的内在动力是利益驱动，在这里所谓的利益驱动，是指经济利益驱动，也就是指人们占有和使用生产资料来满足自身生存、享受和发展需要的经济利益动力。如果小农户没有对收入提高的追求，就不会有家庭联产承包责任制的出现；没有对美好生活的向往，就不会出现土地流转，也就不会有农业产业化的浪潮出现，而家庭联产承包责任制、土地流转和农业产业化不仅带来了农民收入的提高和生活质量的提升，也给当地带来了农业丰收。同理，涉农企业的出现，也是一些农业大户和企业家追逐经济利益的产物，而涉农企业在很大程度上提升了小农户与农业现代化进行有机衔接的空间和质量。因此，在小农户有机衔接农业现代化过程中，要保障各市场经济主体的正当利益，并激励其追求合理合法的经济利益。

5. 政府推动是小农户有机衔接农业现代化的外推动力

理性选择学派认为，政府也是"经济人"，会追求自身经济利益的最大化。财政分权化改革后，每一个乡镇政府都处于为县域内的地区生产总值规模增长、人均收入增加、公共产品供给增长、经济社会协调发展等各自利益而进行竞争的格局，因此乡镇政府有促使小农户有机衔接中国式农业现代化的冲动。与此同时，走高层次的民生导向发展之路，以民生引领农业现代化，既是乡镇政府推动农业现代化的灵魂，更是中央政府推动农业现代化的强劲动力。另外就当地政府而言，政绩排位和政治升迁则也是他们努力推动小农户有机衔接中国式农业现代化的一个主要动力。总之政府如风帆般给小农户有机衔接中国式农业现代化以强大的外推动力。

6. 制度动力是小农户有机衔接农业现代化的辅助动力

诺斯教授在《制度变迁与经济增长》一文中指出技术进步、投资增加、专业化、分工等是经济发展本身，而并不是经济发展的原因，诺斯认为经济发展的原因要从造成这些现象的制度因素中去寻找。那么有哪些具体的制度因素呢？诺斯所定义的制度因素主要是社会规范和非正式制度，并且更认为非正式制度才是决定发展中国家能否实现经济腾飞的根本原因。而现实中事实也表明：即使是相同资源禀赋的地区也不会产生相同的农业经济发展速度，即使是相同生产要素的小农户也不会产生一模一样的经济效益。因此，可以认为农业现代化，不仅要从劳动力、生产资料、科学技术等因素中寻找，还必须从非正式制度因素中寻找，比如地域文化特质、社会诚信等。这些非正式制度因素在小农户有机衔接中国式农业现代化过程中起到了"干涸"和"渗透"的作用。所谓"干涸"作用，就是由于非正式制度因素运用不当，就有可能阻碍小农户与中国式农业现代化的有机衔接，就犹如干旱导致植物枯萎。所谓"渗透"作用，就是指只要非正式制度因素运用得当，就能有利于促进小农户与中国式农业现代化有机衔接的顺利进行，所起的作用就犹如雨露滋润着植物生长。这就是同样的生产要素，但不同地域的社会诚信、人情关系、文化特质等，会产生不同的经济效率的重要原因。总之各种形式的非正式制度能够为小农户与农业现代化的有机衔接提供辅助动力，这就好比帆船的轴带可以保障帆船的顺利航行。

（二）小农户有机衔接农业现代化的阻力因素分析

1. 不可抗力有可能导致小农户有机衔接农业现代化过程中断

不可抗力是指不能预见、不能避免且不能克服的客观情况，可以是自然原因酿成的，也可以是人为的、社会因素引起的。不可抗力对小农户有机衔接农业现代化的影响是难以预计的，最严重的后果是致使发生了不可抗力乡镇的农业现代化进程出现中断，甚至是倒退，例如 2008 年发生的汶川大地震致使汶川受灾最为严重，水、电、道路、通信等基础设施全部被毁，工业企业、民房、耕地等都受到严重损害，直接经济损失 45.19 亿元，面对地震这种不可抗力，汶川的农业现代化面临暂缓局面，其发展进程可以说是在一定时期内中断了。如果一个地方农业现代化进程都受到影响，那这个地方的小农户自然也就不能顺利地融入农业现代化进程中来。

2. 资金缺乏有可能导致小农户有机衔接农业现代化的动力流失

资金是经济发展的最基本要素，小农户有机衔接中国式农业现代化也离不开资金支持。当一个地方的小农户与农业现代化有机衔接处于前期探索阶段，如果没有资金支持，或者是找不到资金投入，就会使得探索阶段的衔接意愿得不到充分体现，从而后续的一些衔接目标也就难以实现，那么这个地方的农业现代化就会在探索阶段丧失发展动力。当一个地方的小农户与农业现代化有机衔接在开展初步实施的时候，缺乏资金支持，就有可能使得这个地方的原有衔接计划难以为继，就会影响其农业生产、农业项目等相关经济领域的原有进程，从而导致这个地方的小农户与农业现代化有机衔接速度受到影响，甚至会造成其衔接动力的不断流失。而当一个地方的小农户与农业现代化有机衔接在开展深入实施阶段，没有资金支持时，就有可能面临衔接速度停滞的危险，因为资金的缺乏会使得处于深入实施阶段的小农户与农业现代化有机衔接工作失去维持原有发展速度的动力。

3. 农业科技落后有可能导致小农户有机衔接农业现代化的动力衰败

农业科学技术是农业发展的重要动力。首先从农业与土地的关系看，有些地方的土地贫瘠，是一些盐碱地、涝洼地、红壤低产地、水土流失地，如果农业科技落后不足以对土地进行改造，则难以实现农业现代化水平的提升。其次从农业生产与自然环境的关系来看，农业生产对于自然环境有着高度依赖性，然而大自然却是变化万千的，如果没有先进的农业科技，就会难以通过掌握自然环境的变动规律和运用先进技术来削弱自然灾害的破坏力，就有可能会使得这些地方的农业现代化出现发展动力衰败的趋势。再次有些地方农业是一种粗放形态的农业，这种粗放农业的本质特征在于低水平技术的重复生产，很显然一些还在运用落后技术进行农业生产的地方是很难依靠农业结构调整和集约化生产来提升农业现代化水平的。总之如果农业科技长期落后的话，就有可能致使农业现代化的发展动力日益衰败，小农户也会由于现代化吸引力不足，而逐渐丧失有机融入农业现代化的意愿。

综上所述，农业现代化的内部矛盾、小农户与农业现代化之间的障碍、农村上层建筑与经济基础的矛盾，以及利益驱动、政府推动和环境动力是推动小农户有机衔接农业现代化的动力因素，而不可抗力、资金缺乏、科技落后是阻碍小农户有机衔接农业现代化的主要力量。从上述的小农户与农业现代化有机衔接的帆船动力模型来看，如何加强"引擎""帆""舵""桨""轴带""水流"的合力作用，并且同时弱化各阻力因素将在很大程度上决定小农户能否与农业现代化顺利实现有机衔接。

三、小农户与农业现代化有机衔接的动力演化

小农户与中国式农业现代化有机衔接的动力演化就是指小农户与中国式农业现代化有机衔接过程中，构建一个能够在促使两者衔接已有的动力源基础上，进一步发展和演进其维持两者不断深入衔接的动力系统。由于小农户与中国式农业现代化有机衔接的动力演化是一个复杂的系统，因此研究其动力演化需要从分析该动力系统的内部结构入手，这也是国内许多学者的研究路径。本书从动力演化的一般过程出发，考察小农户与中国式农业现代化有机衔接的动力演化过程，该动力演化过程包括三个部分：即动力生成机制、动力发展机制和动力演进机制，如图 8-2 所示。

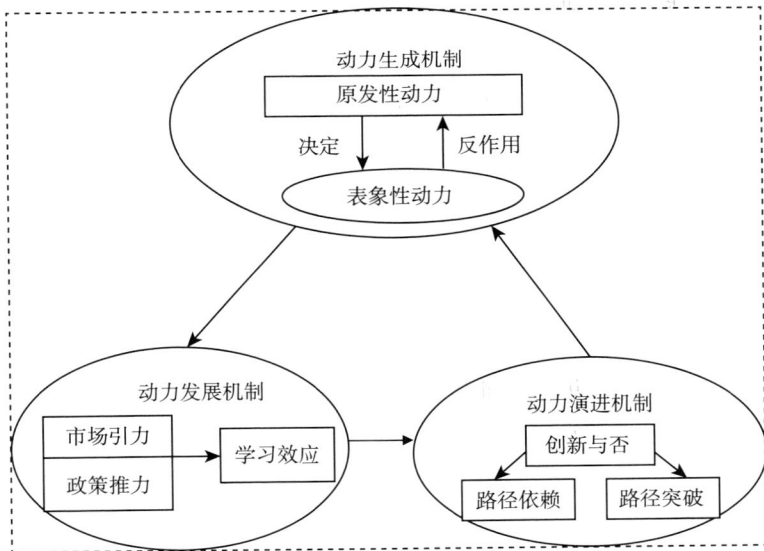

图 8-2　小农户与农业现代化有机衔接的动力演化系统

所有经济学分支都默认人类是理性的"经济人"，他们的发展欲望、利益需要，是经济社会前进的原动力。同样，小农户作为农业现代化的主要参与主体，也是理性的"经济人"，它们也有欲望，有需要，这种需要具体来说就是通过自身充分融入农业现代化进程，实现增收致富和可持续发展，而各级政府也有通过帮助小农户增产增收和提升农业现代化水平来提高政绩的需求和欲

望，因此正是由于小农户和各级政府都有需要，有欲望，于是就产生了对小农户与中国式农业现代化有机衔接的动力源的探索、追求和运用，而小农户和各级政府对小农户与中国式农业现代化有机衔接的动力源的探索、追求和运用过程也就是小农户有机衔接中国式农业现代化的动力生成机制。综合以上分析，小农户与中国式农业现代化有机衔接的动力源包括原发性动力和表象性动力两个维度，其中原发性动力即为农业现代化的内部矛盾、小农户与农业现代化之间的障碍、农村上层建筑与经济基础的矛盾；表象性动力则为利益驱动、政府推动和环境动力。而能否及时高效地解决好农业现代化的内部矛盾、小农户与农业现代化之间的障碍、农村上层建筑与经济基础的矛盾就决定了小农户与中国式农业现代化有机衔接的利益驱动动力、政府推动动力和环境动力的大小；反之，能否妥善把握好利益驱动动力、政府推动动力和环境动力，也能够反作用于农业现代化的内部矛盾、小农户与农业现代化之间的障碍、农村上层建筑与经济基础的矛盾的解决。

动力发展机制是指推动小农户与中国式农业现代化有机衔接并走向成熟的稳定动力机制。一旦形成推动小农户与中国式农业现代化有机衔接的动力源，在政策推力和市场引力的协同作用下，就会产生学习效应，而这将吸引更多的经济主体和经济要素向小农户及农业现代化聚集，这就大大降低了搜寻成本和交易成本，从而有利于小农户转型成长和农业现代化顺利推进，并且使得小农户与中国式农业现代化有机衔接的动力得以持续。

支持小农户与中国式农业现代化有机衔接的动力体系具有开放性，在学习效应的引领下，农业现代化作为一个经济系统能否根据自身需要来消化和吸收外界的创新资源，从而实现经济系统自身创新与否，这对于小农户与中国式农业现代化有机衔接的动力系统能否实现动力演进至关重要。如果能够动态地和外界具有创新性质的能量、信息和物质进行交流，并且加以消化和吸收，那么小农户与中国式农业现代化有机衔接的动力系统就会实现路径突破，演进到更新期；反之会因为动力的不足进入路径依赖的轨道，甚至会陷入动力系统的衰退期。

综合上述分析，小农户与中国式农业现代化有机衔接的路径选择，在于强化表 8-1 所列的动力因素，并弱化表 8-2 所列的阻力因素。由此可以看出，实现小农户与中国式农业现代化有机衔接应通过"聚力""借力""避力"来实现。"聚力"就是要通过激发生产力中各要素的效力，完善生产关系，以及改善农村上层建筑来实现两者衔接的有序开展。为此实现小农户与中国式农业现代化有机衔接过程中应该要不断改进农业生产工具，丰富和改造农业生产对象，提高小农户素质，还要做到及时调整生产关系和上层建筑。"借力"就是要在丰富和完善各种有助于小农户与中国式农业现代化有机衔接的非正式制度基础上，通过优化政府行为，并且借助各种性质和形式的市场经济主体力量来推动小农户有机衔接中国式农业现代化。"避力"就是要通过尽可能防范和减少不可抗力带来的负面影响，健全和完善各种资金筹集渠道，积极提高科技含量来促进小农户与中国式农业现代化有机衔接。

第四节　有机衔接的感性认识

分析川陕革命老区小农户与农业现代化有机衔接逻辑，需要充分考虑小农户本身对于农业现代化的衔接意愿、意义、必要性以及可行性等。下面运用调研数据，重点从衔接意愿、农业现代化认识、衔接意义认识、衔接必要性认识和衔接可行性认识五个方面展开统计分析。

一、衔接意愿

小农户与农业现代化进行有机衔接要想达到既定效果的一个最根本的前提条件，就是小农户本身有积极融入农业现代化的意愿。如果小农户本身并没有这样的意愿，那么关于促产增收，提高农业现代化水平的一系列措施策略就不会得到落实，也会难以达成小农户与农业现代化有机衔接的目标。

根据问卷调查结果显示，虽然衔接意愿的强烈程度不同，但绝大多数川陕革命老区小农户都是有意愿去实现有机衔接农业现代化的，只有 48 户的小农户（占比 4.5%）没有衔接农业现代化的意愿（图 8-3）。由此可见，川陕革命老区小农户对农业现代化还是非常向往，希望自己的生产管理经验、技术水平等方面通过加入农民合作社、互联网等，可以取得显著进步。

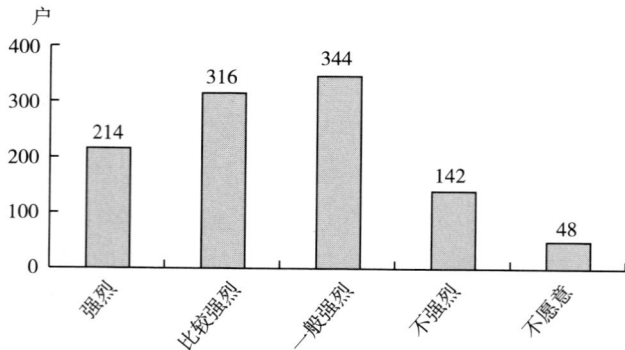

图 8-3　衔接意愿

二、农业现代化认识

在对农业现代化认识方面，只有 10％左右的小农户认为未来还是人力为主的农业生产。绝大多数小农户认为现代化农业发展迅速，其中 21.99％的被调查小农户认为当前的现代化农业发展水平与 10 年前相比差距很大，57.52％的被调查小农户认为当前的现代化农业发展水平与 10 年前相比差距较大，只有 1.13％的小农户对现代农业发展到什么水平表示不了解（表 8-3）。在对农业新技术的了解程度上，有 26.59％的小农户表示自己没有听说过什么农业新技术。上述数据在一定程度上说明川陕革命老区小农户对农业现代化已经有了一定认识，但在新技术推广上还需要在助推其与农业现代化接轨过程中加大宣传力度。

表 8-3　川陕革命老区小农户对农业现代化的认识

指标	解释说明	数值（p）	占比
对未来农业生产的认识	机械化生产	430	40.41％
	农机具作为辅助性生产工具	337	31.67％
	无人化的现代化农业生产	187	17.58％
	人力为主的农业生产	110	10.34％
对现代化农业发展的认识	与 10 年前相比差距很大	234	21.99％
	与 10 年前相比差距较大	612	57.52％
	与 10 年前相比差距一般	206	19.36％
	不了解	12	1.13％

（续）

指标	解释说明	数值（p）	占比
对农业新技术了解程度	非常了解	238	22.37%
	基本了解	147	13.82%
	听说过	396	37.22%
	没听说过	283	26.59%

三、衔接意义认识

基于我国长期存在的国情，以及农业农村的现代化趋势，促进小农户与农业现代化的新模式、新技术充分衔接具有重要的现实普遍性意义，这也得到了川陕革命老区小农户的普遍认同。

问卷调查有效地揭示了川陕革命老区小农户对衔接意义的认识。有 21.99% 的小农户认为农业现代化使其生产生活发生了翻天覆地的变化，也有高达 57.52% 的小农户认为农业现代化使其生产生活方式变化很大，但也有 19.36% 的小农户认为农业现代化对他们的生产生活基本没什么影响（表 8-4）。此外，有高达 87.87% 的小农户认为农业科技的发展对农业发展有着不同程度的促进作用，但同时也有 12.13% 的小农户表示并不了解其中的作用。在对衔接农业现代化是否对农民增收有利的看法中，有超过 96% 的小农户认为农业现代化对变革生产经营方式，实现增产增收有作用或是有很大作用。

表 8-4 川陕革命老区小农户对衔接意义的认识

指标	解释说明	数值（p）	占比
农业现代化对生产生活改变情况	翻天覆地的变化	234	21.99%
	变化很大	612	57.52%
	基本没什么影响	206	19.36%
	其他	12	1.13%
农业科技发展对农业发展的促进作用	大	349	32.80%
	较大	347	32.61%
	一般	239	22.46%
	不了解	129	12.13%

（续）

指标	解释说明	数值（p）	占比
衔接农业现代化对农民 增收是否有作用	没有作用	35	3.29%
	有作用	730	68.61%
	有很大作用	299	28.10%

从以上分析中可以看出，绝大多数小农户能充分认识到其自身与农业现代化有机衔接是具有深远意义的，但同时也有少数小农户还未充分意识到农业现代化所带来的效益与效率，这体现了川陕革命老区小农户思想意识的差异化，以及促进农业现代化还需要努力的方向。

四、衔接必要性认识

现阶段川陕革命老区小农户的农业生产经营模式，已经具备了一定基础的现代化水平，但还需大力促进整体区域小农户转型发展，逐步缩小差异，有机衔接农业现代化，以实现整体效益的提高。如果不能实现小农户与农业现代化的衔接到位，就有可能使得该地区农业生产力发展水平踌躇不前，难以得到快速提高。

通过问卷调研的结果分析可知，在对农业政策的了解与接受力度上，除了17.39%的小农户基本不了解之外，其他的都分别能知道或是了解一些最新农业政策。在对政府出台衔接农业现代化政策认可程度上，46.80%的小农户表示非常认可，也有高达48.59%的小农户呈现基本认可的态度，这说明了川陕革命老区小农户对当前农业现代化政策的支持力度很强，在今后的政策措施实施上也会呈现出相应的支持态度，这也说明了衔接的必要性（表8-5）。此外，对于当前的农业生产方式有无必要衔接农业现代化的问题上，有高达99.15%的小农户都认为有必要进行衔接，这更说明了目前与农业现代化接轨的必要性。

通过以上分析可以清晰看出，川陕革命老区绝大多数小农户对与农业现代化衔接有着清醒的认识，因为他们知道只有通过各种有针对性的手段促进有机衔接，才会带来整体效益的提高，这也是促进农业农村快速发展的必要条件。

表 8-5　川陕革命老区小农户对衔接必要性的认识

指标	解释说明	数值（p）	占比
对衔接农业现代化的 "三农"政策了解程度	非常了解	38	3.57%
	基本了解	301	28.29%
	知道一些	540	50.75%
	不了解	185	17.39%
对政府出台衔接农业 现代化政策的认可程度	非常认可	498	46.80%
	基本认可	517	48.59%
	不认可	39	3.67%
	其他	10	0.94%
当前的农业生产方式 有无必要衔接农业现代化	有	1 055	99.15%
	无	9	0.85%

五、衔接可行性认识

实现小农户与农业现代化有机衔接，需要根据目前农业发展的现有水平变化，不断去协调小农户生产经营上的结构性矛盾，不断去改善和革新不相适应的农业生产模式和经营结构，最终实现农业的充分平衡高效发展。但是在川陕革命老区，两者衔接是否有可行性，就不仅需要采取上述一些措施，还需要充分考虑农机具在本地推广使用面积情况、小农户对农机具的认识以及农业科技推广及宣传三个方面，即要考虑小农户对农业机械化和农业科技的认识及接受程度。

通过表 8-6 关于农机具推广情况和农机具生产效率的分析可知，川陕革命老区农业机械化水平总体来说是比较低的，但政府还是在不遗余力地推广农机具作业，有 27.06% 的被调查小农户认为农机具在本地推广使用面积较大，另外有 34.77% 的被调查小农户认为农机具对生产效率有较大影响（表 8-6）。上述数据说明小农户对农机具及其重要作用有了一定认识。另外在农业科技推广及宣传方面，有高达 61.84% 的小农户认为已经推广宣传到位了，但也有 26.51% 的小农户认为还不到位。

表 8-6　川陕革命老区小农户对衔接可行性的认识

指标	解释说明	数值（p）	占比
农机具在本地推广 使用面积情况	大	171	16.07%
	较大	288	27.06%
	一般	453	42.58%
	不了解	152	14.29%
农机具对农业 生产效率的影响	大	360	33.84%
	较大	370	34.77%
	一般	189	17.76%
	不了解	145	13.63%
农业科技 推广及宣传	不到位	282	26.51%
	到位	658	61.84%
	没有推广宣传	124	11.65%

综合上述分析，在川陕革命老区，农机具作业耕地范围尚可，农业科技推广及宣传力度还行，小农户对农机具是否影响生产效率有一定认识，因此可以认为小农户与农业现代化是具备有机衔接可行性的。

第五节　有机衔接意愿的实证分析

一、变量选取依据

基于现有文献基础，通过对川陕革命老区小农户与农业现代化有机衔接的感性认识分析，结合小农户转型成长及农业现代化发展趋势，从农业现代化认识、衔接意义认识、衔接必要性认识、衔接可行性认识四个方面对川陕革命老区小农户与农业现代化的衔接意愿进行实证探究。

（一）农业现代化认识

小农户的农业现代化认识主要包括对未来农业生产的认识、对现代农业发展的认识以及对农业新技术的了解程度。小农户对未来农业生产认识会影响其将来参与未来农业生产的程度，对现代农业发展的认识会影响其是否有大力发展现代农业的想法，对农业新技术的了解程度会影响其将来是否愿意使用新技术开展农业生产。不管是未来农业生产，还是现代农业，还是农业新技术都是农业现代化的重要内容，因此小农户对上述三个方面的认识，最终都会影响到小农户有机衔接农业现代化的意愿。

（二）衔接意义认识

川陕革命老区小农户对于与农业现代化衔接意义的认识主要包括小农户对农业现代化改变生产生活的看法、农业现代化对农民增收是否有作用以及对农业科技发展在促进农业发展方面的看法。小农户如果普遍认为农业现代化会对小农户本身的生产生活有很大影响，以及认为农业现代化会对他们的增收增产有作用，并且觉得农业科技对农业发展的促进作用很大，则在一定程度上说明了川陕革命老区小农户对衔接的意义认识到位，也会有很大的意愿去进一步做好衔接。

（三）衔接必要性认识

衔接必要性认识主要从小农户对衔接农业现代化的"三农"政策了解程度、对政府出台衔接农业现代化政策认可程度以及当前的农业生产方式有无必要衔接农业现代化三个方面来体现。一般来说，小农户对"三农"政策的了解程度以及对现有政策的认可程度越高，就越会觉得很有必要让当前的农业生产方式衔接农业现代化，相应的也说明其有较强烈的衔接农业现代化的意愿。

（四）衔接可行性认识

在川陕革命老区，如果农机具的推广使用面积越大、越来越多的小农户也能够认识到农机具对农业生产效率有很大影响，而且农业科技推广及宣传做得越到位，那么小农户与农业现代化的有机衔接也就越可行，自然也就会有越来越多的小农户愿意有机衔接农业现代化。

二、变量选择及解释说明

本部分主要是研究小农户对于农业现代化衔接的意愿以及影响该意愿的显

著性因素，因此选用小农户衔接农业现代化的意愿为被解释变量 Y，选择小农户对农业现代化的认识、对衔接意义的认识、对衔接必要性的认识、对衔接可行性的认识四个方面为解释变量，并生成变量表 8-7。需要说明的是，衔接意愿是衔接逻辑的起点，研究衔接意愿及其影响衔接意愿的因素，实质上也就是研究衔接逻辑问题。

表 8-7　小农户与农业现代化衔接逻辑研究的变量表

因素	调查指标	指标选项及赋值
衔接意愿 Y	小农户是否愿意衔接农业现代化	1＝不愿意或是意愿不强烈；2＝强烈或是比较强烈或是一般强烈
对农业现代化的认识 X_1	A_1 对未来农业生产的认识	1＝普遍的机械化生产作业；2＝农机具作为辅助性生产工具；3＝无人化的现代化农业生产；4＝人力为主的农业生产
	A_2 对现代农业发展的认识	1＝与10年前相比差距很大；2＝与10年前相比差距较大；3＝与10年前相比差距一般；4＝不了解
	A_3 对农业新技术的了解程度	1＝非常了解；2＝基本了解；3＝听说过；4＝没听说过
对衔接意义的认识 X_2	B_1 农业现代化对生产生活改变情况	1＝翻天覆地的变化；2＝变化很大；3＝基本没什么影响；4＝其他
	B_2 衔接农业现代化对农民增收是否有利	1＝没有利；2＝有利；3＝有作用
	B_3 农业科技发展对农业发展的促进作用	1＝大；2＝较大；3＝一般；4＝不了解
对衔接必要性的认识 X_3	C_1 对衔接农业现代化的"三农"政策的了解程度	1＝非常了解；2＝了解；3＝知道一些；4＝不知道
	C_2 对政府出台衔接农业现代化政策的认可程度	1＝非常认可；2＝基本认可；3＝不认可；4＝其他
	C_3 当前的农业生产方式有无必要衔接农业现代化	1＝有；2＝无
对衔接可行性的认识 X_4	D_1 农机具在本地推广使用面积情况	1＝大；2＝较大；3＝一般；4＝不了解
	D_2 农机具对农业生产效率的影响	1＝大；2＝较大；3＝一般；4＝不了解
	D_3 农业科技推广及宣传	1＝不到位；2＝到位；3＝没有推广宣传

三、模型构建

Probit 模型是一种服从正态分布的离散选择模型，操作相对简单，形式不复杂，统计分析比较基础且有效。因此采用二元 Probit 回归模型对小农户与现代化农业衔接意愿的影响因素进行实证分析，二元 Probit 回归模型的基本形式为：

$$Y_i^* = P(Y_i = 1 \mid X) = \Phi(BX_i) \qquad 式（8-1）$$

式中，X 是自变量，分别表示影响川陕革命老区小农户衔接农业现代化意愿对农业现代化的认识 X_1、对衔接意义的认识 X_2、对衔接必要性的认识 X_3、对衔接可行性的认识 X_4；即在一定情况下，对农业现代化的认识、对衔接意义的认识、对衔接必要性的认识、对衔接可行性的认识影响小农户与农业现代化衔接意愿的概率；X 也为解释变量的向量，代表影响小农户与农业现代化衔接意愿的诸多因素；表示标准正态分布的累积分布函数；B 为待估计的参数向量；i 表示第 i 个观测样本。前面的表 8-7 已分析了各变量名称、赋值和统计描述。

四、Probit 模型估计

（一）二元 Probit 回归样本数据

表 8-8　二元 Probit 回归分析基本汇总

名称	选项	频数（个）	百分比
小农户与农业现代化衔接意愿	1	190	17.86%
	2	874	82.14%
	总计	1 064	100.0%
汇总	有效	1 064	100.00%
	缺失	0	0.00%
	总计	1 064	100.0%

将对未来农业生产的认识，对现代农业发展的认识等因素作为自变量，将小农户与农业现代化衔接意愿作为因变量进行回归分析，根据表 8-8 可知，

总共有 1 064 个样本参与分析，无缺失数据。

（二）二元 Probit 回归模型似然比检验

首先分析模型整体有效性，根据表 8-9 可知此处模型检验的原定假设为：是否放入自变量两种情况模型质量均一样；由于 $p<0.05$，所以拒绝原假设，即本次构建模型时，自变量具有有效性，即模型构建有意义。

表 8-9　二元 Probit 回归模型似然比检验

模型	-2 倍对数似然值	卡方值	df	p	AIC 值	BIC 值
仅截距	995.442					
最终模型	971.739	23.703	12	0.022	997.739	1 062.346

（三）二元 Probit 回归分析结果

从表 8-10 可知，模型公式为：Probit（p）$=-1.057+0.021\times$对未来农业生产的认识$-0.013\times$对现代农业发展的认识$+0.012\times$对农业新技术了解程度$+0.003\times$农业现代化对生产生活的改变情况$+0.019\times$衔接农业现代化对农民增收是否有利$+0.002\times$农业科技发展对农业发展的促进作用$-0.019\times$对衔接农业现代化的"三农"政策的了解程度$-0.020\times$对政府出台衔接农业现代化政策的认可程度$-0.027\times$当前的农业生产方式有无必要衔接农业现代化$+0.009\times$农机具在本地推广使用面积情况$+0.006\times$农机具对农业生产效率的影响$-0.037\times$农业科技推广及宣传（其中 p 代表小农户对与农业现代化衔接意愿为 2 的概率）。最终具体分析可知：

表 8-10　二元 Probit 回归分析结果

参数	回归系数	标准误	z 值	Sig.	95% CI	边际效应
对未来农业生产的认识	0.021	0.003	8.322	0.000	$0.016\sim0.027$	0.003
对现代农业发展的认识	-0.013	0.004	-3.154	0.002	$-0.022\sim0.005$	0.009
对农业新技术的了解程度	0.012	0.003	4.930	0.000	$0.008\sim0.017$	0.002
农业现代化对生产生活的改变情况	0.003	0.004	0.822	0.411	$-0.004\sim0.010$	-0.017

（续）

参数	回归系数	标准误	z值	Sig.	95% CI	边际效应
衔接农业现代化对农民增收是否有利	0.019	0.005	4.308	0.000	0.010 ～ 0.028	0.005
农业科技发展对农业发展的促进作用	0.002	0.004	0.456	0.648	−0.006 ～ 0.010	−0.030
对衔接农业现代化的"三农"政策的了解程度	−0.019	0.003	−5.877	0.000	−0.026 ～−0.013	−0.032
对政府出台衔接农业现代化政策的认可程度	−0.020	0.004	−5.275	0.000	−0.028 ～ 0.013	−0.006
当前的农业生产方式有无必要衔接农业现代化	−0.027	0.027	−1.006	0.314	−0.080 ～ 0.026	2.110
农机具在本地推广使用面积情况	0.009	0.004	2.600	0.009	0.002 ～ 0.016	−0.029
农机具对农业生产效率的影响	0.006	0.004	2.043	0.041	−0.002 ～ 0.013	0.037
农业科技推广及宣传	−0.037	0.004	−9.384	0.000	−0.045 ～−0.030	0.001
截距	−1.057	0.032	−33.276	0.000	−1.089 ～−1.025	—
因变量：小农户对与现代化农业衔接意愿						

McFadden R^2：0.024

Cox & Snell R^2：0.022

Nagelkerke R^2：0.036

从对农业现代化认识的角度来看，对未来农业生产的认识的回归系数值为0.021，呈现出0.01水平的显著性（$z=8.322$，$p=0.000<0.05$），意味着对未来农业生产的认识会对小农户衔接农业现代化意愿产生显著的正向影响。对现代农业发展的认识的回归系数值为−0.013，呈现出0.01水平的显著性（$z=−3.154$，$p=0.002<0.05$），意味着对现代农业发展的认识会对小农户衔接农业现代化意愿产生显著的负向影响。对农业新技术了解程度的回归系数值为0.012，呈现出0.01水平的显著性（$z=4.930$，$p=0.000<0.05$），意味着对农业新技术的了解程度对小农户衔接农业现代化意愿产生正向影响。

在对衔接意义认识方面，农业现代化对生产生活改变情况的回归系数值为

0.003，但是并没有呈现出显著性（$z=0.822$，$p=0.411>0.05$），意味着农业现代化对生产生活的改变并不会对小农户衔接农业现代化的意愿产生显著影响。衔接农业现代化对农民增收是否有利的回归系数值为 0.019，呈现出 0.01 水平的显著性（$z=4.038$，$p=0.000<0.05$），意味着衔接农业现代化对农民增收是否有利会对小农户衔接农业现代化意愿产生显著的正向影响。农业科技发展对农业发展的促进作用的回归系数值为 0.002，但是并没有呈现出显著性（$z=0.456$，$p=0.648>0.05$），意味着农业科技发展对农业发展的促进作用并不会对小农户衔接农业现代化的意愿产生显著影响。

在衔接必要性认识方面，对衔接农业现代化的"三农"政策的了解程度的回归系数值为 -0.019，并且呈现出 0.01 水平的显著性（$z=-5.877$，$p=0.000<0.05$），意味着对衔接农业现代化的"三农"政策的了解程度会对小农户衔接农业现代化意愿产生显著的负向影响。对政府出台衔接农业现代化政策的认可程度的回归系数值为 -0.020，呈现出 0.01 水平的显著性（$z=-5.275$，$p=0.000<0.05$），意味着对政府出台衔接农业现代化政策的认可程度会对小农户衔接农业现代化的意愿产生显著的负向影响。当前的农业生产方式有无必要衔接农业现代化的回归系数值为 -0.027，但是并没有呈现出显著性（$z=-1.006$，$p=0.314>0.05$），意味着当前的农业生产方式有无必要衔接农业现代化并不会对小农户衔接农业现代化的意愿产生显著影响。

在对衔接可行性认识方面，农机具在本地推广使用面积情况的回归系数值为 0.009，呈现出 0.01 水平的显著性（$z=2.600$，$p=0.009<0.05$），意味着农机具在本地推广使用面积情况会对小农户衔接农业现代化的意愿产生显著的正向影响。农机具对农业生产效率的影响的回归系数值为 0.006，并且呈现出 0.05 水平的显著性（$z=2.043$，$p=0.041<0.05$），意味着农机具对农业生产效率的影响会对小农户衔接农业现代化的意愿产生显著的正向影响。农业科技推广及宣传的回归系数值为 -0.037，呈现出显著性（$z=-9.384$，$p=0.000<0.05$），意味着农业科技推广及宣传会对小农户衔接农业现代化的意愿产生显著的负向影响。

总结分析可知：对未来农业生产的认识、对农业新技术的了解程度、衔接农业现代化对农民增收是否有利的认识、农机具在本地推广使用面积情况、农机具对农业生产效率的影响，一共 5 个变量会对小农户衔接农业现代化意愿产生显著正向影响；而对现代农业发展的认识、对衔接农业现代化的"三农"政策的了解程度、对政府出台衔接农业现代化政策的认可程度以及农业科技推广及宣传，一共 4 个变量会对小农户衔接农业现代化意愿产生显著负向影响。另外农户关于农业现代化对生产生活改变情况的认识、农业科技发展对农业发展的促进作用的认识、当前的农业生产方式有无必要衔接农业现代化的认识，一共 3 个变量不会对小农户衔接农业现代化的意愿产生显著影响。

（四）二元 Probit 回归预测准确率

表 8 - 11　二元 Probit 回归预测准确率汇总

		预测值		预测准确率	预测错误率
		1	2		
真实值	0	0	189	0.00%	100.00%
	1	0	875	100.00%	0.00%
	汇总			82.24%	17.76%

从表 8 - 11 可知：研究模型的整体预测准确率为 82.24%，模型的拟合情况在可接受范围内。当真实值为 0 时，预测准确率为 0.00%；另外当真实值为 1 时，预测准确率为 100.00%。

（五）Hosmer - Lemeshow 拟合度检验

表 8 - 12　Hosmer - Lemeshow 拟合度检验

χ^2	自由度 df	p 值
7.460	8	0.488

Hosmer - Lemeshow 拟合度检验用于分析模型拟合优度情况，从表 8 - 12 可知：

此处模型检验的原定假设为：模型拟合值和观测值的吻合程度一致；这里 p 值大于 0.05（$Chi=7.460$，$p=0.488>0.05$），因而说明接受原定假设，即说明本次模型通过 HL 检验，模型的拟合优度较好。

（六）二元 Probit 回归分析简化格式

表 8-13　二元 Probit 回归分析简化格式

变量	回归系数
对未来农业生产的认识	0.021（8.322）
对现代农业发展的认识	−0.013（3.526）
对农业新技术的了解程度	0.012（4.930）
农业现代化对生产生活的改变情况	0.003（0.822）
衔接农业现代化对农民增收是否有利	0.019（4.038）
农业科技发展对农业发展的促进作用	0.002（0.406）
对衔接农业现代化的"三农"政策的了解程度	−0.019（−5.877）
对政府出台衔接农业现代化政策的认可程度	−0.020（−5.275）
当前的农业生产方式有无必要衔接农业现代化	−0.027（1.006）
农机具在本地推广使用面积情况	0.009（2.600）
农机具对农业生产效率的影响	0.006（1.435）
农业科技推广及宣传	−0.037（9.384）
截距	−1.057（−33.276）
似然比检验	$\chi^2(12)=23.703$，$p=0.022$
Hosmer-Lemeshow 检验	$\chi^2(8)=7.460$，$p=0.488$

因变量：小农户对与农业现代化衔接的意愿

McFadden R^2：0.024

Cox & Snell R^2：0.022

Nagelkerke R^2：0.036

＊ $p<0.05$，＊＊ $p<0.01$，括号里面为 z 值

第六节　研究小结

本章从有机衔接背景、有机衔接意义、有机衔接迫切性、有机衔接必要性和有机衔接可行性 5 个方面论述了小农户与农业现代化有机衔接的逻辑依据，

从小农户与农民的关系、正确认识小农户与农业现代化的矛盾性、小农户与农业现代化衔接的对立性及统一性 3 个方面厘清了小农户与农业现代化有机衔接的机理，从动力系统的含义出发，构建并解析了小农户与农业现代化有机衔接的动力模型，阐述了小农户与农业现代化有机衔接的动力演化。

为进一步分析川陕革命老区小农户与农业现代化有机衔接的逻辑，本章还从衔接意愿、对农业现代化的认识、对衔接意义的认识、对衔接必要性的认识和对衔接可行性的认识 5 个方面展开统计分析，并基于统计分析，借鉴 Probit 模型开展实证分析。根据实证分析可知，农户对现代农业发展的认识等 4 个变量对川陕革命老区小农户衔接现代化农业的意愿产生负向影响，这可能是因为农业科技推广及宣传并不是非常到位（接近 40％的农户占比），致使还有一部分小农户对现代农业发展的认识也不到位（超过 20％的农户占比），以及对衔接农业现代化的"三农"政策比较了解、对政府出台衔接农业现代化政策比较认可的小农户没有占到绝大多数，使得这部分小农户的衔接意愿受到不利影响。而农户对当前的农业生产方式有无必要衔接农业现代化的认识等 3 个变量影响不显著，这可能与问卷结果存在问题（也许个别小农户在回答这两个问卷问题时存在随意性）有关。

川陕革命老区小农户与农业现代化有机衔接困境

现阶段农业生产经营主体中的绝大部分仍为小农户，他们尚未完全进入农业现代化的发展运行轨道。当前，随着农业现代化的推进，小农户发展面临着许多挑战。例如，农业专业化程度不高，科技水平低，面向小农户的社会化服务建设滞后等。因此正确认识小农户，将小农户生产经营引入农业现代化的发展轨道，不仅有利于川陕革命老区小农户脱贫致富，而且利于整个国家稳住农业基本盘。本章将从理论上分析我国小农户与农业现代化衔接面临的主要困境以及面临困境的主要原因，并结合调研数据，通过实证分析总结川陕革命老区小农户与农业现代化衔接过程中存在的障碍，给出针对性的解决方案，旨在推动川陕革命老区小农户的农业生产经营实现现代化。

第一节　有机衔接面临的主要困境

一、规模经营困境

通常情况下，小农户普遍存在土地经营规模小、耕地碎片化严重等问题。首先，因地形因素，例如一些地区土地崎岖、不平坦导致其耕地是块状的，七零八落，再加上小农户普遍规模经营的意识比较淡薄，使得不少地区出现"人均三亩地"的情况。而小规模的经营难以实现资源的优化配置，由此导致小农户的农业生产效率低下。即使近几年相关政策有所改进，土地流转能够在一定程度上缓解农户规模经营小的问题，但是总体来看推动速度还是较为缓慢。

二、产业链条衔接困境

提升小农户的自我竞争能力、实现小农户和农业产业的有效对接、借助现代农业产业的快速发展是带动小农户进一步发展的重要任务，也是推进农业现代化发展的重要课题。然而，由于小农户的生产经营规模有限，相当多的小农户尤其是老少边穷地区的小农户只能依赖企业。小农户在生产条件以及运用科学技术等方面存在诸多限制，很难自我对市场进行对接，再加上资金、信息、技术等客观条件的限制使得小农户难以与现代农业的产业链衔接。虽然新型农业经营主体的增多能够带动我国农村的发展，但是它的占比不大，小农户占绝大多数，这之间出现的断层会增大农村内部的贫富差距，进而阻碍了农业现代化进程，小农户也难以借助农业现代化契机实现自我价值的增值。

三、资金获取困境

小农户普遍存在融资难问题。我国小农户往往经济实力不强，没有好的担保物，这就使得小农户融资能力普遍较弱，难以获取贷款，即时获得贷款，又需要交纳一定的融资费，较高的获取成本使得小农户与农村金融服务的联系更少了。另外，农村的土地、资金、高素质劳动力等优质资源大量流向城市以及其他产业，这就导致小农户发展产业时出现缺资源、缺钱、缺人的状况。根据一些调查资料也可以看出小农户在资金获取上面有种种严格限制，融资渠道的匮乏使得小农户难以实现大规模生产。有些调查还发现，想要获取农业贷款的小农户很多，但是真正在农业方面贷款的小农户却很少，说明了小农户在资金获取方面比较困难。

四、规避应对市场风险困境

郑宝华（1997）对贫困小农经济活动的研究表明，风险和不确定性等变量对小农的生产活动，尤其是贫困小农的生产活动，有着巨大的影响。小农户由于经营规模小、资金短缺等原因，难以抵御市场和自然双重风险，他们

259

一旦遇到风险，往往因规避不及而遭受损失。例如"浏阳七旬五保户3万斤白菜滞销""浏阳椒花新村75吨杨梅急销售"等"丰产难丰收"的事就时有发生。同时，小农户由于自身能力有限，在与产销大户、涉农企业等其他新型农业经营主体竞争时，面临着巨大的竞争风险，生存空间也因此受到较大影响。

五、技能技术掌握困境

随着外出务工农村青壮年越来越多，农村青壮年劳动力短缺现象日益严重。同时，受传统观念和客观条件的影响，许多具有一定文化知识的农民往往也不再愿意回到农村发展，致使留在农村的小农户群体普遍存在低能化、老龄化问题：一是生产经营依靠经验，大多数小农户仍局限于传统的种植和养殖方法；二是文化水平不高，生产管理缺乏科学安排，对农产品市场信息的反应速度不快，难以适应日新月异的市场。因此，小农户群体中缺乏懂管理、善经营、掌握现代农业技术、熟悉市场的人才。从本次调查问卷也可以看出，本次调查对象的平均年龄是52岁，以小学学历的农户居多，平均文化素质较低，平时对相关知识信息保持关注的小农户很少，拥有相关农业专业培训经验的小农户几乎没有，这些都表明了小农户缺乏提高自身技能技术的硬件要求。

六、交通运输困境

小农户居住的村庄大多是零散的、无序的、无配套设施的甚至是多年的老屋，卫生条件差，污染严重，落后的地方由于道路不便，线路架设困难，水、电、有线电视供应都比较困难。大部分村庄道路不便，再加上距离中心市场较远，而且很多分散居住的小农户并没有合适的交通工具，即使拥有一定数量的交通工具，但由于这些交通工具又比较落后，难以及时把鲜活农产品运到中心市场而导致部分农产品腐烂变质，这就在客观上要求农户尽快把农产品销售出去，另外即使农户能借助交通工具把农产品运输出去，但是成本却很高昂，因此农户只能选择把农产品卖给上门收购的商贩。

七、品牌发展困境

我国不少地方区域优势明显，具有独特地形地貌、农业占比很高、特色农业资源丰富、产品绿色环保等突出特征，从而为特色农产品发展提供了广阔空间和有利条件。但是小农户在农业生产方面存在经营规模小、技术水平低、标准化生产困难等问题；在产品管理方面存在农产品质量差异小、营销手段落后、生产经营难以与国内外大市场有效衔接等问题，致使这些小农户们难以建立起自己独特的农产品品牌。也正是由于小农户没有自己的农产品品牌，使得其特色农产品很难直接高效进入市场，只能选择将产品卖给中间商，这给小农户转型成长带来了一定负面影响。

八、信息获取困境

分散的小农户与大市场衔接时，很难在农产品流通贸易及价格谈判中获取较高的销售价格，这是由于他们不了解销售信息，主要依赖中间商提供信息来源，自身并没有直接进入到大市场中，致使其对农产品流通渠道、数量及价格变化等方面的信息反应不灵敏。另外，除了农产品现行价格方面的信息以外，包括农产品加工发展趋势、未来供求情况、新产品市场反应、价格走势等方面的信息也是小农户需要重点了解的，但实际上这方面的信息，小农户更不容易获得。

九、产品营销困境

首先农产品营销观念落后，长期以来，小农户思想深处缺乏商品流通、商品交换、商品经济的概念，没有摆正生产与流通的关系，仍简单地认为能否提高生产是他们的主要工作，理所当然地认为顺畅的商品流通是没有必要的，产品能否销售主要是政府和流通部门的事情，这种重生产、轻经营的观念导致流通环节被忽视，使其发展难以摆脱受束缚的困境。其次就农产品的营销载体而言，小农户自发自有的营销组织较少，这样就增加了农产品的运销成本，使小农户失去大量商业利润。再次是营销手段落后，主要表现在广告宣传的广度与力度不够。一方面，小农户生产规模小，难以承受高昂的广告费用，而联合做广告又由于缺乏必要的组织协调，难以变为现实；另一方面，小农户缺乏农产品的广告营销意识，一般不会考虑利用现有宣传媒介进行产品宣传，进而推动产品营销。

第二节 有机衔接面临困境的主要原因

一、对小农生产的合理性和长期性认识不足

我国理论界对小农户生产经营的思想偏见一直在一定程度上还存在着，他们认为要实现农业现代化就要淘汰小农户，两者并不能和谐相处，而实现农业现代化就要加速发展农业的信息化、科技化、产业化、规模化、机械化。这种将实现农业现代化与小农生产对立起来的思想偏见，其实质就是对我国小农户生产经营存在的必要性、合理性与长期性认识不足。上述这种思想偏见也表现在一些农业政策的实施上，例如认为小农户生产规模小是农业生产效益低的主要原因，只有生产规模扩大，才能提高农户生产效率，而要扩大生产规模就必须要提高土地流转率。受这种思想的影响，一些地区在土地流转相关政策执行过程中，经常有一些违背农户意愿的行为，强制要求农户退出承包经营权，甚至简单地将土地流转率作为政策导向的刚性指标。我们必须认识到，家庭承包经营在我国实行了几十年，这本身就是小农户存在合理性、长期性及小农经济活力的充分证明。虽然现阶段小农经济产生的红利有所下降，国家强调发展壮大新型农村集体经济，培育新型农业经营主体，但这并不是小农户及小农经济要被淘汰的理由，而是要合理引导小农经济发展，积极促进小农户转型成长。

二、小农生产经营自身存在落后性

当前，我国小农生产经营的先天不足严重制约了小农户转型成长，这种先天不足主要表现在以下几个方面：一是我国条块分割的土地现状致使小农户只

能在细碎化耕地上耕种，导致其生产规模相对较小，这严重制约了小农户的生产积极性，影响了农业生产效率。二是小农户自身在科学技术利用、市场获取信息、农业生产投入等方面存在着一系列限制，难以根据市场需求实时调整经营结构，难以实现农产品的加工升级，难以开展专业化标准化生产，难以与现代农业产业链进行有效对接。三是小农户与金融服务机构的衔接存在一定困难，主要是由于金融服务机构不太熟悉小农户在农业生产中的实际需求，而难以提供相应的金融产品，致使小农户也难以及时获得有效的金融产品。四是小农户老龄化日趋严重，不少具有一定知识及技能的青壮年劳动力大量外流，制约了农业劳动力边际产出率。五是我国56％左右的农业科技进步贡献率主要是由大户带动的，而小农户的农业科技进步贡献率较低，大多数小农户还是采用传统技术方式耕种，这非常不利于提高小农户生产经营的科技水平，也制约了小农户与农业现代化有机衔接。

三、农村土地制度改革相对滞后

目前，以家庭承包经营为基础、统分结合的双层经营体制是与我国基本农情国情相适应的，但是仍然存在以下问题，制约了小农户转型成长：一是土地承包权不稳定。尽管在农民承包地的集体调整及收回方面有一系列的法律限制及规定，但是村集体由于各种原因调整或收回农民承包地的现象还时有发生，这将会降低小农户投资土地的积极性。例如有些地方简单地以发展集体经济名义收回农民承包地，然后以集体的名义进行转承包，损害了小农户的基本权益。二是我国土地承包经营权的权能不完善，主要表现为：土地承包经营权的继承权不受法律保护；通过家庭承包方式取得的土地不可以抵押；土地流转期限不能超过法定承包期等。三是土地经营权的权利实现存在障碍。主要表现为：首先现代农业往往投资回报期较长，但是土地承包经营权的时效限制，可能助长承包户对耕地产生短视的破坏行为，也不利于承包户增加投入。其次个别地方土地经营权确权颁证工作相对滞后，影响了土地经营权流转效率。最后承包者通过土地经营权抵押以获得银行贷款比较困难，致使其缺少资金对耕地进行合理投资。

第三节　克服有机衔接困境的重要意义

一、有利于乡村振兴战略的实施

党的十九大报告提出了乡村振兴战略，实现"产业兴旺、生态宜居、乡风文明、治理有效、生活富裕"是乡村振兴战略的主要目标。由于在现阶段和今后很长一段时间内，小农户都将是我国农业经营的支柱，因此要在乡村振兴中实现生活富裕、产业兴旺等目标要求，就必须让小农户真正安居乐业，特别是要解决好其如何进一步发展的问题。但是现阶段，我国小农户的现代化意识不强、科技素养低等问题依然十分突出，单纯依靠小农户自身努力来解决这些问题会比较困难，这就需要我们帮助小农户实现转型成长，大力发展农业社会化服务体系，将分散的小农户联结起来，积极促进小农户与农业现代化有机衔接。

二、有利于增强党的执政基础

农民始终是我们党执政的重要基础，这是我们党多年执政的宝贵经验。只有使广大农民有了满足感、幸福感，我们党才能得到农民的支持与拥护；只有维护好农民利益，妥善处理好农民问题，我们党的执政基础才会坚实稳固。我国仍有 2.2 亿小农户，这是一个庞大的群体，要维护好小农户的利益，就要解决好小农户的生存与发展问题，这自然也就增强了党的执政基础。因此必须千方百计提高小农户转型能力及其与农业现代化衔接的能力，建立健全的利益分享机制，以此促进小农户增收，增强小农户的幸福感，要让广大小农户过上好日子。

三、有利于巩固拓展全面建成小康社会成果

当前，我们全面建设社会主义现代化国家的新征程已经开启，在这个新征程中需要进一步巩固拓展全面建成小康社会的成果，而实现农业现代化是巩固拓展全面建成小康社会成果的应有之义。现阶段农民农业农村依旧是影响巩固

拓展全面建成小康社会成果的短板，而农业现代化水平则是影响农民农业农村发展水平的关键，而要实现农业的现代化，就离不开小农的现代化。在当前，我国小农户发展面临着不少困难，大多数小农户生产技术落后，生产方式传统，产能低下，经济效益差，这就要求我们通过加快实现小农户转型成长，来增强小农户的内生发展动力，提升小农户的现代化水平，从而助推农村巩固拓展全面建成小康社会成果。

四、有利于实现农业现代化

农业现代化不仅是具有中国特色的中国农业生产条件现代化、生产组织社会化、生产技术科学化和生态环境可持续化，同时也内涵了农民自身的现代化。助推小农户转型成长是实现农民自身现代化的重要途径，自然也会有利于我们实现农业现代化。因为实现转型成长后的小农户能够更好地组织集中起来，这样有利于采用先进的技术与管理手段，不断整合资源，来推进农业产业现代化，从而助推整个农业领域的现代化。

五、有利于避免农村空心化

以往由于农业种植规模小且生产效率低，人均土地资源有限，再加上城乡比较收益的差距，越来越多的农村青壮劳动力从农村流向城市，使农村成为留守妇女、儿童、老人为主的空壳村。现代农业涉及产前、产中和产后各个部门，农业从小农户经营过渡到现代农业生产就能促使农业经营带来更多的利润，并且延长了农业产业链，增加其附加值，创造出更多的就业机会；也能让越来越多的农民把农业看作有希望的事业，自愿留在农村从事现代农业经营，同时还可以吸引大学生、退伍军人和其他人才返乡创业，避免农村人口的过度萎缩和农村社会的衰落，进一步缩小了城乡差距。

六、有利于巩固脱贫攻坚成果

我国脱贫攻坚已经取得决定性成就，但脱贫摘帽后不摘监管、不摘帮扶、不摘政策、不摘责任，而是要继续推进减贫工作，巩固和扩展脱贫成果。今后也要将目标转向相对贫困地区，继续深化农业供给侧结构性改革，坚决把脱贫人口和脱贫地区的帮扶政策衔接好，防止出现整村整乡返贫现象。为此，就需要切实加强小户的内生动力，继续推动小农户转型成长，推进小农户与农业现代化的有机衔接。这是因为小农户一旦走上农业现代化的道路之后，农业生产效率就会明显提升，产量也会大幅增加，从而促进贫困农民增收，巩固脱贫攻坚成果，以稳住农业基本盘。

第四节 有机衔接困境的实证分析

一、研究方法

为了因地制宜，更具针对性地给出川陕革命老区小农户与农业现代化有机衔接困境的破解对策，接下来将采用实证分析法，利用问卷调查所收集到的数据进行整理，选择合适的变量。由于本章的被解释变量为分类数据，所以构造Logistic 模型，分析川陕革命老区小农户与农业现代化有机衔接过程中面临的困境。

二、实证分析

（一）变量选取

本章研究衔接困境问题是以通过农业增加收入是否越来越难和当前农业种植形式为被解释变量 Y_1、Y_2，之所以选择这两个变量作为被解释变量，一是因为如果通过农业增加收入越来越难就意味着小农户与农业现代化衔接不是很顺畅；二是因为机械化是农业现代化水平的核心反映形式，如果小农户农业生产的机械化水平不高，自然也意味着小农户与农业现代化的衔接不是很到位。

以下面几类作为解释变量 X_i：第一类是农村特征变量，包括村子类型（X_1）、村里的企业数量（X_2）、村庄距离乡镇政府的距离（X_3）、村庄距最近集市的距离（X_4）；第二类是农村基础设施变量，包括村庄水利工程作用发挥情况（X_5）、田间道路情况（X_6）、村内道路是否能满足经济发展与居民出行需要（X_7）；第三类是农村治理变量，包括是否知道惠农政策（X_8）、是否享受惠农政策（X_9）、民主选举村主任对老百姓致富的作用（X_{10}）、政府各项政策的稳定情况（X_{11}）；第四类是农户家庭金融变量，包括家庭收入情况（X_{12}）、是否拥有存款（X_{13}）、农业保险办理情况（X_{14}）、贷款是否用于购买种子化肥农药（X_{15}）、缺少资金是否是遇到的主要困难（X_{16}）；第五类是农业科学技术变量，包括农机具在本地推广使用面积情况（X_{17}）、缺少技术是否是遇到的主要困难（X_{18}）、喷农药时使用的设备（X_{19}）、生产经营活动对科学技术的需求情况（X_{20}）、农业生产是否使用农膜（X_{21}）；第六类是农业人力资本变量，包括文化程度（X_{22}）、户主年龄（X_{23}）、教育支出（X_{24}）；第七类是农业社会化服务变量，包括是否接受过培训（X_{25}）、合作社对销售渠道提供的帮助的程度（X_{26}）、农业推广部门的推广服务是否到位（X_{27}）；第八类是农业耕地资源变量，包括耕地总面积（X_{28}）、耕地质量（X_{29}）、是否从外租入耕地（X_{30}），各变量的具体定义说明如表9-1所示。

表 9 - 1　变量解释及赋值

类别	变量	变量解释	赋值说明
被解释变量	Y_1	通过农业增加收入是否越来越难（农业赚钱越来越难）	1＝是；2＝否
	Y_2	当前农业种植形式	1＝纯人力劳动；2＝半人半机械劳动；3＝完全机械化
农村特征	X_1	村子类型	1＝低山丘陵村；2＝山区村；3＝平原村；4＝高原村；5＝滨湖村；6＝草原村；7＝其他
	X_2	村里的企业数量（5个人以上）	所在村里的企业数量
	X_3	村庄距离乡镇政府的距离	1＝本村；2＝小于2里（1里＝500米）；3＝2~4里；4＝4~6里；5＝6~8里；6＝大于8里
	X_4	村庄距最近集市的距离	1＝本村；2＝小于2里；3＝2~4里；4＝4~6里；5＝6~8里；6＝大于8里

（续）

类别	变量	变量解释	赋值说明
农村基础设施	X_5	所在村庄的水利工程是否发挥作用	1＝是；2＝否
	X_6	田间道路情况	1＝有公路相通，很方便；2＝只有少数的田间有公路，影响使用机器
	X_7	村内道路能否满足经济发展与居民出行需要	1＝能够满足；2＝基本满足；3＝不能够满足；4＝其他
农业治理	X_8	是否知道惠农政策	1＝是；2＝否
	X_9	是否享受惠农政策	1＝是；2＝否
	X_{10}	民主选举村主任对老百姓致富的作用	1＝作用很大；2＝没有用；3＝有一些作用
	X_{11}	政府各项政策的稳定情况	1＝各项政策都是说变就变；2＝大多数一点不会变，只有少数几项政策说变就变；3＝多数变得太快，只有少数几项政策一般不变；4＝其他
农户家庭金融	X_{12}	家庭收入情况	1＝增加；2＝减少
	X_{13}	是否拥有存款	1＝有；2＝没有
	X_{14}	农业保险办理情况	1＝已办理；2＝未办理
	X_{15}	贷款是否用于购买种子化肥农药	1＝是；2＝否
	X_{16}	缺少资金是否是遇到的主要困难	1＝是；2＝否
农业科学技术	X_{17}	农机具在本地推广使用面积情况	1＝大；2＝较大；3＝一般；4＝不了解
	X_{18}	缺少技术是否是遇到的主要困难	1＝是；2＝否
	X_{19}	喷农药时使用的设备	1＝手动喷雾器；2＝非手动喷雾器
	X_{20}	生产经营活动对科学技术的需求情况	1＝急需；2＝需要；3＝无所谓；4＝不需要
	X_{21}	农业生产是否使用农膜	1＝不使用；2＝使用

（续）

类别	变量	变量解释	赋值说明
农业人力资本	X_{22}	文化程度	1＝小学未毕业；2＝小学；3＝初中；4＝高中；5＝大专及以上；6＝未上过学
	X_{23}	户主年龄	户主当年年龄
	X_{24}	教育支出	元/户
农业社会化服务	X_{25}	是否接受过培训服务	1＝是；2＝否
	X_{26}	合作社对销售渠道提供帮助的程度	1＝帮助大；2＝帮助小
	X_{27}	农业推广部门的推广服务是否到位	1＝不到位；2＝到位；3＝没有宣传
农业耕地资源	X_{28}	耕地总面积	家庭耕地总面积（亩）
	X_{29}	耕地质量	1＝非常好；2＝比较好；3＝一般；4＝比较差；5＝非常差
	X_{30}	是否从外租入耕地	1＝是；2＝否

（二）农业增收困境分析

1. 建立理论模型

本章利用 SPSS 22.0 统计软件对问卷得到的样本数据进行 Logistic 回归分析，首先被解释变量"通过农业增加收入是否越来越难"只有是或否两个答案，因此是一个二元选择的问题，由此选择二元 Logistic 回归模型。在二元 Logistic 回归模型中一般用 Y 表示因变量，X 表示其影响因素：

$$Y = f(X_1, X_2, X_3, \cdots, X_n) + \mu \qquad 式（9-1）$$

式（9-1）中，Y 表示通过农业增加收入是否越来越难，$X=（X_1, X_2, X_3, \cdots, X_n）$ 为通过农业来增加小农户收入的影响因素，μ 为随机误差项。假设通过农业增加收入越来越难的概率为 $P（y=1 \mid x_i）=p$，那么并不是越来越难的概率为 $1-p$，然后对 p 做 Logistic 转换，建立完整的模型为：

$$\text{logit}(p) = \ln\left(\frac{P}{1-P}\right) = \beta_0 + \beta_1 X_1 + \beta_2 X_2 + \beta_3 X_3 + \cdots + \beta_n X_n$$

$$式（9-2）$$

在式（9-2）中，p 为小农户通过农业增加收入越来越难的概率，X_i 是影响小农户通过农业来增加收入的诸多因素，β_0 是常数项。

2. 模型检验

利用 SPSS 统计软件对问卷的样本数据进行回归分析，估计并检验影响通过农业增加收入的难度的各因素及影响程度。二元 Logistic 回归方程的 Nagelkerke R^2 检验的值为 0.44，表明模型对被解释变量的解释尚可；Hosmer-Lemeshow 检验中的卡方值为 2.033，显著性为 0.98＞0.05，可以拒绝原假设，也说明模型拟合情况较好，且它的观测值和期望值非常接近。最后它的分类表中的整体百分比是 88.7%，可见整个回归方程是显著的；多重共线性的检验中 VIF 值均小于 10，所以经过以上检验表明可以进行统计学分析。

3. 模型估计结果

根据表 9-2 得出二元 Logistic 模型为：

$$\text{logit} P = -20.654 - 0.148 X_2 - 0.395 X_7 - 2.179 X_8 + 0.229 X_{10} -$$
$$0.644 X_{13} + 1.334 X_{14} - 0.29 X_{17} + 0.676 X_{18} + 1.137 X_{19} +$$
$$0.701 X_{20} - 0.767 X_{21} + 0.139 X_{22} - 0.041 X_{23} + 0.311 X_{29}$$

式（9-3）

表 9-2　二元 Logistic 回归结果

类别	变量	回归系数（B）	标准误差（$S.E$）	统计量（$Wald$）	显著性（Sig）	OR
农村特征	村子类型（X_1）	-0.093	0.170	0.303	0.582	0.911
	村里的企业数量（X_2）	-0.148*	0.081	3.286	0.070	0.863
	村庄距离乡镇政府的距离（X_3）	-0.107	0.105	1.035	0.309	0.899
	村庄距最近集市的距离（X_4）	0.160	0.118	1.838	0.175	1.173
农村基础设施	所在村庄的水利工程是否发挥作用（X_5）	0.305	0.284	1.160	0.282	1.357
	田间道路情况（X_6）	-0.282	0.327	0.743	0.389	0.755
	村内道路能否满足经济发展与居民出行需要（X_7）	-0.395*	0.216	3.342	0.068	0.674

（续）

类别	变量	回归系数（B）	标准误差（S.E）	统计量（Wald）	显著性（Sig）	OR
农业治理	是否知道惠农政策（X_8）	−2.179**	0.900	5.866	0.015	0.113
	是否享受惠农政策（X_9）	−0.573	0.680	0.711	0.399	0.564
	民主选举村主任对老百姓致富的作用（X_{10}）	0.229*	0.137	2.809	0.094	1.257
	政府各项政策的稳定情况（X_{11}）	−0.113	0.198	0.329	0.567	0.893
农户家庭金融	家庭收入情况（X_{12}）	20.700	1 996.975	0.000	0.992	$A^{①}$
	是否拥有存款（X_{13}）	−0.644*	0.347	3.440	0.064	0.525
	农业保险办理情况（X_{14}）	1.334***	0.277	23.126	0.000	3.794
	贷款是否用于购买种子化肥农药（X_{15}）	0.563	0.569	0.977	0.323	1.756
	缺少资金是否是遇到的主要困难（X_{16}）	0.203	0.284	0.511	0.475	1.225
农业科学技术	农机具在本地推广使用面积情况（X_{17}）	−0.290*	0.162	3.199	0.074	0.749
	缺少技术是否是遇到的主要困难（X_{18}）	0.676**	0.283	5.714	0.017	1.965
	喷农药时使用的设备（X_{19}）	1.137***	0.436	6.791	0.009	3.118
	生产经营活动对科学技术的需求情况（X_{20}）	0.701***	0.197	12.626	0.000	2.015
	农业生产是否使用农膜（X_{21}）	−0.767***	0.266	8.310	0.004	0.464
农业人力资本	文化程度（X_{22}）	0.139*	0.075	3.383	0.066	1.149
	户主年龄（X_{23}）	−0.041**	0.011	13.357	0.000	0.960
	教育支出（X_{24}）	0.000	0.000	0.884	0.347	1.000
农业社会化服务	是否接受过培训服务（X_{25}）	0.275	0.244	1.268	0.260	1.316
	合作社对销售渠道提供帮助的程度（X_{26}）	0.063	0.253	0.062	0.803	1.065
	农业推广部门的推广服务是否到位（X_{27}）	0.064	0.227	0.080	0.777	1.066
农业耕地资源	耕地总面积（X_{28}）	−0.020	0.022	0.842	0.359	0.980
	耕地质量（X_{29}）	0.311**	0.158	3.881	0.049	1.365
	是否从外租入耕地（X_{30}）	0.305	0.429	0.505	0.477	1.356

注：系数后标的 * 、** 、*** 分别表示 10%、5%、1%的显著性水平。

① A＝976 888 296.367。

271

从模型各因素的显著性以及回归系数，可以清楚地看到村里的企业数量（X_2）、村内道路能否满足经济发展与居民出行需要（X_7）、是否知道惠农政策（X_8）、是否拥有存款（X_{13}）、农机具在本地推广使用面积情况（X_{17}）、农业生产是否使用农膜（X_{21}）、户主年龄（X_{23}）与通过农业增加农户收入的难度呈负相关。相关分析如下：

第一，企业的工资水平远远高于小农户在农业经营上所得到的收入，企业数量越多，小农户从事非农工作的概率就越大，专心从事农业生产的概率就越小，而且企业的数量越多，留给小农户在农业市场的机会就越少，因此企业数量与小农户通过农业增加收入是负相关，但企业越多为小农户增加家庭总收入提供了机会。第二，拥有的存款越多，意味着小农户更倾向储蓄，而不是投资于农业，因此是否有存款这个变量与小农户通过农业增加收入为负相关。第三，户主的年龄越大，尽管经验会越来越丰富，但是劳动效率却会有所下降，从而在一定程度上对小农户通过农业增加收入带来一些不利影响。第四，村内道路能否满足经济发展与居民出行需要、是否知道惠农政策、农机具在本地推广使用面积情况以及农业生产是否使用农膜等 4 个变量与小农户通过农业增加收入的难度呈负相关，这与事实相悖，这可能是因为小农户没能正确理解相关惠农政策，或是农机具推广使用面积太小和农膜使用不当造成成本增加，不利于增加收入，因此使得小农户与农业现代化有机衔接存在困境，这也是在未来发展中需要大力解决的问题。

民主选举村主任对老百姓致富的作用（X_{10}）、农业保险办理情况（X_{14}）、缺少技术是否是遇到的主要困难（X_{18}）、喷农药时使用的设备（X_{19}）、生产经营活动对科学技术的需求情况（X_{20}）、文化程度（X_{22}）、耕地质量（X_{29}）与通过农业增加收入难度呈正相关。而其他变量的回归结果表示这些变量均与通过农业增加农户收入难度无显著影响，与理论和事实相悖，不显著因素的具体表现如下：

（1）农村特征

二元 Logistic 回归结果显示该类别中村子类型（X_1）、村庄距离乡镇政府的距离（X_3）、村庄距最近集市的距离（X_4）的显著性分别为 0.582、0.309、0.175，都大于 0.1，意味着在统计学意义上都不显著，对小农户通过农业增加收入的难度没有显著影响。一般而言，现代化的农村道路修建完善，出行方便，利于农产品的运输；办理日常事务和交易买卖都不会因路程受阻。然而事实却是川陕革命老区小农户所居住生活的主要村子类型为丘陵低山村、山区村，交通不便，离镇政府及集市都会有一定距离，因此阻碍了其步入农业现代化的步伐。这表明由于所居住生活的村庄、交易距离等问题使得川陕革命老区小农户在与农业现代化接轨过程中存在一定障碍。

（2）农村基础设施

村庄水利工程、良好田间道路等完善的基础设施条件均有利于现代农业生产发展，提高生产效率。然而二元 Logistic 回归分析结果表示川陕革命老区小农户所在村庄的水利工程是否发挥作用（X_5）、田间道路情况（X_6）的显著性系数分别为 0.282 和 0.389，在统计学意义上都不显著，表明该方面的发展存在一定滞缓，难以对小农户通过农业生产增收难度产生显著影响。因此要实现川陕革命老区小农户与农业现代化有机衔接就还需要加强其农业基础设施建设。

（3）农业治理

从政府各项政策的稳定情况（X_{11}）来看，二元 Logistic 回归结果中它的显著性系数为 0.567 大于 0.1，显而易见，政策是否稳定没有对小农户通过农业增收难易产生显著影响。但是积极地宣传并稳定执行各项"三农"政策，能够惠及老区所有小农户，激发小农户从事农业生产的热情，从而促使小农户通过农业生产实现增收。因此还要进一步加强政策宣传，并确保政策的连续性。

（4）农户家庭金融

二元 Logistic 回归结果显示家庭收入情况（X_{12}）的显著性系数为 0.992，远远大于 0.1，因此家庭收入情况本身对通过农业增加收入难易的影响非常不显著；并且回归结果还显示贷款是否用于购买种子化肥农药（X_{15}）、缺少资金是否是遇到的主要困难（X_{16}）的显著性系数分别为 0.323、0.475，也是大于 0.1 都没能显著地对小农户通过农业增收难易产生影响。这些都表明了老区农户在农村金融方面缺乏活力，没能很好地将资金投资于农业生产需要，为此需要有可行政策刺激小农户加大农业投资，来助推其有机衔接农业现代化。

（5）农业科学技术

就川陕革命老区农业科学技术使用情况而言，选取的指标都产生了相应影响，只是二元 Logistic 回归结果中，农机具在本地推广使用面积情况（X_{17}）的显著性为 0.074 虽小于 0.1 但是大于 0.05，缺少技术是否是遇到的主要困难（X_{18}）的显著性较为 0.017 虽小于 0.05 但大于 0.01，可见农机具推广及越来越对农业技术的重视已经在小农户农业增收及农业现代化方面产生了一定促进作用，但仍需持续推进当地农机具推广，并解决小农户面临的农业技术问题，才能进一步增加小农户的农业收入，更好地实现其与农业现代化有机衔接。

（6）农业人力资本

在农业人力资本方面，二元 Logistic 回归结果中的教育支出（X_{24}）显著性系数为 0.347 大于 0.1，可见川陕革命老区小农户的人力资本对其通过农业增加收入难易产生的影响并不显著，当然也就无法对其与农业现代化有机衔接产生积极影响。然而农业现代化需要通过普及基础教育或者进行农业专业知识教育来提高农业劳动力素质，从而大力提升农业人力资本质量，提高老区农业现代化水平。目前，老区的小农户在农业劳动者的教育支出方面明显不足以支撑农业现代化发展。

（7）农业社会化服务

从二元 Logistic 回归结果来看，所选取指标是否接受过培训服务（X_{25}）的显著性系数为 0.26、合作社对销售渠道提供帮助的程度（X_{26}）的显著性系数为 0.803、农业推广部门的推广服务是否到位（X_{27}）的显著性系数为 0.777，意味着它们在统计学意义上都不显著，对小农户通过农业增收难易未能产生显著影响。可见，川陕革命老区在农业社会化服务方面比较欠缺，但是小农户增收及农业现代化靠单家独户的力量又是不够的，亟需农业社会化服务组织的大力支持。

（8）农业耕地资源

农业耕地资源也是影响川陕革命老区小农户与农业现代化有机衔接的重要方面，耕地总面积（X_{28}）、是否从外租入耕地（X_{30}）都是农业生产的重要影响因素，然而二元 Logistic 回归结果却表示它们的显著性系数分别为 0.359 和 0.477，大于 0.1，这也即表明其对小农户通过农业增加收入没有显著影响。由此可得，耕地总面积不大，土地经营权的流转实施不到位都对小农户增收产生了不利影响，这也意味着川陕革命老区在步入农业现代化轨道中存在农业耕地资源方面的障碍。

（三）农业机械化困境分析

1. 建立理论模型

川陕革命老区当前农业种植形式的选项有纯人力劳动、半人半机械劳动和完全机械化三种，属于多分类变量，所以运用多元 Logistic 回归分析，完整模型为：

$$\text{logit} P_a = \ln\left[\frac{P_a}{P_a}\right] = \ln 1 = 0 \qquad \text{式（9-4）}$$

$$\text{logit} P_b = \ln\left[\frac{P(Y=b\mid X)}{P(Y=a\mid X)}\right] = \beta_0 + \beta_{21} X_{21} + \cdots + \beta_{2p} X_{2p}$$

$$\text{式（9-5）}$$

$$\text{logit} P_c = \ln\left[\frac{P(Y=c\mid X)}{P(Y=a\mid X)}\right] = \beta_0 + \beta_{31} X_{31} + \cdots + \beta_{3p} X_{3p}$$

$$\text{式（9-6）}$$

在式子中，$P_a + P_b + P_c = 1$，a 表示被解释变量答案为纯人力劳动，b 表示被解释变量答案为半人半机械劳动，c 表示被解释变量答案为完全机械化。

2. 模型经验

多元 Logistic 回归方程中的模型拟合信息表中的显著性值为 0.000 小于 0.05 说明模型有统计意义；其次检验中给出的伪 R^2 值 Cox 及 Snell 为 0.337，Nagelkerke R^2 值为 0.448，说明模型对原始变量的解释程度较好，拟合程度比较优秀；多重共线性检验中的 VIF 值均小于 10，表明自变量不存在严重的多重共线性，所以可以进行统计学分析。

3. 模型估计结果

通过表 9-3、表 9-4，可得出回归方程为：

$$\text{logit}\left(\frac{P_2}{P_1}\right) = 2.442 - 0.027\, 2\, X_2 - 0.031 X_3 (X_3 = 1) + 1.539$$

$$X_4 (X_4 = 1) - 2.514\, X_5 (X_5 = 1) - 1.982\, X_{11} (X_{11} = 1) - 0.483$$

$$X_{12} (X_{12} = 1) + 1.143\, X_{14} (X_{14} = 1) - 1.038$$

$$X_{16} (X_{16} = 1) + 0.411\, X_{17} (X_{17} = 1) + 2.367$$

$$X_{20}(X_{20}=1)-0.047\ X_{23}-0.427$$
$$X_{26}(X_{26}=1)-0.379\ X_{27}(X_{27}=1) \qquad 式（9-7）$$

$$\text{logit}\left(\frac{P_3}{P_1}\right)=-108.06-1.576\ X_2+8.148\ X_3(X_3=1)+3.663$$

$$X_4(X_4=1)+3.369\ X_5(X_5=1)-11.821\ X_{11}(X_{11}=1)+6.03$$

$$X_{12}(X_{12}=1)+0.04\ X_{14}(X_{14}=1)-4.128$$

$$X_{16}(X_{16}=1)+17.543\ X_{17}(X_{17}=1)-9.982$$

$$X_{20}(X_{20}=1)+1.104\ X_{23}+0.695$$

$$X_{26}(X_{26}=1)-7.343\ X_{27}(X_{27}=1) \qquad 式（9-8）$$

表 9-3　多元 Logistic 回归结果（$Y_2=2$ 时）

类别	变量	显著性（$Sig.$）		回归系数（B）	标准误差（$S.E$）	OR
农村特征	村子类型（X_1）	0.680	[$X_1=1.0$]	0.983	0.826	2.672
			[$X_1=2.0$]	0.655	0.822	1.925
			[$X_1=3.0$]	0.935	0.895	2.547
			[$X_1=4.0$]	1.773	1.178	5.890
			[$X_1=7.0$]	0b		
	村里的企业数量（X_2）	0.000	X_2	−0.027 2***	0.069	0.762
	村庄距离乡镇政府的距离（X_3）	0.007	[$X_3=1.0$]	−0.031***	0.439	0.969
			[$X_3=2.0$]	−1.675***	0.608	0.187
			[$X_3=3.0$]	−0.041***	0.524	0.960
			[$X_3=4.0$]	−0.146***	0.535	0.864
			[$X_3=5.0$]	1.297***	0.467	3.659
			[$X_3=6.0$]	0b		
	村庄距最近集市的距离（X_4）	0.001	[$X_4=1.0$]	1.539***	0.501	4.659
			[$X_4=2.0$]	3.286***	0.692	26.723
			[$X_4=3.0$]	1.296***	0.598	3.654
			[$X_4=4.0$]	0.873***	0.671	2.394
			[$X_4=5.0$]	1.036***	0.498	2.818
			[$X_4=6.0$]	0b		

（续）

类别	变量	显著性（Sig.）		回归系数（B）	标准误差（S.E）	OR
农村基础设施	所在村庄的水利工程是否发挥作用（X_5）	0.000	[X_5=1.0]	−2.514***	0.864	0.081
			[X_5=2.0]	0b		
	田间道路情况（X_6）	0.880	[X_6=1.0]	0.127	0.251	1.135
			[X_6=2.0]	0b		
	村内道路能否满足经济发展与居民出行需要（X_7）	0.953	[X_7=1.0]	0.708	0.713	2.030
			[X_7=2.0]	0.519	0.700	1.681
			[X_7=3.0]	0.670	0.736	1.953
			[X_7=4.0]	0b		
农业治理	是否知道惠农政策（X_8）	0.489	[X_8=1.0]	0.715	0.598	2.044
			[X_8=2.0]	0b		
	是否享受惠农政策（X_9）	0.554	[X_9=1.0]	−0.469	0.430	0.626
			[X_9=2.0]	0b		
	民主选举村主任对老百姓致富的作用（X_{10}）	0.820	[X_{10}=1.0]	−0.231	0.203	0.794
			[X_{10}=2.0]	0.090	0.367	1.095
			[X_{10}=3.0]	0b		
	政府各项政策的稳定情况（X_{11}）	0.052	[X_{11}=1.0]	−1.982*	0.656	0.138
			[X_{11}=2.0]	−1.078*	0.567	0.340
			[X_{11}=3.0]	−0.921*	0.591	0.398
			[X_{11}=4.0]	0b		
农户家庭金融	家庭收入情况（X_{12}）	0.055	[X_{12}=1.0]	−0.483*	0.201	0.617
			[X_{12}=2.0]	0b		
	是否拥有存款（X_{13}）	0.423	[X_{13}=1.0]	0.329	0.252	1.390
			[X_{13}=2.0]	0b		
	农业保险办理情况（X_{14}）	0.000	[X_{14}=1.0]	1.143***	0.221	3.136
			[X_{14}=2.0]	0b		
	贷款是否用于购买种子化肥农药（X_{15}）	0.994	[X_{15}=1.0]	−0.045	0.403	0.956
			[X_{15}=2.0]	0b		
	缺少资金是否是遇到的主要困难（X_{16}）	0.000	[X_{16}=1.0]	−1.038***	0.217	0.354
			[X_{16}=2.0]	0b		

（续）

类别	变量	显著性（$Sig.$）		回归系数（B）	标准误差（$S.E$）	OR
农业科学技术	农机具在本地推广使用面积情况（X_{17}）	0.046	[$X_{17}=1.0$]	0.411**	0.411	1.508
			[$X_{17}=2.0$]	0.347**	0.349	1.415
			[$X_{17}=3.0$]	−0.334**	0.333	0.716
			[$X_{17}=4.0$]	0b		
	缺少技术是否是遇到的主要困难（X_{18}）	0.980	[$X_{18}=1.0$]	0.042	0.207	1.043
			[$X_{18}=2.0$]	0b		
	喷农药时使用的设备（X_{19}）	0.759	[$X_{19}=1.0$]	−0.201	0.271	0.818
			[$X_{19}=2.0$]	0b		
	生产经营活动对科学技术的需求情况（X_{20}）	0.000	[$X_{20}=1.0$]	2.367***	0.479	10.661
			[$X_{20}=2.0$]	1.747***	0.366	5.739
			[$X_{20}=3.0$]	1.576***	0.369	4.837
			[$X_{20}=4.0$]	0b		
	农业生产是否使用农膜（X_{21}）	0.447	[$X_{21}=1.0$]	0.254	0.200	1.289
			[$X_{21}=2.0$]	0b		
农业人力资本	文化程度（X_{22}）	0.135	[$X_{22}=1.0$]	−0.421	0.349	0.656
			[$X_{22}=2.0$]	−0.751	0.347	0.472
			[$X_{22}=3.0$]	−0.868	0.395	0.420
			[$X_{22}=4.0$]	−1.896	0.525	0.150
			[$X_{22}=5.0$]	−1.160	0.857	0.313
			[$X_{22}=6.0$]	0b		
	户主年龄（X_{23}）	0.000	X_{23}	−0.047***	0.01	0.954
	教育支出（X_{24}）	0.947	X_{24}	0.000	0.000	1.000
农业社会化服务	是否接受过培训服务（X_{25}）	0.399	[$X_{25}=1.0$]	0.246	0.181	1.278
			[$X_{25}=2.0$]	0b		
	合作社对销售渠道提供帮助的程度（X_{26}）	0.075	[$X_{26}=1.0$]	−0.427*	0.189	0.652
			[$X_{26}=2.0$]	0b		
	农业推广部门的推广服务是否到位（X_{27}）	0.003	[$X_{27}=1.0$]	−0.379***	0.317	0.685
			[$X_{27}=2.0$]	−1.027***	0.306	0.358
			[$X_{27}=3.0$]	0b		

（续）

类别	变量	显著性（$Sig.$）		回归系数（B）	标准误差（$S.E$）	OR
农业耕地资源	耕地总面积（X_{28}）	0.944	X_{28}	0.007	0.020	1.007
	耕地质量（X_{29}）	0.999	[$X_{29}=1.0$]	−0.271	0.637	0.763
			[$X_{29}=2.0$]	−0.017	0.505	0.983
			[$X_{29}=3.0$]	−0.151	0.491	0.860
			[$X_{29}=4.0$]	−0.250	0.599	0.779
			[$X_{29}=5.0$]	0b		
	是否从外租入耕地（X_{30}）	0.775	[$X_{30}=1.0$]	0.201	0.282	1.223
			[$X_{30}=2.0$]	0b		

注：系数后标的 *、**、*** 分别表示 10%、5%、1% 的显著性水平。

表 9 - 4　多元 Logistic 回归结果（$Y_2=3$ 时）

类别	变量	显著性（$Sig.$）		回归系数（B）	标准误差（$S.E$）	OR
农村特征	村子类型（X_1）	0.680	[$X_1=1.0$]	4.204	11 132.380	66.978
			[$X_1=2.0$]	6.887	10 800.381	979.308
			[$X_1=3.0$]	13.118	12 158.032	497 977.082
			[$X_1=4.0$]	9.460	0.000	12 831.727
			[$X_1=5.0$]	0b		
	村里的企业数量（X_2）	0.000	X_2	−1.576***	1 779.835	0.207
	村庄距离乡镇政府的距离（X_3）	0.007	[$X_3=1.0$]	8.148***	12 145.734	3 457.306
			[$X_3=2.0$]	2.288***	11 439.900	9.858
			[$X_3=3.0$]	8.730***	10 679.619	6 185.314
			[$X_3=4.0$]	19.489***	13 157.233	291 179 278.665
			[$X_3=5.0$]	8.721***	11 976.643	6 128.034
			[$X_3=6.0$]	0b		
	村庄距最近集市的距离（X_4）	0.001	[$X_4=1.0$]	3.663***	13 434.941	38.994
			[$X_4=2.0$]	6.845***	12 256.361	939.269
			[$X_4=3.0$]	0.324***	10 869.096	1.383
			[$X_4=4.0$]	3.974***	12 458.884	53.222
			[$X_4=5.0$]	3.584***	12 582.096	36.022
			[$X_4=6.0$]	0b		

（续）

类别	变量	显著性（Sig.）		回归系数（B）	标准误差（S.E）	OR
农村基础设施	所在村庄的水利工程是否发挥作用（X_5）	0.000	[$X_5=1.0$]	3.369***	14 516.494	29.055
			[$X_5=2.0$]	0b		
	田间道路情况（X_6）	0.880	[$X_6=1.0$]	−6.953	6 880.111	0.001
			[$X_6=2.0$]	0b		
	村内道路能否满足经济发展与居民出行需要（X_7）	0.953	[$X_7=1.0$]	−12.909	13 361.768	$2.476E-6$
			[$X_7=2.0$]	−11.162	12 894.166	$1.420E-5$
			[$X_7=3.0$]	−5.002	13 958.178	0.007
			[$X_7=4.0$]	0b		
农业治理	是否知道惠农政策（X_8）	0.489	[$X_8=1.0$]	2.867	8 398.016	17.585
			[$X_8=2.0$]	0b		
	是否享受惠农政策（X_9）	0.554	[$X_9=1.0$]	−2.586	6 538.209	0.075
			[$X_9=2.0$]	0b		
	民主选举村主任对老百姓致富的作用（X_{10}）	0.820	[$X_{10}=1.0$]	2.164	4 786.908	8.704
			[$X_{10}=2.0$]	−5.587	6 522.805	0.004
			[$X_{10}=3.0$]	0b		
	政府各项政策的稳定情况（X_{11}）	0.052	[$X_{11}=1.0$]	−11.821*	8 586.023	$7.351E-6$
			[$X_{11}=2.0$]	−17.566*	5 643.046	$2.351E-8$
			[$X_{11}=3.0$]	−12.395*	5 631.129	$4.141E-6$
			[$X_{11}=4.0$]	0b		
农户家庭金融	家庭收入情况（X_{12}）	0.055	[$X_{12}=1.0$]	6.030*	2 942.368	415.633
			[$X_{12}=2.0$]	0b		
	是否拥有存款（X_{13}）	0.423	[$X_{13}=1.0$]	3.359	4 803.311	28.758
			[$X_{13}=2.0$]	0b		
	农业保险办理情况（X_{14}）	0.000	[$X_{14}=1.0$]	0.040***	3 198.896	1.040
			[$X_{14}=2.0$]	0b		
	贷款是否用于购买种子化肥农药（X_{15}）	0.994	[$X_{15}=1.0$]	3.040	11 541.755	20.903
			[$X_{15}=2.0$]	0b		
	缺少资金是否是遇到的主要困难（X_{16}）	0.000	[$X_{16}=1.0$]	−4.128***	5 596.494	0.016
			[$X_{16}=2.0$]	0b		

（续）

类别	变量	显著性（Sig.）		回归系数（B）	标准误差（S.E）	OR
农业科学技术	农机具在本地推广使用面积情况（X_{17}）	0.046	[X_{17}=1.0]	17.543**	8 908.510	41 578 942.545
			[X_{17}=2.0]	18.699**	6 912.532	132 135 101.375
			[X_{17}=3.0]	13.170**	8 192.366	524 538.096
			[X_{17}=4.0]	0b		
	缺少技术是否遇到的主要困难（X_{18}）	0.980	[X_{18}=1.0]	−2.838	2 888.800	0.059
			[X_{18}=2.0]	0b		
	喷农药时使用的设备（X_{19}）	0.759	[X_{19}=1.0]	−5.986	3 810.589	0.003
			[X_{19}=2.0]	0b		
	生产经营活动对科学技术的需求情况（X_{20}）	0.000	[X_{20}=1.0]	−9.982***	8 443.674	4.622E−5
			[X_{20}=2.0]	−8.200***	5 863.043	0.000
			[X_{20}=3.0]	−4.866***	6 586.753	0.008
			[X_{20}=4.0]	0b		
	农业生产是否使用农膜（X_{21}）	0.447	[X_{21}=1.0]	0.883	5 189.081	2.418
			[X_{21}=2.0]	0b		
农业人力资本	文化程度（X_{22}）	0.135	[X_{22}=1.0]	2.785	6 560.657	16.195
			[X_{22}=2.0]	−0.925	6 311.341	0.396
			[X_{22}=3.0]	16.369	7 244.938	12 847 689.342
			[X_{22}=4.0]	21.881	8 479.458	3 183 528 803.613
			[X_{22}=5.0]	28.527	13 510.276	2 449 116 338 575.758
			[X_{22}=6.0]	0b		
	户主年龄（X_{23}）	0.000	X_{23}	1.104***	130.033	3.017
	教育支出（X_{24}）	0.947	X_{24}	0.000	0.177	1.000
农业社会化服务	是否接受过培训服务（X_{25}）	0.399	[X_{25}=1.0]	−0.311	4 282.832	0.732
			[X_{25}=2.0]	0b		
	合作社对销售渠道提供帮助的程度（X_{26}）	0.075	[X_{26}=1.0]	0.695*	4 040.297	2.003
			[X_{26}=2.0]	0b		
	农业推广部门的推广服务是否到位（X_{27}）	0.003	[X_{27}=1.0]	−7.343***	6 855.919	00.001
			[X_{27}=2.0]	−6.668***	4 686.309	0.001
			[X_{27}=3.0]	0b		

（续）

类别	变量	显著性（$Sig.$）		回归系数（B）	标准误差（$S.E$）	OR
农业耕地资源	耕地总面积（X_{28}）	0.944	X_{28}	0.658	327.908	1.931
	耕地质量（X_{29}）	0.999	$[X_{29}=1.0]$	11.581	12 341.901	107 055.947
			$[X_{29}=2.0]$	12.168	10 647.128	192 449.569
			$[X_{29}=3.0]$	0.898	9 648.856	2.455
			$[X_{29}=4.0]$	6.745	11 156.879	849.553
			$[X_{29}=5.0]$	0b		
	是否从外租入耕地（X_{30}）	0.775	$[X_{30}=1.0]$	−8.317	14 420.120	0.000
			$[X_{30}=2.0]$	0b		

注：系数后标的 *、**、*** 分别表示 10%、5%、1% 的显著性水平。

根据表 9 - 3 多元 Logistic 回归结果（$Y_2=2$ 时）和表 9 - 4 多元 Logistic 回归结果（$Y_2=3$ 时）的 P 值，发现村里的企业数量（X_2）、村庄距离乡镇政府的距离（X_3）、村庄距最近集市的距离（X_4）、村庄水利工程作用发挥情况（X_5）、农业保险办理情况（X_{14}）、缺少资金是否是遇到的主要困难（X_{16}）、生产经营活动对科学技术的需求情况（X_{20}）、户主年龄（X_{23}）、农业推广部门的推广服务是否到位（X_{27}）在 0.01 的水平下显著；农机具在本地推广使用面积情况（X_{17}）在 0.05 的水平下显著；政府各项政策的稳定情况（X_{11}）、家庭收入情况（X_{12}）、合作社对销售渠道提供帮助的程度（X_{26}）在 0.1 的水平下显著。

在上述显著的变量中，根据他们的系数显示，当农业种植形式为半人半机械种植时，企业数量与其为负相关，可能是由于随着企业的发展，会有大量的农民流向非农业劳动，导致从事农业经营的小农户减少；而家庭收入越高，农民倾向于非农投资，从而就相应地减少农业机械化投资。政府政策的稳定情况、村庄距离乡镇政府的距离、村庄水利工程作用发挥情况、缺少资金是否是遇到的主要困难、合作社对销售渠道提供帮助的程度和农业推广部门的推广服务是否到位均是负向影响，表明川陕革命老区在"三农"政策稳定性、水利工程建设、资金供给等方面还有所欠缺，影响当地农业机械化的发展。同理也可以解释当农业种植形式为完全机械化种植时，企业数量、政府各项政策的稳定情况、缺少资金是否是遇到的主要困难和农业推广部门的推广服务是否到位为什么也是负相关；另外，生产经营活动对科学技术的需求情况也是负相关，是因为其需求越大就表明科学技术越落后，从而阻碍了农业机械化水平的提高。

剩下的变量均不显著，可见其对农业机械化都没有产生明显的正向影响或是负向影响。下面将从农业机械化方面，对影响川陕革命老区小农户与农业现代化衔接的各不显著因素做出具体解释与分析。

（1）农村特征

多元 Logistic 回归分析中，村子类型（X_1）的显著性系数为 0.68 大于 0.1，可见它对纯人力劳动、半人半机械劳动还是完全机械化的种植方式都没有显著影响。但是传统种植方式的改变可以显著提升劳动效率，特别是完全机械化的种植方式更是可以节约劳动实现集约化生产。而从老区农户所在的村庄特征来看，当地的村庄多为山区，现代化水平相对滞后，因此未能对种植方式有显著改变，更不必说完全机械化的现代种植形式的实现。所以川陕革命老区的山区农村特征不利于当地小农户与农业现代化有机衔接。

（2）农村基础设施

多元 Logistic 回归分析中，田间道路情况（X_6）的显著性系数为 0.88，村内道路能否满足经济发展与居民出行需要（X_7）的显著性系数为 0.953，在统计学意义上均不显著，所以可以得出他们对种植形式也未产生显著影响。川陕革命老区的道路还没能得到良好的治理改善，只有少数田间有公路，影响了机器使用，因而导致老区半人半机械，尤其是机械化的种植形式难以大规模使用，使之在农业现代化道路上受阻。所以农村基础设施建设的落后在一定程度上也阻碍了老区小农户与农业现代化有机衔接。

（3）农业治理

多元 Logistic 回归分析中，是否知道惠农政策（X_8），是否享受惠农政策（X_9），民主选举村主任对老百姓致富的作用（X_{10}）的显著性系数分别为 0.489，0.554 和 0.82，在统计学意义上都不显著，可见当地政府，主要是村级组织对小农户转型发展重视程度还不够，所以川陕革命老区的农业治理尚未对农业种植形式产生积极效果。特别是要实现完全机械化种植，更需要积极解决农业治理方面的难题，需要制定颁布普及范围更广的相关惠农政策并宣传落实到位。

（4）农户家庭金融

多元 Logistic 回归分析中，是否拥有存款（X_{13}）的显著性系数为 0.423，贷款是否用于购买种子化肥农药（X_{15}）的显著性系数为 0.994，意味着在统计学意义上都不显著，因此他们对川陕革命老区小农户的机械化也没有产生显著影响。而半人半机械化的种植形式，特别是完全机械化的种植形式需要强大的资金支持，由于川陕革命老区的农村金融缺乏活力，就难以为当地农业机械化发展提供资金支持，自然也会影响到小农户与农业现代化有机衔接的效果。

（5）农业科学技术

多元 Logistic 回归分析中，缺少技术是否是遇到的主要困难（X_{18}），喷农药时使用的设备（X_{19}），农业生产是否使用农膜（X_{21}）的显著性系数分别为 0.98、0.759、0.447 都高于 0.1。可见，农业科学技术对老区农业种植形式的积极影响也是不够的，而实际上在川陕革命老区小农户与农业现代化有机衔接的过程中，农业科技是非常重要的支撑力量，但是老区目前的种植形式正是由于农业科学技术的力量薄弱，导致无法让更多的小农户使用半人半机械化的种植形式，实现完全机械化更是难上加难。

（6）农业人力资本

多元 Logistic 回归分析中，在人力资本方面，文化程度（X_{22}）的显著性系数为 0.135，略高于 0.1，可以由此得出小农户的文化程度正在逐渐影响他们种植方式的改变，只是对种植方式的影响还不是非常显著，有待进一步提升小农户对农业机械化的认识及其知识素养；教育支出（X_{24}）的显著性系数为 0.947 则远高于 0.1，所以很可能是对小农户在农业机械化方面的教育支出投入不够，致使其难以对小农户的半人半机械种植方式，特别是完全机械化种植方式产生积极影响。

（7）农业社会化服务变量

多元 Logistic 回归分析中，是否接受过培训服务（X_{25}）的显著性系数为 0.399 高于 0.1，在统计学意义上不显著，表明老区的培训服务不是非常到位，没有对种植形式产生明显影响，老区为小农户提供的技术知识培训服务有待加强。合作社对销售渠道提供帮助的程度（X_{26}）的显著性系数虽为 0.075 小于 0.1，但也只是在 0.1 的水平下才对种植形式产生影响，因此在小农户有机衔接农业现代化过程中，还需要进一步提高川陕革命老区农业社会化服务水平。

（8）农业耕地资源变量

多元 Logistic 回归分析中，属于耕地资源方面的耕地总面积（X_{28}）的显著性系数为 0.944，耕地质量（X_{29}）的显著性系数为 0.999，是否从外租入耕地（X_{30}）的显著性系数为 0.775，在统计学意义上都不显著，可见川陕革命老区的农业机械化生产在土地方面存在很大阻碍，主要还是因为耕地面积过小、耕地质量不是很高，以及推进土地经营流转等方面未落实到位，使得完全机械化种植形式的实现受到了影响，也不利于提升小农户与农业现代化有机衔接的效果。

第五节　研究小结

当前小农户与农业现代化有机衔接面临的主要困境有规模经营困境、产业链条衔接困境、资金获取困境、规避应对市场风险困境、技能技术掌握困境、交通运输困境、品牌发展困境、信息获取困境、产品营销困境等 9 个方面。产生这些困境的原因则主要是对小农生产的合理性和长期性认识不足、小农生产经营自身存在落后性、农村土地制度改革相对滞后等。因此找准原因后，我们应努力克服有机衔接困境，这将有利于乡村振兴战略的实施、有利于增强党的执政基础、有利于巩固拓展全面建成小康社会成果、有利于实现农业现代化、有利于避免农村空心化、有利于巩固脱贫攻坚成果。

那么又有哪些具体因素导致川陕革命老区小农户与农业现代化有机衔接产生了困境呢。本章基于 Logistic 回归，分析影响"农业增加收入是否越来越难""当前农业种植形式"两个被解释变量（衔接困境的具体体现）的因素，进而研究川陕革命老区小农户与农业现代化衔接困境。通过分析得知，在衔接过程中，川陕革命老区的小农户所在村庄特征、农村基础设施和农业治理落后、农户家庭金融情况不佳、农业科学技术水平不高、农业人力资本和农业生产耕地资源没能有效利用、农业社会化服务不完善等几个方面是川陕革命老区小农户与农业现代化有机衔接面临困境的重要影响因素。

川陕革命老区小农户与农业现代化有机衔接实践

一、新中国成立以前我国小农户的发展历程

我国是传统农业大国，以家庭经营为基础的小农户农业生产方式是中国几千年来农业生产系统的主导模式，历史上关于推行小农户生产方式的政策起源最早可追溯到春秋战国时期。尤其是明清以来，平原地区人口已经基本饱和，人口增长进一步加深了农业劳动密集程度，小农户生产方式方兴未艾。黄宗智（2010）在《改造传统农业》中指出 19 世纪末到 20 世纪初期，90％的耕地主要依靠劳均耕地面积不足 10 亩的小农户家庭种植，大农场种植（劳均耕地面积达到 25 亩以上）仅占总耕地面积的 10％左右。与传统大农场生产方式明显不同的是，小农户主要依靠在每亩土地上投入更多的劳动天数，来换取较高的亩均产出。事实上到了清朝末期，小农户比传统大农场更具顽强的生命力。《沈氏农书》中就曾经详细记载了大农场的纯收益已经比不上小农户的家庭农场（黄宗智，2010）。因此，这种被黄宗智称为"内卷化"没有增长的小农生产方式在民国时期被不断强化。

二、新中国成立以来至改革开放前夕我国小农户的发展历程

中华人民共和国成立前，我国农业长期处于传统农业状态，乡村社会经济也是极度凋零，物资极度匮乏。陈锡文等（2008）研究表明当时的小农经济主

要表现在以下几个方面：第一，土地私有，但所有权分配两极分化严重，绝大多数农民只占有少量耕地，且以旱田、低产田居多，而占总人口不到 5% 的地主却占有了全国约 40% 的耕地，且耕地质量普遍良好。第二，以小规模农业经营为主体，即小农经济模式占据主导地位。第三，在家庭经营中，农业、畜牧业、家庭副业、手工业彼此交织。第四，农民生产生活必需品的自给率高。第五，市场交易相对比较自由，土地买卖、劳动力流动、剩余农产品交换等都能在一定范围和一定程度内，按照市场规律运行。

土地作为农业生产过程中最基本的生产资料，其重要性不言而喻，为此新中国成立前后，中国共产党领导广大农民进行了土地改革。1950 年 6 月，《中华人民共和国土地改革法（草案）》在中央人民政府委员会第八次会议上获得通过，这标志着土地改革全面实施。这次土地改革使广大没有土地的农民获得了土地和生产资料，消灭了地主所有制及由此产生的土地租佃关系，基本实现了农村土地所有权的均衡分配，但是即便如此，我国以家庭为单位的小农特征并没有发生根本性变化。据统计，1952 年，我国农村人均耕地面积约为 3.09 亩，依然是典型的小农经营结构。

土地改革完成后，中央政府引导农民开展互助合作，并印发《关于发展农业生产合作社的决议》，农业生产合作社蓬勃发展，农村集体经济制度初步建立。这也意味着以农民土地私有制为基础的土地制度转变为土地集体所有制，家庭也不再是农村的经营主体，取而代之的是农村集体经营。可是事实却证明，这种"三级所有、队为基础"的农村集体经济制度严重束缚了农民的生产积极性，制约了农业生产力发展。诚然，从另一个角度来看，新中国成立初期农村百废待兴，农田基础设施遭到严重破坏，农业生产资料极度匮乏，农业现代化建设更是任重道远，而当时的农村集体经济制度，能够确保国家高效组织集体力量统筹生产资料，完善农田水利基础设施等农村各类公共事业，因此，在当时的时代背景下，这种土地所有制改革仍具有划时代的意义，不仅有效地避免了农民收入不平等问题，也解决了农村公共事业建设不足问题，更为以后实行家庭联产承包责任制创造了条件，为推动农业现代化奠定了良好基础，为恢复农村经济发展夯牢了基石。当然，不可否认的是，由于缺乏激励机制，致使农户难以提高生产效率，并逐渐成为推进国家农业现代化的重要障碍。

新中国成立后的 1952—1977 年，我国加大了化肥、良种以及机械化等现代农业生产因素的投入，但是没能获得像日本、韩国那样高的劳动生产率和农业收入。在这段时期，机械总动力以及化肥施用量分别以年均 28.78% 和 19.34% 的速度快速增长，但是农业增加值年均增长率仅为 2.11%，农业劳动力增长速度也只有 2.13%，然而劳动生产率维持在 200 元/人左右，基本保持不变。此外，从 1952 年到 1977 年，人口激增导致农村人均耕地面积以及劳均耕地面积都大幅下降。农村人均耕地面积以年均 0.53% 的速度减少，由 1952 年的 3.22 亩/人下降到 1977 年的 1.90 亩/人；劳均耕地面积由 9.35 亩缩减至 5.07 亩。尽管在这段时间，人均及劳均农业耕种规模都进一步缩小，但农作物总播种面积却年均增长 0.22%，这就意味着农业复种指数明显提高，农业生产劳动密集程度进一步上升，因此过重的人口压力导致农业劳动生产率在这一时期依旧停滞不前，人口压力基本吞噬了现代技术投入所带来的劳动生产率的发展。

三、改革开放以来我国小农户的发展历程

（一）1978—1988 年懵懂形成期

党的十一届三中全会是改革开放的重要转折点，也是历史出发点。会议对相关改革问题作出了全面的解释，也提出了实行改革开放的重大决策，同时开启了农村产业改革的发展新历史。处于该阶段的农业作为国民经济的支撑性产业，对于国家经济发展和人民生活水平的提升都有重要的作用。在此阶段所有关于小农户个体经营的发展经营文件都相继出台并实行。政策上的支持对于当时的农村改革进程有极大的推动作用，该时期的小农户个体经营模式也逐渐形成了规模。小农户在该时期的土地状况大部分是刚刚脱离公社，处于懵懂时期，小农进行农业生产还很青涩。

（二）1988—2003 年发展瓶颈期

该阶段的乡村建设主要强调的是产业化经营和基层管理，农村改革在经历 10 年的政策落实后，家庭承包经营制度已经有了一定的普及，并且取得了一定成效，但小农户与现代化市场的矛盾也日益明显。因此中央针对矛

盾问题出台了一系列关于市场和政府调控相结合的方针政策，针对农村经济发展问题和小农户产业化问题进行了具体指导。在该时期国家取消了农业税，这极大促进了小农户生产的积极性，农业生产效率也得到了很大的提升。

（三）2003 年至今探索创新期

以往针对小农户家庭经营的注重点在宏观层面，将小农户家庭经营作为推动农村经济发展的首要部分，放到整体农业产业发展和农村经济改革的体系中。从 2003 年的农业税改革以后，国家对小农户家庭经营模式逐渐有了更多的认识，看到了其多方面的益处，作为一种个体农户的独立经营方式，在不断探索和实践中不仅对农村经济发展有了极大的贡献，同时也更加有利于提升人民幸福感和个体利益。党的十九大报告针对农业问题指出要培育新型农业经营主体，提升农业服务水平，健全服务体系，实现小农户与现代化农业有机接轨，这是对小农户经营和其自身价值的充分肯定，同时也为新时代小农户经营方式的进一步发展指明了方向。

第二节　国际国内经验证据

一、国际经验

（一）发达国家的主要经验

发达国家推进农户与农业现代化有机衔接的实践案例有很多，本章主要选取人少地多、大规模机械化的美国，人多地少、小农模式为主的日本，以外向型农业为主的荷兰和水资源缺乏的以色列等国家来进行经验总结。在美国，人少地多，劳动力成本高等因素阻碍了农业现代化。美国解决以上问题的对策是：第一，重视生物技术等农业科技的使用与推广；第二，制定产权明晰的土地租佃制度；第三，充分发挥政府宏观调控的作用；第四，建立功能完善的农业合作组织。然而这种美国式的农业现代化思路在日本却行不通，日本与美国不同，耕地少，土地价格贵，日本将土地要素作为生产的根本，尽可能地避免自身劣势。第一，扩大农户的经营规模；第二，以农协管理小规模农户；第三，用农业兼业化推动现代化；第四，主要方向为生物技术为主。荷兰同样作为一个人多地少的国家，也有着各种不利的发展因素，但与日本、美国走了不一样的发展路径，高素质人才、高技能农民、高效的国家政策支持、各协会合作社的作用、"创汇农业"战略等成为荷兰农业现代化的重要法宝。此外，以色列同样作为人多地少的发达国家，其水资源极度缺乏、沙漠化，但以色列政府高度重视，并且有法律作为保障，使其资源得到合理的配置和保护，农业合作组织高度组织化，农业科技与推广体系得到充分发展。

（二）发展中国家的主要经验

发展中国家里印度、巴西最为典型。印度的人口基数大，农业是其重要的经济基础，尽管当地农户与农业现代化衔接的过程中遇到了许多艰难险阻，但印度政府对本国农业发展给予了高度重视，十分支持农业发展，将培养农业科技人才作为重点，同时大力推进农村信息化的普及，大力引进国际上先进的生物技术和农业科技，对水利工程等基础设施进行改造，由以前的自给自足到现在的实现了少部分产品的出口。在巴西，不仅有着较为丰富的资源，还具有优势的农业生产经营条件，虽然丰富的资源没有得到充分利用，但巴西政府也大力支持农业投资，增加农业科技化方面的投入，实现产销市场化、集约化生产，同时完善水利工程等各项基础设施建设与发展的政策，以及农业现代化优先发展的政策，大大地推动和保证了小农户走入农业现代化的轨道。同样作为发展中国家，我国可以从巴西和印度的实践案例中得到启示，并结合国情总结出符合我国农业发展的经验，走出一条适合我国小农户与农业现代化有机衔接的道路。

二、国内经验

（一）黑龙江省的小农户与农业现代化有机衔接的实践样态与路径

黑龙江省是我国的农业大省、重要粮食基地，该省资源丰富，农业技术的开发、农民技能的培养、农业合作得到政府的重视与支持。其实践样态：第一，小农户通过利益联结农业产业化实现与现代农业有机融入；第二，小农户通过规模壮大成为专业大户和家庭农场实现与现代农业有机融入；第三，小农户通过嫁接服务合作共赢实现与现代农业有机融入；第四，小农户通过功能拓展发展新产业新业态实现与现代农业有机融入；第五，小农户通过经营升级提高效率实现与现代农业有机融入。在这些实践样态中，发现小农户与农业现代化衔接的主要障碍因素有：第一，劳动力代际断裂现象突显，供给质量趋于弱化；第二，经营细碎化，成本高且产出效率太低；第三，信息不灵通，农户难以迅速捕捉相关信息，市场竞争地位处于弱势；第四，组织化不到位，小农户参与规模经营意愿不足；第五，服务内容单一、缺位，小农户转型受阻；第六，没有合理保障机制，政策红利难以被小农户分享。由此探索出相应发展路径：第一，提升新型经营主体带动小农户的能力；第二，提升小农户主体掌握现代要素的能力；第三，提升小农户之间联合合作的能力；第四，提升小农户"以小取胜"的能力；第五，提升服务引领小农户的能力；第六，提升国家政策对小农户支持的能力。

（二）山东省小农户与农业现代化有机衔接的实践经验

一是小农户以土地入股村集体或合作社模式。山东东平县在全县推行土地股份合作制改革。该县马流泽村把农户承包地和集体荒地折股量化后入股到村集体领办的合作社。在政府的支持下，合作社利用其中 300 多亩土地建造了 18 个温室大棚，其中 8 个大棚由合作社统一经营，另外 10 个租给一家农业公司运营。通过统一租赁及合作经营，农民每亩土地收入由 500 元提高到近 1 000 元。二是实施"合作社＋龙头企业"模式。山东省青州市南小王村首先将全村的耕地（569 亩）集中起来，并投入合作社中，然后采用"926 斤＊小麦（折价）保底收益＋年终分红（2 000 元左右）"办法将集中的土地交给天禄农业公司统一投资经营。天禄农业公司则以每个大棚每年 2.5 万元的价格出租给当地农民。截至 2018 年 1 月，天禄农业公司在南小王村及其周边地区建成了 1 000 多个蔬菜大棚，南小王村牟某把自家 4 亩承包地入股合作社后，租了天禄农业公司两个较小的旧棚和一个较大的新棚，每年净收入 8 万到 9 万元。三是"农民以土地和部分资金入股＋政府专项扶贫资

＊　1 斤＝500 克。

金扶持＋相关企业以技术和设备折股方式"。山东省东平县政府投资 455 万，在夏谢五村联合相关公司等建设 14 个现代化养殖大棚出租给愿意进行大规模养殖的村集体和农民。出栏草鸡由入股公司根据订单进行收购。政府扶持资金分红主要在本村贫困人口中平均分配，500 名贫困人口在 2017 年人均分得 320 元。

（三）河南省小农户与农业现代化有机衔接的实践经验

一是积极利用农业多功能性让小农户共享资源资产增值收益。实现小农户有机衔接农业现代化，还需要推动农业从传统种植、养殖向生态观光、休闲旅游、体验农业等领域发展。河南省济源市花石村于 2015 年 8 月完成集体股改后，采取"村干部带头＋村民自愿入股＋收益按股分红"的方式筹集资金 220 万元（其中村干部占 60%，另还有 38 户小农户以每户 1 万～3 万元资金规模入股），成立股权经济合作社，投资建设"南山森林公园滑雪场"。由于地理区位好、生态环境优美且选择的项目合适，2015 年一个月的经营收入就达 115 万元。在看到滑雪场项目盈利后，2016 年 4 月，合作社又筹建一个"水上乐园"，当第一个项目的经济效益良好时，在合作社办这个"水上乐园"项目时许多村民就纷纷要求入股，最终有 97 个小农户成为第二个项目的股东。旺季期间，合作社日均营业收入超过 2 万元，入股万元的年分红超过 1 000 元。二是采用"合作社＋车间主任"模式。河南省荥阳市新田地合作社在每个村都设立了"车间主任"，负责管理村内农业生产要素的投入，以及维持成员关系。目前，新田地合作社采用"车间主任"模式，为食品企业订单种植优质玉米和小麦 5 万亩，辐射带动了 60 多个村庄的 1.2 万户农户。

（四）甘肃省民勤县小农户与农业现代化有机衔接的实践经验

民勤县的土地沙化严重，耕地质量普遍较差，小农户的农业收入很低。民勤县在十年前就开始尝试推进当地小农户与农业现代化的衔接。最典型的是民勤县的"特色林果业＋设施畜牧业"的"2311 计划"与适合当地的"龙头企业＋园区＋合作社＋农户＋电商""专业合作社＋农户＋实体店＋电商"的新型生产经销方式。此外，民勤县打造大漠乡村旅游，发展旅游业，不断对小农户生产销售进行现代化探索，不断探索与推进小农户的改革，实现农民、专业合作社、龙头企业多元化投建相结合，提高小农户的主体地位和收入，同时激发小农户参与农业现代化发展的积极性。民勤县在小农户与农业现代化衔接的路径中非常重视营造良好的农业社会化服务环境，探索与完善新型农业主体，完善农户之间以及电商平台与农户之间的合作。

（五）宁夏平罗县小农户与农业现代化有机衔接的实践经验

宁夏平罗县水稻种植"统种分管"是一种劳动力友好型农业合作经营模式，这种模式是建立在新型农业经营服务主体为小农户统一提供农业技术指导、农机服务以及农资服务基础之上的。也就是说稻谷生产过程中的打药、施肥、田间管理等工作，仍由小农户分散完成，但其生产得到了新型农业经营服务主体的帮助和支持。因此这是一种新型农业经营服务主体针对农村集体经济组织虚拟化、农业生产"统"得不够，而发展出来的"统分结合"的新形式。平罗县7家新型农业经营服务主体在7 300多亩耕地上实行"统种分管"模式。以宁夏平罗县宁禾谷米业公司为例，该公司于2016年率先实施"统种分管"模式，具体做法如下：第一，农户所在村集体与公司签订"统种分管"协议，在一定区域内统一种植指定的水稻品种；第二，公司统一购买农机服务和采购农资，然后以低于市场的价格为农户提供服务；第三，生产过程中需要人工较多的环节，如田间管理、施肥、打药等，由小农户分散负责；第四，公司以高于市场价格8%的价格，从"统种分管"地块收购符合质量要求的稻谷；第五，公司收购小农户种植的稻谷时，按其耕地面积扣除为农户垫付的农用物资、农机劳务等费用。2017年，宁禾谷米业公司"统种分管"面积近2 000亩。

（六）重庆市永川区小农户与农业现代化有机衔接的实践经验

重庆市永川区是传统农业大区，永川区小农户与农业现代化发展有机衔接的模式主要有：第一，劳动专业化，即现代特色农业产业＋小农户型。永川区充分发挥自身优势条件，壮大其茶叶产业，实行"农业产业化企业＋专业合作社＋农户"的联结机制，带动当地企业、农户，发展特色产业，培训高素质农民，促进农业现代化发展。形成"公司＋专业合作社＋农户"的模式实现当地茶农与公司联结以及与农业现代化的有机衔接。第二，农业社会化服务多样化，永川利用农业生产社会化服务，调动小农户的积极性，发挥当地农户劳动力的资源优势，借助现代化农业机械设备与技术，促进小农户与农业现代化有机衔接。第三，农村产业融合模式多样化，着力升级产业链，同时，强化农业信息服务，大力发展电子商务，促进电商平台与小农户之间的合作，满足当地小农户对农业信息和科技的需求。第四，经济组织化，让农户形成相互作用、相互影响和制约的有机整体，不断推进小农户之间的合作，提升小农户自身的竞争力。

三、经验借鉴

在国际上，不论是发达国家还是发展中国家都十分重视生物技术等农业科技的使用和推广，川陕革命老区小农户与农业现代化的有机衔接必然也离不开农业科技的发展。日本主要是建立自主性农业协会并对其进行改革进而实现传统小农户向现代小农户转变，我国也可以根据日本农协的职能与发展历程，结合我国国情发展出具有中国特色的革命老区农业协会，并通过农业协会加快小农户与农业现代化有机衔接步伐。荷兰通过农业专业合作社走出了一条集约化、专业化的农业现代化之路，印度、巴西等发展中国家重在高素质农业人才的培养和基础设施的完善，对于川陕革命老区小农户有机衔接农业现代化有很大的借鉴意义。在国内，黑龙江、山东、河南等地都致力于开发新型农业合作模式，推进电商与当地小农户之间以及小农户与小农户之间的合作，除此之外，甘肃民勤县还强调通过发展乡村旅游业来帮助小农户销售农产品，进而促进小农户与农业现代化的有机衔接。国家也在鼓励电商企业与革命老区共建农林全产业链加工、物流、交易平台，并支持革命老区立足红色文化、民族文化和绿色生态资源加快特色农业发展，这使得以上国内经验对川陕革命老区小农户有机衔接农业现代化也具有很大的借鉴意义。那么，怎样去实现川陕革命老区小农户与农业现代化有机衔接呢？需要我们在借鉴上述经验的基础上，并结合川陕革命老区的农情，走出一条符合当地实际的小农户与农业现代化有机衔接的道路。

第三节　四川省川陕革命老区小农户与农业现代化有机衔接实践

一、依托联合社的有机衔接实践

达州市近年来大力培育新型农业经营主体，目前共有 4 763 个农民合作社。大家各自为政、单兵作战的模式下，小农户难以对接大市场，达州市急需一个合作共赢的平台。2019 年 6 月 12 日，达州市农业专业合作社联合社（以下简称"达州农联"）正式挂牌成立。该联合社共有成员 60 余家，涵盖了农业种植、养殖、加工、乡村旅游等各领域的领军企业，目前的成员单位大多是国家、省、市级示范合作社，在各自的领域都是领军和示范企业，是达州市乡村振兴的主力军。联合社重点是整合各专业合作社资源，打造"三位一体"的新模式。针对专业合作社对接市场的痛点，在生产环节，建立生产服务体系，成立农资服务中心，为成员提供比市场更优惠的农资产品；建立专家信息公共平台，解决成员在生产中遇到的技术难题；建立农机服务中心、服务信息平台和产业联盟。在供销环节，联合社组建达州特色农产品电子商务平台和线下营销平台，未来将建 100 家线下实体店；合力组建冷链配送服务中心、净菜加工生产中心和会员营销服务中心。此外，还要组建资金互助部，实现成员共建平台、共享成果、共同发展。

二、"五共联动"新模式下的有机衔接实践

绵阳市北川羌族自治县既是山区县，又是民族县，全县普通小农户共有 4 万余户。全县以现代农业产业园区为依托，横跨青片河流域、白草河流域、都坝河流域、苏保河流域、安昌河流域五大流域推进产业带建设，推行"品牌共享""资本共用""载体共联""服务共推""能力共提"五共联动模式，助推小农户有机衔接农业现代化。一是品牌共享，打造北川区域品牌影响力。实施区域品牌发展战略，着力打造"大禹故里"特色农产品公共区域品牌，通过"区

域品牌＋农户"促进农业产业化发展，全面提升特色农产品竞争力，实现北川品牌全民共享。二是资本共用，发挥社会力量助农效益。通过"项目补助""奖优行动""金融担保"等方式支持鼓励社会力量参与乡村振兴，推广"集体经济组织＋龙头企业＋农户""集体经济组织＋合作社＋农户""集体经济组织＋基地＋农户"等模式，建立利益共享联结机制，形成"社会力量＋政府投入"融合共用。三是载体共联，系牢小农户与现代农业纽带。全县招商引资 17 个农业加工企业，培育 576 个农民合作社、74 个家庭农场、40 个农业龙头企业，搭建主体、产业、机制共联载体，全面推广"新型农业经营主体＋农户""园区＋新型农业经营主体＋农户"提升县内小农户组织化程度、带动小农户迈入现代农业发展轨道。四是服务共推，助力农业社会化服务。通过发展农业社会化服务组织、拓宽农业社会化服务范围、强化农业公共服务能力，全面整合农业资源，将专业服务规模化，通过服务共推带动小农户奔向大市场。五是能力共提，增强小农户自我发展能力。结合农村集体产权制度改革将集体经营资产量化到人、将财政补助资金以股份形式量化到农户，引导农民、村集体经济组织夯实"利益共享"的股份联结机制；同时建立健全政策、培训、服务体系，全面提升小农户自我发展能力，培育内生增长动力。

三、"小农户"与"大企业"结合机制下的有机衔接实践

巴中市平昌县建立"企业＋专业合作社＋农户""基地＋专业合作社＋农户""村集体经济组织＋农户"等多种发展机制，大力开展社会化服务，实行"统购、统供、统管、统防、统加、统销"六统一的生产经营模式，积极发展订单农业，切实解决小农户在应用新技术、购置新机具、创造大品牌、对接大市场、抵御大风险等方面的不足。鼓励小农户与农业企业等新型农业经营主体采取折资入股、返租倒包、利润返还、投智投劳等方式，建立紧密的利益联结机制，让小农户分享现代农业全链条增值收益。部分村集体整合财政扶持、社会捐赠等资金资产，转化量化成集体经济组织可经营性资产，统一打包委托给专业化平台公司管理运营，农户获得"保底＋分红"的稳定收益。鼓励小农户有序流转土地经营权，加入社会化服务组织、农业企业、组建专业劳务队、成

为高素质农民等方式变身为产业工人，多途径参与并分享现代农业发展红利。全县 2 000 余家新型农业经营主体与超过 7 万户农户建立合作关系，流转农村土地经营权 35 万亩，辐射带动 3.9 万个农村劳动力直接或间接从事农业生产服务工作，人均年增收 7 000 元以上。

四、"三园联动"模式下的有机衔接实践

地处四川盆地北缘的广元市苍溪县是川陕革命老区，这里曾是秦巴山区连片扶贫开发工作重点县、国家级贫困县。近年来，该县按照广元市七大全产业链和四川省十大特色产业发展布局，以户建增收脱贫自强增收园、村建"一村一品"示范园、县建现代农业产业园"三园联动"为抓手，大力推进以健康养殖、中药材、红猕猴桃等"三个百亿产业"为主导的特色产业发展，带动小农户增收致富。目前，全县户建自强增收园，"一户一园"共同增收致富。"自强增收园"是围绕一人一亩自强园、增收致富超万元的目标，对有发展意愿、发展能力的低收入户，坚持每户有一条机耕作业道、有一名技术明白人、有一个抗旱微水池、有一个增收自强园的"四有"标准，实行农资统供、品种统改、技术统训、产品统销、品牌统创和低收入户分户生产的"五统一分"增收经营模式，激发低收入群众内生发展动力，引导他们依靠发展产业增收致富。当地围绕村建特色产业示范园，实现"一村一品"。"示范园"按照"特色、绿色、优质"的要求，大力发展以休闲观光旅游、畜禽水产养殖、种苗花卉、特色林果、苍溪雪梨等为补充的特色产业，带动群众增收致富。同时，在县级层面，全县已建成 19 个万亩以上的园村一体、产村相融"基地＋加工＋科技＋品牌营销＋农旅融合"现代农业产业园，其中创建 10 个市级现代农业产业园、8 个省级、1 个国家级，特别是集中连片发展了红心猕猴桃等特色主导产业 20.8 万亩，特色产业覆盖 214 个贫困村、31 个乡镇。

五、以产业内生力为导向的有机衔接实践

南充市阆中天宫镇，由原天宫乡与天林乡合并而成，现有人口 2 万人，辖

区面积 80 平方公里。产业兴旺是乡村振兴的前提和关键，天宫以柑橘为主导产业，不断健全协作机制，完善新型农业经营体系，提升农技服务水平，推进农旅融合，在规模化、产业化、现代化上下功夫做文章。一是五方协作推进产业发展。采取"政府引导、业主主体、村委服务、村民参与、金融支持"五方协作机制推进产业发展，全镇产业已形成"一村一品"、龙头带动、规模经营、多方受益的现代农业发展新格局。目前已发展特色产业 1.5 万亩，建设农民专业合作社 24 个，其中省级农业主题公园 1 个，农民专业合作社覆盖率 100％。二是不断完善新型农业经营体系。支持发展家庭农场 25 个，其中省级示范家庭农场 4 个。创新新型经营主体带动小农户发展机制，以"土地租金、股权量化、入股分红、园区务工、返租到户"等方式，让农户参与园区建设与管护，现带动农户 500 余户发展种植业 1 500 余亩。三是积极提升农技服务水平。对 200 多名青年骨干农民进行技术培训，维护好邮政电商平台，督促各村定期开办远程教育和农民夜校，全镇农业信息覆盖率达100％。四是不断推进农旅融合。依托已建成的万亩产业园区，深入推进农旅融合，开发以农业观光为主的赏花采果节、农事体验月、乡村越野跑等乡村旅游产品，培育特色旅游村 4 个，农家乐 20 余户，实现农业产业与乡村旅游的良性互动，年接待游客突破 100 万人次，为乡村经济发展增添新动力。

第四节 陕西省川陕革命老区小农户与农业现代化有机衔接实践

一、对接大市场模式下的有机衔接实践

以汉中市西乡县为例，看小农户与大市场的衔接。西乡县位于陕西省汉中市，平均海拔较高，2018 年西乡县耕地总面积 377 829 亩，农业户籍共119 087 户354 183人，是典型的农业县。西乡县铺天盖地的茶园和分布在大街小巷的茶店，将其笼罩在浓郁的茶文化气息当中。一片茶叶，连接市场内外的小农户，龙头企业在小农户与大市场之间架起了一座桥梁，拓宽了农户发家

致富的道路。过去，由于农户分散种植，小农户和大市场对接困难，农业技术管理落后，农产品销售渠道狭窄，使得西乡县的茶叶经济效益低下。随着汉中"小农户对接大市场"政策的持续推进，西乡县迎来了良好的发展机遇，一批制茶企业脱颖而出，其中陕西鹏翔茶业股份有限公司是其中的佼佼者，已于2016年在国内新三板上市。2016年初，陕西鹏翔茶业股份有限公司抓住电商发展机遇，展开了对陕西茶叶电商的探索之路，逐渐摸索出一条小农户与大市场衔接的有效路径，即"小农户＋龙头企业"的市场带动模式。董事长段成鹏说，"从茶叶种植基地到质量认证，从产品的加工到宣传，从开拓市场到打造品牌，在'小农户对接大市场'的各个环节中，龙头企业起到了'驱动大市场带动小农户'的重要作用，因而在小农户与大市场的衔接中，必须发挥龙头企业的平台带动作用"。

二、融入现代农业生产体系的有机衔接实践

以安康市旬阳市铜钱关镇天宝寨村为例，看小农户与现代农业的衔接。天宝寨村位于巴山的深处，村内有 630 户农业户共 2 027 人，耕地总面积达3 200亩，其中90％以上为小农户，户均耕地面积不足 6 亩，大多数农户的耕地面积不足 10 亩，且土地大多留在小农户手中，因而村内发展落后。为了改变天宝寨村农业经济落后的局面，天宝寨村的村民因地制宜开启了农业现代化发展的致富之路。2017 年，村民石金芝回乡，凭借对山野菜市场的敏锐嗅觉积极创业，创立旬阳市拾金子农业科技开发有限公司，专门从事山野菜的种植、深加工及销售。几年来，通过采用"小农户＋企业"的"订单农业"发展模式，公司不断发展壮大，目前已有300 余户小农户加入了农场，公司产品也远销北上广深等地，显著带动了村内经济的发展。同时也使得村内小农户种植的现状逐渐改变，慢慢朝着产业化生产改进，小农户与现代农业生产体系的衔接也越来越紧密。

三、"小众产业＋可维持生计"模式下的有机衔接实践

商洛市镇安县针对山势深、沟壑大、土地分散、园区基地承载能力弱、市

场竞争力弱等问题，探索实施"小众产业＋可维持生计"模式，发展"小手工、小种植、小蔬菜、小果木、小养殖"等小众产业，全县已种植板栗59万亩、核桃30万亩、茶叶9.6万亩、马铃薯16.2万亩、中药材7.85万亩、蔬菜5万亩、油菜籽2.5万亩、烤烟2.7万亩、油牡丹2.66万亩、红豆杉1.55万亩、魔芋7 600亩、杂果5 300亩，另外还发展食用菌1 038万袋、畜禽养殖140.8万（头）只、养蜂1.2万箱，实现了农户产业全覆盖、生计有保障。一是因地制宜选择产业发展类别。按照一个山头一个山头的过关，一户一户精选的办法，最终选择黑猪、白山羊、土鸡、中药材、蔬菜、食用菌、魔芋、马铃薯、烤烟、桑蚕、茶叶、铜器加工等众多产业发展类别，实现"人无我有、人有我优、人优我特、人特我专"，确保每个村有1到2个发展产业，每个农户家庭都有一个中长期增收项目。二是提高产业质量和效益。依托坡塬烤烟基地，建设8个烤烟示范村，烟叶种植面积达到2.7万亩；以河流、道路为骨架，以农田林网为主体，建设核桃、栗子百万亩传统产业带；以龙头企业为引领，集中力量建设县镇农业示范园（点）25个，云盖寺红豆杉产业园等省级农业示范园区4个，回龙镇梓桥沟综合产业扶贫示范园等市级农业示范园区7个，在每个村（社区）和移民安置点至少建立1个扶贫工厂（车间）；积极组建村级协作组织，发展织造、刺绣、传统手工艺等特色产业。三是因户施策提升产业致富能力。借助"三带四联"扶贫机制，对能够自主发展的，帮助选择产业项目，进行精准资金投入，实现产业自主发展脱贫；对不能自主发展的，引导其向龙头企业或是专业合作社投入资金和资源，开展合作经营，并由专业合作社、龙头企业每年按投入资金8％的比例固定分配收益，确保每户低收入家庭每年净收入不少于4 000元。推动陕西环保集团鼎丰矿业有限公司、陕西有色城安矿业发展有限公司和陕西桂花旬河水电开发有限公司等大型国有企业通过资本入股、土地流转，实现6 400多户低收入家庭稳定增收。

四、"能人＋合作社＋招商引资"模式下的有机衔接实践

宝鸡市凤县黄牛铺镇气候独特，原料资源丰富，是凤县食用菌产业发展的核心区。在凤县黄牛铺镇三岔河村，形成了长达3公里、拥有8家专业合作社（企业）的秦岭高山食用菌产业基地。目前，已开发了210个食用菌温室大棚，

种植赤松茸、乌天麻、平菇、香菇、黑木耳等食用菌 200 多万袋，年产值近 2 000 万元。几年前，不少浙江人来到三岔河村，他们利用当地大量废弃的工厂种植食用菌，一些村民一边跟着这些浙江人打工一边学习他们的种植技术。有些能人大户学会了食用菌种植技术后就发起成立了食用菌种植专业合作社，并把食用菌产业做到目前的规模。同时，村镇两级通过招商引资方式，先后建成 12 个冷藏库，储藏能力达到 1 900 立方米，以及日加工菌棒能力 8 000袋的食用菌加工厂 1 个，实现了食用菌产业接种、种植、加工、冷藏一体化。随着秦岭高山菌谷的崛起，村里有 100 多农户加入合作社参与食用菌产业发展，100 多名富余劳动力常年在合作社工作，实现了增收。凤县嘉源食用菌种植专业合作社现有成员 46 人，平均每户年收入 8 000～15 000 元，合作社职工的年均收入在 2 000 元以上。

五、"经纪人"模式下的有机衔接实践

宝鸡市太白县是远近闻名的绿色蔬菜生产基地，始终把蔬菜产业的实际绩效作为衡量和任用干部的硬性指标，把蔬菜产业作为兴县富民的头等大事。前些年，太白县蔬菜还处于扩大规模、品牌化的初级阶段，由于市场不稳定，市场信息不畅通，收购蔬菜的外地客商很少，致使菜农辛辛苦苦种植的许多蔬菜没有卖出去，腐烂在地里。迫于形势，在太白县农村，一群"能人"走出菜地，南下四川、广州，东到杨陵、西安，经营市场，找客商，成为"泥腿子"经纪人。近年来，在政府指导和支持下，全县有 260 多名蔬菜经纪人。经过他们的努力，加上政府逐步建立了比较完善的市场流通体系，太白县每年近 10 万亩 30 多万吨蔬菜，销往武汉、福州、郑州、南京、广州、重庆等全国 50 多个大中城市，并进入我国香港、澳门市场，出口东南亚、欧洲等国外市场。程秀才说："每年经他手向全国各地销售的蔬菜达到1 000 多吨。商家需要什么样的蔬菜直接打电话，我迅速通知村民组织供应；村民们种的蔬菜都成熟了，我就给客商一个一个打电话，寻找买家"。经过多年的艰苦努力，加上政府的帮助指导，如今宝鸡市太白县蔬菜经纪人认识的客商遍及全国，并大都建立了稳定的长期合作关系，有的蔬菜四五月份刚种到地里，就有客商提前预订了。

第五节 重庆市川陕革命老区小农户与农业现代化
有机衔接实践

一、利益联结机制下的有机衔接实践

利益联结机制可以推进合股联营，除了可以因地制宜地把能够产生价值的资源进行产业化发展，还可以通过多种形式的股份合作，吸引农户成为"股份农民"，发展壮大农村集体经济，在利益联结机制下，保障农民的长期稳定收入。幽峡茶叶有限公司是在城口县庙坝镇香溪村成立村股份合作社之后，由村干部主导，经过民主评议建立起来的公司，主要以茶产业和旅游业为主。该公司背后的利益联结机制是建立在"村集体＋农户＋市场主体"模式的基础上。在发展前期，由该县政府在全县范围内根据集体经济实力、村委会班子、积极性等条件进行初步遴选，选出了24个村（社区）作为试点，香溪村就是其中之一。清算核资后，由专家指导各村在结合资源禀赋的基础上，通过科学编制成立了村级集体经济组织。在村集体的鼓励下，香溪村的农户有的用资金进行入股，有的就用土地折算成资本入股。以香溪村悠久的茶历史为根基，同时最大程度上吸引社会资本进入，成立了幽峡茶叶有限公司。在发展过程中，公司负责茶树的种植、管理和销售；农户除了可以在茶园内工作，还能够通过入股的方式享受15％的公司利润，如果选择自己销售茶叶，那么销售额的10％可以作为提成分给农户；村集体经济得到的分红收入也会分配给全村的村民。在这一模式下，村集体成为公司和农户两者之间沟通的桥梁，通过利益联结机制把两者紧密地联系在一起。公司能否盈利很大部分与农户是否积极工作有一定关联，而农民的收入也很大程度取决于公司的盈利，因此在村集体的主导与监管下，为了增加收入，会无形间存在一种激励机制鼓励农民辛勤劳动，而公司在这种情况下也会发展得更好，实现连股连心，从而形成更好的良性循环。

二、政府帮扶下的有机衔接实践

目前农业技术的快速发展能够产生巨大的社会生态效益，较偏远地区的农户由于信息获取能力较弱等原因可能无法享受到科技进步所带来的成果，因此，就需要政府相关部门承担起具有长期性和公共物品属性强的技术开发和推广的责任，充分调动农户的生产积极性。河鱼社区汇溪蛋鸡养殖专业合作社就是在河鱼乡政府的帮扶下成立的，根据河鱼乡的自然资源禀赋，该地政府以发展山地鸡产业为主，对山地鸡养殖技术进行研究和推广。在养殖前期，河鱼乡政府每季度都会选派一定数量的驻村队员，为该地区的贫困户进行山地鸡的养殖技术培训，养殖中所需要的鸡苗和饲养资金都由专门对接的政府部门提供。在养殖期间，农村网格员通过每天的走访，及时解决农户在养殖过程中遇到的困难。在销售环节，农户可以自行进行销售，所得资金都归个人所有；若销售情况不够理想，在农户自主决定的基础上，村合作社可以按照市场价对山地鸡进行购买。小农户的生产需求方面，以政府对口帮扶为代表的农业社会化服务主体，进一步推广了农业生产过程中专业化的现代农业技术和服务，山地鸡是否能够出售，农户都能够得到一定的收入，这样在一定程度上弥补了农户在资金、技术、销售方面的不足，能够推动小农户生产与现代农业直接结合，让他们享受到现代农业生产带来的好处。

三、山地特色农业发展下的有机衔接实践

山多地少的情况从根本上决定了城口县的农户很难像其他平原地区的农户一样进行农业生产。贯彻新发展理念，在政府的引导和支持下，该地区的小农户根据其独特的山区条件和优质生态资源发展山地特色农业，通过产业间的融合发展，培育出具有地方特色的生态农业产品，加快推动农户与现代农业衔接。城口县位于大巴山深处，山多地少，地理条件较差，但也由于"九山半水半分田"的山地生态环境，该地区的自然资源也就变得格外丰富，各类动植物高达 4 900 多种，森林覆盖率为 70.2％，大量特色农产品也孕育而生。在重庆市委、市政府明确提出要"扎实推进农业高质量发展，规划好现代山地特色高效农业"的号召下，城口县根据山地多、开发难度较大的情况，选择因地制宜，通过"规划到地、要素到地、技术到地、市场到地、基础到地、服务到地"的一系列措施，选择在不同的地势环境中分别发展"山上中药材、林下山地鸡，坡上核桃树、百花中蜂蜜，香菇巴掌田、杂粮鸡窝地，火炕老腊肉、冷

水生态鱼"的现代山地特色生态农业。与此同时，城口县政府加大产业融合发展力度，在当地优势生态环境的基础上，推动乡村旅游的发展，"大巴山森林人家"的农村文旅品牌建设等加速了创业人才、社会资金等流入该地区，使得这些特色农产品能够进一步转化为旅游商品，以休闲农业增加了山地农业农产品的附加价值，有效构建了山地农业生产体系。

四、"金融扶贫"模式下的有机衔接实践

小农户由于规模、资产等方面的限制，往往需要在"金融扶贫"的模式下进行发展，由各金融机构针对小农户自身发展实力以及所依据的产业，在不同情况下进行不等额度的金融帮扶。城口县根据该县实际制定了贴息实施方案。具体做法如下：城口县农业农村委员会以在城口县内发展农业产业的农业企业等新型农业经营主体为对象；贴息条件是以重点扶持城口七大农业扶贫的主导产业为主；贴息额度则分为三种情况：一是对与新型农村集体经济组织合股联营或合作经营，实施农业股权化改革项目或产业扶贫基地项目的新型经营主体按照合同利率给予100%贴息；二是对自身是贫困户的经营主体，或是与贫困户构成利益联结机制的经营主体按照2018年基准利率100%贴息；三是对发展"七大农业扶贫产业"的业主单位按照2018年基准利率50%贴息。重庆市城口县赵孝春野生食品开发有限公司起步于加工业、养殖业。在城口县农业产业扶贫行动计划2018年贷款贴息资金拟安排情况表中，该公司就获得了来自农业银行城口支行等多家银行的贷款额度。在金融扶贫的帮扶下，政府能够最大限度地发挥出财政资金在产业扶贫中的作用，在一定程度上减轻新型农业经营主体的利息负担，提高企业围绕城口山地鸡等七大扶贫主导产业发展生产带动扶贫的积极性。

第六节 研究小结

中国几千年来农业生产系统的主导模式都是以家庭经营为基础的小农户农业生产方式，经过新中国成立初期的土地革命和集体化改造后，形成了"三级

所有、队为基础"的农村集体经济制度，然而这种制度与当时的社会生产力发展水平不相适应，严重束缚了当时的农业经济发展，对农户增产增收造成不利影响。1978 年党的十一届三中全会成为中国现代化进程的重要转折点，同时也开启了农村产业改革的发展新历史，基于家庭联产承包责任制的小农户个体经营得到大力发展，从 2003 年农业税改革以后，小农户家庭经营模式作为一种个体农户的独立经营方式不断创新发展，十九大报告明确提出实现小农户与现代化农业接轨，这是对小农户经营和其自身价值的充分肯定。

在国际上，美国、日本、荷兰、以色列等发达国家，以及印度、巴西等发展中国家的小农户发展模式及其衔接农业现代化的经验值得我们借鉴。国内以农业为主导产业的发展地区：如山东省东平县小农户以土地入股村集体或合作社模式，河南省荥阳市"合作社＋车间主任"模式、甘肃省民勤县"专业合作社＋农户＋实体店＋电商"的新型生产经销方式、宁夏回族自治区平罗县"统种分管"都是劳动力友好型农业合作经营模式，都是川陕革命老区可以借鉴的样板。

当前川陕革命老区结合自身农情，也在探索并实践符合当地实际的小农户与农业现代化有机衔接道路。四川省达州市开展了依托联合社的有机衔接实践、绵阳市实行"五共联动"新模式、巴中市建立"企业＋专业合作社＋农户""基地＋专业合作社＋农户""村集体经济组织＋农户"等多种发展机制、广元市践行"三园联动"模式、南充市以产业内生力为导向推动小农户有机衔接农业现代化；陕西省汉中市积极对接大市场、安康市通过"小农户＋企业"的"订单农业"发展模式融入现代农业生产体系、商洛市发展"小众产业＋可维持生计"模式、宝鸡市践行"能人＋合作社＋招商引资"模式以及"经纪人"模式等；重庆市城口县则是发力探索利益联结机制下的有机衔接实践路径，大力发展"金融扶贫"模式，积极通过政府帮扶在小农户与农业现代化之间架起一座桥梁，着力依托山地特色农业发展促进小农户融入农业现代化。

第十一章
川陕革命老区小农户与农业现代化有机衔接对策

第一节 基于农业治理的治理性衔接对策

一、明确农业农村发展规划

川陕革命老区大部分村子都是山区村或是低山丘陵村，且村子距乡镇政府以及集市都有一定距离，这种村庄特征阻碍了当地农业现代化进程。因此要基于村庄现有特征明确农业农村发展规划，以进一步助推小农户与农业现代化有机衔接。首先要根据老区多为低山丘陵村和山区村的特点，因地制宜地制定发展山区特色农业、休闲农业、绿色农业等现代农业的发展规划。其次要明确农村交通物流发展规划，并通过发展物流缓解村子距离乡镇政府和集市距离较远所带来的不便，尽快实现川陕革命老区的小农户与大市场互通。再次需要制定涉农企业发展规划，鼓励村里企业在自身发展的同时扶持当地农业发展，也要引导小农户更多地关注农业发展机会，投身于农业生产经营。

二、着力夯实农业现代化发展环境

农业发展环境对小农户增收和农业现代化起着尤为重要影响，因此国家"三农"相关政策环境要有针对性、稳定性和延续性。而对于川陕革命老区小农户与农业现代化有机衔接而言，在农业发展环境方面，一是政府要积极新创建一批全国示范村镇，制定针对性强的农业发展政策，如农产品价格支持体系等惠农政策。二是川陕革命老区的乡镇政府要加强农业治理，持续推进农村移风易俗，为步入农业现代化轨道打下坚实基础。三是为民选村主任提供发展平台，积极发挥民选村主任作用，同时民选村主任也要心系小农户，全心全意为农户服务。

三、不断加大政策宣传力度

小农户自身对于长久融入中国式农业现代化的意愿，取决于国家政策的根本方向与力度，也取决于所采取政策的实施效果。适当加强政策方面的宣传力度，可以从根本上提升小农户通过转型成长融入中国式农业现代化的意愿。川陕革命老区现阶段由于老龄化现象较普遍，导致部分小农户认知能力水平有限，对现代化信息平台、技术以及信息等接受能力较差。另外再加上小农户自身面对采购、生产以及销售、市场等方面存在既定的劣势，导致其过度依赖本身的传统经验教训去从事农业经营。因此，需要用广大小农户容易接受的通俗易懂的方式，加大对农业现代化生产经营的宣传推广，让小农户坚定衔接农业现代化的决心，避免小农户采用传统农业经营方式站在现代农业经营的对立面。

四、积极发挥政府领头带领作用

小农户家庭的主要经营者是一些老年人，很多事情不会主动出头，那么就缺乏一个引导人带领他们发展。在这时，政府应该发挥积极作用，充分利用当地资源，引领小农户更好地进行农业经营。比如说不定期地组织村民了解最新政策，以及推广最新理念等，都需要政府在其中起一个纽带作用，才能更好地带动小农户发展农业经营；另外政府要大力发展当地涉农企业或是引进外来涉农企业，严禁企业随意压低农产品价格，一旦发现，加以严惩。

五、完善村级集体经济发展扶持政策

针对川陕革命老区集体底子薄弱，村集体对小农户助力不够问题，要大力发展村级集体经济。一是不断优化村集体资产补贴政策，包括购机优惠、土地流转优惠、信贷优惠、税收优惠、设施优惠等，以提高集体经济收入的规模和稳定性。二是鼓励新型农村集体经济组织打破地域界限，开展镇村联合或村村联合，发展"飞地经济"，实现抱团发展，这样既能节约集体资源，发挥集聚效应，又能防止"村村点火、处处冒烟"的"零打碎敲"。三是继续强化薄弱村精准扶持政策，一方面，支持经济薄弱村进一步拓展新型农村集体经济发展思路，明确发展原则，制定发展实施方案；另一方面，帮助薄弱村构建村级集体经济发展载体，如通过财政为主出资建设薄弱村新型集体经济组织用房等集体设施，以降低集体经济发展成本。

六、大力发展农村职业教育

农民受教育程度对于农户增产增收及农业现代化而言具有显著的积极影响。乡村振兴战略规划中提到要强化乡村振兴人才支撑，结合川陕革命老区农村实际，加强小农户与农业现代化有机衔接，应通过教育来完成这一目标。一方面，重视农民职业技能培训，创新培训组织形式，关注田间学校的可行性，注重线下实践，特别是要将集中授课、创业设计、市场考察、岗位实习和指导服务融为一体，环环相扣。同时，不仅要聘请高校教授讲解最新前沿观点，也要邀请职业经理人分享创业经验，更可以有"土专家"及成功学员现身说法，激发农民的创新创业热情；另一方面，借助农业职业教育，培育高素质农户。对于人才的缺口，政府可以培养一些当地的专业人才，比如药材种植师、育苗师等，发展专业的农业人才，通过人才带动人才，然后带动小农户发展农业经济，促进小农户转型成长。

七、加大财政支农、金融惠农政策支持

在乡村振兴战略规划中，对于财政支农、金融惠农两者都有较大篇幅的叙述，虽然在实证研究中，国家惠农政策对小农户发展及农业现代化的影响并不全面，但国家惠农政策具有巨大的提升空间，完全可以将其作为促进小农户与农业现代化衔接的重要手段。一是推动财政支农投入稳定增加，大幅增加政府一般债券、专项债券用于川陕革命老区现代农业建设的比例。二是川陕革命老

区地方政府应巧妙运用相关金融政策，引导社会把眼光投向农村，扩大农业农村的有效投资，推动信贷资金、社会资金在农业农村领域落地生根，为小农户的农业经营创造良好的信贷环境。三是应落实农业贷款的相关政策，鼓励相关机构深入乡村，普及农业信贷产品、营销农业信贷产品，刺激农业信贷的需求。四是要进一步促进农村金融发展，鼓励创新开发金融支农模式，提升普惠金融服务水平，增强信用社和村镇银行的实力，甚至还要在有条件的农村建设互联网金融平台。五是加强信用体系建设，简化农业贷款手续，避免手续烦琐成为小农户贷款的门槛，既做到提升农户的贷款获得率，同时又强化农户的信用意识。

第二节　基于农业生产的生产性衔接对策

一、持续优化小农户农业生产方式

"当前的农业生产方式有无必要衔接农业现代化"这个变量是负向影响小农户衔接农业现代化的意愿，而出现这种情况的原因尽管有可能是模型误差产生的，但也可能与川陕革命老区不少小农户的农业生产方式确实比较落后有关。事实上，通过川陕革命老区的小农户问卷调研结果，可以看出目前农户与农户、村与村、村与集市之间呈高度分散的状态，也导致了一定程度的差异化，难以形成集约型的规模化、组织化产销模式，难以提高生产销售等各方面效率，难以形成规模效应。因此，促进小农户有机衔接农业现代化，须构建起小农户、市场、社会多位一体的新生产模式，以此来让小农户更具组织化、规模化特征。当小农户充分享受到了组织化、规模化程度提高带来的红利之后，其与农业现代化衔接的意愿也能随之提高。

二、积极利用耕地资源

耕地资源作为非常重要的农业生产要素，其利用效果直接影响农业产出效益，也会影响小农户有机衔接农业现代化的态度。川陕革命老区部分地区的耕地质量较差，有自然地理环境的不可控因素，也有小农户施肥技术水平较低等各种原因。因此，提高耕地资源利用效率刻不容缓。一是要在坚持我国以家庭承包经营为主、统分结合的双层经营为特色的基本农业经营制度的基础上，不断完善土地制度，试点土地资源配置市场化，鼓励小农户通过土地集中流转、土地联种等多种方式发展适度规模经营。二是需要在当地建立耕地质量数据平台，建设一批国家耕地质量长期定位监测点，加强耕地质量动态监测，不断完善耕地质量监测体系。三是应该加大对川陕革命老区耕地的资金投入，增加有机肥的使用，提高当地土壤有机肥料的含量，提高当地小农户的施肥水平，以及结合其他有效环保的方式治理土壤，提高土壤良种率。四是需要结合先进的生物技术与农业科技，在质量差的耕地进行试点，建设一批高标准高质量的耕地，提高川陕革命老区耕地抵抗自然灾害的能力。五是要重视对耕地的保护，禁止乱占滥用耕地，减少过度耕作的行为发生，强化农业废弃物资源化利用。总之要通过上述针对性措施，慢慢扫除老区小农户与农业现代化有机衔接过程中的耕地面积不足、耕地质量不高、土地流转不多等问题。

三、完善农业生产基础设施

在农业生产基础设施方面，由于川陕革命老区的小农户多居住在偏远山区，水利工程、田间道路和村内道路等情况都不容乐观，还未达到现代化水平，而良好的基础设施建设是农业走向现代化的重要保障。因此当地应高度重视农业基础设施建设，进一步加大对川陕革命老区农业生产基础设施建设的资金投入，使必要的基础设施设备得到完善，以提升小农户农业的生产环境。首先是要加强以水利为重点的农业基础设施建设，尤其是突出建设小型农田水利项目，因地制宜发展规模化供水，建设小型标准化供水设施，同时，申请当地水利建设的专项补助资金以便调动当地农民建设小型农田水利工程建设的积极性，以便整体推进水利工程建设和管理。其次是要开展田间道路优化、主要公路提档升级等工作，要让没有公路的地方拥有公路，让有公路的地方拥有铁路，使当地农村拥有便利的交通，以此为载体促进农业和现代市场接轨。最后是要配合有关部门，加强乡村清洁能源、通信设备等公共基础设施建设。通过加强基础设施建设为小农户转型成长提供有利条件。

四、提高农业科技应用水平

科技是第一生产力，科技进步和科技支撑能力是提高现代农业生产力和实现农业现代化的关键，农业科技的应用是促进小农户与农业现代化有机衔接的客观条件，乡村振兴战略中也明确提到要强化农业科技的支撑作用。为此针对川陕革命老区小农户与农业现代化有机衔接过程中面临的科学技术困境，需积极采取有效措施。一是进一步对小农户开展农业新技术、新模式等培训，特别是包括良种选育、病虫害防治、农膜使用等技术的提升培训。二是要有针对性地为老区农业发展培养一批科技研发人员，鼓励他们研发适用于革命老区地形的相关农业科学技术，支持高端智能、丘陵山区农机装备研发制造，实现农业关键核心技术攻关，强化科技对农业的支撑。三是通过加快发展智慧农业，发挥物联网、人工智能、5G等技术在老区农业方面的应用。四是加快推进农业科技在川陕革命老区的推广应用，可以将有真才实学的大学生引到农业科技推广的人才队伍，让他们在川陕革命老区农业科技推广工作中贡献一份力量；可以在川陕革命老区创设农业科技活动月，让当地小农户积极参与；可以聘请当地高校以及其他科研单位的专家学者们来现场进行教学，让小农户了解专业的农业技术，更加有针对性地解决农业生产经营中的技术问题。

五、及时加大农机化推广力度

农业机械化是实现农业现代化的基础，是现代化农业发展强有力的支撑，我国由于各种资源限制，农业机械化并未得到普及，在一定程度上阻碍了农业现代化进程，尤其是在川陕革命老区这样相对偏远落后的地方。农业机械化程度较低也是小农户与农业现代化衔接意愿不强的一个重要原因，因此，只有小农户掌握了农业机械的使用才能更好地实现农业机械化，迈向农业现代化。一是要做好农业机械应用的培训工作，加大对农业机械应用的宣传推广，提高川陕革命老区小农户对农业机械的认识和学习积极性。二是结合农机自动化信息化智能化，打造优势生产链，加快转化农机化积累的经验成果，促进机械化模式转型升级，推动现代化农业生产发展。三是促进农机农业融合，增加农机补贴投入，同时因地制宜，在不同的地区推行不同的农机具，鼓励小农户采用机械化的农业种植形式。四是加快老旧种植设施的宜机化改造，依照农机通行和室内作业条件，改造出入口、骨架、耳房、缓冲间、室内通道等，优化种植空间布局，创新宜机化种植模式，满足设备安装运转、机械通行作业需求。总之加大农机化推广力度符合我国农业发展转型的要求，也是促进川陕革命老区农作物生产力提高的重要手段，通过机械化程度的提高带来农作物质量与产量提高，同时也可以促进小农户与农业现代化衔接意愿水平提高，从而为小农户整体与农业现代化衔接打下坚实的基础。

六、加快发展设施农业

乡村振兴战略规划中提到要构建现代农业产业体系、生产体系、经营体系，而其中设施农业的发展是必不可少的，虽然在川陕革命老区，设施农业的建设并不多，但它能以较少土地完成较高的产出，设施农业是带动农户增收的好东西，是实现农业现代化的重要载体，是促进小农户与农业现代化有机衔接的有效措施。推进设施农业的建设，首先要注重差异化发展，要兼顾本地自然条件、市场需求、物流成本、种植养殖习惯等，在充分调研和分析的基础上确定本地设施农业规模和类型。其次要制定完善的设施农业扶植政策，针对不同类型设施农业制定相关税收、贷款等方面的优惠政策，对设施农业基本投入提供相应的政府经济支持；同时吸引社会力量投资设施农业领域，解决设施农业规模化发展的资金困难问题。最后要引导更多农民发展大棚种植，扩大大棚农业规模发展，每年安排专项资金扶持大棚农业种植，积极推广标准化温室设施，川陕革命老区要以发展单栋和连栋塑料大棚为主，适度发展遮阳棚、防雨棚、防虫网室。

第三节 基于农业现代化管理的管理性衔接对策

一、更新农业管理理念

小农户是否具有先进的农业管理理念对川陕革命老区小农户转型成长和农

业现代化具有重要意义。而川陕革命老区农业经济所面临的主要发展困境在于小农户先进的农业经济管理意识不强，因此，很有必要及时更新农业经济管理相关理念。一是更新农业管理的市场理念。要鼓励和培训川陕革命老区小农户通过利用现代网络技术、信息技术，对当前农产品销售市场进行调研考察，分析当前消费群体对农产品的消费需求及价格预算，以消费群体多元化的消费需求为农业经济管理市场理念的切入点，从而更新小农户自身市场管理理念。二是更新农业管理的效益理念。生产效益是否高效、生产利润是否合理是农业经济发展的重要影响因素。因此，川陕革命老区小农户要摈弃生产规模小也可以、生产品种单一也很好、市场需求无所谓的效益观念，而是树立起高效科学的经济效益观念，积极扩大生产规模，优化生产品种结构，努力开拓市场需求，以有效提升农业经济效益。三是更新农业经济管理的竞争理念。小农户农业生产过程中同类产品销售必然存在公开竞争，好的竞争理念不仅能提升产品服务价值，还能提升自身的核心竞争能力。因此，小农户在农业生产过程中要树立先进的竞争理念，优化产业结构，精心研究农产品销售的目标市场，通过发挥自身产品的竞争优势，进一步提升自身融入农业现代化的能力。四是更新农业经济管理的差异化发展理念。面对当前市场的个性化需求，若在农业生产及农产品营销过程中不注重个性化、差异化需求，容易被激烈的市场所淘汰。因此，川陕革命老区小农户也需要有差异化发展的理念，根据市场特性，及时更新自身产品的服务价值，以便自身能更好地融入农业现代化进程之中。

二、加强农业生产管理

农业生产管理到位与否是影响川陕革命老区小农户与农业现代化有机衔接的重要因素。为此，一是大力加强农业生产环境管理。要进一步优化农业生产区（包括养殖水面、养殖场）的环境监测评价体系。创造条件统一评价农业生产环境，划定有机食品、绿色食品、无公害农产品限制产区和适宜产区，并与产地认定相结合。二是要着力解决农业生产信息不对称问题。互联网平台具有互动性强、覆盖率高、渠道广等特点。可以通过互联网及时收集和发布农业生产大数据信息，也可以通过线上与线下服务的结合，促进小农户之间互动，从而实现生产信息交流与对称。三是深入开展农资打假工作。在春耕、"三夏"、秋冬种植等重要农时季节，重点开展种子、种苗、化肥、农药、农业机械、兽药、饲料、饲料添加剂等农资专项打假治理，集中开展严厉打击生产、销售假冒伪劣农资"黑店"，加强对重大案件的查处，依法取缔违法违规生产经营企业，坚决遏制违法犯罪行为。进一步加强部门联动和信息共享，建立针对假冒伪劣农资的联合查处机制，深入开展放心农资"下乡进村入户"活动。四是加强对农业安全生产的指导。农业技术推广服务机构要加强对农产品安全生产的技术指导和服务，大力开展测土、配方施肥、病虫害防治等工作，增加对高效、低毒、低残留药物的补贴。

三、加强农产品质量管理

加强农产品质量管理，是提高农业综合生产能力、增强农产品市场竞争力的必然要求，是实现农业现代化的必然要求，也是实现小农户与农业现代化有机衔接的有效路径。调查发现川陕革命老区小农户生产的农产品质量还有很大的提高空间，为此，一是要加强农业标准化生产能力建设。及时普及农业标准化知识，引导小农户按标准组织生产、加工和销售。切实加大农业标准化培训、宣传、推广和示范工作力度。依托小农户积极推进农产品标准化生产示范区建设，并在示范区规范建设的基础上，进一步扩大标准化示范区的规模和数量，提高示范区的影响力和辐射力。把实施农业标准化与农产品认证工作结合起来，加快农产品标准化生产示范区的产地认定和产品认证进程。二是要建立农产品质量可追溯体系。利用"互联网＋"等现代技术手段可以真正建立起农产品的质量追溯体系。农产品的土地信息、生产技术信息、投入产品信息、小农户信息、质量检验报告、安全卫生状况等信息，都可以条形码或二维码的形式存储，并附着在农产品外部。三是要健全农产品质量检验检测体系。川陕革命老区须结合实际，充分利用现有的检测力量，以完善检验检测手段、提升检验检测能力和技术水平为重点，科学规划，合理配置资源，加强高标准高质量农产品质量检验检测体系建设，满足农产品质量监管需要。

四、加强耕地建设管理

耕地是小农户的基本生产要素，耕地质量高低影响着川陕革命老区小农户农业生产的积极性和有机衔接农业现代化的意愿，为此很有必要进一步加强川陕革命老区的耕地建设管理。一是健全资金投入机制。地方财政要调整优化本级财政支出结构，将高标准农田建设作为重点扶持领域，从预算源头推动省级农田建设资金整合，为高标准农田建设提供资金保障，积极鼓励和引导受益小农户筹资投劳。鼓励地方政府结合地方实际，在国家规定投入标准的基础上，通过创新投融资模式吸引社会投资、整合其他涉农资金、加大地方财政投入等方式，提高了每亩农田的投资建设标准。二是合理确定项目的选址和规模。地方政府应该将高标准农田建设作为一个整体推进项目，大规模开展高标准农田建设，并将建成的高标准农田及时提供给小农户种植。就单个高标准农田项目的建设规模而言，丘陵山区应不低于1 000亩。由于自然条件限制，致使单个高标准农田项目的相对连片开发面积未达到1 000亩要求的，可在同一灌区或同一流域内选择几个开发面积相对较大的地块作为一个项目区域。鼓励小农户自己在力所能及的规模范围内开展高标准农田建设。三是科学设计建设内容。要按照《高标准农田建设　通则》（GB/T 30600—2022）的要求，科学合理地设计高标准农田建设内容，做好田、土、水、路、林、电、技、管综合配套，着重在土壤改良、土地平整、田间道路、灌溉排水、农田防护、农田输配电、建后管护、科技服务、生态环境保持等方面加大建设力度，切实提高耕地的肥力和质量。

五、加强小农户风险管理

小农户个体的风险管理能力是有限的，需要构建起小农户、市场、政府积极参与和有效合作的小农户与农业现代化有机衔接风险防范机制。一是建立"政府引导、市场主导"的运行机制。川陕革命老区的地方政府应当从宏观层面建立统一的农业风险管理制度，不断优化风险管理体系，在明确政府风险管理界限的基础上，进一步明晰各部门之间的职责与分工。另外还要通过开展小农户风险培训、组织农业风险评估、及时发布风险预警等手段，综合管理小农户有可能面临的产业风险。二是增强产业链抵抗风险能力。农业产业化经营既是当前农业现代化的发展趋势，同时也是现代农业风险管理的一种有效组织形式，可以通过产业化经营增加产业链内各个环节的获利能力，降低利益相关者之间的交易成本，从而提高农业风险管理效率，增强产业链整体的抗风险能力，同时也能保障产业链中最弱势的小农户群体能够获取一定利润。三是综合运用市场风险管理工具。政府应帮助小农户建立起与合同生产、农业保险及农产品期货市场的密切关系，通过优化组合各种风险管理工具将众多的小规模农户联合起来，形成"风险共担、利益共享"的综合风险管理模式。四是健全农户互惠机制。在农村，基于"半熟人社会"，小农户在村集体成员、邻居和亲朋好友之间存在利益关联、信息互换和人情往来，并通过互助、互惠的形式形成了稳定的农户交往机制。这种交往机制起到了减震器的作用，为小农户提供了风险时期的安全网络。因此，应当鼓励小农户之间的交流与互动，以便在小农户面临风险时可以获得非正规网络的支持。

第四节　基于农业社会化服务的服务性衔接对策

一、积极提高农业社会化服务水平

川陕革命老区农业社会化服务水平不是很高，特别是公共服务站点不多、合作组织类型单一等问题对川陕革命老区小农户与农业现代化有机衔接造成不利影响。一是要深入推进乡镇公共服务站点建设。全面推进乡镇农业站条件建设，强化基层服务场所和检验试验、培训、办公等仪器设备配置。健全农机服务、农技推广、动植物疫病防控、农产品质量安全监管、农经管理、农村能源等"多位一体"的基层农业公共服务体系。二是大力发展多类型、多层次的专业化服务。要大力推广行之有效的"服务主体＋合作社＋农户""服务主体＋农村集体经济组织＋农户""服务主体＋涉农企业＋农户"等组织形式，促进各主体紧密联结、互通有无，形成利益共享、风险共担、合作共赢的利益共同体；还要积极发展服务带动型等多种形式的规模经营，以有效满足小农户多样化的服务需求。三是推进农业服务资源整合。要按照填平补齐、资源共享的要求，把盘活存量技术、装备、设施、场地、人才及小农户等各类主体作为重点，探索建设多类型多规格的农业综合服务中心，围绕农业全产业链，提供集基础设施建设、农资供应、农机作业、技术集成、产品加工、仓储物流、农产品营销等服务于一体的农业生产经营综合解决方案，集中破解农业生产主体做不了、做不好的共性难题，实现更大范围的供需有效对接、服务资源整合，促进资源集约、节约和高效利用。四是积极发展种植机械服务合作组织。大力发展"全程机械化＋综合农事服务"等设施种植社会化服务新业态、新模式，进一步加强设施种植机械化社会化服务的支持指导，积极发展设施种植农机合作社、机械化种植生产联合体、综合服务站等社会化专业性服务组织，开展大棚建造、种苗供应、机具租赁、维护保养和加工销售等社会化服务，提升生产全过程机械、设备共享服务能力，创新服务机制。五是建立农业生产社会化服务目录。对农业生产服务主体服务的机械设备和服务能力进行调查摸底，对有服务能力的农民合作社、农业企业纳入农业生产社会化服务动态目录管理。

二、积极创新农业社会化服务模式

调研表明川陕革命老区农业社会化服务模式老旧、创新不够，特别是农机化服务、企业化服务、网络化服务不到位，对川陕革命老区小农户与农业现代化有机衔接造成不利影响。为此需要大力创新农业社会化服务模式，一是组建服务联盟。大力推动小农户等农产品生产者、龙头企业、物流提供者和农业服务组织形成紧密的利益共同体，整合农业技术开发推广、生产资料供应、田间作业、产品购销等环节，建立健全农业社会化服务标准体系，探索创建农业社会化服务公共品牌，统筹开展订单种植、信息交流、产销对接、物流管理、质量追溯、质量评估等多功能、综合性的农业社会化服务。二是打造综合性服务公司。以小农户等各类农业经营主体对生产服务的需求为中心任务，围绕产前、产中、产后全过程，整合服务资源，着力培育一批运营管理规范、组织能力强、服务功能全面的综合性服务公司，开展全产业覆盖的农业社会化服务。三是建设社会化服务云平台。优化土地管理数据库，实现与周边农村土地流转信息的有效对接。整合农业社会化服务标准、品种资源、人才资源、物资装备、农资供给、产品销售等各方面要素，建设农业社会化服务云平台，提高资源配置水平。实现与电子商务平台对接，打通物流堵点、拓宽流通渠道，促进购产销融合。加快农业物联网应用示范，综合利用云计算、大数据、人工智能等技术，完善生产监测、分析预警、购销统计、信息发布等服务，提高小农户等相关主体的农业经营决策能力。四是延伸涉农组织服务链条。围绕小农户需求，依托国家农业科技园区建设，建立一批农业专家大院；鼓励涉农院校、科研院所、相关企业的农业科技人员从事中介业务；完善农业科技中介机构专业人员准入制度；凭借现有农业星火计划培训基地，开办各类农业中介从业人员培训班；推动涉农互联网平台、农业科技公司、农资企业等各类涉农组织向农业服务业延伸，采取"互联网＋服务""科技＋服务""农资＋服务"等方式，推进技服结合、技物结合、技人结合，实现业务拓展、创新发展。

三、积极优化农机农业生产服务机制

开展农机化服务是促进川陕革命老区小农户与农业现代化有机衔接的重要途径。一是拓展农机社会化服务范围。建设现代农业产业化联合体，先行在粮食、畜牧、水产等产业进行农机化农业生产社会化服务试点示范，鼓励服务主体与生产主体合作，服务范围从水稻、油菜等主要农作物向水果、蔬菜等范围拓展。二是推广托管式和订单式服务。鼓励服务主体实行订单式服务，农户需要什么服务，服务主体就以订单方式提供什么服务。服务主体可在订单里列出若干服务选项，由农户或新型生产经营主体根据自身需求进行选择，也可由小农户列出若干需求选项，服务组织按单提供服务。三是推广全程机械化技术。全面推行水稻机械化育插秧、油菜种植收获机械化、机械化植保、收获后烘干等全程机械化技术。结合实施农机化推进工程，引导农机专业合作社等农机服务组织购置使用大型动力机械，鼓励其开展农机跨区作业服务，积极推进综合性全程农事服务中心，提高农机化综合服务能力。四是开展政府向服务组织购买服务。制定社会化服务补助项目方案，明确对机耕、机插、机收、统防统治等服务和技术培训等可量化的服务项目实施补贴。围绕粮食生产，开展水稻全程机械化和专用品牌粮食绿色生产技术推广与服务项目试点，实施全生产链、全要素链、全产业链创新试点。

四、积极拓宽小农户农业信息获取渠道

扩宽农业信息获取渠道是让川陕革命老区小农户家庭更好地了解国家农业政策以及相关农业信息的有效途径，是推进小农户有机衔接农业现代化的重要举措。首先，需要增加农村信息网点，采取川陕革命老区小农户能够普遍接受的形式向他们提供有用的农业信息，当前特别是要让小农户在 QQ、微信、微博等常用的网络平台上都能够获取相关农业信息。其次，提高小农户的文化素质，高文化素质的农户才会用多元化的渠道去获取农业信息并选择有用的农业信息，这些渠道有图书报刊杂志、本地农技推广站、涉企农业、市场等。再次加强农业信息化装备建设，拓展 12316 服务功能，加强现代信息技术应用；农业技术人员全部安装"中国农技推广 App"，充分利用手机报开展农业信息进村入户活动；对参加农业社会化服务的机械，安装智能监测设备，实施全程监管。

五、积极发展农民专业合作社

农民专业合作社完全可以作为促进农户增收和推进农业现代化的重要举措，同时也是促进川陕革命老区小农户与农业现代化有机衔接的重要方式。一是继续加大支持力度。进一步扩大农民专业合作社扶持政策的覆盖面，在确保不减少省级财政支持的同时，进一步挖掘市县级财政潜力，积极寻求中央财政支持，以用于继续扩大农民专业合作社的专项资金规模。二是突出扶持重点。在支持对象上，重点扶持与社员利益连接密切、辐射带动能力强的专业合作社。在支持环节上，对品种改良、营销开拓、品牌创建、农机投入等项目给予重点扶持，以增强合作社对成员的输入造血功能和服务能力。三是搞活扶持方式。根据合作组织建设内容，积极采取先建后补、以奖代补、无偿补助等扶持方式。如对合作组织建设田间道路、温室大棚等基础设施，实行先建后补；对合作组织开展注册知名品牌、农机服务和无公害、有机食品认证等，实行以奖代补；对合作组织为社员和农户提供信息服务、市场拓展和技术培训等的，实行无偿补助等。四是推动支农项目与合作组织对接。逐步扩大农技推广、农机

推广、农田水利建设、农业综合开发等涉农项目由合作社承担的规模。将涉及田间地头、农村社区等需要有组织、规模化、综合性、成片推进的项目，优先给予符合条件的合作社参与申报和实施。

六、积极成立专门的技术知识帮扶组织机构

解决农业科技服务对农业发展的促进作用不能显著影响小农户衔接农业现代化意愿的问题，就需要通过成立专门的技术知识帮扶组织机构，着力提高小农户的技术知识水平，以有效促进小农户与农业现代化的有机衔接。根据川陕革命老区小农户的问卷调研结果显示，小农户生产经营普遍面临着技术水平低下，种植管理水平不够，基本技术知识薄弱等根本性问题。对于农业信息化平台、"互联网＋"现代农业等新模式理解不到位，需要专门的技术从业人员去带领小农户进行科学有效的系统学习。因此成立专门的技术知识帮扶组织机构可以弥补小农户在农业现代化技术知识方面的空白，有效提升种植经营过程中的技术水平，从而也极大地提升农业现代化水平。另外，这种新型机构还可以着力推动小农户农业生产经营主体与互联网企业合作，综合利用现代化技术水平达到自然灾害预警、牲畜疫情防控等科学服务，提升小农户抵抗自然风险的水平，从而获得整体经济发展，从根本上提升小农户与农业现代化衔接的意愿，为小农户走向农业现代化筑基。

第五节　研究小结

本章从四个方面阐述了川陕革命老区小农户与农业现代化有机衔接对策。一是从明确农业农村发展规划、着力夯实农业现代化发展环境、不断加大政策宣传力度、积极发挥政府领头带领作用、大力发展农村职业教育、加大财政支农金融惠农政策支持等 6 个方面阐述基于农业治理的治理性衔接对策；二是从持续优化小农户农业生产方式、积极利用耕地资源、完善农业生产基础设施、提高农业科技应用水平、及时加大农机化推广力度、加快发展设施农业等 6 个方面阐述基于农业生产的生产性衔接对策；三是从更新农业管理理念、加强农

业生产管理、加强农产品质量管理、加强耕地建设管理、加强小农户风险管理等 5 个方面阐述基于农业现代化管理的管理性衔接对策；四是从积极提高农业社会化服务水平、积极创新农业社会化服务模式、积极优化农机农业生产服务机制、积极扩宽小农户农业信息获取渠道、积极发展农村专业合作社、积极成立专门的技术知识帮扶组织机构等 6 个方面阐述基于农业社会化服务的服务性衔接对策。

参考文献

巴中市统计局.2020 年巴中市国民经济和社会发展统计公报［N］.巴中日报，2021-03-27.

白梦娇.气候变化下我国粮食生产对农民收入的影响研究［D］.北京：北京理工大学，2016.

鲍锐，王睿，刘文娟.金融知识与受访农户消费金融行为——基于江苏省昆山市陆杨镇的调查［J］.江苏农业科学，2018（20）：386-390.

边瑞云.农户金融素养测评及影响因素研究——基于豫陕宁实地调研［D］.郑州：郑州大学，2019.

蔡荣，马旺林，等.小农户参与大市场的集体行动：合作社社员承诺及其影响因素［J］.中国农村经济，2015（4）：44-58.

蔡有清，罗伟刚，李凤玉."马克思生态经济思想"视野下革命老区经济现代化建设研究［J］.百色学院学报，2016（5）：114-118.

常明杰.困境与进路：小农户生产向现代农业转型的衔接机制探索——新时代中国小农户的出路何在［J］.新疆社会科学，2020（2）：36-44，146-147.

陈池波.中国农村市场经济发展研究［D］.武汉：华中农业大学，2002.

陈传波.中国小农户的风险及风险管理研究［D］.武汉：华中农业大学，2004.

陈岗.川陕革命老区现状及振兴发展路径思考［J］.四川文理学院学报，2019（1）：1-29.

陈光燕，庄天慧，杨浩.连片特困地区农业科技服务减贫成效影响因素分析［J］.四川农业大学学报，2018（18）：101-125.

陈航英.新型农业主体的兴起与"小农经济"处境的再思考——以皖南河镇为例［J］.开放时代，2015（5）：70-87.

陈靖，冯小.农业转型的社区动力及村社治理机制——基于陕西 D 县河滩村冬枣产业规模化的考察［J］.中国农村观察，2019（1）：4-16.

陈军亚，龚丽兰.互利共生：小农户与现代农业有机衔接的实践路径——以广东省梅州市的改革探索为例［J］.理论月刊，2019（10）：132-136.

322

陈龙．小农户衔接现代农业面临的困境与出路［J］．中共山西省委党校学报，2020（2）：63-66．

陈美球，廖彩荣，等．农村承包地经营权经济收益实现机制的一种探索——基于江西乐安"绿能"典型个案的分析［J］．中国土地科学，2019（12）：37-44．

陈明文．中国热带地区农户种植结构调整研究［D］．北京：中国农业大学，2018．

陈沫雨．一个值得商榷的命题——关于"农业产业化"的质疑［J］．乡镇企业研究，1997（4）：34-35．

陈萍．科学发展观指引下新型农村社区建设问题研究［D］．贵阳：贵州师范大学，2014．

陈善晓，王卫华．基于第三方物流的农产品流通模式研究［J］．浙江理工大学学报，2005（3）：72-76．

陈善晓．我国农产品营销模式与支持政策研究［D］．北京：中国农业大学，2004．

陈维青．推动农业现代化的策略研究［J］．宁夏农林科技，2012（10）：34-36．

陈维智．镇安因地制宜培育小众产业［N］．商洛日报，2018-06-15．

陈锡文，韩俊．中国农业供给侧改革研究［M］．北京：清华大学出版社，2017．

陈叶军，孔祥智．四化同步推进农业现代化［J］．中国合作经济，2013（2）：23-25．

陈义媛．小农户与现代农业有机衔接的实践探索——黑龙江国有农场土地经营经验的启示［J］．北京社会科学，2019（9）：4-13．

程申．农户土地经营规模与粮食生产率的关系——来自全国农户的证据［D］．北京：中国农业大学，2018．

崔红志，刘亚辉．我国小农户与现代农业发展有机衔接的相关政策、存在问题及对策［J］．中国社会科学院研究生院学报，2018（5）：34-41，145．

崔卫东．中国农业国际竞争力研究［D］．杨凌：西北农林科技大学，2006．

达州市发展和改革委员会．达州市2020年国民经济和社会发展计划执行情况及2021年计划草案的报告［N］．达州日报，2021-02-26．

邓大松，张永春，张怡．居民对公共投资的满意度及其影响因素研究——基于天津市628份问卷调查的数据［J］．财政研究，2018（7）：40-52．

邓雪霏，卢博宇，徐子荐．黑龙江省小农户融入现代农业发展的实践样态与转型路径探索［J］．农业经济，2020（5）：12-14．

董国礼，刘瑾．后集体土地产权制度下的小农经济模式及其全球化境遇——以安徽园村为个案［J］．中国研究，2019（6）：1-34．

董晓林，于文平，朱敏杰．不同信息渠道下城乡家庭金融市场参与及资产选择行为研究［J］．财贸研究，2017（5）：33-42．

杜鹏. 社会性小农：小农经济发展的社会基础——基于江汉平原农业发展的启示 [J]. 农业经济问题，2017 (1)：57-65.

范金，任会，袁小慧. 农民家庭经营性收入与科技水平的相关性研究：以南京市为例 [J]. 中国软科学，2010 (1)：8-24.

范静，张先明，陈弟红. 德阳市传统产业转型升级的实证分析——以旌阳区为例 [J]. 技术与市场，2021 (3)：142-144.

范唯廉（Pham Duy Liem）. 越南农业机械化发展现状及主要影响因素研究 [D]. 哈尔滨：东北农业大学，2018.

范武迪，闫述乾，向路. 陕甘宁革命老区经济增长的益贫性、区域性差距与地区贫困 [J]. 新疆农垦经济，2016 (2)：43-49.

方斌，胡菊芳. 台州加快推进小农户与现代农业有机衔接的探索 [J]. 新农村，2020 (6)：17.

方桂堂. 农民增收的多维路径及当下选择：北京个案 [J]. 改革，2014 (3)：96-104.

冯小. 去小农化：国家主导发展下的农业转型 [M]. 武汉：华中科技大学出版社，2017.

弗兰克·艾利思. 农民经济学：农民家庭农业和农业发展 [M]. 胡景北，译. 上海：上海人民出版社，2006.

付冷冷，刘春波，于翠平. 环境保护水平的地区差异及对策研究——基于山东省 17 地市的实证分析 [J]. 企业经济，2011 (8)：127-127.

付野. 科技进步与县域经济增长差异研究 [D]. 沈阳：沈阳农业大学，2011.

高静，王志章，龚燕玲，丁甜甜. 土地转出何以影响小农户收入：理性解释与千份数据检验 [J]. 中国软科学，2020 (4)：70-81.

高梅生. 四川盆周山区旅游可持续发展的问题与对策——达州旅游资源状况与旅游业发展调查研究 [J]. 经济体制改革，2005 (10)：142-145.

高然然. 河南省农村金融发展水平对农民收入的影响研究 [D]. 洛阳：河南大学，2019.

高士然，张乐柱，于明珠. 我国小农户与现代农业衔接的经验和建议——以民勤县和罗定市为例 [J]. 农村金融研究，2020 (1)：52-59.

葛文官. 陕西省太白县高山设施蔬菜发展存在问题及对策 [J]. 北京农业，2016 (2)：163-164.

耿苗. 小农户接入现代农产品供应链的意愿与途径 [D]. 石家庄：河北经贸大学，2016.

宫仁贵，黄建新，徐济益. 社会公平和政治效能维度下的中央与地方政府信任差异分析 [J]. 石家庄铁道大学学报（社会科学版），2019 (3)：76-86.

宫天辰. 小农粮食生产效率及其影响因素研究 [D]. 合肥：安徽大学，2018.

龚齐珍．四方发力　全面推进乡村振兴老区建设［J］．2021（6）：11‐17.

顾焕章，张超超．中国农业发展之研究［M］．北京：中国农业科技出版社，2006.

顾双平，姚立生．农业科研单位服务沿海地区现代农业的几点思考——以江苏沿海地区农
　　科所为例［J］．江西农业学报，2010（22）：204‐206.

关海玲．都市农业发展评价与对策研究［D］．北京：北京林业大学，2010.

管珊．社会化服务的双重组织化：小农户与现代农业的衔接机制——基于土地托管模式的
　　分析［J］．当代经济管理，2020（11）：37‐42.

郭斌．农业企业"公司＋农户"的生产经营模式创新［J］．西北农林科技大学学报（社会
　　科学版），2014（6）：76‐82.

郭斐然，孔凡丕．农业企业与农民合作社联盟是实现小农户与现代农业衔接的有效途径
　　［J］．农业经济问题，2018（10）：46‐49.

郭剑雄．人力资本、生育率与城乡收入差距的收敛［J］．中国社会科学，2005（3）：27‐
　　37，205.

郭庆海．小农户：属性、类型、经营状态及其与现代农业衔接［J］．农业经济问题，2018
　　（6）：25‐37.

郭瑞萍，李丹丹．要素改造视角下的小农户现代化机制研究［J］．宁夏社会科学，2020
　　（1）：145‐150.

郭永田．充分利用信息技术推动现代农业发展——澳大利亚农业信息化及其对我国的启示
　　［J］．华中农业大学学报（社会科学版），2016（2）：1‐8，134.

郭友凤．在脱贫攻坚进程中探索贫困县农民增收路子［N］．广元日报，2018‐09‐09.

郭玉明．现代农业装备的发展特点［J］．山西农经，2014（2）：90‐92.

韩冰．鄂尔多斯民间借贷行为——金融素养调查与研究［D］．杭州：浙江大学，2015.

韩朝华．个体农户和农业规模化经营：家庭农场理论评述［J］．经济研究，2017（7）：
　　184‐199.

韩菡，钟甫宁．劳动力流出后"剩余土地"流向对于当地农民收入分配的影响［J］．中国
　　农村经济，2011（4）：18‐25.

韩静，刘鸿博．苍溪：栉风沐雨百年路　同心筑梦新征程［N］．四川日报，2021‐07‐01.

韩立杰，董伟欣，周丽敏．乡村振兴背景下河北省休闲农业与乡村旅游发展路径研究［J］．
　　全国流通经济，2019（7）：62‐64.

韩庆龄．村社统筹：小农户与现代农业有机衔接的组织机制［J］．南京农业大学学报（社
　　会科学版），2020（3）：39‐48.

韩永廷．实现我国农业现代化的路径探析［J］．蚌埠党校学报，2011（8）：32‐34.

何晨曦，赵霞．农户对农业科技服务满意度评价及其影响因素分析——基于 1 033 个农户的调查数据 [J]．农业现代化研究，2015（6）：1020 - 1025.

何迪．美国、日本、德国农业信息化发展比较与经验借鉴 [J]．世界农业，2017（3）：164 - 170.

何建宁．乡村振兴：在"变"与"不变"中准确把握习近平现代大农业理论 [J]．西安财经学院学报，2019（6）：18 - 25.

何劲，熊学萍，祁春节．新型农业经营体系与现代农业发展的关联效应研究——以湖北省为例 [J]．农业现代化研究，2019（3）：395 - 402.

何秋洁，万远英．新时代实现我国小农户与现代农业发展有机衔接路径探讨 [J]．农业经济，2018（9）：11 - 13.

何学松，孔荣．普惠金融视域下西部地区农民金融素养水平及其影响因素 [J]．信阳师范学院学报（哲学社会科学版），2018（6）：46 - 51.

何宇鹏，武舜臣．连接就是赋能：小农户与现代农业衔接的实践与思考 [J]．中国农村经济，2019（6）：28 - 37.

贺敏．新型农业经营主体与小农户利益联结问题研究 [J]．农业经济，2020（10）：15 - 17.

贺雪峰，印子．"小农经济"与农业现代化的路径选择——兼评农业现代化激进主义 [J]．政治经济学评论，2015（3）：45 - 65.

贺雪峰．关于"中国式小农经济"的几点认识 [J]．南京农业大学学报（社会科学版），2013（6）：1 - 6.

侯向娟，李晋陵．中部 6 省人力资本投入对农民收入的影响力研究 [J]．中国农业资源与区划，2016（9）：80 - 86.

胡报．金融素养与家庭财富积累——基于中国城镇家庭微观数据 [J]．中南财经政法大学学报，2018（4）：110 - 117.

胡伦．基于生计能力的农户持续性贫困生成机制与脱贫路径研究 [D]．杨凌：西北农林科技大学，2016.

胡琴．基于新型农业服务主体的小农户与现代农业发展有机衔接研究 [D]．荆州：长江大学，2019.

胡文显，陈美丽．论我国城市型现代农业组织的演变 [J]．中州学刊，2009（6）：68 - 71.

胡新艳，罗明忠．深化农村土地制度改革　助推农村集体经济发展 [J]．国家治理，2019（10）：25 - 30.

胡元．句容市茅山镇政府生态富民实践研究 [D]．南京：南京师范大学，2019.

黄敬前，郑庆昌．我国农业科技投入结构合理性研究［J］．福建论坛·人文社会科学版，2013（4）：22-25.

黄振华．"小农户"研究的经典理论与中国经验——基于"小农生产"理论的源流考察［J］．内蒙古社会科学，2018（9）：47-54.

黄宗智，高原，彭玉生，等．没有无产化的资本化：中国的农业发展［J］．开放时代，2012（3）：10-30.

黄宗智，彭玉生．三大历史性变迁的交汇与中国小规模农业的前景［J］．中国社会科学，2007（10）：74-88.

黄宗智．小农户与大商业资本的不平等交易：中国现代农业的特色［J］．开放时代，2012（3）：88-99.

霍雨佳．市场化服务缺失下小农户与产业组织的深度融合研究——基于农业产业集群的小农户转型升级思考［J］．农村经济，2018（12）：79-85.

冀名峰．农业生产性服务：我国农业现代化历史上的第三次动能［J］．农业经济问题，2018（3）：9-15.

贾红丽．宁夏红寺堡区小农户生计脆弱性评价［D］．银川：宁夏大学，2019.

贾利军，陈一琳，葛继元，葛宇航．极端气候对西部生态脆弱区农民农业收入的影响［J］．世界农业，2019（8）：96-103.

贾婷婷，杜德明．找准小农户与现代农业发展的衔接点［J］．2019（2）：63-64.

贾志军，乔博．促进小农户和现代农业发展有机衔接研究［J］．青海社会科学，2019（4）：106-111.

姜安印，陈卫强．小农户存在的价值审视与定位［J］．农业经济问题，2019（7）：73-83.

姜文荣．关于农户科技水平影响因素的调查与思考［J］．山东农业大学学报，2001（3）：53-55.

姜岩，窦艳芬，裴育希．科技帮扶促进小农户与现代农业发展有机衔接的研究［J］．农业经济，2020（5）：6-8.

蒋和平，杨东群．新中国成立70年来我国农业农村现代化发展成就与未来发展思路和途径［J］．农业现代化研究，2019（5）：711-720.

蒋辉，刘兆阳．农户异质性对贫困地区特色农业经营收入的影响研究［J］．吉首大学学报，2016（8）：163-164.

蒋永穆，刘虔．新时代乡村振兴战略下的小农户发展［J］．求索，2018（2）：59-65.

金赛美．新阶段农产品流通面临的主要困难与解决途径［J］．中共福建省委党校学报，2004（8）：63-64.

金洋，刘玉霞，向森林．对金融支持乡村振兴的调查与思考——基于对秭归县石柱村农户问卷调查［J］．武汉金融，2018（12）：77-79．

巨虹．区域工业企业空间结构与全要素生产率的交互关系研究［D］．西安：西北大学，2019．

孔繁涛，孟帅，韩书庆，等．国内外农业信息化比较研究［J］．世界农业，2016（10）：10-18．

孔祥智，穆娜娜．实现小农户与现代农业发展的有机衔接［J］．农村经济，2018（2）：1-7．

孔祥智．健全农业社会化服务体系　实现小农户和现代农业发展有机衔接［J］．农业经济与管理，2017（5）：20-22．

蒯鹏．农户融资解困：现实错配、制度藩篱与创新节点——以安徽省长丰县为考察对象［D］．南昌：江西财经大学，2017．

旷毓君．积极推动城乡区域协调发展的思路和举措［J］．经济研究导刊，2021（5）：44-47．

兰琼．小农经济理论及其小农经济地位——论我国小农经济转变趋向［J］．商，1993（2）：276-277．

郎闯．小农户与现代农业发展有机衔接的路径分析［J］．农业与技术，2020（7）：40-14．

郎秀云．关于小农户若干观点的辨析［J］．马克思主义与现实，2019（5）：199-204．

乐永海．"小农户"与"大市场"对接机制研究［D］．武汉：华中农业大学，2012．

雷德芝．我市7县（区）全域纳入《川陕革命老区振兴发展规划》［N］．广元日报，2016-08-06．

雷蕾．我国农产品物流成本研究［D］．北京：北京交通大学，2008．

雷骁．农村宅基地"三权"分置改革效果研究［D］．南昌：江西财经大学，2020．

冷波．小农与现代农业有效衔接的实现机制——基于L村"小而精"农业模式的考察［J］．湖南农业大学学报（社会科学版），2018（3）：32-37．

李超．基于城乡等值的城乡关系格局、机制与路径研究［D］．天津：天津大学，2013．

李东方．完善和加快土地流转是推进我国农业现代化进程的当务之急［J］．农业经济，2012（6）：44-45．

李伏明．小农经济：理论与实践［J］．天府新论，2006（1）：58-62．

李刚．玛纳斯县发展现代农业的实践与思考［J］．环球市场信息导报，2014（9）：191．

李国英．"互联网＋"背景下我国现代农业产业链及商业模式解构［J］．农村经济，2015（9）：29-33．

李国英.大互联网背景下农业信息化发展空间及趋势——借鉴美国的经验［J］.世界农业，2015（10）：15－20.

李后强.弘扬长征精神 振兴革命老区——以广元为例［J］.毛泽东思想研究，2017（3）：78－87.

李继刚.中国小农去自给化研究［D］.杨凌：西北农林科技大学，2011.

李甲.农业科技进步与农村经济发展相关理论分析［J］.首都教育学报，2013（1）：30－35.

李江南，陈彤.新疆南疆四地州生态农业组合模式与农牧民收入的关系研究［J］.新疆农业科学，2017（7）：1364－1372.

李婕.推进农业现代化 确保小农户不掉队［N］.人民日报海外版，2019－02－25.

李瑾，冯献，郭美荣，马晨.“互联网＋”现代农业发展模式的国际比较与借鉴［J］.农业现代化研究，2018（2）：194－202.

李敬.中国区域金融发展差异研究［D］.重庆：重庆大学，2007.

李霖，郭红东.小农户集体行动研究文献综述——基于市场准入视角［J］.中国农村观察，2014（6）：82－91，96.

李森.和谐社会视阈下的城乡二元结构基础教育公平问题研究［D］.南京：南京航空航天大学，2011.

李明贤，刘美伶.社会化服务组织、现代技术采纳和小农户与现代农业衔接［J］.农业经济，2020（10）：14－16.

李宁，汪险生，王舒娟，李光泗.自购还是外包：农地确权如何影响农户的农业机械化选择［J］.中国农村经济，2019（6）：54－75.

李实，朱梦冰，詹鹏.中国社会保障制度的收入再分配效应［J］.社会保障评论，2017（4）：3－20.

李铜山，张迪.实现小农户和现代农业发展有机衔接研究［J］.中州学刊，2019（8）：34－40.

李铜山，周腾飞.小农户经营困境：表象、成因及破解［J］.中州学刊，2015（4）：34－39.

李伟.毛泽东与中国社会主义新农村的创建［J］.湘潭大学学报（哲学社会科学版），2007（5）：1－9.

李文斌.建水县西山村种养结合循环农业模式构建及推广研究［D］.昆明：云南师范大学，2019.

李文鹏，李涛.企业内控缺陷识别影响因素的因子分析［J］.中国集体经济，2016（9）：

58-60.

李学峰，杨盼盼．银行金融科技与流动性创造效率的关系研究［J］．国际金融研究，2021
（6）：66-75.

李义，张实红．关于农户地位的几点思考［J］．计划与市场，1996（3）：12-13.

李云良．明确7大类主要任务和工作重点［N］．巴中日报，2017-08-23.

连玥晗．借贷行为对农户收入差距的影响研究［D］．重庆：西南大学，2019.

林本喜．浙江现代农业模式、评价与影响因素研究［D］．杭州：浙江大学，2010.

林德明．科技对农民增收贡献的实证研究——以苏州农村为例［J］．经济管理，2007（4）：
38-42.

林毅夫，沈明高．我国农业科技投入选择的探析［J］．农业经济问题，1991（7）：9-13.

凌昱晨．我国北部地区气候对人均收入的影响［J］．现代经济信息，2017（21）：
462-463.

刘畅，王思怡，马国巍，吴立全．农业现代化与农民职业化耦合视角下新型职业农民培育
路径——以黑龙江为例［J］．农业现代化研究，2020（4）：568-577.

刘闯，仝志辉，陈传波．小农户现代农业发展的萌发：农户间土地流转和三种农地经营方
式并存的村庄考察——以安徽省D村为个案分析［J］．中国农村经济，2019（9）：
30-47.

刘东．微观经济学新论［M］．南京：南京大学出版社，1999.

刘国强．我国消费者金融素养现状研究——基于2017消费者金融素养问卷调查［J］．金融
研究，2018（3）：1-20.

刘鸿博．栽下"红心果"奔上小康路［N］．农民日报，2021-03-23.

刘华彬．简讯6则［J］．中国农民合作社，2021（8）：5-6.

刘嘉琪．小农户融入现代农业路径研究［D］．成都：四川省社会科学院，2019.

刘礼阳．非正规金融的发展对城乡收入差距的影响［D］．湘潭：湘潭大学，2016.

刘明月，汪三贵．产业扶贫与产业兴旺的有机衔接：逻辑关系、面临困境及实现路径［J］．
西北师大学报（社会科学版），2020（4）：137-144.

刘俏冉．"三权"分置对规模经营影响的实证研究［D］．荆州：长江大学，2020.

刘同山，孔祥智．小农户和现代农业发展有机衔接：意愿、实践与建议［J］．农村经济，
2019（2）：1-8.

刘同山，尤思琦．以产业兴旺推动乡村振兴：基于农业及农业农村服务业视角［J］．新疆
农垦经济，2019（11）：16-25.

刘同山．"统种分管"的平罗经验［J］．农村经营管理，2018（4）：10-11.

刘卫柏，徐吟川．小农户有机衔接现代农业发展研究［J］．理论探索，2019（2）：86-91.

刘文敏．上海现代农业发展现状与措施建议［J］．上海农业科技，2009（6）：2-4.

刘晓雪，王誓言．广西植蔗农户种植行为及其影响问题的调查报告——基于 300 份农户的调查问卷（之一）［J］．广西糖业，2017（6）：7-16.

刘易斯．二元经济论［M］．北京：北京经济学院出版社，1988.

刘楹．家庭金融资产配置行为研究［M］．北京：社会科学文献出版社，2007.

刘勇，田杰，李敏．金融素养：概念界定与经验分析的简要评述［J］．理论月刊，2017（2）：117-122.

刘玉春，修长柏．农村金融发展、农业科技进步与农民收入增长［J］．农业技术经济，2013（9）：92-100.

刘振铭．农产品流通过程中参与主体的利益分配研究［D］．福州：福建农林大学，2010.

卢良恕．农业科技与发展［M］．石家庄：河北教育出版社，2003.

卢洋啸，孔祥智．改革开放以来小农户与现代农业有机衔接的探索——文献综述视角［J］．经济体制改革，2019（6）：89-95.

陆彩兰，张郁．普惠金融支持下小农户与现代农业发展有机衔接的探讨［J］．西南金融，2020（8）：77-86.

陆福兴．现代化改造：乡村振兴进程中小农户发展的方向［J］．浙江学刊，2019（3）：30-35.

吕颢，葛文光，白浩宸．小农户与现代农业有机衔接文献综述［J］．现代化农业，2019（6）：61-63.

吕雁琴．关于提高我国农户持续发展能力的对策研究［J］．生产力研究，2004（10）：104-106.

罗必良．现代农业发展理论——逻辑线索与创新路径［M］．北京：中国农业出版社，2009.

罗佳丽，杨海娟，王欢，侯日望．基于农户生产效率视角的特色农业经营模式比较研究——以西安市为例［J］．干旱区资源与环境，2017（12）：64-70.

罗序斌，胡德龙．中部地区农民科技投入与收入增长的实证研究［J］．科技进步与对策，2011（5）：44-48.

罗玉辉．中国特色社会主义经济模式的"三重逻辑"［J］．江西社会科学，2021（4）：74-83.

罗正月．马克思经济思想对解决我国"三农"问题的启示［J］．当代经济研究，2009（4）：1-6.

骆高远. 国外建设现代农业的主要模式 [J]. 乡村振兴, 2021 (6): 92-94.

马继凤. 消费者对山楂食品购买意愿研究 [D]. 延边: 延边大学, 2020.

马贤磊, 沈怡, 等. 自我剥削、禀赋效应与农地流转潜在市场发育——兼论经济欠发达地区小农户生产方式转型 [J]. 中国人口·资源与环境, 2017 (1): 40-47.

马亚飞, 吕剑平. 新时代实现我国西部地区小农户与现代农业发展有机衔接路径研究 [J]. 中国农机化学报, 2019 (1): 199-203.

马彦丽. 我国农民专业合作社的制度解析 [D]. 杭州: 浙江大学, 2006.

毛德敏. 家庭农场适度规模经营存在的问题及对策分析 [J]. 辽宁农业科学, 2021 (2): 23-26.

毛世平, 曹志伟, 吴敬学, 刘瀛弢. 中国农业科研机构科技投入问题研究——兼论国家级农业科研机构科技投入 [J]. 农业经济问题, 2013 (1): 49-56.

米家龙. 国外贸易救济措施对中国出口额影响的模型分析 [J]. 科技管理研究, 2016 (12): 234-239.

苗瑞洲, 张艳艳. 乡村振兴背景下河南农村土地流转意愿研究 [J]. 质量与市场, 2020 (11): 142-144.

宁夏. 市场中求生: 葛村小农的商品生产 [D]. 北京: 中国农业大学, 2015.

牛若峰, 夏英. 农业产业化经营的组织方式和运行机制 [M]. 北京: 北京大学出版社, 2000.

潘皇珍. 资本逻辑视域下的乡村振兴问题思考 [J]. 山西农经, 2021 (2): 6-8.

潘锦云, 汪时珍, 李晏墅. 现代服务业改造传统农业的理论与实证研究——基于产业耦合的视角 [J]. 经济学家, 2011 (12): 40-47.

潘盛洲. 农民收入问题: 现状、原因及对策研究 [J]. 垦殖与稻作, 2003 (3): 3-6.

庞金波, 杨绪丽, 范琳琳. 基于因子分析的农民专业合作社融资能力影响因素研究——以黑龙江省105家农民专业合作社为例 [J]. 金融理论与实践, 2016 (1): 28-31.

逄锦彩. 日、美、法现代农业比较研究 [D]. 长春: 吉林大学, 2010.

裴兴斌. 凤县黄牛铺镇三岔河村: 秦岭高山菌谷成农民增收聚宝盆 [N]. 宝鸡日报, 2021-04-07.

彭显琪, 朱小梅. 基于项目反应理论的中国消费者金融素养指数研究——来自 CFPS 2014 的经验证据 [J]. 湖北大学学报 (哲学社会科学版), 2019 (2): 133-141.

彭显琪, 朱小梅. 消费者金融素养研究进展 [J]. 经济学动态, 2018 (2): 99-116.

齐璞. 呼和浩特市推进城市一体化对策研究 [D]. 呼和浩特: 内蒙古大学, 2014.

恰亚诺夫. 农民经济组织 [M]. 北京: 中央编译出版社, 1996.

乔恒．县域经济科学发展机理及路径研究［D］．长春：东北师范大学，2007．

秦开大，赵帅，秦翠平．"互联网＋现代农业"趋势下主导产业选择模型及路径分析［J］．
    科技进步与对策，2016，33（12）：67－72．

任文远，刘晓琳，等．濮阳现代农业发展浅析［J］．中国果菜，2011（6）：52－54．

阮文彪．小农户和现代农业发展有机衔接——经验证据、突出矛盾与路径选择［J］．中国
    农村观察，2019（1）：15－32．

邵培杰．中国现阶段农业生产方式变革研究［D］．开封：河南大学，2012．

申坤，谭鑫．健全农业社会化服务体系引领云南小农户跟上现代化［J］．创造，2018（3）：
    36－37．

申书兴．以科技创新推进现代农业发展［N］．河北日报，2018－05－18．

沈军，丁跃潮．前移回归分析的一种新方法［J］．统计与决策，2006（10）：22－23．

沈坤荣，张璟．中国农村公共支出及其绩效分析——基于农民收入增长和城乡收入差距的
    经验研究［J］．管理世界，2007（1）：30－40，171－172．

盛利．四川苍溪："三园联动"实现精准扶贫［N］．科技日报，2020－11－27．

盛秀婷，姚慧琴．辩证看待现代化农业和小农经济的发展——基于马克思农业资本论的思
    想视角［J］．未来与发展，2014（1）：24－28．

施祖法．实现小农户与现代农业发展有机衔接［J］．人民周刊，2018（4）：62－63．

石明．小农生产方式下的中国农业现代化研究［D］．秦皇岛：燕山大学，2010．

史继红．刘易斯二元经济理论与我国二元经济结构转化的相关性分析［J］．特区经济，
    2007（9）：278－280．

舒尔茨．改造传统农业［M］．北京：商务印书馆，2006．

舒尔茨．论人力资本投资［M］．北京：北京经济学院出版社，1990．

司明宇，金紫薇．论中国小农户的前景与出路［J］．农业经济，2019（9）：9－11．

宋圭武．农户行为研究若干问题述评［J］．农业技术经济，2002（7）：59－64．

宋建平．推动小农户与现代农业衔接的理论与政策分析［J］．生产力研究，2019（10）：
    53－60．

宋允．试论小农经济在当今社会存在的合理性［J］．开封教育学院学报，2019（1）：262－
    264，268．

苏会，赵敏．小农户与现代农业有效衔接策略探析——基于三个典型案例的研究［J］．东
    北农业科学，2019（3）：83－87．

孙丹．我国华东地区科技农业经济效益和社会效益研究［J］．现代农业科技，2010（9）：
    353－356．

孙东升，孔凡丕，陈学渊．小农户与现代农业衔接的经验、启示与建议［J］．农业经济问题，2019（4）：46－50.

孙纲．黑龙江县域农业现代化路径选择研究［D］．哈尔滨：东北林业大学，2016.

孙强强．小农户和现代农业发展有机衔接：国际经验与中国道路［J］．农业农村部管理干部学院学报，2019（2）：1－9.

孙圣红．小农户与现代农业衔接的突出问题及应对策略［J］．农业经济，2020（10）：18－19.

孙莹．以农业社会化服务更好地引领小农户和农业现代化发展［N］．农民日报，2021－07－10.

孙中华，罗汉亚，赵鲲．关于江苏省农村土地股份合作社发展情况的调研报告［J］．农业经济问题，2010（8）：30－35.

谭炳才．以科技创新提升农业发展质量与效益［J］．广东经济，2015（1）：33－40.

谭伟，孙娜娜．小农户融入现代农业体系困境［J］．中国金融，2019（23）：97.

汤鹏主．农业科技中介的行为绩效及运行冲突分析［J］．社会科学家，2019（12）：47－52，59.

汤鹏主．新型农村集体经济赋能共同富裕［N］．中国社会科学报，2023－07－19.

汤鹏主．引导农民创新创业　大力助推乡村振兴［N］．中国社会科学报，2020－12－15.

汤鹏主．战略性新兴产业发展中的政府行为动力机制及其路径选择研究［J］．湖北社会科学，2012（10）：95－97.

汤鹏主．重庆武陵山地区镇域经济发展态势、区域比较及其路径选择［J］．重庆师范大学学报（哲学社会科学版），2015（4）：77－82.

唐明．山区城际公路交通规划的大数据决策［D］．绵阳：西南科技大学，2018.

唐霞．抢抓机遇乘势而上　走在前列奋力示范［N］．巴中日报，2018－03－08.

田能能．供给侧结构性改革下的农业社会化服务体系变革动因及发展路径研究［D］．南京：南京财经大学，2018.

汪涛，蒋雨东，廖小舒．农业社会化服务——小农户与现代农业发展有机衔接的有效途径［J］．安徽农业科学，2020（12）：260－262.

王成端．川陕革命老区生态文明推进研究［J］．国土资源科技管理，2019（4）：36－2.

王芳．河北省农产品流通体制研究［D］．保定：河北农业大学，2008.

王高宇．消费者金融素养的影响因素研究——不同群体金融素养影响因素的差异分析［D］．南京：东南大学，2015.

王海针．提高农业机械化水平　助力农业可持续发展［J］．山东农机化，2021（1）：

19-20.

王环. 关于农业现代化问题的全方位考察 [J]. 山东理工大学学报，2003 (3)：19-23.

王磊. 南充市森林火灾分布特征及风险等级区划研究 [D]. 南充：西华师范大学，2020.

王庆. 绵阳全域纳入《川陕革命老区发展振兴规划》[N]. 绵阳日报，2016-08-09.

王天琪. 民族地区农地流转主体行为研究 [D]. 银川：宁夏大学，2019.

王文龙. 新型农业经营主体、小农户与中国农业现代化 [J]. 宁夏社会科学，2019 (4)：102-109.

王晓宇. 加快推进设施种植机械化发展意见出台 [N]. 中国农机化导报，2020-07-06.

王亚. 黑龙江省小农户生产经营能力测度及影响因素研究 [D]. 哈尔滨：东北农业大学，2019.

王亚华，臧良震. 小农户的集体行动逻辑 [J]. 农业经济问题，2020 (1)：59-67.

王亚华. 什么阻碍了小农户和现代农业发展有机衔接 [J]. 人民论坛，2018 (7)：72-73.

王耀发. 浅析农民增收的科技创新机制 [J]. 中国农业大学学报（社会科学版），2003 (3)：3-6.

王壹. 加快培育新型农业经营主体　带动小农户共同发展 [N]. 农民日报，2017-12-16.

王益松. 农业技术进步对生产者收入影响的理论分析 [J]. 中南财经政法大学学报，2004 (3)：67-73.

王引，尹志超. 健康人力资本积累与农民收入增长 [J]. 中国农村经济，2009 (12)：24-31，66.

王幽兰，陶建平. 基于风险态度的农户金融素养与正规信贷获得水平分析 [J]. 调研世界，2021 (4)：48-55.

王宇熹，范洁. 消费者金融素养影响因素研究——基于上海地区问卷调查数据的实证分析 [J]. 金融理论与实践，2015 (3)：70-75.

王宇直，杨少华. 金融素养理论研究新进展 [J]. 上海金融，2014 (3)：26-33.

王志章，王静，魏晓博. 精准脱贫与乡村振兴能够统筹衔接吗——基于88个贫困村1 158户农户的微观调查数据 [J]. 湖南师范大学社会科学学报，2020 (2)：73-81.

魏后凯. 中国农业发展的结构性矛盾及其政策转型 [J]. 中国农村经济，2017 (5)：2-17.

魏静，方行明，王金哲. 农村金融发展能否促进农民收入增长——基于四川省21个市州的空间面板数据 [J]. 中国西部，2019 (4)：61-73.

温广辉. 推进垦区农业合作社发展的路线图 [N]. 海南农垦报，2013-07-13.

温佳伟，黄金柏，徐乐. 日本精准农业发展现状与展望 [J]. 中国农机化学报，2014 (2)：

337 - 340.

温家宝. 关于建设社会主义新农村的几个问题 [J]. 学习与研究, 2006 (4)：4 - 8.

温锐, 范博. 近百年来小农户经济理论与实践探索的共识与前沿——"小农·农户与中国现代化"学术研讨简论 [J]. 中国农村经济, 2013 (10)：91 - 95.

温锐. 动态开放小农——中国农民的主体性讨论 [M]. 南昌：江西人民出版社, 2013.

温涛, 冉光和, 熊德平. 中国金融发展与农民收入增长 [J]. 经济研究, 2005 (9)：30 - 43.

温涛, 王小华, 等. 新形势下农户参与合作经济组织的行为特征、利益机制及决策效果 [J]. 管理世界, 2015 (7)：82 - 97.

温铁军, 邱建生, 车海生. 改革开放 40 年"三农"问题的演进与乡村振兴战略的提出 [J]. 理论探讨, 2018 (5)：5 - 10.

文东升. 小农生产方式及相关概念辨义——马克思、恩格斯著作语境 [J]. 生产力研究, 2009 (7)：14 - 16.

文丰安. 我国农业现代化发展研究 [J]. 中国高校社会科学, 2020 (5)：33 - 40, 156 - 157.

翁贞林. 农户理论与应用研究进展与述评 [J]. 农业经济问题, 2008 (8)：93 - 100.

邬德林, 张平. 农业科技投入是形成农民收入"马太效应"的原因吗 [J]. 农业技术经济, 2015 (4)：61 - 68.

邬德林. 农业技术创新对农民收入分布的影响研究 [D]. 大连：大连理工大学, 2017.

吴昊旻. 湖北省服务小农户的农业社会化服务体系研究 [D]. 武汉：湖北省社会科学院, 2019.

吴敏. 基于金融素养的中国家庭资产配置研究 [D]. 南京：东南大学, 2015.

吴卫星, 吴锟, 张旭阳. 金融素养与家庭资产组合有效性 [J]. 国际金融研究, 2018 (5)：66 - 75.

吴晓：新中国成立以来农业农村发展成就与经验 [J]. 农业工程技术, 2019 (9)：8 - 12.

武继素. 从生产力发展形态的嬗变看其现代化的实质及实现 [J]. 黑龙江财专报, 1999 (6)：43 - 48.

武舜臣, 储怡菲, 李乾. 小农户与现代农业发展有机衔接：实现基础及在分类农产品中的实践 [J]. 当代经济管理, 2020 (2)：28 - 34.

习皓萌, 张轶之, 高雪萍. 家庭农场借贷渠道选择发生机制研究——基于 Probit - ISM 模型 [J]. 农林经济管理学报, 2018 (12)：678 - 685.

鲜铁军, 何震, 等. 南充市气候特点与"南充柑桔"生长适应性评价 [J]. 农学学报,

2021（4）：74－79.

向国成 . 小农经济效率改进的超边际经济学分析［D］. 南昌：江西财经大学，2004.

谢妍，曹树育 . 大力发展农民专业合作［N］. 海南日报，2013－06－04.

辛岭，王艳华 . 农民受教育水平与农民收入关系的实证研究［J］. 中国农村经济，2007
（S1）：93－100.

熊吉峰 . 转轨期我国小农经济改造研究［D］. 武汉：华中农业大学，2004.

熊磊，胡石其 . 小农户和现代农业发展有机衔接的路径找寻：重庆案例［J］. 当代经济管
理，2019（7）：37－43.

熊磊 . 小农户和现代农业发展有机衔接研究——基于重庆市永川区调研［J］. 农业经济与
管理，2019（4）：18－25.

徐峰 . 川陕革命老区现状及振兴发展路径思考［J］. 四川文理学院学报，2019（1）：
21－27.

徐俊忠 . 农业合作化时期毛泽东的农治思想［N］. 中国社会科学报，2013－12－25.

徐灵 . 政府视域下小农户农产品经营风险控制问题研究［D］. 南昌：江西财经大
学，2020.

徐若滨 . 2018"三农"年度记忆［N］. 新农村商报，2018－12－26.

徐晓红 . 吉林省农户兼业经营研究［D］. 长春：吉林农业大学，2018.

徐旭初，吴彬 . 合作社是小农户和现代农业发展有机衔接的理想载体吗？［J］. 中国农村经
济，2018（11）：80－95.

许黎莉，朱雅雯，陈东平 . 社会资本促进小农户与现代农业有机衔接之作用——基于资源
获取能力中介效应的检验［J］. 商业研究，2020（2）：145－152.

许庆，田士超，徐志刚，邵挺 . 农地制度、土地细碎化与农民收入不平等［J］. 经济研究，
2008（2）：83－92，105.

许伟 . 用农业产业化引领现代农业发展［J］. 农村经营管理，2007（11）：13－16.

严波 . 农民合作社遇上"成长的烦恼"［N］. 巴中日报，2021－08－10.

阎世平，龚大永 . 我国小农户经营困境与出路［J］. 广西大学学报（哲学社会科学版），
2018（6）：19－25.

颜廷武 . 贫困山区家户经营状况调查与研究［D］. 武汉：华中农业大学，2005.

阳斌 . 新时代中国共产党乡村治理研究［D］. 成都：西南交通大学，2019.

杨芳 . 社会网络对农户生产决策的影响研究［D］. 重庆：西南大学，2019.

杨华 . 论中国特色社会主义小农经济［J］. 农业经济问题，2016（7）：60－73.

杨杰 . 聚焦加快推进农机化和农机装备产业升级关键词［N］. 中国农机化导报，2018－

12 - 24.

杨进，张文文，邢博文．基于多元化服务体系的小农户与现代农业有机衔接［J］．农林经济管理学报，2020（3）：307 - 313.

杨璐璐．农村土地制度改革的产权创新与制度重构［J］．改革，2014（5）：48 - 50.

杨绪丽．黑龙江省农民专业合作社融资能力影响因素［D］．哈尔滨：东北农业大学，2016.

姚贱苟．70年来中国政府促进小农户参与现代农业发展的责任履行演变研究［J］．农业经济，2020（11）：3 - 5.

姚洋．小农经济未过时，不该背"恶名"［J］．财经界，2017（3）：84 - 85.

叶敬忠，豆书龙，张明皓．小农户和现代农业发展：如何有机衔接［J］．中国农村经济，2018（11）：64 - 79.

尹峻，陈永正．农业经营制度变迁的动因分析——来自福建1949—1985年的经验证据［J］．东南学术，2019（5）：151 - 159.

余茂辉，傅前瞻．我国发展科技农业的制约因素及对策研究［J］．科技进步与对策，2009，26（11）：86 - 89.

余晓洋，郭庆海．小农户嵌入现代农业：必要性、困境和路径选择［J］．农业经济与管理，2019（4）：10 - 17.

余新平，熊德平．中国农村金融发展与农民收入增长［J］．中国农村经济，2010（6）：77 - 86.

余振忠．山阳县退耕还林工程林药间作模式效益研究［D］．杨凌：西北农林科技大学，2007.

玉春，修长柏．农村金融发展、农业科技进步与农民收入增长［J］．农业技术经济，2013（9）：92 - 100.

郁静娴．加快发展农业社会化服务［N］．人民日报，2021 - 07 - 12.

袁芳．我国农产品与现代流通体系接轨面临的困境与对策研究［D］．广州：暨南大学，2007.

袁绍光．新时代中国共产党农业发展的战略思想研究［D］．武汉：华中师范大学，2019.

苑鹏，丁忠兵．小农户与现代农业发展的衔接模式：重庆梁平例证［J］．改革，2018（6）：106 - 114.

翟彬，童海滨．我国东、中、西部地区农民收入差距的实证研究——基于收入来源视角的分析［J］．经济问题探索，2012（8）：7 - 12.

张琛，彭超，孔祥智．农户分化的演化逻辑、历史演变与未来展望［J］．改革，2019（2）：

5 - 16.

张东亮 . 建国初期中国共产党改造小农经济问题研究 [D]. 大连：辽宁师范大学，2012.

张广胜，王珊珊 . 中国农业碳排放的结构、效率及其决定机制 [J]. 农业经济问题，2014
（7）：18 - 26.

张国忠，王景利 . 我国农业现代化发展进程分析 [J]. 金融理论与教学，2020（6）：
85 - 88.

张红宇 . 实现小农户和现代农业发展有机衔接 [N]. 农民日报，2017 - 11 - 21.

张华华 . 中国农民素质现状成因剖析 [J]. 广西社会科学，2003（9）：171 - 174.

张建雷，席莹 . 基于嵌入性视角的新型农业经营主体发展研究 [J]. 改革，2018（6）：
48 - 59.

张润池，杜亚斌，荆伟，孙明明 . 农户小额贷款违约影响因素研究 [J]. 西北农林科技大
学学报，2017（3）：67 - 75.

张伟 . 基于小农融资行为视角下的农贷制度创新 [D]. 重庆：西南大学，2010.

张小娜 . 农贷助推农村水利项目融资的理论与实证研究：湖南案例 [D]. 株洲：湖南工业
大学，2013.

张孝德 . 农业现代化的反思与中国小农经济生命力 [J]. 福建农林大学学报（哲学社会科
学版），2016（3）：1 - 5，13.

张新光 . "小农"概念的界定及其量化研究 [J]. 中国农业大学学报（社会科学版），2011
（2）：157 - 168.

张鑫宇 . 新时代背景下解决好"三农"问题的实践路径探析 [J]. 山西农经，2021（3）：
15 - 17.

张学彪，黄艳芳，刘洪霞，马晓敏，聂凤英 . 小农户发展的国际比较与经验借鉴 [J]. 中
国食物与营养，2018（12）：14 - 17.

张学彪 . 中国小农户经营规模变迁与生产效率研究 [D]. 北京：中国农业科学院，2018.

张永洁 . 辽宁省发展农业循环经济问题研究 [D]. 大连：东北财经大学，2007.

张珍 . "乡村振兴"战略下农村职业教育的发展路径研究 [D]. 南京：南京邮电大
学，2020.

赵京 . 农地整理对农户农业生产及福利的影响研究 [D]. 武汉：华中农业大学，2012.

赵敬梅 . 发展产业脱贫致富　同步小康在行动 [N]. 广元日报，2020 - 01 - 14.

赵磊 . "三农"问题的症结究竟何在 [J]. 农业经济问题，2005（6）：12 - 17，79.

赵佩佩，袁雪需，刘天军 . 合作共治：组织嵌入视角下合作社农户生态生产行为研究 [J].
世界农业，2021（9）：58 - 67.

赵爽．黑龙江省农业现代化公共政策研究［D］．哈尔滨：哈尔滨商业大学，2019．

赵晓峰，陈义媛，周娟，赵祥云．农业现代化的中国道路［J］．西北农林科技大学学报（社会科学版），2020（5）：120－133．

赵晓峰．地方政府在农业转型中的规模依赖行为分析——兼论小农户的发展困境及其超越［J］．北京工业大学学报（社会科学版），2019（5）：6－15．

赵秀玲．农民现代化与中国乡村治理［J］．清华大学学报（哲学社会科学版），2021（3）：179－191，210．

赵晔．现代农业是乡村振兴战略的产业支柱［N］．新农村商报，2017－11－15．

赵志通．农户参与村级综合服务平台状况及影响因素分析［D］．沈阳：沈阳农业大学，2018．

郑淋仪．中国农业经营制度：演变历程、问题聚焦与变革取向［J］．农村经济，2020（1）：88－95．

郑琳仪，张丽婧，洪名勇．小农经济研究述评：几个重大问题辨析［J］．社会科学版，2019（5）：104－111．

郑统．黄河三角洲滨海湿地生态系统中重金属的迁移及其对黑嘴鸥繁殖成效的影响［D］．曲阜：曲阜师范大学，2020．

郑小玉，刘冬梅，曹智．农业科技社会化服务体系：内涵、构成与发展［J］．中国软科学，2020（10）：56－64．

郑新娜，赵世冲，赵康平．乡村振兴背景下辽宁休闲农业发展研究［J］．农业经济，2019（10）：18－19．

郑重，魏统全，林性粹．龙头企业在小农户滴灌模式推广中的作用［J］．节水灌溉，2004（1）：46－47．

中办国办印发．关于促进小农户和现代农业发展有机衔接的意见［N］．人民日报，2019－02－22．

钟甫宁．农业经济学［M］．北京：中国农业出版社，2011．

周波，于冷．国外农户现代农业技术应用问题研究综述［J］．首都经济贸易大学学报，2010（5）：94－101．

周波，于冷．农业技术应用对农户收入的影响——以江西跟踪观察农户为例［J］．中国农村经济，2011（1）：49－57．

周其仁．中国农村改革：国家和所有权关系的变化（上）——一个经济制度变迁史的回顾［J］．管理世界，1995（3）：178－189，219－220．

周尤正．论中国特色农业现代化道路的理论创新与政策实施［J］．学校党建与思想教育，

2014（4）：88－90．

周远清．荣县"桑—豆—菇"高效生态农业种植模式分析［J］．南方农业，2015（10）：23－24．

周自恒．金融创新助推农业社会化服务发展［N］．中国城乡金融报，2021－07－21．

朱湖根，万伦来，金炎．中国财政支持农业产业化经营项目对农民收入增长影响的实证分析［J］．中国农村经济，2007（12）：28－34．

朱晶，晋乐．农业基础设施与粮食生产成本的关联度［J］．改革，2016（11）：74－84．

朱静萍．气候变化对合肥市粮食产量影响研究［D］．合肥：安徽农业大学，2018．

朱燕，彭冲．西南地区少数民族农村居民对新型城镇化的政策认知与"进城"意愿研究——基于桂、滇、黔三省区问卷调查的分析［J］．中国市场，2019（14）：33－36．

庄天慧，骆希．小农生产主要特征、困境及与现代农业有机衔接路径研究——基于四川省的实证研究［J］．农村经济，2019（11）：14－24．

卓越，苗龙．金融化诱致新僵尸企业形成吗？［J］．湘潭大学学报（哲学社会科学版），2020（6）：67－73．

邹炜，李兴发．我国金融发展与居民财产性收入的协整分析［J］．海南金融，2008（5）：19－22．

Adriana Camacho，Emily Conover. The impact of receiving SMS price and weather information on small scale farmers in Colombia［J］. World Development，2019（6）.

Aikinsomn B. A. On the measurement of inequality［J］. Journal of Ecxnomile Theary，1970（2）.

Altieri，Miguel A. Agroecology，small farms，and food sovereignty［J］. Monthly Review，2009（3）.

Andrew G. Walder，Income determination and market opportunity in rural China（1978－1996）［J］. Journal of Comparative Economics，2002（2）.

Antonio Sortino，Margherita Chang Ting Fa. Reswitching of techniques in the modern agriculture：A theoretical background［J］. Annals of Dunărea de Jos University. Fascicle I：Economics and Applied Informatics，2008（1）.

Barry K. Goodwin，Nicholas E. Piggott. Has technology increased agricultural yield risk？Evidence from the crop insurance biotech endorsement［J］. American Journal of Agricultural Economics，2020（5）.

Brianc，Allanwg，Mitchellim. A new U. S. farm household typology：Implications for agricultural policy［J］. Review of Agricultural Economics，2007（4）.

Ereygers G. A dual Atk inson measure of soe ioeomomie inexquality of health [J]. Health Eeomamies，2013 (4).

Gagandeep Kaur，Arjinder Kaur. Income and expenditure pattern of marginalised categories of rural punjab [J]. Indian Journal of Economics and Development，2020 (1).

Gizachew Wosene，Mengistu Ketema，Alelign Ademe. Determinants of pepper market supply among small holder farmer in wenberma district，west Gojjam Zone of Amhara Region，E-thiopia [J]. Agriculture，Forestry and Fisheries，2019 (6).

Iddo Kan，Ayal Kimhi，Zvi L. Farm output，non – farm income and commercialization in rural [J]. Agricultural and Development Economic，2006 (3).

Kansanga，Andersen，Kpienbaareh，MasonRenton，Atuoye，Sano，Antabe，Lugi-naah. Traditional agriculture in transition：Examining the impacts of agricultural moderni-zation on smallholder farming in Ghana under the new Green Revolution [J]. International Journal of Sustainable Development & World Ecology，2019 (1).

Karamjeet Kaur，Rupinder Kaur. Levels，pattern and distribution of income among marginal and small farmers in rural areas of Haryana [J]. Indian Journal of Economics and Develop-ment，2017 (2).

Kashiwa，Chiba. Impact of farmer field schools on agricultural income and skills [J]. Journal of International Development，2013 (5).

Kruijssen F.，Keizer M.，Giuliani，A. Collective action for small – scale producers of agri-cultural biodiversity products [J]. Food Policy，2009 (1).

L. J. S. Baiyegunhi，B. B. Oppong，M. G. Senyolo. Socio – economic factors influencing mo-pane worm (Imbrasia belina) harvesting in Limpopo Province，South Africa [J]. Journal of Forestry Research，2016 (2).

M Otinova，T Savchenko. The development of a small agricultural business：Trends and pri-orities [J]. IOP Conference Series：Earth and Environmental Science，2019 (1).

Markelova H，Meinzen – Dicka，R Hellinb J and Dohrna S：Collective action for smallholder market access [J]. Food Policy，2009 (1).

Mendelsohn. Climate and rural income [J]. Climatic Change，2007 (1).

Mick Reed. Nineteenth – century rural england：A case for peasant studies? [J]. The Journal of Peasant Studies，1986 (1).

Miet Maertens，Bart Mintenand. Modern food supply chainsand development：Evidence from horticulture export sectors in Sub – Saharan Africa [J]. Development Policy Review，2015

（4）．

Pengzhu Tang，Houyun Ma，Yuanyuan Sun，Xiaowan Xu. Exploring the role of Fintech，Green finance and Natural Resources towards Environmental Sustainability：A study on ASEAN economies ［J］. Resources Policy，2024（6）．

Qian L，Mass. Farmer income differential in regions ［J］. Chinese Geographical Science，2006（3）．

Robb C. A，A. Woodyard. Financial knowledge and best practice behavior ［J］. Journal of Financial Counseling and Planing，2011（1）．

R. Saidhar，K. Umadevi，D. V. S. Rao，et al. Determinants of farm income among small holders in Andhra Pradesh ［J］. Indian Journal of Economics and Development，2017（2）．

S Thangamayan，S N Sugumar. New technologies and their impact on agriculture with special reference to Tamilnadu ［J］. Indian Journal of Public Health Research &. Development，2019（8）．

Shanin Teodor. Socio – economic mobility and the rural history of Russia 1905 – 30 ［J］. Soviet Studies，1971（2）．

Shaolei Yang，Juan Chen. Organic connection between small farmers and modern agriculture in China：Obstacles and solutions ［J］. Higher Education of Social Science，2019（2）．

Sit Tsui，Qiu Jiansheng，Yan Xiaohui，Erebus Wong，Wen Tiejun. Rural communities and economic crises in modern China ［J］. Monthly Review，2018（4）．

Sri Maryati，Tommy Firman，An Nisaa' Siti Humaira，Yovita Tisarda Febriani. Benefit distribution of community – based infrastructure：Agricultural roads in Indonesia ［J］. Sustainability，2020（5）．

Stanisław Kłopot. Agrarian structure of individual agriculture in the years 1945 – 2010. Annales Universitatis Mariae Curie – Skłodowska ［J］. Sectio I. Philosophia – Sociologia，2011（2）．

Sunil Kumar，Pratibha B Thombare，Pandurang A Kale，et al. Empowerment of small and marginal farmers of Indian agriculture：Prospects and extension strategies ［J］. Agric International，2019（2）．

T. M. Kiran Kumara，Shiv Kumar. Dynamics of community based tank irrigation systems in India：A case study of Andhra Pradesh ［J］. Indian Journal of Extension Education，2019（4）．

后 记

专著是国家社科基金项目"川陕革命老区小农户转型成长与农业现代化有机衔接研究"（项目编号：18BJL033）的最终研究成果。专著的完成离不开许多人的支持和帮助，在此向所有关心和支持小农户成长的人们表示衷心感谢。还要感谢我的家人、朋友和同事们，特别是我的学生，感谢肖天芳、余达川、陈梓瑜、敬敏、张周、冉婧媛、周雨涵、周敏、杨溢平、邓倩、甄如意、梁巍、邓小女、孙鹏程你们一直以来的支持，感谢宁波财经学院陈洪燕的辛苦付出（书稿整理及撰写书稿 6 万字）。同时，也希望本专著能够对中国小农户成长起到积极的促进作用，为推动中国农业现代化事业作出自己的贡献。

汤鹏主

2024 年 7 月

图书在版编目（CIP）数据

川陕革命老区小农户转型成长与农业现代化有机衔接
研究 / 汤鹏主，陈洪燕著. -- 北京：中国农业出版社，
2024.10. -- ISBN 978-7-109-32392-6

Ⅰ.F323

中国国家版本馆 CIP 数据核字第 20245TH735 号

川陕革命老区小农户转型成长与农业现代化有机衔接研究
CHUANSHAN GEMING LAOQU XIAONONGHU ZHUANXING CHENGZHANG
YU NONGYE XIANDAIHUA YOUJI XIANJIE YANJIU

中国农业出版社出版

地址：北京市朝阳区麦子店街 18 号楼
邮编：100125
责任编辑：闫保荣
版式设计：小荷博睿　　责任校对：张雯婷
印刷：北京中兴印刷有限公司
版次：2024 年 10 月第 1 版
印次：2024 年 10 月北京第 1 次印刷
发行：新华书店北京发行所
开本：700mm×1000mm　1/16
印张：22.25
字数：365 千字
定价：88.00 元